改訂版

広域連携の仕組み

一部事務組合・広域連合・
連携協約の機動的な運用

明治大学教授
木村俊介 著

第一法規

改訂版はしがき

　2015（平成27）年2月に初版を刊行して以来4年余りの歳月を経たが，その間，自治体の広域連携を巡る環境は，筆者の予想を超えて，急速に，かつ，著しく変化している。その要因をいくつかに分けて考えることができる。

　第一に，自治体間の広域連携や共同処理に関連する制度（以下「広域連携制度」という。）の活用状況に変化が生じている。平成の大合併により全国の市町村数が減少する一方で，広域連携制度を活用する自治体の数は一貫して増加している。また，広域連携制度によって処理される事務の件数を方式別にみても，住民票の交付事務のように広域的な行政需要に対応し事務の委託方式が顕著に増加しているほか，新たに整備された連携協約制度の活用の増加など，契約型の広域連携制度を中心に事務処理件数が増加している。このように様々な広域連携制度の自治体間での普及定着が進行している。

　第二に，2014（平成26）年の地方自治法一部改正により連携協約及び事務の代替執行が導入されるとともに，機関等の共同設置においても新たな活用事例が現れ，さらに近年は既存の法制度を踏まえた自治体間の遠隔連携の形態もみられるなど，現代の広域行政はいわば共同処理のダイバーシティ（多様化）の時代に入ったということができる。特に連携協約制度は，契約型広域連携制度に法的根拠を与えたものとして画期的であり，今後も法人型広域連携及び契約型広域連携の両者が発達していくことが見込まれる。

　第三に，急速なスピードで進行する人口減少が結果的に自治体の広域連携を強力に推進する展開となっている。水道事業にみられるように全県域の規模での大規模な法人型広域連携組織の構想が各地で検討されていることや，連携中枢都市圏のように連携協約制度を活用した交通サービス，福祉サービスその他の基幹的なサービスに係る広域連携の普及が進んでいることが近年の特徴として挙げられる。

　第四に，法人型の広域連携組織である一部事務組合においては，平成の市町村合併の影響により，その設置数の集約化が進む中で，構成団体数が2又は3

程度の小規模な組織が減少する一方で，構成団体数30以上の大規模な組織が増加するなど，いわば広域連携組織の広域化ともいうべき現象が進展している。

　第五に，一部事務組合及び広域連合においては，近年，普通建設事業費が増大しており，普通地方公共団体を補完する建設投資の主体として従来よりもその重要性を増していることや，積立金が増加している等の財政運営上の特徴が顕著になっている。これは換言すれば特別地方公共団体の準普通地方公共団体化ともいい得る現象であるが，このような状況の下で，従来にも増して，広域連携組織には，普通地方公共団体と同様の計画的な財政運営が求められている。

　第六に，組合は公共施設を保有し稼働する事業（ごみ処理，消防，水道，社会福祉施設等）も多いことから，普通地方公共団体が公共施設総合管理計画を通じて行っているファシリティマネジメント（施設の長寿命化，統廃合，複合施設化，除却等）についても取り組む時期にきているものと考えられる。公会計改革や財政健全化等の施策についても同様である。このように特に法人型広域連携組織は特別地方公共団体としての地位を有することから，普通地方公共団体の施策に適宜応用を加えながらキャッチアップしていくことが求められている。

　本書は，このような自治体間の広域連携を巡る最新の動きに対応する形で改訂を行ったものである。今回の改訂版の特徴として，第一に自治体間で注目を集めている連携協約制度について行政法学の観点から，その特性等について解説を試みたこと，第二に，共同処理方式がかなりの実績を上げてきたことを踏まえ，実証的データを用いてその動態的な分析を試みたことが挙げられる。

　筆者は，地方行政に関わる者として，本書を通じ多くの方に広域連携制度を理解していただき，住民サービスの向上のため広域連携制度の一層の発展を願うものである。

　　　2019年5月

　　　　　　　　　　　　　　　　　　　　　　　　　　　木　村　俊　介

はしがき

　今，我が国は「地方」という言葉を軸に揺れ動いている。急速に進む少子高齢化や人口の都市部への集中等により地方衰退，地方消滅というような深刻な社会問題が現出し，それに対し，地方創生等をキーワードとして国・地方自治体を挙げて地方の活性化に取り組むことが喫緊の課題となっている。このような状況の下で，地方自治体がその行政能力を発揮し得る行政手法として，地方自治体が相互に協力し行政能力を補い合い更には高めていく「広域連携」の手法が注目を集めている。

　我が国の地方行政においては，明治時代から，広域行政を担う行政手法が発展してきているが，その中で伝統的かつ中心的な手法が事務の共同処理である。事務の共同処理の仕組みには，地方公共団体とは別の法人の設立を要する仕組み（一部事務組合及び広域連合。以下本書において両者を総称して「組合」という。地方自治法284条）と，法人の設立を要しない仕組み（協議会，機関等の共同設置，及び事務の委託）がある。このような事務の共同処理の手法は，明治期以来，場所・資産・人材・運営資金を地方自治体が持ち寄る形で組合として設立され，消防，ごみ処理，教育など基礎的な住民サービスを提供する担い手として重要な役割を果たしてきた。

　一方，今日においては市町村合併等の自治体行政の著しい変化を踏まえ，新たな広域連携のあり方を模索する動きも盛んになっている。特に近時，地方自治体の間では，次のような広域行政のあり方が求められている。

　第一に，従来は「効率性・合理性を求める広域行政」が重視されてきたが，今日においては，「扶助性（地域の支え合い）を求める広域連携」が求められていることである。全構成団体横並びのルールだけでなく，人口・産業の集積度合いなど構成団体の特性・事情に着目した連携手法が求められており，その受け皿として定住自立圏構想や連携協約等の新たな取組みも進んでいる。

　第二に，上記に関連し，従来の「継続的・面的な広域行政」から「弾力性・可変性を伴う広域連携」の要請に変わってきていることである。地方自治体に

おいても自らの特性・事情の変化に対応し，弾力的に最も適した広域連携の形態を追求していくことが求められている。

　このような社会情勢の変化を踏まえつつ，本書においては，我が国の共同処理の手法の中で主要な役割を占めてきた「組合」の基本的な運用を中心に解説する。

　「組合」の手法は，地方自治体とは別法人を設立する仕組みであり，地方自治法において規律されている内容も多く，約9万人を超える当該法人の職員を始めとして多数の関係者がその運用に従事している。また，地域経営の担い手として，構成団体の将来負担比率を見通した上での組合の財政運営，公会計改革，ファシリティマネジメントなど，今日的な課題にも対応していかなければならない。

　このため，ここにあらためて組合に係る諸制度の適切な運用に資するよう制度の趣旨，留意点等について触れるとともに，組合が現在直面している行財政運営上の課題について述べることとする。また，欧米諸国においても広域連携の手法は盛んに活用されていることから，その制度を概観する。次いで，広域連携の要請に応えるための今後の方向性についても触れることとしたい。

　著者は，広島県，岐阜県及び愛媛県松山市において組合の運営を含む地方行財政の実務に携わったことから，本書においては全編にわたりできる限り実務家の方々の実践に役立つよう組合運営実務に関する内容を盛り込むよう努めたところである。なお，本書の意見にわたる部分は著者の個人的見解であることをあらかじめお断りしておく。

　本書の執筆に当たっては，総務省自治行政局市町村課，自治体国際化協会，一橋大学等の関係者の方々から貴重なご示唆をいただいた。また，本書刊行に当たり第一法規出版編集局の木村文男氏，大庭政人氏を始めとする関係者の方々に多大なご尽力をいただき，ここに心から感謝申し上げる次第である。

　　　2015年2月

　　　　　　　　　　　　　　　　　　　　　　　　木　村　俊　介

目　次

第1編　広域連携の考え方 ……………………………………………………… *1*
　第1章　広域連携の必要性 …………………………………………………… *1*
　第2章　広域連携に係る制度の沿革 ………………………………………… *4*
　　Ⅰ　明治時代初期 …………………………………………………………… *4*
　　Ⅱ　市制・町村制の時期 …………………………………………………… *5*
　　　1　市町村組合 …………………………………………………………… *5*
　　　2　事務の委託 …………………………………………………………… *6*
　　　3　施設の共同利用 ……………………………………………………… *6*
　　Ⅲ　地方自治法制定以降の時期 …………………………………………… *7*
　　　1　主な経緯 ……………………………………………………………… *7*
　　　2　制度変遷の特徴 ……………………………………………………… *10*

第2編　事務の共同処理の現況 ………………………………………………… *13*
　第1章　事務の共同処理の意義 ……………………………………………… *13*
　第2章　事務の共同処理の状況 ……………………………………………… *16*
　　Ⅰ　総　論 …………………………………………………………………… *16*
　　Ⅱ　組合が活用される分野 ………………………………………………… *25*
　　　1　特　徴 ………………………………………………………………… *25*
　　　2　施設稼働型事務の例 ………………………………………………… *30*
　　Ⅲ　組合又は事務の委託が活用される分野 ……………………………… *31*
　　Ⅳ　共同処理の方式が分散している事務 ………………………………… *32*
　　Ⅴ　その他 …………………………………………………………………… *33*
　第3章　事務の共同処理方式の概要 ………………………………………… *35*
　　Ⅰ　連携協約 ………………………………………………………………… *35*
　　　1　背　景 ………………………………………………………………… *35*
　　　2　仕組み ………………………………………………………………… *36*

3　活用の状況 ……………………………………………………………… *37*
　Ⅱ　協　議　会（自治法252条の２の２）………………………………… *44*
　　1　仕　組　み ……………………………………………………………… *44*
　　2　自治法の一部改正 ……………………………………………………… *46*
　　3　活用の状況 ……………………………………………………………… *46*
　　4　課　　　題 ……………………………………………………………… *50*
　Ⅲ　機関等の共同設置（252条の７）……………………………………… *51*
　　1　仕　組　み ……………………………………………………………… *51*
　　2　自治法の一部改正 ……………………………………………………… *52*
　　3　活用の状況 ……………………………………………………………… *54*
　　4　課　　　題 ……………………………………………………………… *55*
　Ⅳ　事務の委託（252条の14）……………………………………………… *56*
　　1　仕　組　み ……………………………………………………………… *56*
　　2　活用の状況 ……………………………………………………………… *57*
　　3　課　　　題 ……………………………………………………………… *58*
　Ⅴ　組　　　合 ………………………………………………………………… *59*
　　1　総　　　論 ……………………………………………………………… *59*
　　2　一部事務組合（284条）………………………………………………… *67*
　　3　広域連合（291条の２）………………………………………………… *75*
　Ⅵ　共同処理の課題 …………………………………………………………… *81*
　　1　共同処理と構成団体との関係 ………………………………………… *81*
　　2　小規模市町村における共同処理 ……………………………………… *85*
　　3　共同処理の中長期的方向性 …………………………………………… *86*

第３編　広域連携施策 ……………………………………………………… *89*
　第１章　広域行政圏施策の経緯 …………………………………………… *89*
　第２章　広域行政圏施策の特徴 …………………………………………… *92*
　第３章　広域市町村圏の運営 ……………………………………………… *94*
　第４章　広域行政圏施策の終了 …………………………………………… *96*

第5章　定住自立圏構想 …………………………………………………… *98*
　Ⅰ　経　　緯 ………………………………………………………………… *98*
　Ⅱ　定住自立圏構想の特徴 ………………………………………………… *98*
　Ⅲ　定住自立圏構想の仕組み ……………………………………………… *99*
　Ⅳ　定住自立圏構想の現況 ………………………………………………… *99*
第6章　連携協約の仕組み ………………………………………………… *105*
　Ⅰ　総　　説 ………………………………………………………………… *105*
　Ⅱ　行政契約としての連携協約 …………………………………………… *109*
　Ⅲ　行政契約に対する統制原理 …………………………………………… *110*
　Ⅳ　連携協約が備える法的効果 …………………………………………… *114*
　Ⅴ　連携協約の活用方策 …………………………………………………… *115*
第7章　機動的・弾力的な共同処理への転換 ………………………… *118*

第4編　一部事務組合 ………………………………………………………… *121*
第1章　一部事務組合設立の考え方 …………………………………… *121*
　Ⅰ　一部事務組合方式による処理に適した事務の特徴 ………………… *121*
　Ⅱ　設立に当たっての考え方 ……………………………………………… *122*
　Ⅲ　設立の際のチェックポイント ………………………………………… *123*
第2章　一部事務組合の基本的性格 …………………………………… *129*
　Ⅰ　一部事務組合と憲法 …………………………………………………… *129*
　Ⅱ　一部事務組合の構成要素 ……………………………………………… *129*
　　1　区　　域 ……………………………………………………………… *130*
　　2　構　成　員 …………………………………………………………… *130*
　　3　権　　能 ……………………………………………………………… *133*
第3章　一部事務組合に対する法令の適用・準用関係 ……………… *134*
　Ⅰ　根拠規定 ………………………………………………………………… *134*
　Ⅱ　地方自治法の適用・準用関係 ………………………………………… *134*
　　1　総　　論 ……………………………………………………………… *134*
　　2　地方自治法の適用・準用関係 ……………………………………… *135*

3　「法令の特別の定」により直接適用される規定 …………………………*141*

第4章　規　　約 ……………………………………………………………………*144*
　Ⅰ　規約の性格 …………………………………………………………………*144*
　Ⅱ　規約と法律との関係 ………………………………………………………*144*
　Ⅲ　規約事項 ……………………………………………………………………*145*
　　1　必要的記載事項 …………………………………………………………*145*
　　2　任意的記載事項 …………………………………………………………*150*

第5章　一部事務組合に関する手続 ……………………………………………*152*
　Ⅰ　設　　立 ……………………………………………………………………*152*
　　1　設立の概要 ………………………………………………………………*152*
　　2　設立の主体 ………………………………………………………………*153*
　　3　一部事務組合の共同処理する事務 ……………………………………*154*
　　4　共同処理事務としての適否の判断の基準 ……………………………*154*
　　5　設立手続の概要 …………………………………………………………*155*
　Ⅱ　一部事務組合の規約の変更 ………………………………………………*168*
　　1　総　　論 …………………………………………………………………*168*
　　2　手　　続 …………………………………………………………………*169*
　Ⅲ　共同処理事務の変更 ………………………………………………………*176*
　　1　共同処理事務の変更と規約の変更との関係 …………………………*176*
　　2　共同処理事務の変更の手続 ……………………………………………*177*
　　3　申請の際のチェックポイント …………………………………………*179*
　Ⅳ　一部事務組合の構成団体の数の増減 ……………………………………*183*
　　1　構成団体の数の増減と規約の変更との関係 …………………………*183*
　　2　構成団体の数の増減が生じる事由 ……………………………………*184*
　　3　構成団体の廃置分合がある場合 ………………………………………*184*
　　4　地方公共団体が組合に加入する場合 …………………………………*187*
　　5　ある構成団体が組合から脱退する場合 ………………………………*188*
　　6　構成団体の数の増減の手続 ……………………………………………*191*
　　7　申請の際のチェックポイント …………………………………………*195*

Ⅴ　一部事務組合の解散 …………………………………………………201
1　一部事務組合の解散の意義 …………………………………………201
2　解散の効果 ……………………………………………………………201
3　解散の理由 ……………………………………………………………202
4　解散手続の概要 ………………………………………………………204

Ⅵ　財産処分 …………………………………………………………………212
1　財産処分に先立つ検討事項 …………………………………………213
2　解散の協議と財産処分の協議 ………………………………………213
3　財産処分の対象となる「財産」 ……………………………………214
4　財産の帰属先 …………………………………………………………215
5　財産処分を行う場合の注意事項 ……………………………………215

Ⅶ　事務承継 …………………………………………………………………217
1　事務承継の概要 ………………………………………………………217
2　事務承継と財産処分との区分 ………………………………………218
3　収支決算 ………………………………………………………………219
4　構成団体（事務承継団体）の体制の整備 …………………………220

第6章　一部事務組合の組織 …………………………………………………225

Ⅰ　一部事務組合の組織の概要 …………………………………………225

Ⅱ　一部事務組合の議会 …………………………………………………226
1　一部事務組合の議会と規約 …………………………………………226
2　「一部事務組合の議会の組織」の範囲 ……………………………226
3　議会の議員の選挙の方法 ……………………………………………227
4　一部事務組合の議会に関する地方自治法の適用・準用関係 ……237
5　一部事務組合の組合議会の議員の地位 ……………………………240
6　一部事務組合の議会の運営 …………………………………………242

Ⅲ　一部事務組合の執行機関 ……………………………………………252
1　執行機関の意義 ………………………………………………………252
2　執行機関の範囲 ………………………………………………………252
3　執行機関の選任の方法 ………………………………………………258

4　一部事務組合の職員の身分取扱い……………………………*280*
　　　5　執行機関の権限と事務執行の方法……………………………*286*
　　　6　一部事務組合の財務管理上の組織……………………………*302*
第7章　一部事務組合と住民…………………………………………*306*
　Ⅰ　一部事務組合の住民………………………………………………*306*
　Ⅱ　選挙に参与する権利を有する住民（11条）……………………*307*
　Ⅲ　役務提供の権利，負担分任義務を有する住民（10条）………*308*
　Ⅳ　直接請求……………………………………………………………*309*
　Ⅴ　住民監査請求及び住民訴訟………………………………………*310*
　Ⅵ　住民参加……………………………………………………………*312*
第8章　複合一部事務組合……………………………………………*314*
　Ⅰ　制度の概要…………………………………………………………*314*
　Ⅱ　制度創設の経緯……………………………………………………*316*
　　　1　背　　景………………………………………………………*316*
　　　2　地方制度調査会答申…………………………………………*316*
　Ⅲ　複合事務組合が共同処理する事務………………………………*318*
　Ⅳ　構成団体……………………………………………………………*323*
　Ⅴ　複合事務組合に認められる特例…………………………………*323*
　　　1　特別議決（287条の3第1項）………………………………*323*
　　　2　理事会（245条第2項）………………………………………*326*
　Ⅵ　構成団体の数………………………………………………………*331*
　Ⅶ　複合事務組合と広域行政機構……………………………………*332*
第9章　企　業　団……………………………………………………*334*
　Ⅰ　企業団の範囲………………………………………………………*334*
　　　1　総　　論………………………………………………………*334*
　　　2　複合事務組合の企業団………………………………………*335*
　Ⅱ　企　業　長…………………………………………………………*336*
　　　1　企業長の位置付け……………………………………………*336*
　　　2　企業長の選任…………………………………………………*337*

3　企業長の身分取扱い ……………………………………………… *338*
　　　4　企業長の兼職 ……………………………………………………… *339*
　Ⅲ　監査委員 ……………………………………………………………… *339*
　　　1　総　　論 …………………………………………………………… *339*
　　　2　選　　任 …………………………………………………………… *340*
　　　3　身　　分 …………………………………………………………… *340*
　Ⅳ　その他の補助職員 …………………………………………………… *341*
　Ⅴ　議　　会 ……………………………………………………………… *341*
　Ⅵ　財務に関する規定 …………………………………………………… *341*
　Ⅶ　企業団等の状況 ……………………………………………………… *343*

第5編　広域連合 …………………………………………………………… *345*
第1章　広域連合設立の考え方 ……………………………………………… *345*
　Ⅰ　広域連合による処理に適した事務の特徴 ………………………… *345*
　Ⅱ　広域連合制度創設の経緯 …………………………………………… *348*
　Ⅲ　広域連合制度の趣旨 ………………………………………………… *348*
第2章　広域連合の基本的性格 ……………………………………………… *349*
　Ⅰ　地方自治法上の位置付け …………………………………………… *349*
　Ⅱ　広域連合の特徴 ……………………………………………………… *349*
　Ⅲ　広域連合の構成要素 ………………………………………………… *352*
　　　1　区　　域 …………………………………………………………… *353*
　　　2　構 成 員 …………………………………………………………… *353*
　　　3　権　　能 …………………………………………………………… *354*
第3章　広域連合に対する法令の適用・準用関係 ……………………… *355*
第4章　規　　約 ……………………………………………………………… *356*
　Ⅰ　規約の性格 …………………………………………………………… *356*
　Ⅱ　規約事項 ……………………………………………………………… *356*
　　　1　必要的記載事項 …………………………………………………… *356*
　　　2　任意的記載事項 …………………………………………………… *361*

3　規約の公表 ……………………………………………………… *361*
　第5章　広域連合に関する手続 ……………………………………… *362*
　　Ⅰ　設　　立 …………………………………………………………… *362*
　　　1　設立の許可 ……………………………………………………… *362*
　　　2　公　　表 ………………………………………………………… *362*
　　Ⅱ　規約の変更 ………………………………………………………… *363*
　　Ⅲ　解　　散 …………………………………………………………… *364*
　第6章　広域連合の組織 ……………………………………………… *365*
　　Ⅰ　議　　会 …………………………………………………………… *365*
　　　1　議会の議員の選挙 ……………………………………………… *365*
　　　2　議決の特例の扱い ……………………………………………… *366*
　　Ⅱ　執行機関 …………………………………………………………… *366*
　　　1　長の選挙 ………………………………………………………… *366*
　　　2　理　事　会 ……………………………………………………… *367*
　　　3　協　議　会 ……………………………………………………… *368*
　第7章　住民との関係 ………………………………………………… *369*
　　Ⅰ　広域連合の特徴 …………………………………………………… *369*
　　Ⅱ　広域連合に直接請求を認めている理由 ………………………… *369*
　　Ⅲ　広域連合の規約の変更に係る直接請求 ………………………… *370*
　第8章　広域連合企業団 ……………………………………………… *371*
　　Ⅰ　総　　論 …………………………………………………………… *371*
　　Ⅱ　広域連合企業団の特徴 …………………………………………… *371*
　　Ⅲ　財務に関する規定 ………………………………………………… *371*

第6編　組合の運営 ……………………………………………………… *373*
　第1章　行政管理 ……………………………………………………… *373*
　　Ⅰ　事務局の運営 ……………………………………………………… *373*
　　　1　事務局長 ………………………………………………………… *373*
　　　2　事務局組織の規模 ……………………………………………… *375*

3　専任職員 ……………………………………………… *377*
　Ⅱ　専門性の発揮 ………………………………………………… *381*
　Ⅲ　情報公開 ……………………………………………………… *384*
第2章　財政運営 ………………………………………………………… *386*
　Ⅰ　歳入歳出の管理 ……………………………………………… *386*
　　1　歳入の管理 …………………………………………………… *387*
　　2　歳出の管理 …………………………………………………… *390*
　Ⅱ　構成団体の経費負担 ………………………………………… *401*
　　1　分賦金が満たすべき要件 ………………………………… *401*
　　2　分賦金のタイプ …………………………………………… *402*
　Ⅲ　構成団体の財政健全化と組合運営 ………………………… *404*
　　1　総　　論 …………………………………………………… *404*
　　2　実質公債費比率 …………………………………………… *407*
　　3　将来負担比率 ……………………………………………… *408*
　Ⅳ　公会計改革と組合 …………………………………………… *409*
　Ⅴ　公共施設管理（ファシリテイマネジメント） …………… *412*

第7編　諸外国の広域連携 …………………………………………… *415*
　第1章　各国の基礎的自治体 ……………………………………… *415*
　第2章　米国における広域連携 …………………………………… *418*
　　Ⅰ　地方自治体の編成 ………………………………………… *418*
　　Ⅱ　広域連携の手法 …………………………………………… *419*
　　　1　広域連携の仕組み ……………………………………… *419*
　　　2　広域連携の状況（特定区） …………………………… *420*
　第3章　欧州の広域連携 …………………………………………… *427*
　　Ⅰ　英　　国（UK） ………………………………………… *427*
　　　1　地方自治体の編成 ……………………………………… *427*
　　　2　広域連携の手法 ………………………………………… *427*
　　Ⅱ　仏　　国（フランス共和国） …………………………… *430*

目　次　xiii

1　地方自治体の編成 ……………………………………………… *430*
　　　2　広域連携の手法 ………………………………………………… *431*
　　　3　広域連携の状況 ………………………………………………… *434*
　Ⅲ　独　　国 …………………………………………………………… *438*
　　　1　地方自治体の編成 ……………………………………………… *438*
　　　2　広域連携の手法 ………………………………………………… *442*
　　　3　今後の方向性 …………………………………………………… *444*
　Ⅳ　伊　　国 …………………………………………………………… *445*
　　　1　地方自治体の編成 ……………………………………………… *445*
　　　2　広域連携の手法 ………………………………………………… *446*
　　　3　今後の方向性 …………………………………………………… *451*

第8編　共同処理方式の動向と課題 …………………………… *453*
第1章　共同処理方式を巡る変化 ……………………………………… *453*
第2章　共同処理方式の運営に係る自治体側の留意点 ……………… *456*
第3章　共同処理方式の課題 …………………………………………… *459*
第4章　今後の共同処理の需要 ………………………………………… *462*
第5章　組合の課題 ……………………………………………………… *464*
　Ⅰ　総　　論 …………………………………………………………… *464*
　Ⅱ　一部事務組合の課題 ……………………………………………… *464*
　　　1　2団体で構成される一部事務組合 …………………………… *464*
　　　2　同一の構成団体により設置されている一部事務組合 ……… *465*
　Ⅲ　広域連合の課題 …………………………………………………… *466*
　Ⅳ　連携協約の活用 …………………………………………………… *467*
　Ⅴ　広域連携のビジョン ……………………………………………… *468*

　　資　料　編 ……………………………………………………………… *471*
　　事項索引 ………………………………………………………………… *495*

◎ 略称一覧

組合	一部事務組合及び広域連合
事務組合	一部事務組合
複合事務組合	複合一部事務組合
自治法	地方自治法
施行令	地方自治法施行令
規程	地方自治法施行規程
地公法	地方公務員法
地公企法	地方公営企業法
公選法	公職選挙法
合併特例法	市町村の合併の特例に関する法律
健全化法	地方公共団体の財政の健全化に関する法律
地教行法	地方教育行政の組織及び運営に関する法律
規約準則	一部事務組合規約準則
総合管理計画	公共施設等総合管理計画

◎ 図表等一覧

Ⅰ 共同処理の仕組み（イメージ図）

第2編第3章Ⅱ	［図2-25］協議会の仕組み	44
第2編第3章Ⅲ	［図2-28］機関等の共同設置の仕組み	51
第2編第3章Ⅳ	［図2-32］事務の委託の仕組み	56
第2編第3章Ⅴ	［図2-39］一部事務組合の仕組み	68
第2編第3章Ⅴ	［図2-47］広域連合の仕組み	76
第3編第6章Ⅰ	［図3-11］連携協約のイメージ	108
第4編第6章Ⅱ	［図4-26］特例一部事務組合の仕組み	249
第4編第8章Ⅰ	［図4-59］複合一部事務組合の仕組み	315
第5編第1章Ⅰ	［図5-1］広域連合の事務	347

Ⅱ フローチャート

第4編第1章Ⅲ	［図4-1］一部事務組合設立の際のチェックポイント（フローチャート）	124
第4編第5章Ⅰ	［図4-2］一部事務組合の設立手続の流れ	156
第4編第5章Ⅱ	［図4-5］規約変更手続の流れ	169
第4編第5章Ⅲ	［図4-6］共同処理事務の変更及び規約の変更の手続の流れ	178
第4編第5章Ⅳ	［図4-8］構成団体の数の増減の手続の流れ	192
第4編第5章Ⅴ	［図4-11］解散手続の流れ	205
第4編第5章Ⅵ	［図4-12］解散の議決・協議と財産処分の議決・協議の流れ	214
第4編第5章Ⅶ	［図4-14］事務承継の手続の流れ	218

Ⅲ　チェックリスト

第3編第6章Ⅴ［表3－3］連携協約採用に際してのチェックリスト……………117
第4編第1章Ⅲ［表4－1］一部事務組合用チェックリスト……………………125
第4編第5章Ⅰ［図4－3］一部事務組合設立申請用チェックリスト……………161
第4編第5章Ⅰ［図4－4］主要な条例・規則等チェックリスト（一部事務組合用）……………………………………………………………………163
第4編第5章Ⅱ［表4－3］規約変更許可申請用チェックリスト…………………173
第4編第5章Ⅲ［表4－4］共同処理事務の変更及び規約変更の許可申請用チェックリスト……………………………………………………………180
第4編第5章Ⅳ［表4－5］一部事務組合を組織する地方公共団体の数の増減の許可申請用チェックリスト………………………………………196
第4編第5章Ⅶ［表4－6］一部事務組合の解散の届出用チェックリスト…………222

Ⅳ　議　案

第4編第5章Ⅰ［様式4－1］一部事務組合設立の議案（例）……………………158
第4編第5章Ⅱ［様式4－3］一部事務組合の規約変更の議案（例）……………171
第4編第5章Ⅲ［様式4－5］一部事務組合の共同処理事務の変更の議案（例）……178
第4編第5章Ⅳ［様式4－7］一部事務組合を組織する地方公共団体の数の増加の議案（従前から一部事務組合を組織していた団体用）（例）……………………………………………………………193
第4編第5章Ⅳ［様式4－8］一部事務組合を組織する地方公共団体の数の増加の議案（新たに一部事務組合に加入する団体用）（例）……………………………………………………………193
第4編第5章Ⅳ［様式4－9］一部事務組合を組織する地方公共団体の数の減少の議案（減少後も一部事務組合を組織する団体用）（例）……………………………………………………………194
第4編第5章Ⅳ［様式4－10］一部事務組合を組織する地方公共団体の数の減少の議案（一部事務組合から脱退する団体用）（例）…………194
第4編第5章Ⅴ［様式4－12］一部事務組合解散の議案（例）……………………208
第4編第5章Ⅴ［様式4－13］財産処分に関する議案（例）………………………208

Ⅴ　申請書等

第4編第5章Ⅰ［様式4－2］一部事務組合設立の許可申請書（例）……………160
第4編第5章Ⅱ［様式4－4］一部事務組合の規約変更の許可申請書（事務組合管理者からの申請）（例）……………………………………172
第4編第5章Ⅲ［様式4－6］一部事務組合の共同処理事務の変更の許可申請書（例）……………………………………………………………179
第4編第5章Ⅳ［様式4－11］一部事務組合を組織する地方公共団体の数の増加（減少）及び規約の変更の許可申請書（例）…………………195
第4編第5章Ⅴ［様式4－14］財産処分に関する協議書（例）……………………209

第4編第5章Ⅴ ［様式4-15］一部事務組合の解散届出書（例） ……………………… 210
第4編第9章Ⅱ ［様式4-16］企業長の任命書（例） ……………………………… 338

Ⅵ　散布図

第2編第3章Ⅰ ［図2-24］市町村別 連携協約項目数と人口との関係 …………… 44
第2編第3章Ⅵ ［図2-55］都道府県別 市町村数と共同処理方式設置件数との関係
　　　　　　　　　　　　　……………………………………………………………… 82
第2編第3章Ⅵ ［図2-56］都道府県別 市町村数と事務組合設置件数との関係 … 82
第2編第3章Ⅵ ［図2-57］都道府県別 市町村数と広域連合設置件数との関係 … 83
第2編第3章Ⅵ ［図2-58］都道府県別 市町村数と事務の委託件数との関係 …… 83
第2編第3章Ⅵ ［図2-59］都道府県別 市町村数と連携協約締結数との関係 …… 84
第3編第5章Ⅳ ［図3-6］都道府県別 市町村数と定住自立圏圏域数との関係 …… 100
第6編第1章Ⅲ ［図6-14］都道府県別 組合数と情報公開条例制定済み組合数と
　　　　　　　　　　　　の関係 ……………………………………………………… 385
第6編第2章Ⅰ ［図6-31］都道府県別組合数 実質単年度収支 赤字団体及び黒
　　　　　　　　　　　　字団体数 ……………………………………………………… 400
第8編第5章Ⅱ ［図8-5］都道府県別 市町村数と「2団体で構成されている
　　　　　　　　　　　　事務組合の数」との関係 …………………………………… 465
第8編第5章Ⅱ ［図8-6］都道府県別 市町村数と「同一構成団体で構成され
　　　　　　　　　　　　ている事務組合」の延べ数との関係 ……………………… 466
第8編第5章Ⅲ ［図8-7］都道府県別 市町村数と広域連合の設置数との関係 …… 467

Ⅶ　地方自治法の適用・準用

第4編第3章Ⅱ ［表4-2］一部事務組合に適用・準用される地方自治法の規定 … 139
第4編第6章Ⅱ ［表4-8］一部事務組合に適用・準用される地方自治法の規定
　　　　　　　　　　　（議会関係） ………………………………………………… 237
第4編第6章Ⅲ ［表4-15］一部事務組合に適用・準用される地方自治法の規定
　　　　　　　　　　　（執行機関関係） …………………………………………… 287

Ⅷ　諸外国の広域連携

総括
第7編第1章 ［表7-1］諸外国における地方自治体の編成，基礎的自治体の
　　　　　　　　　　　状況及び主な広域連携 ……………………………………… 416

米国
第7編第2章Ⅰ ［図7-1］米国における地方自治体の編成 ……………………… 419
第7編第2章Ⅱ ［図7-2］特定区の設立状況 ……………………………………… 420
第7編第2章Ⅱ ［図7-3］州別 人口，一般自治体数及び特定目的区数の状況 … 422
第7編第2章Ⅱ ［図7-4］事務の種類別 特定目的区の状況 …………………… 423
第7編第2章Ⅱ ［図7-5］事務の種類別 複合事務を行う特定目的区の状況 … 424
第7編第2章Ⅱ ［図7-6］各州における人口規模と特定目的区の設立数との関係
　　　　　　　　　　　　……………………………………………………………… 424

第7編第2章Ⅱ	［図7－7］	特定目的区の収入の状況 ………………………………	425
第7編第2章Ⅱ	［図7－8］	主体別 地方債発行額の状況 …………………………	425
第7編第2章Ⅱ	［図7－9］	自治体の地方債発行額の推移 …………………………	426

英国

| 第7編第3章Ⅰ | ［表7－2］ | 英国（イングランド地域）における地方自治体の編成（単一国家）………………………………………… | 428 |
| 第7編第3章Ⅰ | ［表7－3］ | 地方自治体の分掌事務（イングランド地域）……… | 429 |

仏国

第7編第3章Ⅱ	［図7－10］	仏国における地方自治体の編成（単一国家）………	430
第7編第3章Ⅱ	［図7－11］	欧州諸国における人口規模別自治体数の状況 ………	431
第7編第3章Ⅱ	［表7－4］	仏国の広域連携方式 ……………………………………	432
第7編第3章Ⅱ	［図7－12］	広域共同体における構成コミューンの団体数 ………	434
第7編第3章Ⅱ	［図7－13］	広域共同体の人口規模の分布 …………………………	435
第7編第3章Ⅱ	［図7－14］	事務組合の設置数の推移 ………………………………	436
第7編第3章Ⅱ	［図7－15］	広域共同体の設置数の推移 ……………………………	437

独国

第7編第3章Ⅲ	［図7－16］	独国における地方自治体の編成（連邦制国家）……	438
第7編第3章Ⅲ	［図7－17］	州別 郡，特別市及びゲマインデの数並びに人口の状況 ……………………………………………………	439
第7編第3章Ⅲ	［図7－18］	郡，特別市及びゲマインデの数の推移 ………………	440
第7編第3章Ⅲ	［図7－19］	各州における郡の数とゲマインデの数との関係 ……	441
第7編第3章Ⅲ	［図7－20］	各州における人口とゲマインデの数との関係 ………	441
第7編第3章Ⅲ	［表7－5］	独国の広域連携方式 ……………………………………	443

伊国

第7編第3章Ⅳ	［図7－21］	伊国における地方自治体の編成（単一国家）………	445
第7編第3章Ⅳ	［図7－22］	州別 人口とコムーネの数との関係 …………………	446
第7編第3章Ⅳ	［表7－6］	伊国の広域連携方式 ……………………………………	447
第7編第3章Ⅳ	［図7－23］	州別 コムーネ，コムーネ共同体及び山岳部共同体の数 …………………………………………………	448
第7編第3章Ⅳ	［図7－24］	州別 コムーネの数とコムーネ共同体の数との関係…	449
第7編第3章Ⅳ	［図7－25］	州別 山岳コムーネの数と山岳部共同体の数との関係 ……………………………………………………	450
第7編第3章Ⅳ	［図7－26］	州別 コムーネの数と山岳部共同体の数との関係 …	451
第7編第3章Ⅳ	［図7－27］	州別 山岳コムーネの数と山岳部共同体の数との関係 ……………………………………………………	451

Ⅸ 表

第2編第2章Ⅰ	［表2－1］	構成団体別 共同処理方式設置件数の状況 ……………	16
第2編第2章Ⅰ	［表2－2］	主な共同処理の事務件数の状況 ………………………	18
第2編第2章Ⅰ	［表2－3］	処理団体数の推移 ………………………………………	20
第2編第2章Ⅰ	［表2－4］	都道府県別 共同処理の事務件数 ……………………	24

第2編第2章Ⅱ	［表2-5］	組合の事務件数が多い共同処理における全体事務件数の推移	26
第2編第3章Ⅰ	［表2-6］	播磨圏域連携中枢都市圏	43
第2編第3章Ⅱ	［表2-7］	協議会の設置状況	48
第2編第3章Ⅱ	［表2-8］	共同処理の問題点	51
第2編第3章Ⅴ	［表2-9］	一部事務組合と広域連合の主な相違点	60
第2編第3章Ⅴ	［表2-10］	行政分野別 組合に係る事務件数の状況	63
第2編第3章Ⅴ	［表2-11］	都道府県別 組合の設置件数の推移	66
第2編第3章Ⅴ	［表2-12］	組合の構成団体数の推移	74
第2編第3章Ⅵ	［表2-13］	小規模市町村における共同処理	85
第2編第3章Ⅵ	［表2-14］	市町村における事務処理体制の中長期的な方向	86
第2編第3章Ⅵ	［表2-15］	周辺市町村との共同処理の必要性が高い事務（調査結果）	87
第3編第2章	［表3-1］	広域行政圏の状況	92
第3編第6章Ⅱ	［表3-2］	行政契約の種類	110
第4編第6章Ⅱ	［表4-7］	事務組合の議会議員の選任方法	228
第4編第6章Ⅲ	［表4-9］	管理者の選任方法	259
第4編第6章Ⅲ	［表4-10］	副管理者等の選任方法	263
第4編第6章Ⅲ	［表4-11］	監査委員の選任方法	273
第4編第6章Ⅲ	［表4-12］	事務局長の選任方法	278
第4編第6章Ⅲ	［表4-13］	一部事務組合の特別職に対する服務規律に係る法令の概要	284
第4編第6章Ⅲ	［表4-14］	職員服務規律の主な内容	285
第4編第8章Ⅲ	［表4-16］	複合事務組合に係る答申・法律案一覧	319
第4編第8章Ⅴ	［表4-17］	複合事務組合の理事の人数	329
第4編第8章Ⅴ	［表4-18］	複合事務組合の理事会の開催頻度	329
第4編第8章Ⅵ	［表4-19］	複合事務組合の例	332
第4編第8章Ⅶ	［表4-20］	広域行政機構の組織形態の状況	333
第6編第1章Ⅰ	［表6-1］	職員数階層別 一部事務組合の職員数等の状況	375
第6編第1章Ⅱ	［表6-2］	事務処理体制の整備のあり方	381
第6編第1章Ⅱ	［表6-3］	地方税徴収の共同処理を行う組織の概況	383
第6編第1章Ⅲ	［表6-4］	地方公共団体における情報公開の策定状況	384
第8編第3章	［表8-1］	共同処理を実施する上での問題点（調査結果）	460

Ⅹ　図

第1編第1章	［図1-1］	広域連携の必要性	3
第1編第2章Ⅲ	［図1-2］	広域連携制度の変遷に係る特徴	11
第2編第1章	［図2-1］	自治法上の広域的対応	13
第2編第1章	［図2-2］	事務の共同処理方式の概要	14
第2編第2章Ⅰ	［図2-3］	方式別 共同処理設置件数の状況	17
第2編第2章Ⅰ	［図2-4］	全国の処理団体数及び市町村数の推移	19
第2編第2章Ⅰ	［図2-5］	方式別 処理団体数の推移	19

第2編第2章Ⅰ	［図2-6］	設置件数の推移	20
第2編第2章Ⅰ	［図2-7］	共同処理 事務件数の推移	21
第2編第2章Ⅰ	［図2-8］	一部事務組合及びその他の共同処理に係る事務件数の推移	22
第2編第2章Ⅰ	［図2-9］	市町村当たり事務件数の推移	25
第2編第2章Ⅱ	［図2-10］	組合の構成比が高い事務における組合の事務件数の推移	29
第2編第2章Ⅱ	［図2-11］	病院・診療所の共同処理の形態	30
第2編第2章Ⅱ	［図2-12］	上水道の共同処理の形態	30
第2編第2章Ⅲ	［図2-13］	消防の共同処理の形態	31
第2編第2章Ⅲ	［図2-14］	ごみ処理の共同処理の形態	31
第2編第2章Ⅳ	［図2-15］	介護保険 共同処理事務件数の状況	32
第2編第2章Ⅴ	［図2-16］	下水道の共同処理の形態	33
第2編第2章Ⅴ	［図2-17］	住民票の写し等の交付及び公平委員会に係る事務件数の推移	34
第2編第3章Ⅰ	［図2-18］	連携協約の構造	36
第2編第3章Ⅰ	［図2-19］	連携協約策定圏域数の推移	38
第2編第3章Ⅰ	［図2-20］	連携協約締結件数等の推移	38
第2編第3章Ⅰ	［図2-21］	連携協約締結件数別 圏域数の状況	39
第2編第3章Ⅰ	［図2-22］	連携協約の政策分野	40
第2編第3章Ⅰ	［図2-23］	連携協約における具体的事業	41
第2編第3章Ⅱ	［図2-26］	行政分野別 協議会の状況	46
第2編第3章Ⅱ	［図2-27］	協議会 事務件数の推移	47
第2編第3章Ⅲ	［図2-29］	機関等の共同設置制度の改正とその活用方法	53
第2編第3章Ⅲ	［図2-30］	事務の種類別 機関等の共同設置の状況	54
第2編第3章Ⅲ	［図2-31］	機関の共同設置 事務件数の推移	55
第2編第3章Ⅳ	［図2-33］	事務の種類別 事務の委託の状況	57
第2編第3章Ⅳ	［図2-34］	事務の委託 事務件数の推移	58
第2編第3章Ⅴ	［図2-35］	一部事務組合及び広域連合の設置件数の推移	62
第2編第3章Ⅴ	［図2-36］	行政分野別 組合（事務組合・広域連合）に係る事務件数の状況	63
第2編第3章Ⅴ	［図2-37］	行政分野別 組合に係る事務件数の推移	64
第2編第3章Ⅴ	［図2-38］	組合 市町村当たり設置件数の推移	67
第2編第3章Ⅴ	［図2-40］	事務の種類別 事務組合に係る事務件数の状況	70
第2編第3章Ⅴ	［図2-41］	事務の種類別 事務組合に係る事務件数の推移	70
第2編第3章Ⅴ	［図2-42］	事務の種類別 事務組合に係る事務件数の推移	71
第2編第3章Ⅴ	［図2-43］	事務の種類別 事務組合に係る事務件数の構成比の変化	72
第2編第3章Ⅴ	［図2-44］	事務組合 構成団体数規模別 設置件数の状況	73
第2編第3章Ⅴ	［図2-45］	事務組合 構成団体数規模別 設置件数構成比の推移	73
第2編第3章Ⅴ	［図2-46］	事務組合 構成団体数階層別 設置数の変化	74
第2編第3章Ⅴ	［図2-48］	事務の種類別 広域連合に係る事務件数の状況	76
第2編第3章Ⅴ	［図2-49］	事務の種類別 広域連合に係る事務件数の推移	77
第2編第3章Ⅴ	［図2-50］	行政分野別 広域連合に係る事務件数の推移	78

第2編第3章V	［図2-51］	行政分野別 広域連合に係る事務件数の構成比の推移	78
第2編第3章V	［図2-52］	広域連合 構成団体数規模別 設置件数の状況	79
第2編第3章V	［図2-53］	広域連合 構成団体数規模別 設置件数の状況	80
第2編第3章V	［図2-54］	広域連合 構成団体数階層別 設置件数の推移	81
第3編第3章	［図3-1］	広域行政機構の設置の形態	95
第3編第3章	［図3-2］	広域行政機構の設置形態の推移	95
第3編第4章	［図3-3］	全国市町村数及び広域行政圏の圏域当たりの市町村数の推移	97
第3編第4章	［図3-4］	構成市町村数別 広域行政圏の変化	97
第3編第5章Ⅳ	［図3-5］	定住自立圏構想への取組状況	100
第3編第5章Ⅳ	［図3-7］	定住自立圏構想の取組状況	101
第3編第5章Ⅳ	［図3-8］	定住自立圏における取組例	102
第3編第5章Ⅳ	［図3-9］	政策分野別 定住自立圏構想の取組状況	103
第3編第5章Ⅳ	［図3-10］	政策分野の変化の状況	103
第3編第7章	［図3-12］	地域政策と事務の共同処理	119
第4編第5章Ⅳ	［図4-7］	一部事務組合からの脱退	190
第4編第5章V	［図4-9］	一部事務組合から事務の委託に移行した事例	203
第4編第5章V	［図4-10］	一部事務組合の統合の事例	204
第4編第5章Ⅵ	［図4-13］	自治法上の「財産」の範囲と事務組合の財産処分の対象範囲との関係	215
第4編第5章Ⅶ	［図4-15］	事務承継の対象	218
第4編第6章Ⅰ	［図4-16］	一部事務組合の組織（例）	225
第4編第6章Ⅱ	［図4-17］	一部事務組合の議会議員の選出母体の状況	229
第4編第6章Ⅱ	［図4-18］	一部事務組合の議会議員の選出母体の構成比の推移	230
第4編第6章Ⅱ	［図4-19］	一部事務組合の議会議員の選挙方法の状況	231
第4編第6章Ⅱ	［図4-20］	一部事務組合の議会議員の選挙方法の推移	232
第4編第6章Ⅱ	［図4-21］	議会の議員の選出方法の状況	236
第4編第6章Ⅱ	［図4-22］	議会の招集回数別 一部事務組合数の推移	243
第4編第6章Ⅱ	［図4-23］	議会の開催日数別 一部事務組合数の推移	243
第4編第6章Ⅱ	［図4-24］	議会の開催日数別 一部事務組合数の構成比の推移	244
第4編第6章Ⅱ	［図4-25］	一部事務組合の議会の開催状況の例	245
第4編第6章Ⅲ	［図4-27］	副管理者の設置の状況	256
第4編第6章Ⅲ	［図4-28］	副管理者の設置状況の推移	256
第4編第6章Ⅲ	［図4-29］	副管理者の設置根拠に係る状況の推移	256
第4編第6章Ⅲ	［図4-30］	管理者が選任される母体の状況	260
第4編第6章Ⅲ	［図4-31］	管理者が選任される母体の推移	261
第4編第6章Ⅲ	［図4-32］	管理者の選任方法の推移	261
第4編第6章Ⅲ	［図4-33］	副管理者が選任される母体の状況	264
第4編第6章Ⅲ	［図4-34］	副管理者が選任される母体の推移	265
第4編第6章Ⅲ	［図4-35］	副管理者の議会の選任同意に係る状況の推移	265
第4編第6章Ⅲ	［図4-36］	副管理者の人数の状況	266
第4編第6章Ⅲ	［図4-37］	副管理者の数の推移	266
第4編第6章Ⅲ	［図4-38］	会計管理者（収入役）の設置状況の推移	268

第4編第6章Ⅲ	［図4－39］	会計管理者の選任に係る議会同意の推移 ･･････････････････････ *268*
第4編第6章Ⅲ	［図4－40］	会計管理者が選任される母体の推移 ･･････････････････････････ *270*
第4編第6章Ⅲ	［図4－41］	会計管理者の選任方法の推移 ･･････････････････････････････････ *270*
第4編第6章Ⅲ	［図4－42］	監査委員の設置数の推移 ･･････････････････････････････････････ *272*
第4編第6章Ⅲ	［図4－43］	監査委員が選出される母体の推移 ･････････････････････････････ *274*
第4編第6章Ⅲ	［図4－44］	監査委員の選任に係る議会同意の推移 ･････････････････････････ *274*
第4編第6章Ⅲ	［図4－45］	監査委員の選任方法の推移 ･･･････････････････････････････････ *275*
第4編第6章Ⅲ	［図4－46］	監査実施状況の推移 ･･ *276*
第4編第6章Ⅲ	［図4－47］	事務局長の設置状況の推移 ･･･････････････････････････････････ *277*
第4編第6章Ⅲ	［図4－48］	事務局長が選任される母体の推移 ･････････････････････････････ *279*
第4編第6章Ⅲ	［図4－49］	事務局長の選任方法の推移 ･･･････････････････････････････････ *279*
第4編第6章Ⅲ	［図4－50］	構成団体の長に通知すべき議決事件 ･･･････････････････････････ *291*
第4編第6章Ⅲ	［図4－51］	副管理者の職務権限 ･･ *294*
第4編第6章Ⅲ	［図4－52］	副管理者の職務権限の推移 ･･･････････････････････････････････ *295*
第4編第6章Ⅲ	［図4－53］	事務局長の職務権限の状況 ･･･････････････････････････････････ *296*
第4編第6章Ⅲ	［図4－54］	事務局長の職務権限の推移 ･･･････････････････････････････････ *297*
第4編第6章Ⅲ	［図4－55］	一部事務組合における財務管理上の組織 ･･･････････････････････ *303*
第4編第7章Ⅱ	［図4－56］	一部事務組合と住民との関係 ･････････････････････････････････ *308*
第4編第7章Ⅴ	［図4－57］	一部事務組合に対する住民監査の概要 ････････････････････････ *312*
第4編第8章Ⅰ	［図4－58］	複合事務組合における構成団体相互の事務の関係 ･･････････････ *315*
第4編第8章Ⅲ	［図4－60］	複合事務組合における事務の種類別設置数の構成比 の推移 ･･･ *321*
第4編第8章Ⅲ	［図4－61］	複合事務組合における性質別設置数・議員数の推移 ･･･････････ *321*
第4編第8章Ⅲ	［図4－62］	複合事務組合における主な事務の種類 ････････････････････････ *323*
第4編第8章Ⅴ	［図4－63］	複合事務組合における議決の特例及び理事会制度の 推移 ･･･ *325*
第4編第8章Ⅴ	［図4－64］	複合事務組合における議決の特例及び理事会制度の 利用割合の推移 ･･･ *326*
第4編第8章Ⅴ	［図4－65］	複合事務組合における理事の構成の推移 ･･････････････････････ *328*
第4編第8章Ⅵ	［図4－66］	複合事務組合における構成団体数別設置数の推移 ･･････････････ *331*
第4編第9章Ⅱ	［図4－67］	企業団の組織 ･･ *337*
第4編第9章Ⅱ	［図4－68］	財務規定等のみを適用する事業に係る一部事務組合 の組織 ･･･ *337*
第4編第9章Ⅵ	［図4－69］	企業団と構成団体との関係 ･･･････････････････････････････････ *342*
第4編第9章Ⅶ	［図4－70］	事務の種類別 企業団の状況 ･････････････････････････････････ *344*
第5編第6章Ⅰ	［図5－2］	広域連合の議会議員の選挙の方法の推移 ･･･････････････････････ *366*
第5編第6章Ⅱ	［図5－3］	広域連合の長の選挙の方法の推移 ･････････････････････････････ *367*
第6編第1章Ⅰ	［図6－1］	一部事務組合における事務局長の専任・兼任割合の 推移 ･･･ *374*
第6編第1章Ⅰ	［図6－2］	事務局長の職員の身分に係る状況の推移 ･･･････････････････････ *374*
第6編第1章Ⅰ	［図6－3］	事務局長（構成団体の身分あり）の給与支払方法の 推移 ･･･ *375*
第6編第1章Ⅰ	［図6－4］	職員数階層別 事務組合数 ･･･････････････････････････････････ *376*

第6編第1章Ⅰ	［図6-5］	職員数階層別 事務組合数の推移	376
第6編第1章Ⅰ	［図6-6］	職員数規模別 専属専任職員数の推移	377
第6編第1章Ⅰ	［図6-7］	事務組合の職員数の推移	378
第6編第1章Ⅰ	［図6-8］	専属専任職員・専任現業職員の割合等の推移	378
第6編第1章Ⅰ	［図6-9］	職員数階層別 専属専任職員等の状況	379
第6編第1章Ⅰ	［図6-10］	職員数階層別 専属専任職員等の構成比	379
第6編第1章Ⅰ	［図6-11］	職員数規模別 現業・非現業職員数の状況	380
第6編第1章Ⅰ	［図6-12］	職員数階層別 現業・非現業職員数の構成比	380
第6編第1章Ⅱ	［図6-13］	人材確保が必要な事業（人材の不足、専門知識の不足）として挙げられた事業（調査結果）	382
第6編第2章Ⅰ	［図6-15］	事務組合 歳入・歳出と設置数の推移	387
第6編第2章Ⅰ	［図6-16］	事務組合 歳入の内訳	387
第6編第2章Ⅰ	［図6-17］	事務組合 歳入内訳の推移	388
第6編第2章Ⅰ	［図6-18］	事務組合 歳入構成比の推移	389
第6編第2章Ⅰ	［図6-19］	事務組合 歳出（目的別経費）	390
第6編第2章Ⅰ	［図6-20］	事務組合 歳出（目的別）及び設置数の推移	391
第6編第2章Ⅰ	［図6-21］	事務組合 歳出（目的別経費）構成比の推移	392
第6編第2章Ⅰ	［図6-22］	事務組合 歳出（性質別経費）	392
第6編第2章Ⅰ	［図6-23］	事務組合 歳出（性質別経費）の推移	393
第6編第2章Ⅰ	［図6-24］	事務組合 歳出（性質別経費）構成比の推移	394
第6編第2章Ⅰ	［図6-25］	目的別 市町村歳出と組合歳出の規模	395
第6編第2章Ⅰ	［図6-26］	市町村等歳出に占める組合歳出の割合の推移	395
第6編第2章Ⅰ	［図6-27］	組合 建設事業の内訳	396
第6編第2章Ⅰ	［図6-28］	組合 建設事業 事務の種類別 補助事業・単独事業の構成比	397
第6編第2章Ⅰ	［図6-29］	事務組合 地方債現在高と設置件数の推移	398
第6編第2章Ⅰ	［図6-30］	組合 積立金の推移	399
第6編第2章Ⅲ	［図6-32］	健全化判断比率の対象	405
第6編第2章Ⅲ	［図6-33］	早期健全化基準等	406
第6編第2章Ⅲ	［図6-34］	実質公債費比率の算定方法	408
第6編第2章Ⅲ	［図6-35］	将来負担比率の算定方法	409
第6編第2章Ⅳ	［図6-36］	「今後の新地方公会計の推進に関する研究会」報告書概要	411
第6編第2章Ⅴ	［図6-37］	公共施設等の適正管理の推進	413
第6編第2章Ⅴ	［図6-38］	公共施設等適正管理事業債の活用状況	414
第8編第3章	［図8-1］	共同処理についての地方公共団体の意見	460
第8編第4章	［図8-2］	共同処理の需要が高い事務の種類	462
第8編第4章	［図8-3］	「財源が不足しているので共同処理の検討が必要」と考えられている事務の種類	463
第8編第4章	［図8-4］	「行政サービスに必要な事業規模の確保のための共同処理の検討が必要」と考えられている事務の種類	463
第8編第5章Ⅴ	［図8-8］	広域連携の方向性	469

XI 参　考

第２編第３章Ⅱ＜参考１＞合併協議会……………………………………………………50
第３編第１章　＜参考２＞広域市町村圏整備措置要綱（抄）………………………91
第３編第６章Ⅰ＜参考３＞第30次地方制度調査会答申（抄）……………………106
第４編第２章Ⅱ＜参考４＞一部事務組合による接遇経費に係る住民監査請求………132
第４編第２章Ⅱ＜参考５＞法人格が認められるとはどのような意味を持つのか…………133
第４編第６章Ⅱ＜参考６＞複合事務組合の規約例……………………………………248
第４編第６章Ⅲ＜参考７＞市町村職員服務規律………………………………………285
第４編第８章Ⅱ＜参考８＞地方制度調査会第９次答申（抄）………………………317
第４編第８章Ⅱ＜参考９＞地方制度調査会第13次答申（抄）………………………317

第1編

広域連携の考え方

第1章　広域連携の必要性

　我が国では，以前は「広域行政」という用語が用いられてきたが，近時は「広域連携」という用語が多く用いられている。前者が行政活動自体に着目しているのに対し，後者は地方公共団体の協力関係に着目した用語であると指摘されている[1]。近時の連携協約，連携中枢都市圏構想，定住自立圏構想，広域連合，機関の共同設置等の多様な行政手法の展開を見ると，広域的な行政活動ないしそのアウトプットよりも，協力関係ないしそのプロセスに着目した用語の方が的確な表現であると考えられ，本書においても，自治体の範囲を超える行政の協力関係を指して，広域連携の用語を用いることとする。

　広域連携は，我が国においてのみ活用されている手法ではない。米国の学校区（school district）や特定目的区（special district），英国の広域行政組織（joit board），仏国の事務組合（syndicat）や広域共同体（communauté），伊国の共同体（unione）など，欧米諸国においても，総合自治体を補う広域行政機関が存在する[2]。

　いずれの国においても総合自治体のみでは，公共サービスを適切な形で完遂することはできない。それは具体的には次に掲げるような総合自治体の課題や欠缺（十分に行き届かない面）が存在し，それらの課題・欠缺を補うために広域連携の行政手法が必要とされるからである。

　① 総合自治体に規模の格差があり，狭小の総合自治体が単独で実施することが困難であり，他の組織による能力補完が必要な事務（行政サービス）が存在すること

　ここでいう狭小は，区域の狭小だけではなく行財政能力を意味し，小規模の

---

1) 『*基礎自治体の広域連携に関する調査研究報告書*』（以下「広域連携報告書」という。）日本都市センター，2011年，3頁参照。
2) 　地方政府の中で複数にわたる機能を総合的に担う自治体のこと。我が国の普通地方公共団体に該当する。山下茂『*体系比較地方自治*』（ぎょうせい，2010年）292頁参照。

総合自治体の体制の限界を超え，何らかの形での能力補完を要する場合がある。我が国では，病院等の医療，環境衛生（ごみ処理等），消防等がその典型として挙げられる。例えば消防業務の常備化及び救急業務体制の確立等の要請に対し，狭小な市町村が個々に常備化に着手し，地域間に設備，能力の格差が生じていたのでは，なかなか消防能力向上の実効性が上がらない。それ故に，常備化，広域化の施策の推進の手段として，消防組合の設立が進められたわけである。

② 大規模な施設の稼働を伴う事務が存在すること

公共サービスの中には，大規模な施設を稼働させつつサービス提供を行う業種が存在する。上下水道，ごみ処理，用排水等の事業が典型的である。これらの事業については，関係自治体の自然条件や施設の規模等にもよるが，単独の自治体が設置・運営を行うよりも，複数の自治体が共同で施設を設置し共同処理を行うことが，スケールメリットを発揮し，能率的・合理的な行政運営を行うことができると考えられ，実践されている。即ち，地方公共団体が各々単独で区域内に処理施設を持つことの不経済を廃し，さらに，複数の団体が施設建設の費用を持ち寄ることにより，処理能力のより高い施設を建設，利用することが可能になり，総合的，長期的観点から見れば，経済的な事務処理が可能になる。

③ 施設の数を集約することにより社会的ニューサンス（迷惑性）を縮減することができる事務が存在すること

例えば環境衛生業務（ごみ，し尿，火葬場等）においては，集約処理を通じた施設稼働のスケールメリット及び社会的ニューサンスの縮減化の観点から，共同処理の手法が盛んに用いられてきた。

④ 確率は低いが確実に一定程度の需要が発生する事務が存在すること

例えば我が国では，職員研修，退職金支給，公務災害，交通災害共済，医療衛生（結核予防等）など，単一の自治体では，対応しなければならない事象が発生する確率が高くはないが，一定以上の頻度で発生する性質を持つ事象に係る行政需要が存在する。これらの行政需要に対しては，大数の法則にしたがい，共同処理により対応することが費用対効果の観点からも合理的である。

⑤　広域的企画に基づく展開が必要な事務が存在すること

　例えば地域開発計画，観光，交通運送など，単一の自治体を超えた広域的な観点から事業の企画を行い実施することに適した行政需要が存在する。

⑥　地域差がなく共通の尺度で共同処理を行うことに適する事務が存在すること

　我が国では，介護認定審査，障害区分認定審査，生活保護など，複数の自治体が共通の基準で統一的に事務処理を行い，自治体間の取り扱いの格差を克服することが，公平感を増し，当該行政事務に対する住民の信頼感の向上に資することとなる行政需要が存在する。

⑦　専門的技能を備えた職員を集約することに適した事務が存在すること

　我が国では救急医療，税の滞納処分など，事象の発生確率は高くはないが，専門的技能を備えた職員を集約することにより処理することが合理的な行政サービスが存在する。

　これらの行政需要は，その需要の量はその時々の社会情勢により異なるが常に存在するものであり，これらの需要に応えるため，総合自治体以外の広域連携の手法が用いられることとなる。換言すれば，広域連携の手法は常に必要とされ，また，今後発生する新たな行政需要の中で，広域連携の手法が適合する需要が存在することが予想される（〔図1−1〕参照）。その意味で，広域連携の活用方策を常に視野に入れておくことが重要なものとなる。

〔図1−1〕　広域連携の必要性

総合自治体による事務の課題 (以下の性格を伴う事務（行政サービス）が存在) [3]

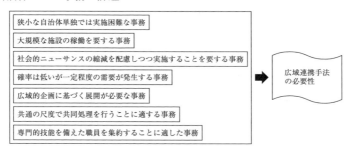

3）　図は筆者作成。以下，本稿全編を通じ，出典が特記された図表以外の図表は，筆者が作成したものである。

第2章　広域連携に係る制度の沿革

Ⅰ　明治時代初期

　我が国が近代国家としての歩みを始めた明治時代初期における地方自治制度は，幕藩制度下における町村制度がそのまま維持され，五人組制を基礎として町村を構成し，町村が租税の賦課徴収，政令の布達，戸籍調べの実施，勧農土木，窮民の扶助，風俗取り締まり等の事務を担う体制であった。これは旧幕藩時代の町村政策を踏襲するものであったが，同時に，従来の自然発生的な町村組織の不統一を整理し，できる限り画一的・規則的な末端行政組織を確立することを目指すものであった。1872（明治5）年には，大区・小区制が施行され，従来の郡－郷・組－町村の組織を廃止し，大区・小区を設定することにより，地方団体を行政事務遂行のための組織として位置づけた。しかしながら大区・小区制は，集権的な行政組織を整備しつつ実際の行政執行においては旧来の町村組織に依存しなければならない課題を有していたことから，統一的かつ安定的な地方制度を設定するため，1878（明治11）年には三新法（郡区町村編成法，府県会規則及び地方税規則），1880（明治13）年には区町村会法が成立する。

　このような三新法制定前の時代においては，地方公共団体の事務の共同処理方式として法制度上位置づけられたものはないが，実質的には「組合町村（町村聯合）」の仕組みが利用されていた[1]。また，郡区町村編成法6条においても，「毎町村ニ戸長各一員ヲ置ク　又数町村ニ一員ヲ置クコトヲ得」と規定している。これは，大区・小区と異なり自然村の状態であった町村においては人口が極めて少ない団体も多く，そのような団体においては戸長の事務を共同処理により担うための制度であった。

　三新法の郡区町村編制法においては「職員の共同設置」の規定が設けられた。また，区町村会法において「数区町村連合会」の制度が設けられたが，こ

---

[1]　三新法の施行に際して府県に対して示された通達である「郡区町村編制法　府県会地方税両規則施行順序」の中において，「従前　大小区ノ外　組合町村ノ仕法致シ来リ候」と記述されており，当時から組合町村が運営されていたことがわかる。

れは全部事務組合に相当する制度であった。

Ⅱ　市制・町村制の時期

1　市町村組合

　1888（明治21）年に施行された町村制において，「町村組合」として，共同処理方式が初めて法制度上定められた。即ち，116条第1項において協議による任意設立，2項で強制設立，117条で設立のための所要の規定，118条で解散の規定を設けている[2]。市制・町村制の趣旨を有権解釈として示している市制町村制理由によれば，1888年の町村制における町村組合の目的は2つあり，(ⅰ)共同処理を要する事務の処理機能を果たすこと，(ⅱ)合併を行うことに何らかの障害がある場合に合併と同様の機能を発揮することのいずれかであったと考えられている。

　また，1891（明治24）年の市制改正法律により，市制は，「第8章　市町村組合」として，関係規定を設けた。149条第1項は，市町村組合の任意設立について，同条第2項は強制設立について規定する。その提案理由は，「付近市町村と共同事業経営し得る為に市町村組合を設け得る」こととされている。町村の場合，合併と同様の能力水準の確保という色彩が強いことに対し，市の場合には共同事業による合理性の追求を指向している点に違いが見られる。

　府県制においては，1914（大正3）年の改正により，府県連合に関する規定（126条の2〜126条の7）が盛り込まれた。なお，当時の制度では，府県は市町村に対する上位の行政機関とされており，府県と市町村が一つの組合を設けることは認められていなかった。

　これらの経緯から，次の点を客観的事実として抽出することができる。

　①　明治期の我が国においても，既に前述の広域連携の必要性は発露しており，近代市町村制発足の草創期から，総合自治体たる市及び町村のみでは対応できない行政需要に対し組合町村（町村聯合）で補完する手法を採っていたこ

2）　市制・町村制の施行後間もなく，政府の「町村合併標準」に従って，明治の大合併が推進された。

と。

② 明治初期においては，自然村から行政区画の単位としての行政村に切り替えていく必要性があり，このような事情を背景として，特に町村の能力の補完が重要な要請となっていたこと。このため市制に先駆けて町村制において組合町村の制度が導入されたこと。

③ 一方で，安易に組合町村の設立を推奨していたわけではなく，市制町村制理由書においても「合併等により有力町村を造成できる場合には組合町村を設立する必要はない。一つの事務ごとに組合町村を設立すれば組織が錯綜し経費が増嵩することは外国の例でも明らかである。組合町村は，水利土木や小町村における学校などやむを得ないものに限るべきである。」と記述されており，政府は組合町村設立の必要性の精査が必要であるという方針を示していたこと。

④ 明治の町村合併という集権的な体制の下で，町村が互いに離れている場合や，古来の慣習により合併の形で調和することができない等の特殊な事情により合併が困難な場合に，それに代わる選択肢として，組合町村の制度が想定されていたこと。

このように明治時代初期と現代では様々な点で社会情勢が異なるものの，町村組合という総合自治体とは別の組織を設立することのメリット・デメリットの検証については，今日の議論に通じる面がある。

2　事務の委託

事務の委託は，地方学事通則（明治23年法律89号）に基づいて，児童教育事務の委託について認められていた。これは，同法4条の規定「町村及町村学校組合若クハ其区ハ　郡長ノ指定ニ従ヒ　他町村又ハ町村学校組合若クハ其区ノ児童教育事務ノ委託ニ応スヘシ」に基づくものである。

3　施設の共同利用

施設の共同利用は，戦時体制下の旧自治制の改正の一環として行われたものであり，1943（昭和18）年の市制，町村制の改正において追加されたものであ

る（市制114条の2，町村制94条の2）。

　戦前の時期は，これらの3種類の方式の中では，一部事務組合の一つの類型としての学校組合が最もよく活用されていた。

Ⅲ　地方自治法制定以降の時期

1　主な経緯

　1947（昭和22）年，戦後の新しい地方自治制度の基本法として地方自治法（以下，「自治法」という）が制定されたが，自治法の制定当初において，地方公共団体事務の共同処理については，旧制度の内容がそのまま引き継がれることとされ，特に新たな制度は設けられなかった。しかし，戦後の制度改革により，行政事務の再配分，特に市町村への事務委譲が大幅に行われたため，これに対応して市町村の行財政能力を強化するための制度や施策が検討されることとなった。その方策として打ち出されたのが，一つは，市町村の規模の適正化のための町村合併の推進であり（1953（昭和28）年に町村合併促進法を制定，1956（昭和31）年に新市町村建設促進法を制定），他の一つが地方公共団体の事務の共同処理の促進であった。即ち，戦後において新学制（6・3制）の実施など，新たに増大する地域の行政需要に行政側が対応していくためには，従来の市町村の規模，能力では十分ではなかったため，合併の推進のほかに，事務の共同処理を促進する必要性が増すこととなった。事務の共同処理については，旧制度の時代から継続して一部事務組合の制度が存在していたが，その組織や事務処理手続はやや複雑な面があり，より簡素で能率的な制度を設ける必要があった。そこで，1952（昭和27）年の自治法一部改正により，経費節約，事務の能率的処理を図る趣旨の下で，地方公共団体の協議会，事務委託，機関等の共同設置等の制度が設けられた。また，1956（昭和31）年の一部改正では，事務処理の能率化を図る趣旨により，職員派遣の制度が位置づけられた。

　その後，1961（昭和36）年の自治法一部改正により，協議会の制度の一部改

---

3)　本書においては，一部事務組合を「事務組合」と表記する（表題及び図表中を除く）。また，一部事務組合と広域連合を総称して「組合」と表記する。

正が行われ，広域にわたる総合的な計画を共同して作成するための協議会（計画作成協議会という。法252条の2第1項）の制度が加えられた。これは特に広域行政の必要性の増大に対応する改正であった。

また，1963（昭和38）年の自治法一部改正により，地方開発事業団の制度が創設された。これは，新産業都市建設等を中心とする地域開発の要請に応じ，その根幹となるべき建設事業等を総合的かつ一体的に実施するための新しい共同処理方式として設けられたものであった。

市町村の広域連携体制の整備が唱えられたのは，1969（昭和44）年の新全国総合開発計画を受けて策定された自治省（現総務省）の広域市町村圏構想等を契機としている。当該構想は，都市とその周辺の農山漁村の有機的な結合により圏域の総合的な振興整備を図るため，広域市町村圏を設定するものである。圏域の振興整備を図るため，広域行政機構（協議会又は事務組合）を設置し，圏域の将来図及びそれを実現するための施策を示した広域行政圏計画を策定し，公共施設の整備や公共的なソフト事業を実施することとされていた。

さらに，住民の生活圏の広域化等に伴う広域行政の総合的かつ計画的な推進の必要性の増大に対処するため1974（昭和49）年の自治法一部改正により，複合的一部事務総合（以下，「複合事務組合」という）の制度が設けられている[4]。複合事務組合においては，共同処理する事務が構成市町村全てに共通している必要はないものとされ，結果的に組合相互の統廃合も可能にする制度であった。このような制度の整備を踏まえ，広域市町村圏構想は，事務組合，複合事務組合又は協議会による事務の共同処理を通じて進められた。

また，1989（平成元）年からは，「ふるさと市町村圏」制度が発足した。これは，広域行政圏の中から地域の自立的発展が見込まれる地域を選定し，ふるさと市町村圏基金の運用益を活用して事業を推進するものである。

1994（平成6）年の，自治法一部改正により，広域連合制度が導入された。この制度は，第23次地方制度調査会の「広域連合及び中核市に関する答申」（1993年4月）に基づいて制度化されたものである（後掲＜参考資料Ⅱ＞参照）。広域連合制度においては，事務組合方式など従来の広域行政の手法では構成団

4）複合事務組合の制度創設の経緯について，第4編第8章Ⅱを参照。

体間の意見の調整が難しい場合があるため，直接公選制の議会設置が可能とされたほか，住民の直接請求制度等が法律上明確に規定されている。

1999（平成11）年から開始された平成の市町村合併により，市町村数は3,232（1999年3月31日現在）から，1,730（2010年3月31日現在）にまで減少した。全国の市町村数が顕著に減少したことに合わせて，事務組合の設置件数も2,630（2000年）から1,466（2018年）に減少している[5]。一方，2001（平成13）年度以降，都道府県の間で税の滞納処分を共同処理で行う手法が普及し，全国で44件[6]の共同処理方式が採用されている等の新たな動きも見られる。また，2010（平成22）年には全国初の都道府県レベルの広域連合として関西広域連合が設立された。

2011（平成23）年の自治法一部改正においては，広域行政関係について，次の見直しが行われた。

① 全部事務組合，役場事務組合及び地方開発事業団に係る規定を廃止する。

② 地方分権改革推進計画に基づき，義務付け，枠付けの見直しの一環として，広域連合が作成する広域計画を公表する義務及び総務大臣又は都道府県知事に提出する義務を廃止する。

③ 広域連携に係る多様な選択肢を用意する趣旨に基づき，議会事務局，行政機関（保健所等），長の内部組織（部や課），委員会・委員の事務局（監査委員等）について，共同設置を行うことができることとされた。

2012（平成24）年の自治法一部改正においては，次の見直しが行われた。

① 事務組合，協議会及び機関等の共同設置から構成団体が脱退する場合，予告を通じ脱退手続を簡素化する。

② 事務組合の議会を構成団体の議会をもって組織することができる類型（特例組合）を設ける。

③ 広域連合に執行機関として長に代えて理事会を置くことができることと

5） 後掲〔図2−35〕参照。
6） 内訳は一部事務組合20件，広域連合5件，任意組織19件。2012（平成24）年12月現在。
　　出典：『地方公共団体の事務の共同処理の状況調（平成30年度；平成30年7月1日現在）』総務省。以下，『状況調』という。

する。

2014（平成26）年の自治法一部改正においては，次の見直しが行われた。

① 普通地方公共団体は，他の普通地方公共団体と連携して事務を処理するに当たっての基本的な方針及び役割分担を定める連携協約の制度を設ける。

② 普通地方公共団体は，その事務の一部を，当該普通地方公共団体の名において，他の普通地方公共団体の長等に管理・執行させること（事務の代替執行）ができることとする。

2017（平成29）年の自治法一部改正においては，次の見直しが行われた。

組合の管理者等は、内部統制に関する方針を定め、これに基づき必要な体制を整備するよう努めなければならない（当該規定部分は2020年4月1日施行）。

2　制度変遷の特徴

このように自治法における広域連携制度の変遷を見てみると，社会情勢に対応し，幾多の改正を経てきたことがわかる。その特徴は次のとおりである。

第一に，多様な広域連携制度の創設が挙げられる。1947（昭和22）年に制定された自治法においては，戦前の組合制度が拡充され，市町村だけでなく都道府県も対象となり，町村については役場事務組合制度が創設された。その後，協議会，事務委託，機関等の共同設置，職員の派遣，地域開発事業団，複合事務組合，広域連合など，社会情勢に応じて様々な広域連携制度が創設され，共同処理手法の選択肢が増えていくこととなった。

第二に，簡素・簡便な制度が整備されてきたことが挙げられる。共同処理は，その体制を整備した後は能率化が期待できるが，例えば事務組合を設立する場合，体制を整備するまでの手続や作業が複雑である等の課題が指摘されていた。このため，事務委託，機関等の共同設置，職員の派遣など，より簡便な共同処理手法が導入されていくこととなった。

第三に，共同処理形態のスクラップ・アンド・ビルドが実施されてきたことである。上述のような新たな共同処理の形態が導入されてきた一方で，制度創設以降の利用頻度が高くない制度である役場事務組合，全部事務組合及び地域

開発事業団については法律上の規定を整理し新規の設立は行わないこととされた。

　第四に，いったん特定の共同処理方式を採用すると固定化してしまうという弊害を防ぐため，事務組合等からの脱退手続の簡素化など，弾力的・機動的な他の形態への転換（共同処理方式の解消や他の共同処理方式への転換）を容易にする改正が行われた。

　第五に，事務の共同処理は，その性格により，法人を設立して広域連携活動を行う法人格型（組合が該当）と，契約の締結等の仕組みを通じた非法人格型（連携協約，事務の委託等）に分類することができる。（後述）[7] 近年，非法人格型である契約型広域連携が，2014年の自治法改正による新たな契約型の類型（連携協約及び事務の代替執行）が創設されたこと及び新たな需要により事務の委託が増加したことにより，[8] 件数が顕著に増加している。[9]

〔図1-2〕　広域連携制度の変遷に係る特徴

```
┌─────────────────────────────────────┐
│ 多様な広域連携制度の創設              │
│ 簡素・簡便な制度の創設                │
│ 広域連携制度のスクラップ・アンド・ビルド │
│ 弾力的・機動的な他の形態への転換      │
│ 契約型広域連携の増加                  │
└─────────────────────────────────────┘
              ↑
     地方行政を取り巻く社会情勢の変化
```

---

7) 我が国における法人格型と非法人格型（特にその中の契約型）の広域連携制度の沿革と現況については，木村俊介『グローバル化時代の広域連携』（第一法規，2017年）を参照。

8) 共同処理の状況調によれば，2016年7月現在，事務の委託は対前年比で464件増加しているが，その主な原因は，行政不服審査法上の附属機関に係る事務や，住民票の写し等の交付に関する事務について，委託が増加していることによるものである。

9) 2018年の共同処理の総件数は，2016年より314件増加し，9,190件であるが，内訳として，法人格型である組合が27件減少する一方で，非法人格型が341件増加している（〔表2-1〕参照）。

第2編

事務の共同処理の現況

第1章　事務の共同処理の意義

　地方公共団体の事務の共同処理とは，地方公共団体が共通の事務を持ち寄り，協力して又は一体的に処理する方式をいう。自治法上，共同処理は，その性質により2つに分類されている（〔図2－1〕参照）。

〔図2－1〕　自治法上の広域的対応

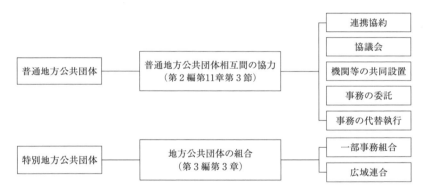

　第一のグループは，普通地方公共団体としての協力方式である。この方式は，自治法上，普通地方公共団体が主体として活動を行うことを前提として，その協力関係を規定した方式であり，自治法第11章第3節の普通地方公共団体相互間の協力（252条の2～252条の17）に関係規定が定められている。この方式に該当するものは，連携協約，協議会，機関等の共同設置，事務の委託及び事務の代替執行である。これらの制度は，行政機関の活動遂行を円滑かつ合理的に行うための協力行為であることが基本的性格であるが，同時に，当該協力を通じて，行政機関間の関係だけではなく，コミュニティや民間事業者等の関係者を包摂した地域全体の相互連携の仕組みとして，今日その役割が注目されている。

　第二のグループは，特別地方公共団体を設立する方式であり，自治法第3編

第3章の地方公共団体の組合（284条〜293条の2）に関係規定が定められている。このグループは，第一のグループと異なり，自治法に定められた設立手続をもって，普通地方公共団体とは別個の法人格を有する特別地方公共団体を設置し行政活動を行わせる方式であり，事務組合と広域連合がこの方式に該当する（〔図2－2〕参照）。

〔図2－2〕 事務の共同処理方式の概要

法人格型（組合）	
一部事務組合	地方公共団体が，その事務の一部を共同処理するために設ける特別地方公共団体
広域連合	地方公共団体が，広域的な処理が適当と認められる事務を処理するため，国・都道府県からの事務移譲の受け入れも含めて設ける特別地方公共団体

非法人格型	
連携協約	地方公共団体が，連携して事務処理を行うに当たっての基本的な方針及び役割分担を定める制度
協議会	地方公共団体が，事務の一部の共同での管理執行，連絡調整，計画作成を行う執務組織
機関等の共同設置	地方公共団体の委員会・委員，行政機関，長の内部組織等を共同で設置する制度
事務の委託	地方公共団体の事務の一部を他の地方公共団体に委託し管理執行させる制度
事務の代替執行	地方公共団体が，その事務の一部の管理執行を当該地方公共団体の名において他の地方公共団体に行わせる制度

上記の自治法上の分類は，普通地方公共団体としての活動か，特別地方公共団体としての活動かという地方公共団体の種類に着目した分類であるが，この分類は，共同処理方式の法的手法の観点から言えば，法人格を備える組織を別途設立する方式（法人格型）と法人格を伴わない組織・協定等の枠組みにより共同処理を行う方式（非法人格型）という分類に相当する。法人格型は，設立された法人（特別地方公共団体）が，単独での行為能力を備え，独立した法人格の下で行政活動を行い（例えば当該法人の名で行政命令を発することや契約を締結すること等），独自の組織を整備し（職員の任用等），資産を保有し（廃棄物処理施設，消防庁舎，浄水場等），これらの人的・物的資産の稼働により，共同処理の対象となる事務の遂行に当たる方式である。このため，この方式は，一般的に次のような事務を処理する場合に適している。
　(i)一定程度以上の規模の施設の稼働を伴う事務（いわゆる施設稼働型の事務）を遂行する場合，
　(ii)一定程度以上の人員体制を要する事務を遂行する場合，
　(iii)複数の種類にわたる事務を共同処理により遂行する場合
　具体的には，事務組合と広域連合がこの方式に該当し，実際に施設稼働型の行政サービス，大規模型サービス及び複合型サービスの分野において活用されている。

第2章 事務の共同処理の状況

I 総論

　自治法で定められた共同処理方式は，各地方公共団体の判断により，行政需要の性質に対応し活用されている。現在の共同処理の方式別の活用状況は〔表2-1〕及び〔図2-3〕に示すとおりである。

　地方公共団体による共同処理の設置件数は，総件数9,190件，構成団体数は延べ39,077団体に上っている。

〔表2-1〕　構成団体別 共同処理方式設置件数の状況[1]（2018.7.1現在）

（単位：設置件数）

共同処理方式	都道府県相互間	2以上の都道府県にわたるもの		1都道府県内のもの		都道府県・市町村相互間	市町村相互間	計	前回(H28)調査結果	増減(H30)-(H28)
		都道府県・市町村相互間	市町村相互間	都道府県・市町村相互間	市町村相互間					
	A	B	C	D	E	B+D	C+E	A+B+C+D+E		
1 連携協約	0	0	12	32	275	32	287	319	175	144
2 協議会	1	4	2	10	194	14	196	211	202	9
3 機関等の共同設置	0	0	2	16	428	16	430	446	444	2
4 事務の委託	32	60	837	2,020	3,679	2,080	4,516	6,628	6,443	185
5 事務の代替執行	0	0	0	2	1	2	1	3	2	1
6 一部事務組合	2	0	17	35	1,412	35	1,429	1,466	1,493	-27
7 広域連合	0	1	0	5	110	6	110	116	116	0
8 地方開発事業団	0	0	0	1	0	1	0	1	1	0
計	35	65	870	2,121	6,099	2,186	6,969	9,190	8,876	314
構成比(%)	0.4	0.7	9.5	23.1	66.4	23.8	75.8	100.0	ー	ー

1）　出典：『状況調』。表の数字は，共同処理を行うために設置された組織の件数（以下，当該件数を「設置件数」という。）を示している。

構成団体別では，1都道府県内の市町村相互間の共同処理が最も多く（6,099件），全体の66.4％を占めている（〔表2-1〕参照）。

　共同処理方式の中では，事務の委託が6,628件で最も多く，全体の72.1％を占めている。それに次いで，事務組合の1,466件（16.0％），機関等の共同設置の446件（4.9％）となっている（〔図2-3〕参照）。

〔図2-3〕　方式別　共同処理設置件数の状況[2]（2018.7.1現在）（設置件数，構成比）

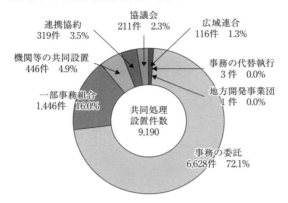

　共同処理方式について，事務の種類別の件数[3]を見ると，住民票の写し等の交付が1,418件（全体の12.3％）で最も多く，次いで，公平委員会に関する事務1,273件（11.0％），競艇事業869件（7.5％），ごみ処理570件（4.9％）となっている（〔表2-2〕参照）。

---

[2]　出典：『状況調』
[3]　一の組織（例えば事務組合）が複数の事務を行っている場合は事務ごとに件数に計上している（このため重複がある）。以下，当該件数を「事務件数」という。

〔表2-2〕 主な共同処理の事務件数の状況 (2018. 7. 1現在)

順位	事務	1 連携協約	2 協議会	3 機関等の共同	4 事務の委託	5 事務の代替執行	6 一部事務組合	7 広域連合	8 地方開発事業団	9 1～8の合計	2008年	増減（2018年-2008年）
1	住民票の写し等の交付	0	0	0	1,402	0	1	0	0	1,403	936	467
2	公平委員会	0	0	115	1,180	0	10	4	0	1,309	1,297	12
3	競艇	0	1	0	861	0	14	0	0	876	855	21
4	ごみ処理	0	4	0	138	0	400	25	0	567	556	11
5	消防	0	41	1	166	0	268	22	0	498	469	29
6	救急	0	25	0	157	0	268	22	0	472	455	17
7	し尿処理	0	0	0	104	0	326	17	0	447	479	-32
8	公務災害	0	0	0	363	0	42	0	0	409	413	-4
9	火葬場	0	4	0	88	0	218	14	0	324	321	3
10	行政不服審査法上の附属機関	0	0	12	293	0	7	5	0	317	0	317
11	下水道	0	7	0	266	0	33	2	0	308	239	69
12	介護区分認定審査	0	3	127	39	0	84	46	0	299	356	-57
13	障害区分認定審査	0	2	106	45	0	56	31	0	240	271	-31
14	保安関係（火取法,液石法,高圧ガス法等）	0	0	0	59	0	124	16	0	199	ND	-
15	リサイクル施設	0	0	0	11	0	155	14	0	180	ND	-
16	退職手当	0	0	0	132	0	48	0	0	180	128	52
17	農業用水	0	8	0	139	0	30	0	0	177	117	60
18	職員研修	26	1	0	78	0	51	13	0	169	138	31
19	情報基盤整備	19	5	0	118	0	18	4	0	164	ND	-
20	救急・土日医療	0	6	0	72	0	65	11	0	154	ND	-
-	その他	348	174	107	917	3	1,467	288	2	3,306	ND	-
-	総計	393	281	472	6,628	3	3,685	534	2	11,998	9,941	2,057

次に、共同処理を行っている団体の数（以下「処理団体数」という。）は、平成の市町村合併により市町村数が減少しているにもかかわらず一貫して増加を続けている（〔図2-4〕参照）。

方式別の処理団体数の推移をみてみると、事務組合は横ばいであるが、その他の方式においては、協議会及び地方開発事業団を除き、いずれの方式も増加している（〔図2-5〕参照）。2018年と2008年の処理団体数を比較してみると、

事務の委託（2008年を100とした場合129.7），広域連合（125.3），機関等の共同設置（118.9）が顕著に増加しており，2014年に創設された連携協約も同様に増加している（〔表２－３〕参照）。

〔図２－４〕　全国の処理団体数及び市町村数の推移

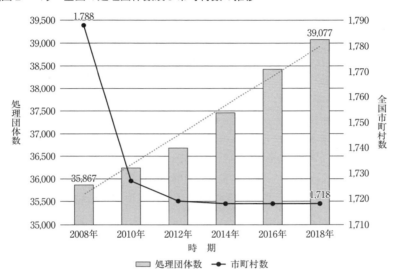

〔図２－５〕　方式別　処理団体数の推移

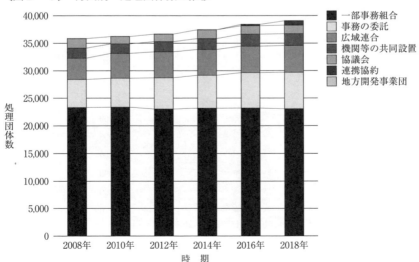

〔表2－3〕 処理団体数の推移

共同処理方式	2008年	2010年	2012年	2014年	2016年	2018年	2018/2008を比較 (2008を100)
一部事務組合	23,296	23,356	23,034	23,177	23,196	23,060	99.0
事務の委託	5,109	5,264	5,668	5,979	6,443	6,628	129.7
広域連合	3,901	4,541	4,745	4,706	4,828	4,887	125.3
機関等の共同設置	1,812	1,720	1,847	1,982	2,179	2,154	118.9
協議会	1,731	1,342	1,365	1,597	1,522	1,541	89.0
連携協約	－	－	－	－	240	786	－
地方開発事業団	18	18	18	18	18	18	100.0
事務の代替執行	－	－	－	－	－	3	－
合計	35,867	36,241	36,677	37,459	38,428	39,077	108.9

次に共同処理の設置件数は，市町村合併に伴う事務組合や事務の委託の減少により，2006年には顕著に減少したが，2006年以降，事務の委託及び機関の共同設置の増加並びに連携協約制度の創設により，増加を続けている（〔図2－6〕参照）。

〔図2－6〕 設置件数の推移

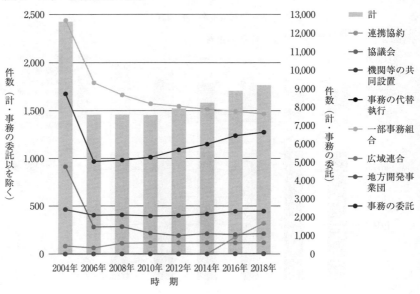

また，共同処理を行っている事務件数について，2008（平成20）年と2018（平成30）年を比較すると，総件数は2,057件増加しているが，その主な要因としては，住民票の写し等の交付に係る共同処理（467件増加）と行政不服審査法上の附属機関に係る事務の共同処理（317件増加）が挙げられる（前掲〔表2－2〕参照）。なお，住民票の写し等の交付は，2008（平成20）年から2016（平成28）年にかけて顕著な増加がみられたが（482件増），2018（平成30）年には若干減少（15件減）している（〔図2－7〕参照）。

〔図2－7〕　共同処理　事務件数の推移

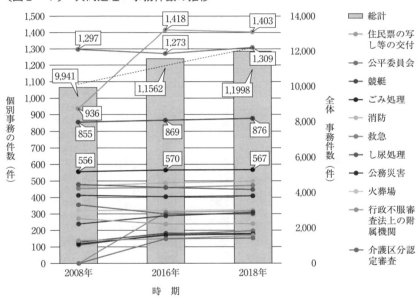

　次に，共同処理方式を組合とその他の方式に分け，2014年以降の事務件数の推移をみてみると，組合については，2014年から2018年までの間，事務件数はほぼ横ばいであるのに対し，その他の方式における事務件数は顕著に増加している。特に，住民票の写し等の交付，公平委員会，競輪・競馬・競艇，行政不服審査法上の審査機関に係る事務の上位4種の事務が主な増加要因となっていることがわかる（〔図2－8〕参照）。

〔図2-8〕 一部事務組合及びその他の共同処理に係る事務件数の推移

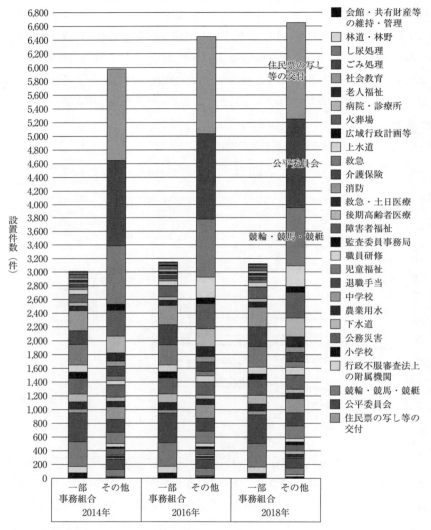

22　第2編　事務の共同処理の現況

ここで〔表2－2〕で示されている事務件数が多い共同処理事務の特徴をみてみると，第1位の住民票の交付等の事務のように日常生活圏の拡大を踏まえた広域行政のニーズに対応するものがみられる。また，公平委員会，公務災害，火葬場，行政不服審査法上の附属機関に係る事務，退職手当等は，前述〔図1－1〕が示す広域連携を必要とする事務の類型の中で，「確率は低いが一定程度の需要が継続的に発生する事務」に該当するものであり，地方公共団体の合理的な行政遂行の観点から共同処理に関する実務上の需要が高い分野であると言うことができる。また，その他の上位の事務，ごみ処理（第4位），消防（第5位），救急（第6位），し尿処理（第7位）等は「一定程度の規模を伴う施設の稼働を要する事務」に該当するものである。このように実務上においても，事務の性質に応じ，これらの共同処理に適した事務の類型に該当するものについては，共同処理が比較的多く採用されていることがわかる。

　次に，事務件数の都道府県別の状況をみてみると，市町村当たりの事務件数は，多い都道府県（富山県の19.07）から少ない団体（千葉県1.83）まで，相当程度の格差が認められる（〔表2－4〕参照）。このような都道府県間の格差は，市町村数の状況や歴史的沿革等の要因によるものと考えられるが，2012年と2018年の共同処理方式の事務件数（市町村当たり）の平均偏差[4]をみてみると，2.02から2.71に拡大している（〔図2－9〕参照）。特に，従来から事務件数が多い団体は一層事務件数が増加している傾向にあり，地方公共団体による共同処理方式の活用の程度に地域差が広がっている。このような状況については，自治体の所掌事務の中で，確率は低いが一定の需要が存在する事務や，一定程度の規模を伴う施設の稼働を伴う事務が共同処理に適合すると考えられることから，共同処理方式の活用度合が低い地域では，将来に向けて共同処理方式の活用の余地が残されているということができる。

---

4) 各標本値の平均値からのずれ（偏差）を平均した値。

〔表2-4〕 都道府県別　共同処理の事務件数（2018年）

団体名	設置数	市町村数	設置数／市町村数	団体名	設置数	市町村数	設置数／市町村数
富山県	286	15	19.07	高知県	169	34	4.97
大分県	333	18	18.50	宮城県	172	35	4.91
岐阜県	685	42	16.31	兵庫県	199	41	4.85
静岡県	408	35	11.66	秋田県	120	25	4.80
東京都	431	39	11.05	福岡県	288	60	4.80
広島県	233	23	10.13	宮崎県	122	26	4.69
岡山県	250	27	9.26	山形県	159	35	4.54
鳥取県	165	19	8.68	長崎県	91	21	4.33
佐賀県	165	20	8.25	茨城県	190	44	4.32
石川県	151	19	7.95	岩手県	142	33	4.30
和歌山県	234	30	7.80	滋賀県	80	19	4.21
福井県	128	17	7.53	栃木県	103	25	4.12
愛知県	356	54	6.59	青森県	153	40	3.83
三重県	187	29	6.45	群馬県	125	35	3.57
香川県	109	17	6.41	福島県	198	59	3.36
大阪府	249	43	5.79	沖縄県	133	41	3.24
徳島県	129	24	5.38	熊本県	142	45	3.16
山口県	102	19	5.37	愛媛県	63	20	3.15
新潟県	158	30	5.27	埼玉県	186	63	2.95
島根県	100	19	5.26	京都府	76	26	2.92
山梨県	138	27	5.11	鹿児島県	109	43	2.53
神奈川県	167	33	5.06	北海道	437	179	2.44
長野県	388	77	5.04	奈良県	82	39	2.10
				千葉県	99	54	1.83
				合　計	9190	1718	5.35

〔図2-9〕 市町村当たり事務件数の推移

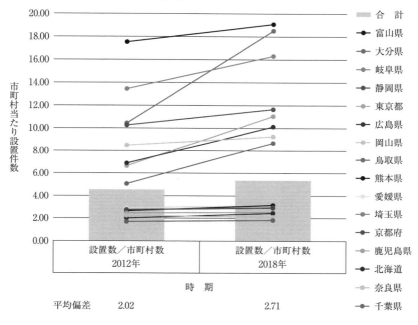

Ⅱ 組合が活用される分野

1 特 徴

　共同処理方式の主要な事務（29事務）に係る事務件数を，共同処理方式全体の中で組合（一部事務組合及び広域連合。すなわち法人格を有する特別地方公共団体としての処理方式）が活用される割合が高い順に並べ，さらに2014年以降の推移を示したものが〔表2-5〕である[5]。会館・共有財産等の維持・管理，林道・林野，し尿・ごみ処理，社会教育（公民館の事務等），老人福祉等が上位を占めているが，これら上位の事務は，自治体が共同処理方式を採用する際に，法人型広域連携の類型をあえて選好することが多い事務を示している。財産の管理や稼働を基軸とする行政サービスについては，自治体は，法人格を備えた共同処理方式である事務組合を選好するという事実がこれらのデータにより示されている。

5）　出典：『状況調』

〔表2－5〕 組合の事務件数が多い共同処理における全体事務件数の推移

共同処理の方法	連携協約（A）		協議会（B）			機関等の共同設置（C）			事務の委託（D）			事務の代替執行（E）	
事務種類	2018	2016	2018	2016	2014	2018	2016	2014	2018	2016	2014	2018	2016
会館・共有財産等の維持・管理	0	0	3	2	2	0	0	0	18	20	18	0	0
林道・林野	15	0	2	1	1	0	0	0	11	11	6	0	0
し尿処理	0	0	0	0	0	0	0	0	104	109	103	0	0
ごみ処理	0	0	4	4	2	0	0	0	138	135	149	0	0
社会教育	0	0	10	11	11	0	0	0	7	8	8	0	0
老人福祉	19	4	3	2	3	5	5	5	12	12	12	0	0
病院・診療所	30	0	2	0	2	1	1	1	14	13	13	0	0
火葬場	0	0	4	3	3	0	0	0	88	90	92	0	0
広域行政計画等	15	0	27	28	29	0	0	0	0	0	0	0	0
上水道	0	0	6	6	5	0	0	0	44	45	44	2	1
救急	0	0	25	23	21	0	0	0	157	150	144	0	0
介護保険	4	4	4	2	2	128	130	130	51	50	49	0	0
消防	0	0	41	41	38	1	0	0	166	159	151	0	0
救急・土日医療	0	0	6	5	5	0	0	0	72	74	73	0	0
後期高齢者医療	0	0	0	0	0	0	0	0	62	62	62	0	0
障害者福祉	22	7	8	8	6	115	115	113	58	56	55	0	0
監査委員事務局	0	0	1	1	0	1	1	0	2	1	0	0	0
職員研修	26	26	1	2	4	0	0	0	78	59	59	0	0
児童福祉	15	0	0	0	0	9	7	6	60	60	59	0	0
退職手当	0	0	0	0	0	0	0	0	132	135	142	0	0
中学校	0	0	7	7	7	0	0	0	74	73	72	0	0
農業用水	0	0	8	8	8	0	0	0	139	134	113	0	0
下水道	0	0	7	7	6	0	0	0	266	247	234	0	0
公務災害	0	0	0	0	0	4	6	6	363	362	367	0	0
小学校	0	0	7	7	7	0	0	0	81	78	78	0	0
行政不服審査法上の附属機関	0	0	0	0	0	12	12	0	293	287	0	0	0
競輪・競馬・競艇	0	0	1	1	1	0	0	0	861	854	856	0	0
公平委員会	0	0	0	0	0	115	117	115	1,180	1,141	1,143	0	0
住民票の写し等の交付	0	0	0	0	0	0	0	0	1,402	1,417	1,341	0	0

一部事務組合 (F)			広域連合 (G)			組合（一部事務組合・広域連合計）(H)			計 (I)			組合の構成比 H/I；%) (J)
2018	2016	2014	2018	2016	2014	2018	2016	2014	2018	2016	2014	2018
68	72	74	5	5	5	73	77	79	94	99	99	77.7
91	91	91	3	3	3	94	94	94	122	106	101	77.0
326	337	349	17	17	16	343	354	365	447	463	468	76.7
400	406	399	25	25	25	425	431	424	567	570	575	75.0
43	38	41	4	4	4	47	42	45	64	61	64	73.4
86	91	95	17	16	11	103	107	106	142	130	126	72.5
118	120	107	5	5	4	123	125	111	170	141	127	72.4
218	217	217	14	14	14	232	231	231	324	324	326	71.6
65	75	79	15	14	14	80	89	93	122	117	122	65.6
98	99	100	1	1	1	99	100	101	151	152	150	65.6
268	271	275	22	22	21	290	293	296	472	466	461	61.4
203	199	148	84	81	46	287	280	194	474	466	375	60.5
268	270	276	22	22	21	290	292	297	498	492	486	58.2
65	60	59	11	11	11	76	71	70	154	150	148	49.4
0	0		51	51	51	51	51	51	113	113	113	45.1
112	109	84	51	51	32	163	160	116	366	346	290	44.5
3	3	0		0		3	3	0	7	6	0	42.9
51	55	55	13	13	14	64	68	69	169	155	132	37.9
28	28	29	4	3	3	32	31	32	116	98	97	27.6
48	49	49	0	0	0	48	49	49	180	184	191	26.7
24	25	26	1	1	1	25	26	27	106	106	106	23.6
30	30	30	0	0	0	30	30	30	177	172	151	16.9
33	33	30	2	2	2	35	35	32	308	289	272	11.4
42	42	43	0	0	0	42	42	43	409	410	416	10.3
8	9	9	1	1	1	9	10	10	97	95	95	9.3
7	7	0	5	5	0	12	12	0	317	311	0	3.8
26	26	28	0	0	0	26	26	28	888	881	885	2.9
10	11	9	4	4	4	14	15	13	1,309	1,273	1,271	1.1
1	1	0	0	0	0	1	1	0	1,403	1,418	1,341	0.1

本表は，共同処理方式の中で，組合による設立の割合（(J)列）が上位である事務を示している。この結果から，次の4点を特徴として挙げることができる。

① 　会館・共有財産の維持・管理や林道・林野・公有林等の資産管理など，個々の地方公共団体の区域を超えた資産の管理について，沿革的な事情も踏まえつつ，関係地方公共団体から独立した法人を設定し，いわば資産の共有の形態を採るために一部事務組合等の方式が活用される場合がある。

② 　病院・診療所，上水道，し尿・ごみ処理など，一定規模以上の資産の稼働を要する事務（以下，「施設稼働型事務」という）[6]については，独立した法人格の下で，資産の所有・管理，契約行為等の経済活動を行うことができる組合の方式が活用されることが多い。

③ 　老人福祉施設の運営，介護保険[7]，救急，消防など，労働集約型であり，かつ，一定程度の専門性を伴う事務については，法人として独自に職員を任用して業務を遂行させることが適当である場合があることから，これらの事務については，比較的組合の方式が活用されることが多い。

④ 　住民票の写し等の交付や，公平委員会など，「発生の確率は低いが一定の需要が継続的に発生する事務」については，組合が活用されるケースは少ない。その要因として，大規模な数の職員を独自に任用して遂行する業務ではないため，組合を当該事務のみを目的として設立するメリットが乏しいことが挙げられる。

　さらに，組合の共同処理全体に占める設置件数の割合が高い事務における組合数の推移をみてみると，近年は，し尿処理が減少している一方で，介護保険，障害者保険が増えている（〔図2-10〕参照）。

6）　ただし，当該事務に係る組合の事務件数自体は，前回調査（2016年）と比較した場合，ごみ処理は6件減少（2018年：425件），し尿処理は，11件減少（343件）している点に留意する必要がある（〔表2-5〕参照）。
7）　介護保険は，2014年調査より93件増加し，2018年に287件に上っており，増加が顕著である。

〔図2-10〕 組合の構成比が高い事務における組合の事務件数の推移

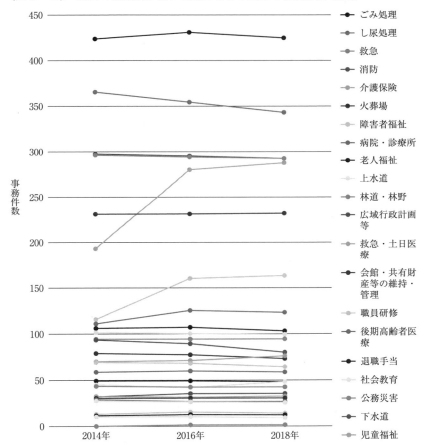

このように，近年，組合は，衛生施設関係よりも労働集約型の福祉事務のウェイトが高まっていることが一つの特徴である。このことは，衛生施設（ごみ処理・上水道等）の広域化の進展や利用者数の停滞等に対し，高齢化社会における社会保障サービスの増大を背景としてこのような変化が生じていることを示している。

2 施設稼働型事務の例

上記の第二の特徴として挙げた施設稼働型事務の具体例として,病院・診療所及び上水道の状況は下記に示すとおりである（〔図2－11〕及び〔図2－12〕参照）。病院・診療所については,各種の共同処理方式の中でも,組合による方式が全体の72％を占めているが,2018（平成30）年には,連携協約も顕著に増加し,18％を占めている。上水道は,組合による方式が66％を占めているが,近年は事務の委託も増加し29％を占めている。また,2018（平成30）年から事務の代替執行（長野県,北九州市）の形態もみられるようになり,市町村間の水平的連携だけではなく,垂直的な連携もみられるようになっている。

〔図2－11〕 病院・診療所の共同処理の形態 (2018.7.1現在)（事務件数,構成比）

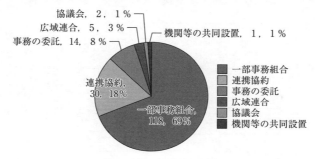

〔図2－12〕 上水道の共同処理の形態 (2016.7.1現在)（事務件数,構成比）

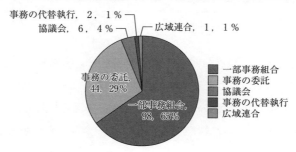

Ⅲ　組合又は事務の委託が活用される分野

　共同処理方式が採用されている事務の中で，組合又は事務の委託が比較的多く活用されている分野が存在する。例えば，消防〔図2－13〕やごみ処理〔図2－14〕を挙げることができる。これらの事務は，いわゆる施設稼働型の事務（大規模な施設の稼働により行政サービスを提供する事務）であり，かつ，中心的施設（本部庁舎や集積場等）を整備すれば広域にわたる区域をカバーできる事務である。このような事務については，組合方式により主たる事務所に中心的施設を整備する方式又は当該地域の中心的な地方公共団体が中心的施設を整備し周辺団体が事務の委託を行う方式が適している。ただし，近年は，消防・ごみ処理における事務の委託の増加や，消防における機関の共同設置の採用もみられるようになり，共同処理方式の多様化が進んでいる。

〔図2－13〕　消防の共同処理の形態 (2018.7.1現在) (事務件数，構成比)

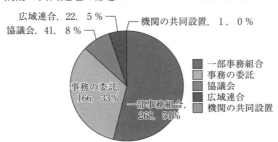

〔図2－14〕　ごみ処理の共同処理の形態 (2018.7.1現在) (事務件数，構成比)

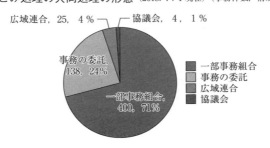

Ⅳ　共同処理の方式が分散している事務

現在，各種の共同処理方式の中で採用されている方式が比較的分散しているものもある。具体例としては介護保険に係る事務である（〔図2－15〕参照）。介護保険については，共同処理で行っている事務の対象範囲が，介護認定審査，介護保険施設サービス，その他の介護保険サービスのいずれか（又はその組合せ）となっている状態であることも要因となっている。介護区分認定審査は，施設稼働を通じたサービスではなく専門性が高い事務であるため，機関等の共同設置が多い。一方，介護保険施設サービスは，施設稼働を伴うため，資産の管理・活用に係る業務に適した形態である組合が多い。また，介護保険の内訳毎の事務件数の推移をみると，認定審査の事務は共同処理の件数が微減している一方，その他の事務及び施設サービス事務は増加しており，サービス提供の事務について共同処理の活用が増えている（〔図2－15〕参照）。このように介護保険に係る事務は，自治体間で共同処理のニーズが増加しており，さらに，自治体が，事務の性格に応じ，施設稼働型サービスは組合，専門人材を要する事務は機関の共同設置というように共同処理方式を選択しながら活用していることがうかがわれる。

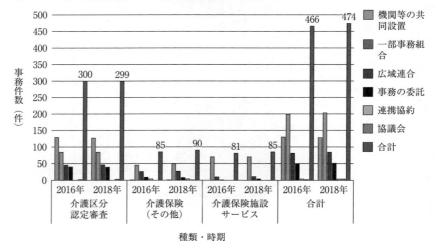

〔図2－15〕　介護保険　共同処理事務件数の状況 (2016/2018年)

V　その他

　共同処理が活用されている事務の中で、例えば下水道事業においては、公共下水道に係る使用料徴収事務など、市町村が都道府県に事務を委託する場合も見られる（〔図2－16〕参照）。

〔図2－16〕　下水道の共同処理の形態 (2018.7.1現在)（事務件数，構成比）

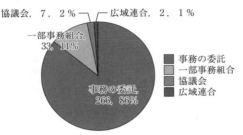

　また、共同処理方式の件数の第1位及び第2位である住民票の写し等の交付及び公平委員会の事務については、ともに事務の委託が占める割合が極めて高い点が共通の特徴である。施設稼働を伴わないソフトサービスの事務において共同処理の手法が普及している代表的な事例ということができる。

　住民票等交付については、①共同処理の形態の中では事務の委託が大半を占めていること（〔表2－2〕参照）、②2016年度まで顕著な増加が続いていたこと（〔図2－7〕参照。2008年の936件から、2016年の1,418件に増加。）、③2018年には頭打ちの状態で若干の減少になっていること（〔図2－17〕参照）が特徴である。

　また、公平委員会については、2018年に、事務の委託以外の形態は若干減少している一方、事務の委託が引き続き顕著に増加している点が特徴である（〔図2－17〕参照）。

〔図2-17〕 住民票の写し等の交付及び公平委員会に係る事務件数の推移

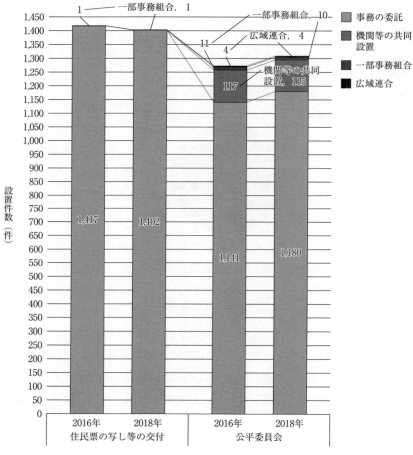

第3章　事務の共同処理方式の概要

本章では，それぞれの共同処理方式の概要について触れることとする。

Ⅰ　連携協約

1　背　　景

　我が国では2010（平成22）年3月に平成の市町村合併に一区切りが着けられた後，合併後の状況を踏まえた基礎自治体（市町村）のあり方をどのように考えていくかという点が重要な課題となった。この問題は，2013（平成25）年6月に出された地方制度調査会答申においても扱われている。答申の中で，人口減少・少子高齢社会において，自主的な市町村合併や共同処理方式による市町村間の広域連携，都道府県による補完などの多様な手法の中で，それぞれの市町村がこれらの中から最も適したものを自ら選択できるようにしていくことが必要であるとされている。中でも，将来的に近隣市町村との共同処理を行うことが必要と考える市町村は多く存在し，市町村間の広域連携を一層進めていこうとするニーズは高い状況にあるとされ，市町村が基礎自治体としての役割を果たしていく上で，市町村間の広域連携は有効な選択肢であり，その積極的な活用を促すための方策を講じるべきであると考えられている。

　一方，現行の地方自治法では，現に事務の共同処理を行っている市町村から，既存の共同処理方式についての硬直性その他の問題点について従来から指摘があるところである。そこで，答申においては，中心市と近隣市町村が相互に役割分担を行い連携・協力することにより，圏域全体の活性化を図ることを目的とする定住自立圏のような仕組みが重要であるとし，広域連携を一層進めていくため，現行の事務の共同処理の制度に加え，より弾力的な広域連携の制度を設けることとすべきであるとされている。

　このような答申の考え方を踏まえ，2014年5月に自治法一部改正が成立し公布された。当該一部改正において，普通地方公共団体は，他の団体との連携を図るため，協議により，連携して事務を処理するに当たっての基本的な方針及

び役割分担を定める協約（連携協約）を他の団体と締結することができることとされた（252条の2）。

2　仕組み

連携協約は，このような背景の下で，2014（平成26）年自治法改正により導入された広域連携の手法である。

具体的には，〔図2-18〕が示すように，連携協約の中で，当該連携に係る基本方針，実施方法，役割分担，費用負担，関係団体間の協議の手続等を定め，当該協約に基づき，「地方公共団体が分担すべき役割を果たすための必要な措置」（252条の2第6項）として，柔軟に事務処理の手法を活用し，連携を通じた事務処理を行うこととされている。[1]

〔図2-18〕　連携協約の構造

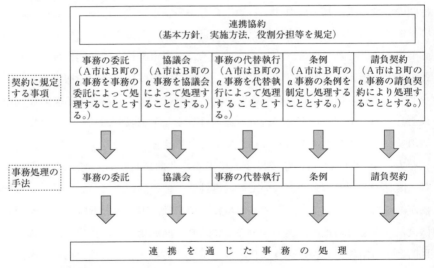

* 図は，総務省資料を基に筆者作成。

---

[1] 例えば，連携協約に基づき，事務の委託等により事務の共同処理を行う場合は，地方自治法等に定められるそれぞれの事務の共同処理制度の規定に基づき規約を定める必要があるが，連携協約とその他の規約を一体的に協議し，これらについて併せて議会の議決を経るなど，運用上の工夫を行うことが可能であると考えられている。平成26年5月30日総務省通知「地方自治法の一部を改正する法律の公布について」第41(1)参照。

連携協約は，地方公共団体間で連携して事務を処理するに当たっての基本的な方針及び役割分担を定めるものであり，団体間で協議し，各団体の議会の議決を経て締結することができる（252条の2第3項）。連携協約を締結したときは，その旨及び当該連携協約を告示するとともに，都道府県が締結した場合は総務大臣，その他の場合は都道府県知事に届け出なければならない（同条第2項）。連携協約を締結した場合の効果として，締結した団体は，当該連携協約に基づいて連携して事務を処理するに当たって分担すべき役割を果たすための必要な措置を採るようにしなければならないこととされ（同条第6項），必要な措置の履行に係る責務を課せられている。ここでいう「必要な措置」とは，事務の委託，協議会，事務の代替執行（252条の16の2），条例の制定，請負契約など多様な形態が考えられる。

　連携協約は，地域の実情に応じて，複数の地方公共団体間で，①圏域全体のまちづくりの方向性や政策の在り方，②連携に関する具体的な実施方法，③団体間の役割分担及び事務分担等を定めるものである。制度の特徴として，①連携する事務の協定だけではなく，圏域全体の方向性も盛り込み得ることとしており，団体間で圏域を巡る認識を共有することを可能としていること，②具体の連携の手法（事務の委託，協議会等）の基本方針を協約で定め，法的な根拠に基づき多様な連携の手法を円滑に実施することを可能にしていること，③連携の手法として，従来の自治法上の共同処理方式（事務の委託及び協議会）だけではなく，事務の代執行，条例の制定，民法上の請負契約など，多様な手法を柔軟に活用することを可能にしていること，④別法人を設立しない簡素で効率的な相互協力の仕組みであること等を挙げることができる。

3　活用の状況

　2016（平成28）年7月現在，連携協約を締結した圏域は42圏域に上る。制度が施行された2014（平成26）年度から策定圏域数は増加し，単年度の策定圏域数では2015（平成27）年度が最多の15圏域に上っているが，それ以降の年度においても策定圏域は増加を続けている（〔図2－19〕参照）。

〔図2−19〕 連携協約策定圏域数の推移[2]

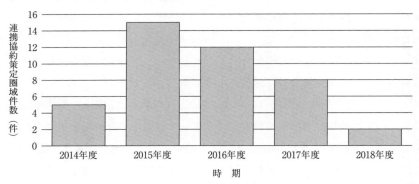

　2014（平成26）年度以降の共同処理件数全体及び連携協約の締結件数の推移をみてみると，2018（平成30）年度には連携協約締結件数は319件に上り，2016（平成28）年度の175件に対し顕著に増加している。このような連携協約策定の増加は，近年の共同処理件数全体の増加要因の1つとなっている（〔図2−20〕参照）。

〔図2−20〕 連携協約締結件数等の推移

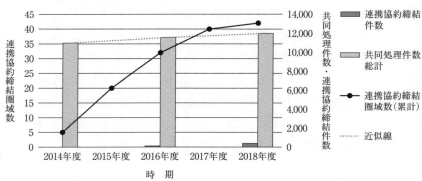

　各圏域における連携協約の締結件数をみてみると，圏域内で1〜2件又は5〜8件の連携協約を締結する圏域の数が多い。締結件数は構成団体数と概ね一致しており，地域事情により差は生じているが，構成団体が2団体程度又は5〜8団体程度の規模で圏域を設定し連携協約制度を運用する事例が多いことが

2）〔図2−19〕〜〔図2−23〕は，総務省資料を基に筆者が作成。

わかる（〔図 2 −21〕参照）。

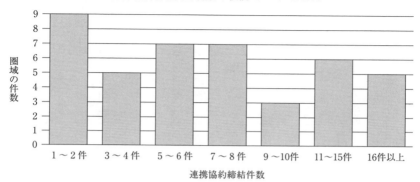

〔図 2 −21〕 連携協約締結件数別 圏域数の状況 (2018年7月現在)

　連携協約の取組事項としては，福祉・医療を始めとする生活機能強化に係る政策や，次いで経済成長のけん引が多い。急激な人口減少下において，2014（平成26）年に政府が策定した「まち・ひと・しごと創生長期ビジョン」の下で，各自治体が地方版総合戦略を推進している状況を背景として，広域連携施策においても，生活機能強化や地域経済の活性化につながる政策が重視されていることがうかがわれる（〔図 2 −22〕参照）。

〔図2－22〕 連携協約の政策分野 (2018年7月現在)

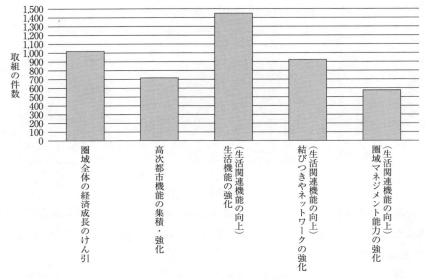

連携協約の取組事項としては，産学官民一体の経済政策，地域内外の住民との交流，移住政策，地域資源を活用した地域経済の裾野拡大等の取組の割合が高い。このように産業・経済施策に関連する事務の対処の枠組みとして活用されているのが連携協約の特徴である（〔図2－23〕参照）。

〔図 2 −23〕 連携協約における具体的事業 （2018年 7 月現在）

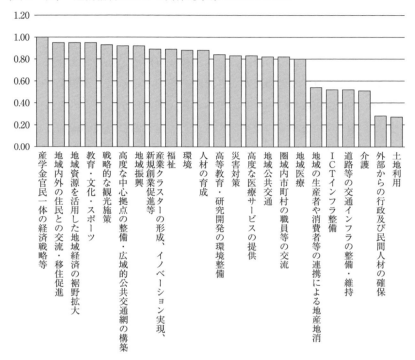

具体的事例として，〔表 2 − 6〕は，播磨圏域連携中枢都市圏が2015年 4 月に連携協約として定めた項目を示したものである。連携中枢都市である姫路市と15の市町がそれぞれ連携協約を締結し，取組の項目（小項目 2）の数をみると，経済成長のけん引，都市機能の集積・強化については全団体と締結しているのに対し，小中一貫教育の推進や文化財の保護等は 6 団体に留まっている。[3]

次に，当該圏域において連携協約の締結を行った各市町の連携協約項目数と人口との関係をみてみると，次の点が明らかである（〔図 2 −24〕参照）。①連携協約項目数は，16～22項目に及び，団体により差があること，②連携協約項目数と人口との間の相関係数は0.24であり，有意な相関関係は認められないこと（すなわち，人口規模が比較的大きい団体が多くの事務の連携を行うわけではな

---

3) 連携協約の例として，当該圏域の姫路市・相生市間の連携協約の一部を掲げた**参考資料Ⅰ**（巻末）を参照。

いこと），③連携協約小項目〔表2－6〕をみてみると，教育・文化及び地域振興の分野において連携を行う団体と行わない団体の対応が分かれていること。

　教育・文化及び地域振興の分野は，自治体の自然的・社会的条件によって，その団体にとっての行政需要はかなり異なるものとなることが想定される。そのことと併せてこれらのデータをみてみると，各団体が，自らの人口構成，産業集積，区域内の財政需要の多寡等を踏まえ，選択的に連携協約制度を運用していることがわかる。

〔表2－6〕 播磨圏域連携中枢都市圏
連携協約項目一覧　　　　　　　　　　　　　　　　　　　　　　　（2015年4月現在）

連携協約大項目	連携協約中項目	連携協約小項目1	連携協約小項目2	相生市	加古川市	赤穂市	高砂市	加西市	宍粟市	たつの市	稲美町	播磨町	市川町	福崎町	神河町	太子町	上郡町	佐用町	締結団体数
(1) 圏域全体の経済成長のけん引	a 産学金官民一体となった経済戦略の策定、国の成長戦略実施のための体制整備			○	○	○	○	○	○	○	○	○	○	○	○	○	○	○	15
	b 産業クラスターの形成、イノベーション実現、新規創業促進、地域の中堅企業等を核とした戦略産業の育成			○	○	○	○	○	○	○	○	○	○	○	○	○	○	○	15
	c 地域資源を活用した地域経済の裾野拡大			○	○	○	○	○	○	○	○	○	○	○	○	○	○	○	15
	d 戦略的な観光施策			○	○	○	○	○	○	○	○	○	○	○	○	○	○	○	15
(2) 高次の都市機能の集積・強化	a 高度な医療サービスの提供			○	○	○	○	○	○	○	○	○	○	○	○	○	○	○	15
	b 高度な中心拠点の整備・広域的公共交通網の構築			○	○	○	○	○	○	○	○	○	○	○	○	○	○	○	15
	c 高等教育・研究開発の環境整備			○	○	○	○	○	○	○	○	○	○	○	○	○	○	○	15
(3) 圏域全体の生活関連機能サービスの向上	ア 生活機能の強化に係る政策分野	(ア) 地域医療	感染症予防対策及び健康管理等の強化	○	○	○	○			○			○	○	○	○	○	○	12
		(イ) 福祉	a 成年後見支援体制の充実	○	○	○	○	○		○	○	○	○	○	○	○	○	○	13
			b 障害者施策の充実	○	○	○	○	○	○	○	○	○	○	○	○	○	○	○	15
		(ウ) 教育・文化・スポーツ	a スポーツ振興	○	○	○	○			○	○	○	○	○	○	○	○	○	12
			b 文化芸術振興	○	○	○	○	○	○	○	○	○	○	○	○	○	○	○	15
			c 小中一貫教育の推進	○	○					○					○	○	○		6
			d 社会教育施設の相互利用	○	○	○	○	○	○	○	○	○	○	○	○	○	○	○	15
			e 文化財等の保護及び活用		○					○			○	○	○		○	○	6
		(エ) 地域振興	a 雇用対策	○	○	○	○	○	○	○			○	○	○	○	○	○	13
			b 多文化共生社会の推進	○	○	○		○		○	○	○				○	○	○	10
		(オ) 災害対策	災害対策	○	○	○	○	○	○	○	○	○	○	○	○	○	○	○	15
		(カ) 環境	a 地球温暖化対策	○	○	○	○	○	○	○	○	○	○	○	○	○	○	○	15
	イ 結びつきやネットワークの強化に係る政策分野	(ア) 地域公共交通	地域公共交通ネットワークの維持・形成	○	○	○	○	○	○	○	○	○	○	○	○	○	○	○	15
		(イ) 道路等の交通インフラの整備・維持	a 広域幹線道路網の整備促進	○		○				○			○	○		○			5
		(ウ) 地域内外の住民との交流・移住促進	a 移住・定住対策	○	○	○	○	○	○	○		○	○	○	○	○	○	○	14
	ウ 圏域マネジメント能力の強化に係る政策分野	(ア) 圏域内市町の職員等の交流	a 人材育成・交流	○	○	○	○	○	○	○	○	○	○	○	○	○	○	○	15
			全23項目	21	22	22	20	16	22	21	17	16	21	21	22	22	19	20	—

（出典；姫路市資料を基に筆者作成。）

〔図2―24〕 市町村別 連携協約項目数と人口との関係
（播磨圏域連携中枢都市圏；2015年）

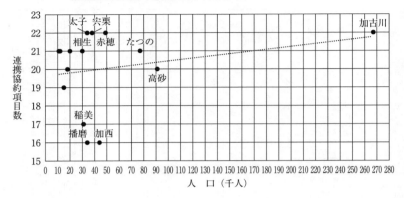

Ⅱ 協議会（自治法252条の2の2）

1 仕組み

普通地方公共団体の事務の共同処理，連絡調整又は広域的計画作成を行うため，普通地方公共団体の協議により定められる規約に基づいて設立される執務組織のことをいう（〔図2―25〕参照）。

〔図2―25〕 協議会の仕組み

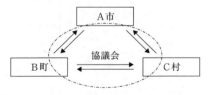

自治法は3種類の協議会について定めている。(ⅰ)普通地方公共団体の事務の一部を共同して管理及び執行する協議会（「管理執行協議会」と呼ばれる），(ⅱ)普通地方公共団体の事務及び管理執行について連絡調整を図る協議会（「連絡調整協議会」と呼ばれる），及び(ⅲ)広域にわたる総合的な計画を共同して作成する協議会（「計画作成協議会」と呼ばれる）である。

協議会は，普通地方公共団体の協議により定めた規約に基づいて設立する。

当該設立は法的拘束力がある合意として扱われ，判例は，協議会を設立した時点で，構成団体はその目的に向けて誠実に取り組むべき信義則上の義務を負うものとしている[4]。

協議会には法人格はなく，関係する普通地方公共団体の共同の執務組織と考えられている。このため，協議会固有の財産や職員を有さないことが建前とされている。

協議会が行う措置の法的効力について，管理執行協議会の場合，協議会が構成団体の長等の名において事務を処理する。協議会が特定の事務を執行したときには，その結果として関係普通地方公共団体が執行したものとしてその効力を有する。即ち，その事務の管理及び執行は，民法における代理に準ずる効果があると考えられ，当該構成団体の長等が管理及び執行したものとして効力を有する。

一方，連絡調整協議会の場合，特定の意思決定が直ちに法的効果をもたらすものではなく，連絡調整に基づいて関係普通地方公共団体が行政行為を行うことにより初めて効果が生ずるものと考えられている。また，計画作成協議会が広域にわたる総合的な計画を作成したときは，関係普通地方公共団体は，当該計画に基づいてその事務を処理するようにしなければならないこととされている（252条の2第5項）。さらに，協議会は，関係のある公の機関の長に対し，資料の提出，意見の開陳，説明その他必要な協力を求めることができる（252条の2第6項）。

自治法の手続規定に基づいて設立される協議会を「法定上の協議会」，そのような法定上の手続を経ずに設立する協議会を「事実上の協議会」という。事実上の協議会は，地方公共団体相互の合意のみにより設立が可能であり，簡

---

[4] 横浜地判平成23年12月8日判時2156号。ごみ処理広域化協議会からの一部の団体の離脱について，一部事務組合設立の時点だけでなく，それに先立つ協議会の設立の時点においても，構成団体が，それぞれ，もはやごみ処理の広域化は既定の方針となったと信頼することが当然といえるような関係が成立したものといえるから，当該離脱は，法的拘束力のある合意に基づく義務に違反し（債務不履行），あるいは信義則上の義務に違反したもの（不法行為）と評価されてもやむを得ないと判示し，本件協議会の経費に係る損害賠償請求について一部認容している。共同処理に係る自治体間の合意に法的拘束力を認めた判決として留意する必要がある。なお，当該事案の詳細について，宇賀克也『地方自治法概説（第8版）』（以下「宇賀（2019）」という。）有斐閣，2019年，108頁参照。

易・迅速に設立することができることから，このような方式が採られる場合もある。法定上の協議会を立ち上げる前に準備行為として設立する場合その他，法律上の共同処理を補完する形態として利用される場合がある。

2 自治法の一部改正

従来から，構成団体の数の増減，規約の変更及び協議会の廃止については設置と同じ手続を経なければならないことが自治法において規定されており，共同処理方式の弾力的な運営の観点からは現行制度は硬直的な側面があると指摘されていた。このような制度の見直しを図る観点から，2012（平成24）年の同法一部改正により，協議会を設置する普通地方公共団体は，その議会の議決を経て，脱退する日の2年前までに他のすべての関係普通地方公共団体に書面で予告することにより，協議会から脱退できるようになった（252条の6の2第1項）。

3 活用の状況

2018（平成30）年7月現在，行政分野別では，防災，教育，地域開発計画，厚生福祉（救急，土日医療等）等において設立されている。特に，管理執行協議会については，社会教育（視聴覚教育，青少年育成施設の管理運営等），小中学校教育事務，農業用水，消防通信指令，宝くじの発行，火葬場等の行政サービスが行われている（〔図2－26〕参照）。

〔図2－26〕 行政分野別 協議会の状況 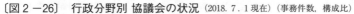(2018. 7. 1現在)（事務件数，構成比）

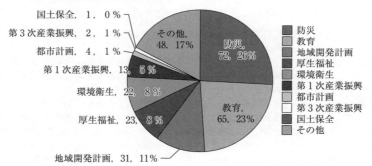

協議会の共同処理方式としての設置件数は，2018（平成30）年度と2016（平成28）年度を比較すると，救急，介護保険等の設置の増加により，全体で6件増加している（前掲〔表2－1〕参照）。

　一方，事務件数で見ると，協議会の総数は2018（平成30）年度に281件に上り，2016（平成28）年度より16件増加している。

　次に事務件数の内訳を見ると，事務の種類により増減傾向が明確に分かれている点が特徴である。2006（平成18）年度以降の状況をみると，地域開発計画が顕著に減少しているが，これは市町村合併の終了や広域行政圏施策の終了に伴う協議会の廃止によるものである。一方，防災，厚生福祉の分野では，一貫して増加傾向が見られている。特に防災では，2018（平成30）年度は2006（平成18）年度より69件増加しており，近年，地方公共団体の間で顕著に活用されていることが示されている（〔図2－27〕及び〔表2－7〕参照）。

〔図2－27〕　協議会　事務件数の推移

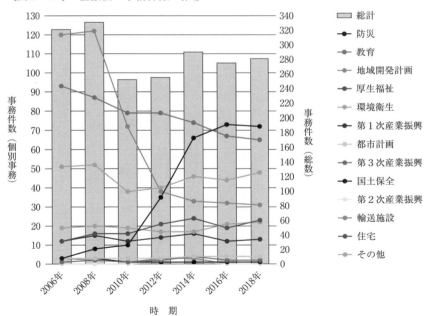

第3章　事務の共同処理方式の概要　　47

〔表2－7〕 協議会の配置状況[5]

区分			名称	事務の内容	構成団体名	設置年月日
1 都道府県相互間			小瀬川ダム管理事務協議会	ダムの操作，維持，修繕その他の管理ダム管理に関する連絡調整	広島県，山口県	昭和39年8月1日
2 都道府県・市町村相互間	①数都道府県にわたるもの		全国自治宝くじ事務協議会	当せん金付証票の発売に関する事務	東京都ほか46道府県 20指定都市	昭和30年4月1日
			関東・中部・東北自治宝くじ事務協議会	当せん金付証票の発売に関する事務	神奈川県ほか22道県 11指定都市	昭和30年4月1日
			近畿宝くじ事務協議会	当せん金付証票の発売に関する事務	大阪府ほか5府県 4指定都市	昭和30年4月1日
			西日本宝くじ事務協議会	当せん金付証票の発売に関する事務	福岡県ほか16県 5指定都市	昭和33年4月1日
	②都道府県内のもの		犀川左岸下水道協議会	下水道事業に関する総合計画の策定，連絡調整	石川県ほか3市	昭和62年10月20日
			加賀沿岸下水道協議会	下水道事業に関する総合計画の策定，連絡調整	石川県ほか3市	昭和58年7月15日
			大聖寺川下水道協議会	下水道事業に関する総合計画の策定，連絡調整	石川県ほか1市	昭和63年10月20日
			上伊那圏域水道水質管理協議会	水質管理に関する事務	長野県上伊那広域水道用水企業団ほか2市3町3村	平成3年4月1日
			岐阜県産業会館運営管理協議会	会館の管理運営	岐阜県ほか1市	昭和45年4月1日
			岐阜かかみがはら航空宇宙博物館運営管理協議会	博物館の運営の基本的事項及び維持管理に関する事務	岐阜県ほか1市	平成29年4月1日
			琵琶湖流域下水道協議会	下水道事業の運営計画の策定，連絡調整に関する事務	滋賀県ほか13市6町	平成25年8月30日
			大都市制度（特別区設置）協議会	区域における特別区設置協定書の作成及び特別区の設置に関し必要な協議の実施	大阪府ほか1市	平成29年6月9日
			公立大学法人大阪運営協議会	設立団体に係る事務の共同管理，執行及び連絡調整	大阪府ほか1市	平成30年2月23日
			新生公立鳥取環境大学運営協議会	公立大学法人鳥取環境大学の設立団体に係る事務	鳥取県ほか1市	平成23年12月27日
	①数都道府県にわたるもの		渡良瀬川中央地区水管理施設管理協議会	水管理施設の管理	群馬県桐生市ほか県内3市3町 栃木県足利市ほか県内1市	平成23年3月28日
			関門景観協議会	関門景観基本構想の作成	山口県下関市 福岡県北九州市	平成17年2月13日

5） 出典：『状況調』。

		主な事務の種類	設置件数	構成団体数	設置されている市町村の所在地
3 市町村相互間	② 都道府県内のもの	1　地域開発計画	25	134	北海道，岩手県，宮城県，秋田県，東京都，新潟県，岐阜県，愛知県，三重県，兵庫県，奈良県，岡山県，広島県，徳島県，愛媛県，福岡県，大分県，宮崎県（18都道府県）
		2　第1次産業振興	12	33	北海道，福井県，滋賀県，京都府，奈良県，岡山県，長崎県，鹿児島県（8道府県）
		4　第3次産業振興	1	3	福島県（1県）
		7　厚生福祉	19	95	北海道，岩手県，福島県，栃木県，群馬県，新潟県，静岡県，大阪府，奈良県，島根県，宮崎県（11道府県）
		8　環境衛生	16	90	北海道，宮城県，山形県，福島県，東京都，長野県，静岡県，兵庫県，奈良県，島根県，山口県，徳島県，愛媛県（13都道県）
		9　教育	40	209	北海道，青森県，岩手県，宮城県，福島県，栃木県，新潟県，山梨県，長野県，岐阜県，静岡県，愛知県，大阪府，兵庫県，奈良県，和歌山県，岡山県，山口県，徳島県，香川県，高知県，沖縄県（22道府県）
		11　都市計画	3	6	滋賀，佐賀県（2県）
		12　防災	47	218	青森県，岩手県，福島県，茨城県，栃木県，群馬県，埼玉県，千葉県，神奈川県，富山県，石川県，山梨県，静岡県，愛知県，三重県，大阪府，兵庫県，奈良県，和歌山県，岡山県，広島県，山口県，徳島県，香川県，福岡県，鹿児島県，沖縄県（27府県）
		13　その他	31	149	北海道，青森県，岩手県，宮城県，福島県，栃木県，群馬県，神奈川県，長野県，静岡県，滋賀県，大阪府，兵庫県，福岡県，長崎県，大分県，沖縄県（17道府県）
		計	194	937	
		※上記のうち2以上の事務を処理している協議会は42あるが，主な事務の種類のいずれかの件数に計上している。			
	合　　　計		211	1,132	

第3章　事務の共同処理方式の概要

<参考１> 合併協議会

　近年，自治法上の協議会として盛んに活用されたのが，市町村の合併の特例に関する法律３条が規定する合併協議会である。市町村の合併を行う場合，合併関係市町村は，合併後の市町村建設計画の作成を始めとして，議会の議員の定数・在任の特例の適用，地方税課税の取扱い，行政組織や事務事業のあり方等，合併市町村に関する事項の全般にわたってあらかじめ協議を行い，その取扱いを決めておかなければならない。これらの協議は，通常，合併関係市町村によって設置される合併協議会の場で行われることになる。合併協議会は，合併のための連絡調整と広域計画の作成の双方の性格を有する協議会であると考えられていた。平成の市町村合併が推進されていた2005（平成17）年３月現在で，全国で521組織（構成団体1,433市町村）に上る協議会が設立され運営されていた。

4　課　題

　協議会は，法人格や資産・職員等の物的人的資産を拠出することなく設立できるという意味で比較的簡便な共同処理手法である。

　一方，協議会方式に係る課題は以下のとおりである。

　第一に，地方公共団体に対して行われた近時の調査[6]（以下，「共同処理調査」という）によれば，地方公共団体が協議会について挙げている最大の課題は，委員の会議により意思決定を行う仕組みであるため，迅速な意思決定が困難であるという点である（〔表２－８〕参照）。

　第二に，法人格を持たず権利義務の主体となることができないため，行為能力も限定されていると考えられている。

　第三に，不法行為等については各構成団体の連帯責任であると解され，事業運営上のリスクを重視しなければならない事務には向いていないと指摘されることがある。

　協議会は，このような得失を有する制度であるが，構成団体も協議会を設立したことについて責任を有しその運営に協力する行政責任を有する枠組みであ

---

[6]　「市町村における事務処理のあり方に関する調査」（総務省，2012年12月31日現在。以下「調査（2012）」という。）による。全市町村（政令市を除く1,699団体）を対象に市町村における事務処理の現状や今後のあり方について照会を行った調査。

ること，法律に基づく執行組織であることによる公益的・社会的信用力を備えた組織であること，関係機関の長に対する資料提出請求権等の一定程度の業務執行上の法的権限を有していること等は当該制度の機能性を認め得るところであり，制度の特性を生かした活用が望まれる。

〔表2－8〕　共同処理の問題点（共同処理調査の結果）（2012.12.31）

（単位：回答件数）

共同処理の方式	実施市町村数	課題がある	共同処理の問題点（複数回答可）					特に課題はない
			迅速な意思決定が困難である	構成団体の意見が反映されにくい	責任の所在が不明確である	構成団体から事務処理に当たって必要な情報を把握することが困難である	その他	
一部事務組合	1,623	526〈32.4%〉	413（78.5%）	218（41.4%）	79（15.0%）	61（11.6%）	49（9.3%）	1,097〈67.6%〉
広域連合	1,578	412〈26.1%〉	271（65.8%）	176（42.7%）	102（24.8%）	41（10.0%）	43（10.4%）	1,166〈73.9%〉
協議会	664	174〈26.2%〉	149（85.6%）	61（35.1%）	32（18.4%）	14（8.0%）	15（8.6%）	490〈73.8%〉
機関等の共同設置	708	109〈15.4%〉	74（67.9%）	28（25.7%）	21（19.3%）	14（12.8%）	16（14.7%）	599〈84.6%〉
事務の委託	1,106	145〈13.1%〉	69（47.6%）	56（38.6%）	22（15.2%）	27（18.6%）	24（16.6%）	961〈86.9%〉

※出典；調査（2012）。
※「課題がある」「特に課題はない」の〈　〉内は，実施市町村数に対する割合
※「共同処理の問題点」の（　）内は，「課題がある」とした市町村数に対する割合

Ⅲ　機関等の共同設置（252条の7）

1　仕組み

複数の普通地方公共団体が，機関等を協議により定められる規約に基づき共同で設置し運用を図る仕組みをいう（〔図2－28〕参照）。委員会・委員，付属機関，普通地方公共団体の長等を補助する職員又は専門委員が対象となる。

〔図2－28〕　機関等の共同設置の仕組み

共同設置された機関等は，各地方公共団体の共通の機関等としての性格を有

し，共同設置した機関等による管理・執行の効果は，関係地方公共団体が自ら執行した場合と同様にそれぞれの地方公共団体に帰属する。

　普通地方公共団体が共同設置する委員会の委員で，普通地方公共団体の議会が選挙すべきものの選任[7]については，次のいずれの方法によるかを規約で定めなければならない（252条の9第1項）。
　① 　規約で定める普通地方公共団体の議会が選挙すること
　② 　関係普通地方公共団体の長が協議により定めた共通の候補者について，すべての関係普通地方公共団体の議会が選挙すること

2　自治法の一部改正

　2009（平成21）年6月に第29次地方制度調査会は答申を取りまとめた。1999（平成11）年度から開始された平成の市町村合併が終期を迎えるとともに，小規模市町村における行財政基盤の強化が重要課題とされた状況であった。このような状況を踏まえて，次のような答申が出された。

　「市町村合併による行財政基盤の強化のほか，共同処理方式による周辺市町村間での広域連携や都道府県による補完などの多様な選択肢を用意した上で，それぞれの市町村がこれらの中から最も適した仕組みを自ら選択できるようにすべきである。従来から，地方自治法においては，一部事務組合及び広域連合，協議会，機関等の共同設置並びに事務の委託など，多様な事務の共同処理の仕組みが設けられている。このような事務の共同処理の仕組みが一層活用されるよう，地方公共団体のニーズを踏まえた制度の見直しを行う必要がある。（中略）また，機関等の共同設置については，現行の機関及び職員の共同設置に加え，効率的な行政運営や小規模市町村の事務の補完を可能とするため，内部組織，事務局及び行政機関についても共同設置が進められるよう，制度改正を含めた検討を行うことが適当である。」

　当該答申を踏まえ，2011（平成23）年に自治法一部改正が行われ，普通地方公共団体は，協議により規約を定め，共同して，議会の事務局等，行政機関（保健所等），長の内部組織，委員会・委員の事務局（監査事務局等）等を置くこ

7） 　現在は，自治法182条が定めている選挙管理委員及び補充員がこれに該当する。

とができることとされた。なお，共同設置制度が適合すると考えられている部門の例は，〔図2－29〕が示すとおりである。

〔図2－29〕 機関等の共同設置制度の改正とその活用方法[8]

＜具体的部門についての共同設置の活用の検討＞

共同設置制度の活用が期待できる部門	税務事務（特に滞納整理，資産評価），監査，保健所，会計管理・出納，選挙管理，国土調査，土木（設計・積算），消費生活センター，保健福祉，生活保護（福祉事務所），特定行政庁（建築確認等），情報公開・個人情報保護審査会等の不服審査会，職員研修，観光振興，配偶者暴力相談支援センター，都道府県からの移譲事務

このうち4つの部門と権限委譲等との関係について例示

税務部門	➢滞納整理部門については，違法状態の是正業務に特化しており事務の内容に裁量性がなく定型的であること，一定のノウハウが求められることから共同処理に適している ➢税務部門全体について活用する場合においても，一定のルールに基づくことから事務の定型性が高いこと，固定資産評価などの専門的なものも含まれることから税務部門全体としても共同処理に適している
監査委員・監査委員事務局	➢監査委員事務局の共同設置により，専任事務局の設置が可能になる，専門性が高まる，専門家の採用が行いやすくなる，出身団体以外の団体の監査を主に担当させる等の工夫により首長部局からの独立性が高まる，などの効果が期待できる ➢委員も含めた共同設置により，一層の事務の効率化や専門家の委員への登用も容易になる
保健福祉部門（地域保健センター）	➢保健福祉業務は，一定の専門性が必要であり，共同処理により保健師・栄養士等の専門職を複数団体が共同で活用することで，住民サービスを維持向上させていくことが可能 ➢加えて，一定の職員規模となることで，組織的な対応が可能となり，産休等への対応を含めた人材の確保や研修への参加，育成体制の整備も可能となるなどの効果
消費生活センター	➢共同処理により，単独で設置が難しい市町村でも専門的な知識・経験を有する相談員の配置が容易になり，また一定の相談件数を確保することで専門性の向上が期待できる
合併による影響や今後の権限移譲への対応	➢市町村合併や中核市等の増加により，都道府県の保健所などで管轄地域が飛び地になるなど，住民の利便性を損なったり，業務効率の低下を招いたりしている地域においては，共同設置や事務の委託により，解消できる可能性 ➢今後，地方分権改革推進委員会勧告を受け，市町村の規模に応じた権限移譲が推進されていくと予想されるが，共同設置は，権限移譲の趣旨を活かした選択肢として活用が期待

---

8) 出典；『地方公共団体における事務の共同処理の改革に関する研究会報告書』（以下「報告書(2009)」という。） 総務省，2009年。

また，2012（平成24）年の同法一部改正により，機関等を共同設置する普通地方公共団体は，その議会の議決を経て，脱退する日の２年前までに他のすべての関係普通地方公共団体に書面で予告することにより，共同設置から脱退できるようになった（252条の７の２第１項）。

3　活用の状況

　機関の共同設置は，2018（平成30）年７月現在の事務件数においては，機関等の共同設置が採用されている事務の種類として，介護認定審査に関する事務127件（全体の27％），公平委員会に関する事務115件（同24％），障がい区分認定審査に関する事務106件（同22％）が主要なものとなっている（〔図２－30〕参照）。これらの事務は，審査会，予防接種健康被害調査委員会，情報公開審査会など，学識経験者を始めとする専門家を要する事務であり，かつ，独立した施設の稼働を要しない事務等において活用されている。また，指導主事や教育委員会において活用されている事例も見られる。

〔図２－30〕　事務の種類別　機関等の共同設置の状況 (2018. 7 . 1 現在) (事務件数, 構成比)
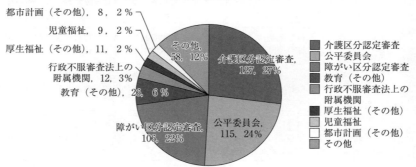

　近年の事務件数は，2010年度に減少したが，2012年度以降，増加を続けている。特に，近年は，公平委員会，障がい者福祉のほか，児童福祉や老人福祉において設立されている（〔図２－31〕参照）。

　また，処理団体数の推移をみると，2018年（2,154団体）は，2008年（1,812団体）に対し342団体増加している（前掲〔表２－３〕参照）。近年は一貫して増加傾向を示し，共同処理の各方式の中でも処理団体数の増加が顕著な方式と

なっている（前掲〔図2－5〕参照）。

〔図2－31〕 機関の共同設置 事務件数の推移

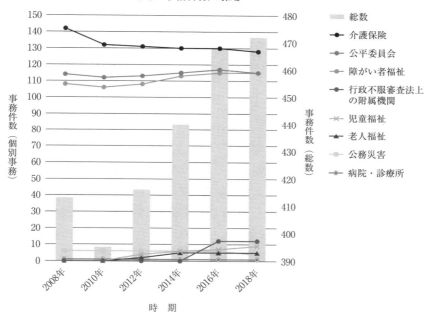

4　課　題

　共同処理方式としての機関等の共同設置には次のような課題がある。

　第一に，地方公共団体に対する調査の結果，幹事となる市町村の負担が大きいこと，及び各構成団体の事務処理の方法に違いがある場合の処理が煩雑になることが挙げられている。

　第二に，共同設置された機関等は各構成団体に属する機関等とみなされるため，すべての構成団体の議会に対応する必要があるなど手続きが煩雑になる面がある。

　これらの課題にも留意しつつ，2011（平成23）年の自治法一部改正を踏まえ，小規模市町村の行財政基盤の充実を図るため，内部組織，事務局及び行政機関も含む機関等の共同設置の活用が期待される。

Ⅳ 事務の委託 (252条の14)

1 仕組み

　事務の委託は，普通地方公共団体が協議により規約を定めて普通地方公共団体の事務の一部の執行管理を他の普通地方公共団体に委ねる仕組みをいう。（〔図2-32〕参照）。

　〔図2-32〕　事務の委託の仕組み

　事務を受託した普通地方公共団体（以下，「受託団体」という）が当該事務を処理することにより，委託した普通地方公共団体（以下，「委託団体」という）が，自ら当該事務を管理執行した場合と同様の効果を生ずる。当該事務に係る法令上の責任は受託団体に帰属することとなり，委託団体は委託の範囲内において，委託した事務を執行管理する権限を失うこととなる[9]。

　事務の委託の規約には，(i)委託団体及び受託団体，(ii)委託事務の範囲及び委託事務の管理執行の方法，(iii)委託事務に要する経費の支弁の方法，(iv)そのほか，委託に関し必要な事項を定めなければならない[10]。

　当該事務の管理執行に関する法令の中で，委託団体に適用すべき規定は，委託事務の範囲内で，受託団体に適用される。また，当該委託された事務の管理執行に関する受託団体の条例等は，委託団体の条例等としての効力を有する。

　自治法上の事務の委託は，管理執行権限が受託団体に移行し委託団体は当該権限を喪失することとなるため当該制度の活用に躊躇する場合があると指摘さ

---

9) 自治法上の事務の委託により，当該事務の管理執行に係る権限が受託者に移り，委託者は当該権限を喪失する点は，民法上の委託と異なるため注意を要する（宇賀，前掲書，110-111頁参照）。なお，この点について，第29次地方制度調査会答申（2009（平成21）年）は，「事務の委託については，基本的には事務権限が委託団体から受託団体に移動する仕組みとなっているため，事務を委託しようとする団体が制度の活用に躊躇するとの指摘もある。このため，委託団体が事務処理の状況を把握し，受託団体に対して意見を提出しやすくなるよう，制度改正を含めた検討を行うことが適当である」という旨の勧告を行っている。

10) 住民票の写しの交付等を自治体が相互に委託する場合の規約の例として，**参考資料Ⅱ**（巻末）を参照。

れている。このため，第29次地方制度調査会答申は，委託団体が事務処理の状況を把握し，受託団体に対して意見を提出しやすくなるよう制度改正を含めた検討を行うことが適当であるとしている。

2　活用の状況

　事務の委託は，事務件数における事務の種類別の割合では，住民票の写し等の交付（以下，「住民票事務」という）に関する事務が1,402件で全体の21％と最も多く，以下，公平委員会の1,180件（18％），競艇（場外発売）の861件（13％）の順となっている（〔図2-33〕参照）。

〔図2-33〕　事務の種類別　事務の委託の状況 (2018.7.1現在)（事務件数，構成比）

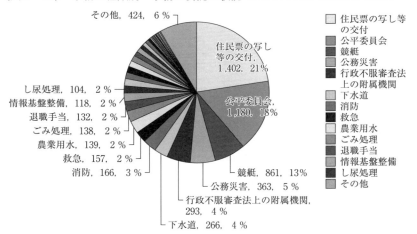

　近年は顕著な増加傾向が続いているが（〔図2-31〕参照），その要因に着目すると，3つのグループに分けることができる。第1に，800件を超える件数規模である住民票事務，公平委員会，及び競艇である。住民票事務は2016年度まで顕著な増加を続けていたが，2018（平成30）年に若干減少に転じた。一方，公平委員会は，2012（平成24）年度から2016（平成28）年度まで微減を続けてきたが2018（平成30）年度は増加に転じている。競艇も同様に近年は横ばいであったが2018（平成30）年に増加している。

　第2に，増加しているグループとして，不服審査事務は2014（平成26）年度

から施行された制度であり，2016年（平成28）年度から事務の委託による方式が急増している。また，下水道の委託も堅調に増加を続けている。

第3に，比較的件数が少ないグループの中では，消防，救急及び農業用水が着実に増加している（〔図2－34〕参照）。一方，病院・診療所や社会教育は顕著に減少している。このように施設稼働型の事務よりもソフト事業に係る行政サービスにおいて，事務の委託はその件数を顕著に増加させている。

〔図2－34〕 事務の委託 事務件数の推移

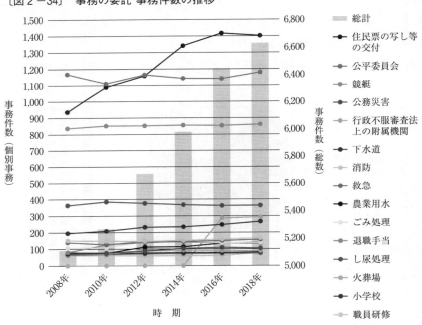

3　課　題

事務の委託は，効率性に優れた共同処理方式である。一方，事務の委託を行った場合，委託団体は委託費を支出するが，事務の執行について権限を行使できなくなる。また，受託団体は委託金収入を得ると同時に当該事務に関する全ての責任を追わなければならなくなる。このため，権限を完全に移動させる

ことについての懸念が指摘されている。また，地方公共団体に対する調査の結果，事務の委託について，構成団体から事務処理に当たって必要な情報を把握することが困難であることが多く挙げられている。

さらに，費用負担の調整が困難であることや，委託団体と受託団体との間で対等の立場で協議ができていないことが指摘されている。特に消防など，住民の生命・財産に直接関係する事務においては，これらの点が切実な問題となる。

このような課題を解消するため，規約において，委託団体・受託団体が定期的な連絡会議を開催することを定めているケースが多い。このように構成団体間の情報共有を充実させていくことが重要であると考えられている。

Ⅴ　組　　合

1　総　　論

組合は一部事務組合（事務組合）と広域連合の総称であるが，ここでは事務組合と広域連合の共通の課題について扱うこととする。

(1) 事務組合と広域連合との違い

前述のとおり，事務組合と広域連合は，自治法において特別地方公共団体として位置づけられている点，及び普通地方公共団体とは別に法人格を創設し活動を行わせる組織である点が共通の特徴である。

次に両者の主な相違点は〔表2－9〕に示されているとおりである。

〔表2-9〕 一部事務組合と広域連合の主な相違点[11]

区　分	一部事務組合	広域連合
団体の性格	・特別地方公共団体	・同左
構成団体	・都道府県，市町村及び特別区 ・複合的一部事務組合は，市町村及び特別区のみ	・都道府県，市町村及び特別区
設置の目的等	・構成団体又はその執行機関の事務の一部の共同処理	・多様化した広域行政需要に適切かつ効率的に対応するとともに，国からの権限移譲の受入れ体制を整備する。
処理する事務	・構成団体に共通する事務 ・複合的一部事務組合の場合は，全市町村に共通する事務である必要はない。	・広域にわたり処理することが適当である事務 ・構成団体間で同一の事務でなくてもかまわない。
国等からの事務移譲等	―	・国又は都道府県は，その行政機関の長（都道府県についてはその執行機関）の権限に属する事務のうち広域連合の事務に関連するものを，当該広域連合が処理することとすることができる。 ・都道府県の加入する広域連合は国の行政機関の長に（その他の広域連合は都道府県に），国の行政機関の長の権限に属する事務の一部（その他の広域連合の場合は都道府県知事の事務の一部）を当該広域連合が処理することとするよう要請することができる。
構成団体との関係等	―	・構成団体に規約を変更するよう要請することができる。 ・広域計画を策定し，その実施について構成団体に対して勧告が可能。なお広域計画は，他の法定計画と調和が保たれるようにしなければならない。 ・広域連合は，国の地方行政機関，都道府県知事，地域の公共的団体等の代表から構成される協議会を設置できる。
設置の手続	・関係地方公共団体が，その議会の議決を経た協議により規約を定め，都道府県の加入するものは総務大臣，その他のものは都道府県知事の許可を得て設ける。	・同左（ただし，総務大臣は，広域連合の許可を行おうとするときは，国の関係行政機関の長に協議）
直接請求	・法律に特段の規定はない。	・普通地方公共団体に認められている直接請求と同様の制度を設けるほか，広域連合の区域内に住所を有する者は，広域連合に対し規約の変更について構成団体に要請するよう求めることができる。
組　織	・議会―管理者（執行機関） ・複合的一部事務組合にあっては，管理者に代えて理事会の設置が可能 ・公平委員会，監査委員は必置	・議会―長（執行機関） ・公平委員会，監査委員，選挙管理委員会は必置
議員等の選挙方法等	・議会の議員及び管理者は，規約の定めるところにより，選挙され又は選任される。	・議会の議員及び長は，直接公選又は間接選挙による。

---

11) 出典；「共同処理制度の概要」第29次地方制度調査会第22回小委員会（2009年2月17日開催）資料。

特に広域連合が事務組合と異なる主要な点は，次の3点である。
① 広域計画を策定し，広域にわたり処理することが適当である事務を所掌することが想定されていること（広域計画の内容について第5編第4章Ⅱ参照）
② 国からの権限移譲の受け皿となることが想定されていること
③ 選挙や直接請求等の住民の参加権が保障されるよう関係規定が法定されていること
(2) 活用の状況

　事務組合の設立件数の推移は，1967（昭和42）年から1974（昭和49）年まで，毎年ほぼ同じ割合で増加し，1974（昭和49）年には3,039件に達した。それ以降は，減少傾向となっている。これは，1974（昭和49）年に複合事務組合の制度が創設されたことによる事務組合相互の統合が進んだことや，1999（平成11）年以降に進められた，平成の市町村合併の影響により事務組合の集約整理が進められた結果である。一方，広域連合の設立件数は，2007（平成19）年に各都道府県において後期高齢者医療広域連合が設立されたことも影響し，100件を超える設立数となっている。2018（平成30）年度は，2016（平成28）年度と同じ116件で推移している（〔図2-35〕参照）。

〔図2−35〕 一部事務組合及び広域連合の設置件数の推移[12]

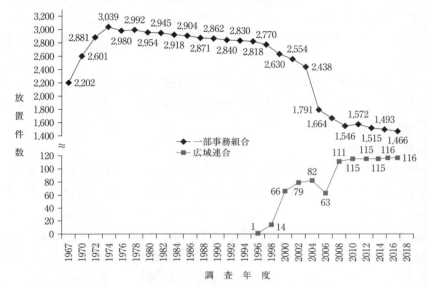

〔表2−10〕は，2016（平成28）年度と2018（平成30）年度における組合の行政分野別の事務件数を比較したものである。

第一に，事務組合は事務件数が42件減少している。事務の内訳では，環境衛生（ごみ処理等）が12件減少している。また，地域開発計画の事務件数が11件減少しているが，これは2008（平成20）年度に広域行政圏施策が終了したことによる影響によるものであると考えられる。一方，教育が3件増加している。

第二に，広域連合においては事務処理件数が9件増加している。内訳としては，厚生福祉が4件増加している。広域連合は，厚生福祉サービスが全体の約半数（534件中251件，2012年度）を占めているが，近時，研究・研修関係事務について利用度が増していることが特徴である（本章Ⅴ3広域連合を参照）。

---

12) 出典；『状況調』。

〔表2-10〕 行政分野別 組合に係る事務件数の状況

	行政分野の種類	一部事務組合			広域連合		
		2016年度	2018年度	増減	2016年度	2018年度	増減
1	地域開発計画	95	84	-11	21	21	0
2	第1次産業振興	166	159	-7	5	5	0
3	第2次産業振興	17	17	0	2	2	0
4	第3次産業振興	27	25	-2	11	11	0
5	輸送施設	17	17	0	6	6	0
6	国土保全	3	3	0	3	3	0
7	厚生福祉	687	688	1	247	251	4
8	環境衛生	1,310	1,298	-12	78	80	2
9	教育	139	142	3	13	14	1
10	住宅	4	3	-1	0	0	0
11	都市計画	18	19	1	2	2	0
12	防災	821	821	0	62	64	2
13	その他	423	409	-14	75	75	0
	総計	3,727	3,685	-42	525	534	9

　行政分野別にみると，事務組合の事務件数では，2018（平成30）年度現在，環境衛生（35％），防災（22％），厚生福祉（19％）が多く，この3分野で全体の4分の3を占めている（〔図2-36〕参照）。

〔図2-36〕 行政分野別 組合（事務組合・広域連合）に係る事務件数の状況（2018.7.1現在）（事務件数，構成比）

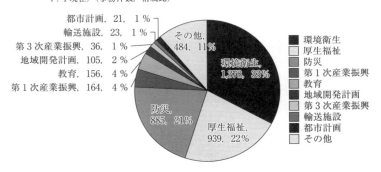

　また，行政分野別の組合における事務件数の近年の推移をみると，厚生福祉においては，事務組合及び広域連合は事務件数が増加している一方で，地域開

発計画においては，共に減少している。（〔図2-37〕参照）。このように，かつては地域開発計画を軸とする広域市町村等の中心的な担い手であった組合は，近年，厚生福祉の主要な担い手としての役割を果たすようになりつつあることがわかる。

〔図2-37〕 行政分野別 組合に係る事務件数の推移

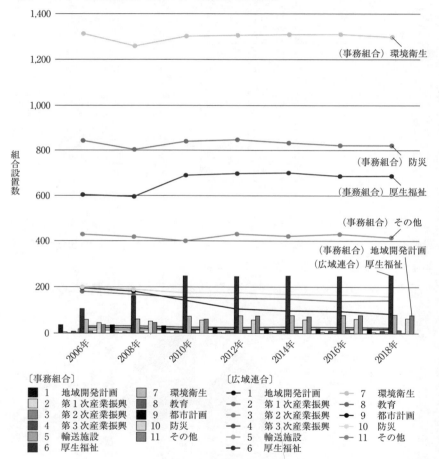

〔表2-11〕は，2018（平成30）年7月1日現在の都道府県別の組合の設置件数を挙げるとともに，一市町村当たりの設置件数を算出し，組合の市町村当たりの設置件数（同表I列）が多い都道府県から順に並べたものである。第1

に，全国の平均は，事務組合設置件数の漸減（前掲〔図2-35〕参照）に伴い，0.95（2012年度）から0.90（2018年度）に減少している。第2に，都道府県により，一市町村あたりの設置件数は，2018年度現在大きい団体で2.44（山梨県），小さい団体で0.49（福島県）であり，地域間の差が顕著である。また，市町村当たりの組合設置件数に係る上位・下位8団体の状況の推移をみてみると，全団体の地域間の差（平均偏差）は，0.29（2012年度）から0.28（2018年度）に減少し，散らばりは縮減しているが，上位団体の差に変化はなく，下位団体の差が減少していることが示されている（〔図2-38〕参照）。このことは，組合の活用の度合いを巡る地域差が固定化していることの現れとして考えることもできる。

　組合の設置状況は，地域事情，制度の運用の沿革，及び都道府県-市町村の関係等に影響を受けるものと考えられるが，このような状況を踏まえ，広域行政の需要が確実に存在する中で，組合の活用が見込まれる場合，積極的な活用を検討する余地があると考えられる。

〔表2－11〕 都道府県別 組合の設置件数の推移

	一部事務組合	広域連合	組合設置件数(2012)	組合設置件数(2018)	組合設置件数/市町村数(2012)	組合設置件数/市町村数(2018)	市区町村数(2018)
山梨県	64	2	67	66	2.48	2.44	27
岡山県	53	1	57	54	2.11	2.00	27
和歌山県	45	1	46	46	1.53	1.53	30
静岡県	49	2	52	51	1.49	1.46	35
富山県	20	1	22	21	1.47	1.40	15
佐賀県	25	2	24	27	1.2	1.35	20
福井県	20	2	22	22	1.29	1.29	17
徳島県	28	3	32	31	1.33	1.29	24
福岡県	73	2	76	75	1.27	1.25	60
香川県	20	1	22	21	1.29	1.24	17
石川県	21	1	24	22	1.26	1.16	19
兵庫県	46	1	48	47	1.17	1.15	41
滋賀県	20	1	23	21	1.21	1.11	19
三重県	24	8	39	32	1.34	1.10	29
愛媛県	20	1	22	21	1.1	1.05	20
岐阜県	39	5	46	44	1.1	1.05	42
高知県	32	3	38	35	1.12	1.03	34
京都府	23	3	25	26	0.96	1.00	26
山口県	18	1	23	19	1.21	1.00	19
長野県	64	12	80	76	1.04	0.99	77
愛知県	47	4	52	51	0.96	0.94	54
茨城県	39	1	42	40	0.95	0.91	44
鹿児島県	36	2	40	38	0.93	0.88	43
岩手県	26	3	30	29	0.91	0.88	33
東京都	33	1	62	34	0.55	0.87	39
群馬県	29	1	31	30	0.89	0.86	35
島根県	13	3	16	16	0.84	0.84	19
新潟県	24	1	29	25	0.97	0.83	30
千葉県	43	1	44	44	0.81	0.81	54
青森県	29	3	37	32	0.93	0.80	40
秋田県	19	1	19	20	0.76	0.80	25
埼玉県	47	2	49	49	0.78	0.78	63
大阪府	30	3	32	33	0.74	0.77	43
奈良県	27	2	33	29	0.85	0.74	39
大分県	11	2	13	13	0.72	0.72	18
北海道	114	13	134	127	0.75	0.71	179
神奈川県	22	1	25	23	0.76	0.70	33
熊本県	24	5	32	29	0.71	0.64	45
沖縄県	24	2	29	26	0.71	0.63	41
鳥取県	9	3	14	12	0.74	0.63	19
広島県	13	1	15	14	0.65	0.61	23
山形県	19	2	21	21	0.6	0.60	35
栃木県	14	1	20	15	0.77	0.60	25
宮崎県	13	2	17	15	0.65	0.58	26
宮城県	19	1	21	20	0.6	0.57	35
長崎県	10	1	15	11	0.71	0.52	21
福島県	28	1	29	29	0.49	0.49	59
合計	1,466	116	1,661	1,582	0.95	0.92	1,718

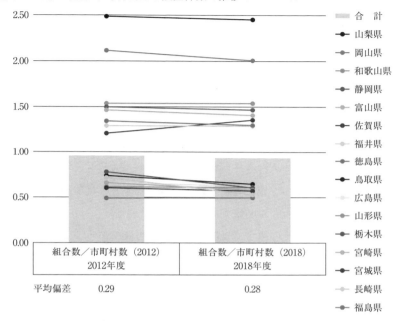

〔図2−38〕 組合 市町村当たり設置件数の推移 (2018/2012年)

2 一部事務組合 (284条)

(1) 仕組み

普通地方公共団体及び特別区が，その事務の一部を共同処理するため，その協議により規約を定め，都道府県の加入するものにあっては総務大臣，その他のものにあっては都道府県知事の許可を得て設ける共同処理の仕組みをいう[13] (〔図2−39〕参照)。

事務組合が成立すると，共同処理する事務は，関係地方公共団体の権能から除外され，事務組合に引き継がれる。

---

[13] 自治法284条により，普通地方公共団体及び特別区は，その事務の一部を共同処理するため，その協議により規約を定め，都道府県の加入するものにあっては総務大臣，その他のものにあっては都道府県知事の許可を得て一部事務組合を設けることができる。構成団体の数の増減若しくは共同処理事務の変更又は規約の変更の場合も同様に総務大臣又は都道府県知事の許可を受けなければならない（286条）。このような許可申請の名宛人を本書においては，以下，「総務大臣（都道府県知事）」と表記する。

〔図2-39〕 一部事務組合の仕組み

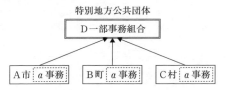

(2) 事務組合のメリット

事務組合方式のメリットとして，次の点を挙げることができる。

① 独立した法人格を有し，独自の法律行為や財産の保有が可能であること。このため資産稼動型の行政サービスにも対応できること

② 議会と執行機関の二元代表制を取り，さらに監査委員等のチェック機関を有するなど，責任の所在が明確であること

③ 複数の事務を同一の組合で処理することが可能であること

④ 地方債や構成団体負担金の仕組みを活用し大規模な予算執行も可能であること

(3) 役　　割

1947（昭和22）年の自治法に位置づけられて以来，事務組合の基本的性格は変わらないが，社会情勢の変化に伴って，普通地方公共団体が事務組合を必要とした理由は徐々に変わってきている。その内容の推移を類型化してみると次のとおりである。

ア　能力補完型

昭和20年代は，個々の普通地方公共団体の行財政上の能力が弱小であった時期であり，人的にも物的にも資源が制約されていた状況の中で，地方公共団体の能力を補完する必要性に基づき設立された事務組合がこの型に該当する。具体例としては，特に新制中学校の建設整備を進めていた教育，専門職員等の人材・設備が不足していた伝染病隔離病舎，病院，林野・林道，農業用水等を挙げることができる。

イ　能率・効率型

昭和30年代以降，個々の地方公共団体の事務を能率的・効率的に処理し，共同処理することによるスケール・メリット（規模の利益）を追求する必要性が

ある事務について設立された事務組合がこの型に該当する。特に施設を建設，稼働させることにより処理する事務であることが多い。具体例としては，一定規模以上の設備投資が必要となるし尿・ごみ処理，リサイクル施設，上水道，火葬場等である。

　ウ　広域的基本サービス型

　昭和40年代以降，住民の日常社会生活圏の拡大に対応し，個々の地方公共団体の区域を超えた広域的視点から，特に行政の基本的サービスの分野において総合的に整備を進め，さらには周辺一体のいわば面的な地域振興に発展させる目的のもとに設立される型が増加した。具体例としては，消防防災，救急・土日医療，老人福祉施設等の基礎的サービスのほか，都市計画，道路開発等のいわば面的な地域振興を図る事務も含まれる。

　①　専門的普遍サービス型

　近年，介護認定審査，介護保険施設，障碍者認定区分審査等が増加している。これらの事務は，一定の専門性を有し，かつ，あまり地域差が生ずることがない標準的・普遍的事務である特徴を有する。これらの事務に対し，スケールメリットを活かしつつ事務組合でサービスを提供する方式が取られている。

　②　内部事務型

　職員研修，退職手当のような人事管理や，林道・林野，会館・共有財産等のインフラ管理を共同処理で行う方式も活用されている。

(4)　活用の状況

　2018（平成30）年7月1日現在における具体的事務内容に基づく事務組合の事務件数順の状況をみてみると，ごみ処理，し尿処理，消防，救急，火葬場，リサイクル施設，保安関係（火薬取締法等）等の事務が上位を占めている（〔図2－40〕参照）。施設稼働型のサービスを提供する能率・効率型，車両等の交通輸送手段を活用しつつ広範囲の領域を活動範囲とし得る広域的基本サービス型，又は専門技術者を要する行政サービスが，事務組合方式の件数の上位を占めていると言うことができる。

〔図2－40〕 事務の種類別 事務組合に係る事務件数の状況 (2018.7.1現在)（事務件数, 構成比）

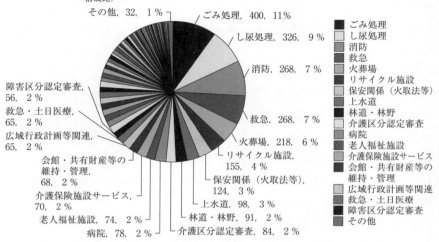

次に，近年における事務の種類別の設置数の推移をみてみると，ごみ処理，消防及び火葬場は横ばい，し尿処理は漸減であるのに対し，介護保険は増加している点が特徴である（〔図2－41〕参照）。

〔図2－41〕 事務の種類別 事務組合に係る事務件数の推移

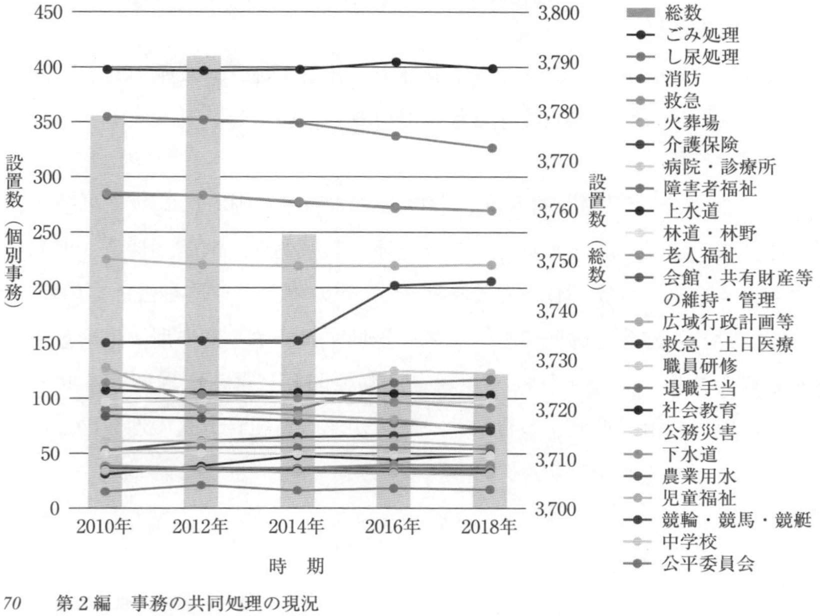

2002（平成14）年度と2018（平成30）年度における事務組合に係る事務件数（種類別）をみてみると，事務の総計は，5,390件から3,685件に減少しており（〔図2－41〕参照），特に産業振興，教育及び地域開発計画に係る事務組合の減少が顕著である（〔図2－42〕参照）。その結果，構成比でみると，環境衛生，防災及び厚生福祉に係る事務組合の構成比が増加し，これらの合計が事務組合全体の約75％を占める構成比に至っている（〔図2－42〕参照）。

〔図2－42〕　事務の種類別 事務組合に係る事務件数の推移（2002/2018年）

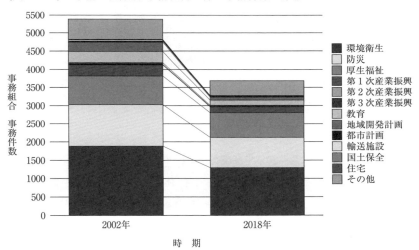

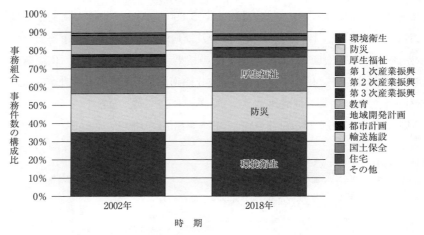

〔図2−43〕 事務の種類別 事務組合に係る事務件数の構成比の変化 (2002/2018年)

(5) 構成団体数

事務組合の構成団体数（2018年度現在）では，構成団体が2団体のものが525組合で全体の35.8％と最も多く，以下，3団体のものが354組合（24.1％），4団体のもの189組合（12.9％）の順となっている（〔図2−44〕参照）。なぜ，このように構成団体数が小規模な組合が多いのか。これは2010（平成22）年度まで行われた市町村合併により組合の構成団体数が顕著に減少したことも影響している。しかし，2010年度と2018年度を比較すると，構成団体数2〜4団体の構成比は，73.5％から72.8％に変化し，依然として高い割合ではあるが，その割合は近年漸減していることがわかる（〔図2−45〕参照）。

〔図2－44〕 事務組合 構成団体数規模別 設置件数の状況 (2018. 7. 1 現在)（事務件数，構成比）

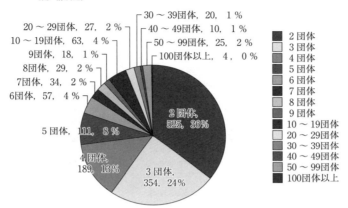

〔図2－45〕 事務組合 構成団体数規模別 設置件数構成比の推移 (2010/2018年)

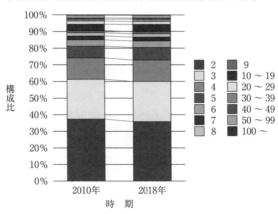

　構成団体数の階層別に変化をみてみると，構成団体数が2団体及び3団体の事務組合は顕著に減少している一方，10～19団体及び30～39団体の事務組合は増加している（〔図2－46〕参照）。

〔図2−46〕 事務組合 構成団体数階層別 設置数の変化

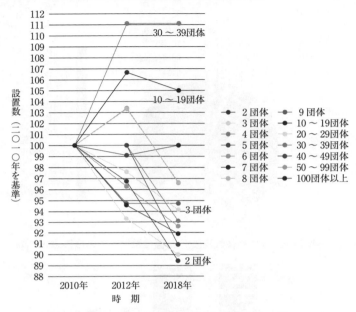

　また，事務組合の構成団体の加重平均をみてみると，5.71（2010年度）から5.80（2014年度），5.84（2018年度）と一貫して増加している（〔表2−11〕参照）。このように，特筆し得る近年の特徴として事務組合構成団体数の大型化の動きを挙げることができる。

〔表2−12〕 組合の構成団体数の推移

種類	2010年度	2014年度	2018年度
事務組合	5.71	5.80	5.84
広域連合	18.25	18.60	18.50

（注）全体について構成団体数が10以上のものは当該階層の平均値を用いた。構成団体数が100を超える4事務組合及び1広域連合は外れ値として除いた。

(6) 課　　題

　地方公共団体に対する調査結果においては，共同処理方式の中で，「課題がある」とする市町村が32.4％に上り，その割合が高い。その課題として，「迅速な意思決定が困難である」こと，及び「構成団体の意見が反映されにくい」ことが挙げられている。構成団体が過度に小規模であれば事務の効率性に課題が生じる一方で，構成団体が過度に大規模になれば，構成団体間の意見調整に時間を要し迅速な意思決定が困難になるという実態が現れている。

　また，市町村合併の進捗により，構成団体数が顕著に減少したものや同一の構成団体による複数の事務組合が存在している場合もある。構成団体数が大きく減少した組合で安定した業務を行っているものについては，事務の委託等のより簡便な共同処理方式に切り替える検討を行う必要性が指摘されている。

3　広域連合（291条の2）

(1) 仕　組　み

　地方公共団体が，広域にわたり処理することが適当な事務に関し，広域計画を作成し，必要な連絡調整を図り，及び事務の一部を広域にわたり総合的かつ計画的に処理するため，協議により規約を定め，都道府県の加入するものにあっては総務大臣，その他のものにあっては都道府県知事の許可を得て設ける共同処理の仕組みをいう（〔図2－47〕参照）[15]。

　事務組合と比較し，国，都道府県から直接に権限等の委任を受けることができることや，住民の直接請求が認められている等の違いがある。

　広域連合が成立すると，共同処理するとされた事務は，関係地方公共団体の権能から除外され，広域連合に引き継がれる。

---

14) 出典；調査（2012）。
15) このような許可申請の名宛人を一部事務組合と同様に「総務大臣（都道府県知事）」と表記する。

〔図2-47〕 広域連合の仕組み

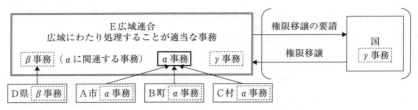

(2) 活用の状況

　広域連合の事務の種類別の事務件数の状況は，2018（平成30）年度現在，厚生福祉が顕著に多く，全体の事務件数の29％を占め，次いで，環境衛生（9％），後期高齢者医療費（6％），介護区分認定審査（5％）等が多い（〔図2-48〕参照）。近年の設置の動向をみると，総数は増加が続いている。個別事務の中では，介護保険（各種事務の計854件）の増加が顕著であるとともに，2007（平成19）年に各都道府県で後期高齢者医療連合が設置され，当該事務に係る連合は51件に上っている。また，障がい者福祉も増加している。

〔図2-48〕 事務の種類別 広域連合に係る事務件数の状況 (2018.7.1現在)（事務件数，構成比）

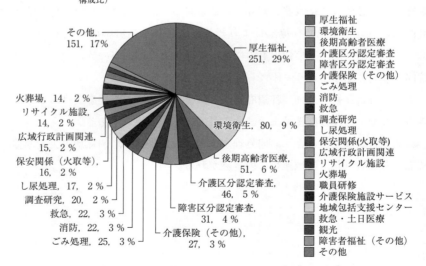

　一方，広域行政圏施策の終了の影響もあり，広域行政計画等は減少している（〔図2-49〕参照）。また，その他の事業は13件増加し，広域連合がカバーする

事務は多様性を増している。

〔図2−49〕　事務の種類別 広域連合に係る事務件数の推移

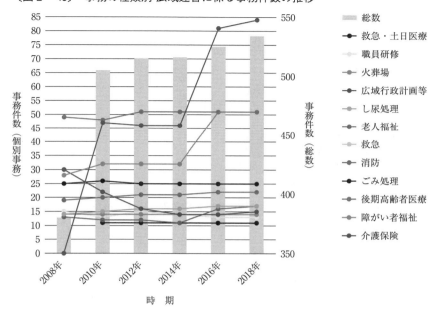

行政分野別の内訳で2002（平成14）年度と2018（平成30）年度を比較してみると、地域開発計画（広域行政計画の策定）が、広域行政圏施策の終了の影響もあり顕著に（28件）減少している一方で、厚生福祉、環境衛生及び防災の増加は顕著である（〔図2−50〕参照）。また、構成比でみても、当該3事業のウエイトが増加し、全体の73.9％を占めている（〔図2−51〕参照）。

〔図2－50〕 行政分野別 広域連合に係る事務件数の推移（2002年度/2018年度）

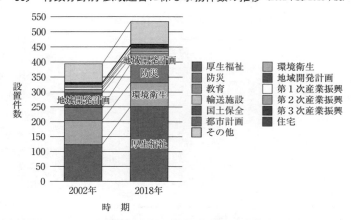

〔図2－51〕 行政分野別 広域連合に係る事務件数の構成比の推移（2002年度/2008年度）

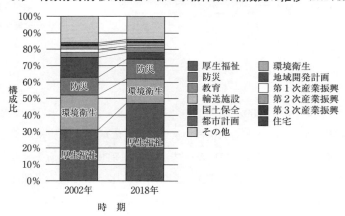

　2018（平成30）年7月1日現在における広域連合の構成団体数の状況は〔図2－52〕のとおりである。

〔図2－52〕 広域連合 構成団体数規模別 設置件数の状況（2018.7.1現在）（設置件数，構成比）

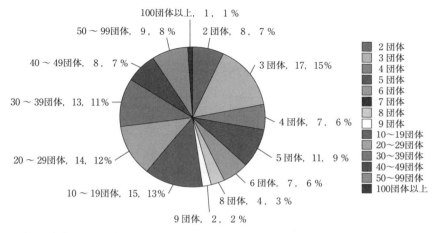

　広域連合は，構成団体が3団体のものが17連合（全体の15％）で最も多く，次いで10～19団体のもの15連合（13％），20～29団体のもの14連合（12％）となっている。広域連合は，都道府県内の全市町村で構成する後期高齢医療広域連合の数が47連合設立されていることもあり，構成団体が10団体以上のものが60連合に上り，全体（116連合）の5割を超えている。

　広域連合の場合，〔図2－53〕が示すとおり，構成団体数の規模が大きいものから小さいものまで多様に分散していると言うこともできる。さらに，分散の状況を見てみると，構成団体数3～8のグループと構成団体数10～39のグループが2つのこぶ状になっている。前者は，地域開発・介護保険・ごみ・し尿・消防・救急等の複数の事務を少数の構成団体による広域連合で処理するタイプである。このグループは，近隣の少数の構成団体が連携し，複数の基礎的な行政サービスを選定し，広域連合の方式で共同処理を行うことを目的としたものである。このような広域連合のグループは，複合事務組合が広域連合に発展した形ということもでき，本書ではこれを「複合事務型連合」と呼ぶこととする。次に後者は，後期高齢者医療，介護保険，ごみ処理等の事務を10～39程度の構成団体からなる広域連合で処理するタイプである。これは，医療・福祉

の共通性・専門性が高い事務についてスケールメリットを活かして処理すること及び施設稼動型サービスを経費負担の分散を図りつつ実施することを目的としており、スケールメリットを追及するタイプであると言える。このようなグループを「スケールメリット型連合」と呼ぶこととする。

〔図2－53〕　広域連合 構成団体数規模別 設置件数の状況 (2018.7.1現在)

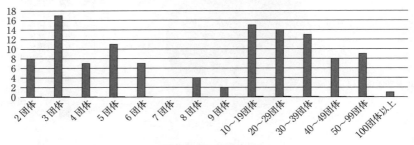

このように、広域連合の分野においては、複合事務型連合及びスケールメリット型連合に見られるように、沿革、特性を異にする各種行政事務について、試行的要素も含みつつ導入が図られている段階であると言うことができる。

構成団体数階層別に設置数の推移をみてみると、スケールメリット型連合は一貫して増加傾向がみられる一方、複合事務型連合（構成団体数3～8）についても、2018（平成30）年度は2014（平成26）年度に比べ、1団体増加している（〔図2－54〕参照）。この結果、構成団体数の加重平均は、18.25（2010年度）から、18.60（2014年度）、18.50（2018年度）というように増加・減少の両面をみせている（前掲〔表2－10〕参照）。今後もスケールメリット型連合と複合事務型連合の趨勢により、加重平均は増減の振幅を示すことが予想される。

〔図2-54〕 広域連合 構成団体数階層別 設置件数の推移

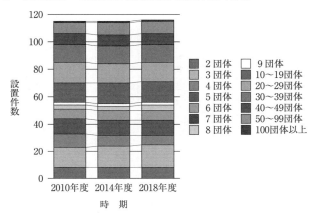

(3) 課　題

　共同処理調査（第2編第3章Ⅱ4）において，広域連合については，事務組合に次いで，「課題がある」と回答する地方公共団体が多い。特に，「責任の所在が不明確である」（24.8％），「構成団体の意見が反映されにくい」（42.7％）という回答は，各共同処理方式の中で広域連合に対するものが最も多い。これらの点を制度・運用面で解消していくことが望まれているところである。

Ⅵ　共同処理の課題

1　共同処理と構成団体との関係

　都道府県別の共同処理方式全体の設置件数（ある都道府県が設置している全ての共同処理方式の設置件数）と当該都道府県の市町村数との関係をみると，相関係数は0.56であり，ある程度の相関関係がある（〔図2-55〕参照）。[16]

---

[16]　両者の関係の強さを示す係数。状況により異なるが，-1～1の間の値により，相関関係の強弱を示す。

〔図2−55〕 都道府県別 市町村数と共同処理方式設置件数との関係（2018年）

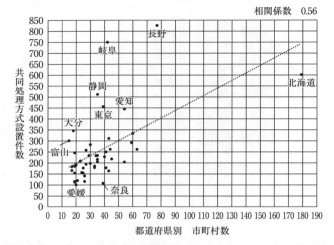

次に共同処理方式のうち，法人型連携手法と市町村数との関係をみてみよう。まず，事務組合の設置件数と市町村数との関係をみると，強い相関関係（相関係数0.82）が示されている（〔図2−56〕参照）。

〔図2−56〕 都道府県別 市町村数と事務組合設置件数との関係（2018年）

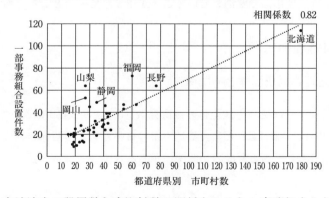

次に，広域連合の設置数と市町村数の関係をみると，事務組合より弱いが，共同処理方式の場合より強い相関関係がみられる（相関係数0.70〔図2−57〕参照）。

〔図2－57〕　都道府県別 市町村数と広域連合設置件数との関係 （2018年）

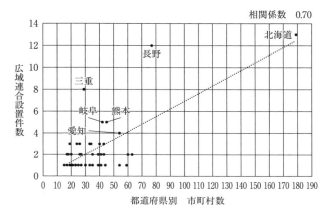

一方，契約型連携手法をみてみると，事務の委託については，弱い相関関係（相関係数0.21。〔図2－58〕参照）であり，さらに，最も新しい契約型連携手法である連携協約については，極めて弱い相関関係（相関係数0.05〔図2－59〕参照）しか認められない。

〔図2－58〕　都道府県別 市町村数と事務の委託件数との関係 （2018年）

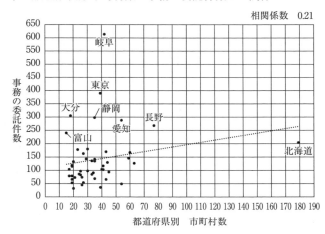

〔図2－59〕 都道府県別 市町村数と連携協約締結数との関係（2018年；北海道除を除く）

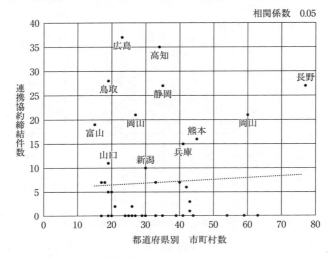

これらのデータから，次のことがわかる。

(1) 市町村が存在すれば，その数に応じて共同処理が採用されるというわけではなく，地域事情や沿革に影響されつつ，共同処理方式と市町村数には，ある程度の相関関係しか認められない。

(2) 共同処理方式の中では，法人型連携手法が，比較的市町村数と相関関係を有する。このことは，沿革的に，市町村が基礎的な行政サービスの一部を事務組合方式で処理する手法がある程度定着していること，事務組合に比較して制度が新しい広域連合は，市町村数との相関関係が弱い。

(3) 契約型連携手法は，市町村数との相関関係が弱い。このことは，契約型連携手法を活用する方針の程度について，自治体間に大きな格差が存在することを示している。事務の委託については，多数の市町村が存在すればそれに比例して導入が進むわけではなく，共同処理事務を受託することが可能な地方公共団体の存在など，単にスケールメリットだけが導入の促進力になる訳ではないことが示されている。このため，仮に事務の委託の普及が更に進むためには，どのような条件・機能を備えた受託団体（地方公共団体）が整備される必要があるかという点を更に検討していく必要がある。

また，制度が最も新しい連携協約は，制度の定着度合いが未だ近い事情もあり，市町村数との相関関係は極めて弱い。制度の特徴が柔軟性にあることから，市町村数に比例して締結される必然性はないと考えてよい。一方，地方公共団体の制度活用の意議に差があるとすれば，現在，活用度合いが近い地域においては，適宜活用していくことが期待されるということができるであろう。

2　小規模市町村における共同処理

　〔表2－13〕は，人口1万人未満の市町村における共同処理の状況を抽出したものである。市町村合併を経た後も400以上の小規模市町村は存在し，特に小規模市町村においては，ごみ処理，し尿処理，消防のような施設稼働を要する行政サービスや，介護保険等の一定以上の事業規模を集積して事務処理を行った方が効率的な（スケールメリットのある）事業を中心に，共同処理を実施しており，引き続き共同処理の需要が存在すると考えられる。

〔表2－13〕　小規模市町村における共同処理[17]

小規模市町村における共同処理の活用状況の事例

（2008年7月1日現在）

団体	人口規模（概数）	障害者福祉	介護保険	ごみ処理	し尿処理	消防	退職手当	公務災害	公平委員会	活用事務数	その他活用事務数
A町	9,000人	○組	×	○組	○組	○委	○組	○委	○委	7	12
B町	7,000人	○委	×	○組	○組	○組	○組	○委	○委	7	4
C町	5,500人	○組	○組	○組	○組	○組	○組	○組	○委	8	9
D村	5,500人	×	○広	○組	○委	○組	○組	○組	×	6	9
E町	5,000人	○共	○共	○組	○組	×	○組	○組	○共	7	10
F町	4,000人	○共	○共	○組	○組	○組	○組	×	○共	7	8
G町	3,500人	○組	○組	○組	○組	○組	○組	○組	○共	8	8
H村	1,500人	○組	○組	○組	○組	○委	○組	○組	○組	8	10
I村	1,000人	○広	○広	○組	○組	○委	○組	○委	○委	8	7
活用団体数		8	7	9	9	8	9	9	7		

※　共同処理：協議会，機関等の共同設置，事務の委託，一部事務組合，広域連合のいずれかの方法により他の市町村と事務の共同処理を行っているもの。
※　人口1万人未満の小規模市町村を対象として行った抽出調査結果を取りまとめたもの。

---

17)　出典；「市町村における事務の共同処理の状況について」（以下『調査（2008）』という。）総務省，2008年。

3 共同処理の中長期的方向性

共同処理調査において，市町村に対し今後の市町村における事務処理体制の中長期的な方向について照会したところ，周辺市町村との共同処理を挙げた団体が顕著に多く46.9％に上り，次いで，処理が困難な事務について都道府県が処理（33.0％），市町村合併（5.4％）であった（〔表2－14〕参照）。

〔表2－14〕 市町村における事務処理体制の中長期的な方向[18]

○事務処理体制の整備のあり方（複数回答可）

	市町村数	市町村合併による行財政基盤の強化	周辺市町村との共同処理	処理が困難な事務について都道府県が処理	その他
全体	1,699	92 (5.4%)	797 (46.9%)	561 (33.0%)	142 (8.4%)
大都市部	244	17 (7.0%)	133 (54.5%)	94 (38.5%)	30 (12.3%)
その他の地域	1,455	75 (5.2%)	664 (45.6%)	467 (32.1%)	112 (7.7%)

(注) 大都市部は，三大都市圏の特別区及び政令市及び通勤・通学10％圏内の周辺市町村（特別区を除く）とする。

このことから，市町村の意識として，今後，共同処理を活用していくことの関心が高いことがわかる。

それでは具体的にどのような事務について共同処理の需要が高いのであろうか。この点については，〔表2－15〕が需要が高い上位10位の事務とその理由を示している。

---

18) 出典；調査（2008）。

〔表2－15〕 周辺市町村との共同処理の必要性が高い事務（調査結果）[19]

事務の種類	回答数	周辺市町村との共同処理を検討する必要がある理由				
		財源の不足	人員の不足	職員の専門知識の不足	行政サービスの提供に必要な事業規模を確保できないこと	その他
税の徴収	274	29（10.6％）	156（56.9％）	199（72.6％）	4（1.5％）	72（26.3％）
国民健康保険	209	146（69.9％）	94（45.0％）	50（23.9％）	44（21.1％）	57（27.3％）
ごみ処理	171	111（64.9％）	47（27.5％）	26（15.2％）	70（40.9％）	54（31.6％）
介護保険	158	69（43.7％）	96（60.8％）	78（49.4％）	31（19.6％）	49（31.0％）
消防・救急	154	75（48.7％）	79（51.3％）	40（26.0％）	41（26.6％）	58（37.7％）
観光	152	50（32.9％）	57（37.5％）	38（25.0％）	44（28.9％）	69（45.4％）
障害者福祉	134	37（27.6％）	75（56.0％）	79（59.0％）	40（29.9％）	30（22.4％）
上水道	90	46（51.1％）	44（48.9％）	43（47.8％）	19（21.1％）	26（28.9％）
し尿処理	90	57（63.3％）	26（28.9％）	16（17.8％）	34（37.8％）	23（25.6％）
火葬場	88	61（69.3％）	33（37.5％）	16（18.2％）	32（36.4％）	23（26.1％）

※ （ ）内は、回答数に対する割合。
※ ■は、回答数に対し60％以上選択された項目、▨は、50％以上60％未満の項目。

　この表から、今後の共同処理方式全体にとって、2種類の事務に係る需要が高いことがわかる。

　第一に専門性補完型である。職員の専門知識を共同処理方式により補う方法であり、税の徴収、介護保険、障碍者福祉の事務においてこのような要請が強い。

　第二に、スケールメリット活用型である。これは、共同処理を必要とする要因としては、人員不足を解消するためのものと、財源不足を解消するためのものに分けることができる。前者は、専門人材をスケールメリットにより補う介護保険、消防救急等の事務が該当し、後者は、ごみ・し尿処理、火葬場、上水道のような施設稼動型のものと国民健康保険のように安定した財政基盤を確立する必要性が高い事務に分けることができる。このように地方公共団体の行政執行上の実需を踏まえ、共同処理方式の適正な活用を考えていく必要がある。

---

19) 出典；調査（2008）。

第3編

広域連携施策

第1章　広域行政圏施策の経緯

　地方公共団体の事務の共同処理の考え方を理解する上で，沿革的な要素も含め，広域行政圏施策について触れておく必要がある。広域行政圏とは，1969（昭和44）年から2008（平成20）年までの約40年間にわたり，国・地方により運営されてきた行政制度であり，我が国の広域行政において重要な役割を果たしてきた。

　広域行政圏は，広域市町村圏と大都市周辺地域広域行政圏から成る。広域市町村圏とは，圏域人口が概ね10万人以上であり，住民の日常社会生活上の通常の必要がその中でほぼ充足されるような都市及び周辺農山漁村地域を一体とした圏域をいう。その目的は，地域の市町村が共同して広域市町村圏計画を策定し，それを推進することにより，地域の住民が広く都市的な生活環境の下で生活できるようにするとともに，豊かで明るい地域社会を建設するというものであった。1970（昭和45）年に国（旧自治省）は広域市町村圏整備措置要綱を地方公共団体に示し圏域の設定及び整備を推進してきた。

　また，大都市地域については，1977（昭和52）年に大都市周辺地域振興整備措置要綱が策定され，人口規模が概ね40万人以上であり，都市的行政課題を有する等の要件を備えた地域を大都市周辺地域広域行政圏として設定することとされた。1991（平成3）年から，広域市町村圏と大都市周辺地域広域行政圏の両者を広域行政圏と総称することとしている。

　広域市町村圏の設定は，都道府県知事が，関係のある市町村と協議のうえ設定することとされている。圏域の設定は，上記のとおり概ね人口10万人以上の規模を有することを標準とし，次の要件を具備した日常社会生活圏を形成し，又は形成する可能性を有すると認められる地域について行うものとされている。

　① 就業，生活物資の調達，医療，設育，教養，娯楽乏の他住民の日常社会

生活上の通常の需要が，その中でほぼ充足されるような都市及び周辺農山漁村地域を一体とした圏域であること。

②　圏域内に①の住民の日常生活上の通常の需要が，その中でほぼ充足する都市的施設及び機能の集積を有する中心市街地が整備されていること。

③　中心市街地と圏域内のその他の市街地及び集落を連絡する交通通信施設が整備されていること。

実際の圏域の設定に当たっては，現在における日常生活圏の地域を基礎としつつ，将来における交通通信施設の整備及びモータリゼーションの一層の普及に伴う住民の日常社会生活圏の拡大を予測して設定するものとされ，また，過去の経緯のみにとらわれることなく，各種の客観的資料に基づき，かつ科学的手法を活用して区域の決定を行うよう努めることとされていた。

次に都道府県知事が広域市町村圏の設定を行うに当たっては，当該都道府県の全地域にわたる広域市町村圏の配置に関する構想に基づいて行うこととされていた。

広域市町村圏の設定は，1969（昭和44）年度から1972（昭和47）年度までの4か年間にわたって，関係市町村の合意の得られたところから逐次行われていった。年度別の設定数は，1969年度に55圏域，1970年度に73圏域，1971年度に117圏域，1972年度に84圏域が設定され，1972年度末までに計329圏域が設定された。その後増加が続き，1999（平成11）年度には364圏域になったが，同年から始まった平成の市町村合併により市町村数が減少することと合わせて圏域数も減少し，2008（平成20）年度には359圏域となった。

広域市町村圏と事務組合との関係で重要なことは，1969（昭和44）年に自治省により策定された広域市町村圏整備措置要綱の中で，事務組合が圏域の振興整備を実施する広域行政機構の中心的な主体として位置付けられたことである。1888（明治21）年に施行された町村制において制度的に認められていた事務組合は，個々の弱小な地方公共団体の能力を補完するための共同処理方式に過ぎないものであったのが，当該要綱を契機として，広域行政の中核となる行政主体としての意義を付与された。当該要綱の関係部分を掲げておく。

<参考２> 広域市町村圏整備措置要綱（抄）
第３　広域行政機構
(1) 広域市町村圏に属する市町村（以下「関係市町村」という。）は，広域市町村圏の振興整備を推進するための行政機構として，少なくとも次の要件を備える地方自治法第284条第１項の一部事務組合または同法第252条の２第１項の普通地方公共団体の協議会を設置するものとする。（これらを広域行政機構という。）
(2) 関係市町村は，広域市町村圏の地域の実態に即しつつ，事情の許す限り広域市町村圏計画に基づく事業の実施に関する事務を広域行政機構である一部事務組合において総合的に処理するよう努めるものとする。これがため関係市町村は，広域市町村圏計画に基づく事業の実施に際して，普通地方公共団体の協議会を広域行政機構として設置している場合においては，これを廃止し，あらたに広域行政機構である一部事務組合を設置するとともに，広域行政機構以外の一部事務組合または普通地方公共団体の協議会の廃止，解散，処理する事務の変更その他必要な措置を講ずるよう努めるものとする。」
（なお，昭和54年に策定された新広域市町村計画策定要綱においても，これと同様の内容が盛り込まれている。）

広域行政圏は，このような形で，広域行政の中心的な枠組みとして活用されていたが，人口の減少，市町村合併等の社会情勢の顕著な変化により，新たな地域社会に適した形として定住自立圏構想が提唱されることとなり，2008（平成20）年に広域行政圏施策は終了するに至る。

第2章　広域行政圏施策の特徴

広域行政圏施策の特徴として，以下の点を挙げることができる。

① 人口増加やモータリゼーションの進展を背景としたいわゆる「右肩上がりの時代」の地域振興の考え方を基礎としていたこと。

② 都市及び周辺農山漁村地域を一体とした圏域を対象とし，「面的一体性」を重視したコンセプトであったこと。

③ 広域行政圏施策の推進を担う広域行政機構の形態として，事務組合等又は協議会を想定し，多数当事者間の合意に基づく枠組みを設定したこと。複合事務組合制度の活用も含め，共同処理方式を通じ，構成団体間で共通性のある行政サービスの向上を図ることとしたこと。

④ 圏域設定の基準として，人口概ね10万人とし，運用では平均で概ね20万人（〔表3－1〕参照）で設定していたこと。

〔表3－1〕　広域行政圏の状況[1]

区　　　　　分	圏域数	構成市町村数	人　口（千人）	面　積（K㎡）
広域行政圏　　　　　　　　(A)	359	(95.1) 1,702	(77.6) 92,604	(97.1) 361,161
広域市町村圏　　　　　　(B)	334	(84.0) 1,503	(57.9) 69,114	(94.2) 350,471
大都市周辺地域広域行政圏(C)	25	(11.1) 199	(19.7) 23,490	(2.9) 10,690
1圏域あたりの平均　　　(A) 　　　　　　　　　　　(B) 　　　　　　　　　　　(C)	－ － －	4.7 4.5 8.0	258 207 940	1,006 1,049 428
（参考）上記（A）のうち 　　　広域的市町村	37	(2.1) 37	(2.5) 2,958	(5.8) 21,748
全　市　町　村　計	－	1,788	119,278	371,937

（平成20.4.1現在）

⑤ 1953年から1961年の間に行われた昭和の大合併が終了して間もない時期に開始されたこともあり，合併の形式を採らずに団体間の実質的な行政機

1）本表の「広域的市町村」とは，一の広域行政圏に属するすべての関係市町村の合併により新たに設置された市町村のことをいう。

能の分担を進める「機能的合併」としての側面を有していたこと。

このように広域行政圏施策が実施された当初の1970年代は，1969（昭和44）年に策定された新全国総合開発計画の広域生活構想に代表されるようなモータリゼーションの進展に対応する地域振興，1977（昭和52）年の第3次全国総合開発計画において唱えられた定住構想に表わされるような広域的な地域社会の整備が重視された時代であった。1974（昭和49）年に自治法一部改正により複合事務組合制度が導入されたのは，このような社会情勢の下で広域行政圏の受け皿を整備する意義を有していた。広域行政圏施策はこれらの社会情勢を反映した広域行政の枠組みであったということができる。

第3章　広域市町村圏の運営

　広域市町村圏の圏域内の市町村は，共同して広域行政機構を設置するものとされている。広域行政機構は，各圏域の選択により事務組合又は協議会の方式によるものとされているが，少なくとも①関係市町村の全部が加入するものであること，②広域市町村圏の計画を策定し及びその実施の連絡調整を行うものであることの2点が要件とされている。

　広域行政機構は，広域市町村圏計画の策定及び計画に基づく事業の実施のための連絡調整を行い，さらに事務組合方式によるものについては広域的な事業の実施まで行うものである。従って，広域行政機構は広域市町村圏の中枢的な役割を担う組織と言うことができる

　広域市町村圏計画に定める事業を実施する場合には，広域行政機構による調整のもとに，①事務組合である広域行政機構が自ら共同処理する方法，②広域行政機構ではないが，関係市町村が設置する事務組合等の共同処理方式を活用して共同処理する方法，③関係市町村が自己の区域だけでなく，広域的な地域を対象として処理する方法，④関係市町村がそれぞれ自らの区域に関する部分を処理するが，これを広域的な見地から調整する方法等の各種の方法が採られている。事業の種類別にみると，ごみ，し尿，消防，上・下水道，老人福祉施設のように広域共同処理がなじみやすいものについては事務組合方式，職員の研修，計算事務の共同処理等については協議会方式，道路整備等の場合は関係市町村が事業を実施することが多い状況であった。

　〔表3－1〕（前掲）は，広域行政圏施策が実施されていた最終年度である2008（平成20）年の状況であるが，広域行政圏の圏域数は359圏域であり，一部の市町村を除く1,702市町村がいずれかの広域行政圏に所属していたところである。

　2008年度における広域市町村圏の設立形態は〔図3－1〕が示すとおりであり，全体に対する構成比では，事務組合の割合が最も高く58％，広域連合11％，協議会が31％であった。このように約7割（69％）の広域行政機構は，法人格を有する事務組合・広域連合の形態により運営されてきたことがわか

る。

　また，〔図3－2〕が示すとおり，1989（平成元）年と1999（平成11）年を比較すると，協議会方式から組合方式への移行が進んでいたことがわかる。ただし，一方で特に1999（平成11）年以降は，市町村合併の進展等により広域行政圏自体の減少が，より顕著な現象として進行したことがわかる。

〔図3－1〕　広域行政機構の設置の形態（設置数の構成比，単位％）（2008.4.1現在）

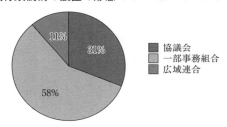

〔図3－2〕　広域行政機構の設置形態の推移

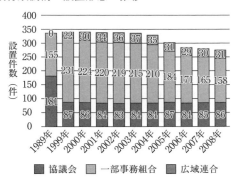

第3章　広域市町村圏の運営　　95

第4章　広域行政圏施策の終了

　1999（平成11）年から開始された平成の市町村合併が広域行政圏施策に与えた影響は大きいものがあった。具体的には2つの問題が生じることとなった。第一に，市町村数の減少に伴う広域市町村圏当たりの構成市町村数の減少であり，第二に広域的市町村の発生である。

　〔図3－3〕が示すとおり，1999（平成11）年以降，全国の市町村数は顕著に減少し，広域市町村圏を構成する市町村数も，1999（平成11）年度の2,924団体から2008年度の1,503団体に減少した。このことに伴い，一つの広域市町村圏を構成する市町村の数は，8.6から4.7に減少している。さらに，〔図3－4〕が示すとおり，1999（平成11）年度当時から構成団体数が1～3であった広域市町村圏においては，平均市町村数が2.7から2.2にまで低下しており，実質2団体でのみ構成する広域市町村圏となっている。このような場合には，1対1の市町村間の協力関係の構築で解消できる課題もあり得ると考えられ，広域市町村圏という行政手法の適合性の問題も生じる。

　第二に，前掲の〔表3－1〕が示すとおり，市町村合併の結果，一つの広域行政圏に属するすべての関係市町村の合併により一つの市町村が発生する場合がある。このような市町村を広域的市町村と称するが，2008（平成20）年度の時点で，37団体，人口で295万人をカバーするエリアでこのような状態が生じた。

　これらの状況を踏まえて，新たな広域行政の施策が検討されることとなり，2008（平成20）年度に広域行政圏施策は終了することとされ，定住自立圏構想[1]に発展していくこととなった。

---

[1]　2008（平成20）年12月26日付け総務事務次官通知「広域行政圏計画策定要綱」及び「ふるさと市町村圏推進要綱」の廃止に関する事務次官通知」により当該方針が示された（後掲＜参考資料Ⅳ＞を参照）。

〔図3-3〕 全国市町村数及び広域行政圏の圏域当たりの市町村数の推移

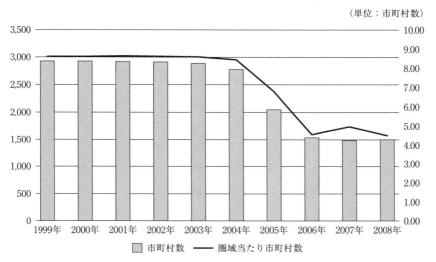

〔図3-4〕 構成市町村数別 広域行政圏の変化

H11.10.1現在

区 分	圏域数	総市町村数	平均市町村数	平均人口	平均面積
構成市町村数 1～3	16	43	2.7	173,124	477.60
〃 4～6	106	545	5.1	182,494	640.75
〃 7～9	113	881	7.8	205,851	895.85
〃 10以上	129	1,674	13.0	368,753	1,443.67
合 計	364	3,143	8.6	255,343	997.32

H20.7.1現在

圏域数	総市町村数	平均市町村数	平均人口	平均面積
157	338	2.2	162,535	708.79
120	581	4.8	281,829	907.41
53	382	7.2	390,044	1,617.91
29	401	13.8	631,460	1,921.27
359	1,702	4.7	258,031	1,007.34

第5章　定住自立圏構想

Ⅰ　経　　緯

　平成の市町村合併は，2010（平成22）年度に終了したが，それに先立ち，2008（平成20）年に定住自立圏構想研究会報告書が総務省から発表された[1]。当該報告書において，「平成の市町村合併の進展に伴い，行政機能の分担，いわば機能的合併を主な目的としていたこれまでの広域市町村圏等の施策はその役割を終えつつあり，これに替わる新たな仕組みを作ることが課題となっている。」とし，新たな仕組みとして定住自立圏構想を進める必要があると指摘している。定住自立圏構想とは，人口減少，かつ，少子高齢化が進む社会において，もはやフルセットの生活機能を整備することが困難になったという認識の下で，中心市と周辺市町村が圏域を形成し，中心市が圏域全体の暮らしに必要な都市機能を集約的に整備し，周辺地域と連携・交流することにより，定住自立圏を整備するものである。

Ⅱ　定住自立圏構想の特徴

　定住自立圏構想の特徴は，次の2点である。
　①　圏域形成において，従来の広域行政圏施策のように，都道府県知事が関係市町村や国と協議した上で設定する手法ではなく，中心市と周辺市町村が自主的に相手を見出し協定を結ぶ枠組みであること。その際，周辺市町村は，通勤通学10％圏など中心市と密接な関係にある地域を基本に，住民の生活実態や地域の将来像等を勘案して定められることとなる。
　②　従来の広域行政圏施策のように構成団体間で多数当事者間での均一な事務の共同処理を志向するのではなく，中心市と周辺市町村が1対1で人口定住のために必要な生活機能を確保するための役割分担を行うこと。

1）「定住自立圏構想研究会報告書～住みたいまちで暮らせる日本を～」総務省，2008年5月。

Ⅲ　定住自立圏構想の仕組み

　2008（平成20）年12月に総務省により定められた「定住自立圏構想推進要綱[2]」において，定住自立圏の基準として，①原則として人口5万人以上，②昼夜人口比率1以上の市が中心市の要件として定められている。

　中心市は，中心市と連携する意思を有する関係市町村の意向に配慮しつつ，地域全体のマネジメント等において中心的な役割を果たす意思を「中心市宣言」により示す。

　次に中心市と周辺市町村は，役割分担を明示した定住自立圏形成協定を議会の議決を経て定める。さらに中心市は，定住自立圏全体を対象とし，当該圏域の将来像や協定に基づき推進する具体的取組を記載した定住自立圏共生ビジョンを，中心市が開催する圏域共生ビジョン懇談会における検討を経て策定し公表することとされている。

Ⅳ　定住自立圏構想の現況

　2009（平成21）年以来，定住自立圏構想の取組に着手する団体は顕著に増大し〔図3－5〕，2018（平成30）年10月1日現在で，中心市宣言を行った市の数が134団体，定住自立圏形成協定又は同方針の策定により定住自立圏を設定した数が123圏域[3]，定住自立圏共生ビジョンを策定した中心市の数が120に上っている。都道府県ごとの市町村数と圏域数との関係をみてみると，熊本県，新潟県，秋田県，栃木県等においては，市町村数に対し比較的多くの圏域が設定されるなど，自治体の取組にある程度の地域差もみられるが，全国の状況としては，両者に一定程度の相関関係が認められ（相関係数0.59），各地域において基本的には市町村数の規模に応じた取組が展開されていることがうかがわれる（〔図3－6〕及び〔図3－7〕参照）。

2）　2008（平成20）年12月26日付け　総行応第39号総務事務次官通知。
3）　国は，主要業績評価指標（KPI）として，2020年に140圏域を設定しており，圏域数については目標に向けて順調に増加しているということができる。

〔図3-5〕 定住自立圏構想への取組状況
KPI：<u>2020年　140圏域</u>（2018. 10. 1現在　123圏域）

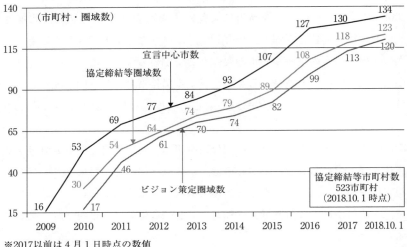

（出典；総務省資料。）

〔図3-6〕 都道府県別 市町村数と定住自立圏圏域数との関係（2018年）

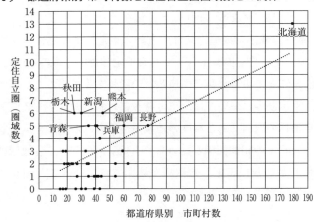

（相関係数　0.59）

〔図3－7〕 定住自立圏構想の取組状況（平成30年10月1日現在）

（出典：総務省資料。）

定住自立圏において取り組む政策分野としては，医療，地域公共交通，福祉の分野が多いが，圏域マネジメントの強化として研修等の取り組みも多くなっており，多様な取り組みが行われている（〔図3－8〕参照）。

〔図3-8〕

定住自立圏における取組例

○政策分野別取組状況

定住自立圏123圏域※（平成30年10月1日時点）における主な取組例と圏域数
※連携中枢都市に移行済の圏域を含む

市町村間の役割分担による生活機能の強化

分野	圏域数	取組例
医療	118圏域	医師派遣，適正受診の啓発，休日夜間診療所の運営等
福祉	101圏域	介護，高齢者福祉，子育て，障がい者等の支援
教育	102圏域	図書館ネットワーク構築，文化・スポーツ交流，公共施設相互利用等
産業振興	118圏域	広域観光ルートの設定，農産物のブランド化，企業誘致等
環境	60圏域	低炭素社会形成促進，バイオマスの利活用等

市町村間の結びつきやネットワークの強化

分野	圏域数	取組例
地域公共交通	119圏域	地域公共交通のネットワーク化，バス路線の維持等
ICTインフラ整備・利活用	48圏域	メール配信による圏域情報の共有等
交通インフラ整備	81圏域	生活道路の整備等
地産地消	49圏域	学校給食への地元特産物の活用，直売所の整備等
交流移住	97圏域	共同空き家バンク，圏域内イベント情報の共有と参加促進等

圏域マネジメント能力の強化

分野	圏域数	取組例
合同研修・人事交流	105圏域	合同研修の開催や職員の人事交流等
外部専門家の招へい	41圏域	医療，観光，ICT等の専門家を活用

（出典；総務省資料。）

　近年の政策分野の変化をみてみると，2014（平成26）年に対し2018（平成30）年においては，地域公共交通，医療，産業振興が特に増加し，当該3分野が中心的な政策分野となっている（〔図3-9〕参照）。また，このほかに取組件数の伸び率が顕著に高い政策分野として，環境，交通インフラ整備，福祉，交流移住等が挙げられる（〔図3-10〕参照）。

〔図3－9〕 政策分野別 定住自立圏構想の取組状況 (2014/2018年)

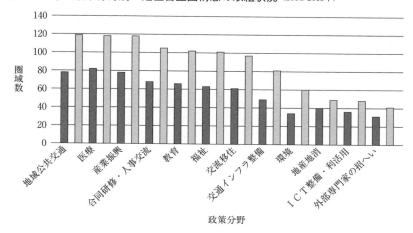

〔図3－10〕 政策分野の変化の状況 (2018年と2014年の比較)

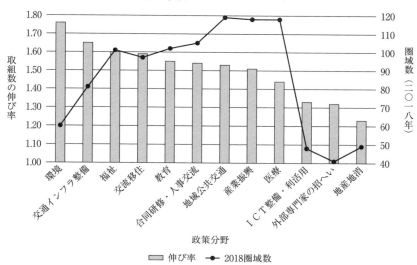

これらを総括すると，2008年に取組が開始されて以来，まずは地域公共交通や医療が優先的なテーマとなっていたが，制度の定着に合わせて，圏域における産業振興も定住自立圏構想の主要な分野になりつつあり，また，近年は，地

域の持続的発展や人口減少対策としての定住促進が自治体の重要な課題となっている事情を背景として，広域連携施策としての定住自立圏構想においても，環境や交流移住等の新たな取組が増加してきたことを特徴として挙げることができる。

第6章　連携協約の仕組み

I　総　説

　広域行政が進展していく中で，我が国の基礎的自治体を取り巻く状況にも大きな変化が生じている。2012（平成24）年1月に国立社会保障・人口問題研究所が公表した「日本の将来推計人口」によれば，我が国の人口は，2026（平成38）年に1億2千万人を下回り，2048（令和30）年には1億人を下回ると予想されている。

　このような人口減少が進む中においても，人々は国土に点在して生活し，かつ，高齢化により単独世帯が増加するため，基礎的行政サービスの安定的な提供は一層重要なものとなっていく。このため，住民の日常生活を支え，かつ，地域経済をけん引していく核となる都市やその圏域を形成し，基礎的サービスを持続可能な形で提供していく必要があり，このような観点に立った新たな広域連携制度の仕組みの創設が必要であると考えられている。

　このような状況の下で，2013（平成25）年6月25日に第30次地方制度調査会答申（大都市制度の改革及び基礎的自治体の行政サービスの提供体制に関する答申）が取りまとめられた。当該答申の中で，現行の事務の共同処理の問題も取り上げられ，現在の一部事務組合や協議会について迅速な意思決定が困難ではないか，機関等の共同設置については中心的な役割を果たす市町村の負担が大きいのではないか，事務の委託については委託団体が受託団体から事務処理の状況等の情報を把握することが困難なのではないか等の指摘があることについて触れられている。

　答申は，このような課題も踏まえつつ，現行の事務の共同処理の制度に加え，より弾力的な広域連携の制度を創設することを求めた。すなわち，人口減少・少子高齢社会においては，中心市と近隣市町村が相互に役割分担を行い連携・協力することにより，圏域全体の活性化を図ることを目的とする定住自立圏のような仕組みが重要であり，このような取組を促進するため，既存の共同処理方式に加え，柔軟な連携を可能とする制度の整備が必要である旨を提唱し

た。すなわち，現行の定住自立圏形成協定においては，事務の共同処理を実施していくに当たって，その内容に応じて定住自立圏形成協定とは別に地方自治法上の事務の共同処理（事務の委託等）に係る規約を定めることが必要となることから，円滑な制度の運用を図るため，現行の地方自治法に定める事務の共同処理の方式のほか，地方公共団体間の柔軟な連携を可能とする仕組みを法制度化すべきであると提言した。

<参考３> 第30次地方制度調査会答申（抄） 2013（平成25）年６月25日
2　基礎自治体による事務の共同処理等の現状と課題
(2)　現行の事務の共同処理制度の特徴
　現行の地方自治法では，事務の共同処理の制度について，一部事務組合及び広域連合，協議会，機関等の共同設置並びに事務の委託の各方式が定められ，その効果が規定されている。全国の市町村においては，広域市町村圏施策が展開されて以降，現行の制度を活用して相当の成果が上げられている。しかしながら，現に事務の共同処理を行っている市町村から，事務の共同処理の各方式について，それぞれの制度の特徴により，例えば，一部事務組合や協議会については迅速な意思決定が困難ではないか，機関等の共同設置については中心的な役割を果たす市町村の負担が大きいのではないか，事務の委託については委託団体が受託団体から事務処理の状況等の情報を把握することが困難なのではないか等の指摘があることも事実である。
3　具体的な方策
(1)　新たな広域連携の制度の必要性
　広域連携を一層進めていくため，現行の事務の共同処理の制度に加え，より弾力的な広域連携の制度を設けることとすべきである。人口減少・少子高齢社会においては，中心市と近隣市町村が相互に役割分担を行い連携・協力することにより，圏域全体の活性化を図ることを目的とする定住自立圏のような仕組みが重要である。
　現行の定住自立圏形成協定の仕組みにおいては，実際に事務の共同処理を実施していくに当たって，その内容に応じて定住自立圏形成協定とは別に地方自治法上の事務の共同処理に係る規約を定めることが必要となる。市町村間の広域連携を一層促していくためには，現行の地方自治法に定める事務の共同処理の方式のほか，地方公共団体間における柔軟な連携を可能とする仕組みを制度化すべきである。（以下略）

　このような答申を踏まえ，2014（平成26）年の自治法一部改正（同年５月30日公布）の中で，新たに連携協約制度が創設された（252条の２）。

252条の２　普通地方公共団体は，当該普通地方公共団体及び他の普通地方公共団体の区域における当該普通地方公共団体及び当該他の普通地方公共団体の事務の処理に当たっての当該他の普通地方公共団体との連携を図るため，協議により，当該普通地方公共団体及び当該他の普通地方公共

団体が連携して事務を処理するに当たつての基本的な方針及び役割分担を定める協約（以下「連携協約」という。）を当該他の普通地方公共団体と締結することができる。
2　普通地方公共団体は，連携協約を締結したときは，その旨及び当該連携協約を告示するとともに，都道府県が締結したものにあつては総務大臣，その他のものにあつては都道府県知事に届け出なければならない。
3　第一項の協議については，関係普通地方公共団体の議会の議決を経なければならない。
4　普通地方公共団体は，連携協約を変更し，又は連携協約を廃止しようとするときは，前3項の例によりこれを行わなければならない。
5　公益上必要がある場合においては，都道府県が締結するものについては総務大臣，その他のものについては都道府県知事は，関係のある普通地方公共団体に対し，連携協約を締結すべきことを勧告することができる。
6　連携協約を締結した普通地方公共団体は，当該連携協約に基づいて，当該連携協約を締結した他の普通地方公共団体と連携して事務を処理するに当たつて当該普通地方公共団体が分担すべき役割を果たすため必要な措置を執るようにしなければならない。（以下略）

　連携協約は，地域の実情に応じて，複数の地方公共団体間で，①圏域全体のまちづくりの方向性や政策のあり方，②連携に関する具体的な実施方法，③団体間の役割分担及び事務分担等を定めるものである。

　制度の特徴として，①連携する事務の協定だけではなく，圏域全体の方向性も盛り込み得ることとしており，団体間で圏域を巡る認識を共有することを可能としていること，②具体の連携の手法（事務の委託，協議会等）の基本方針を協約で定め，法的な根拠に基づき多様な連携の手法を円滑に実施することを可能にしていること，③連携の手法として，従来の自治法上の共同処理方式（事務の委託及び協議会）だけではなく，事務の代執行，条例の制定，民法上の請負契約など，多様な手法を柔軟に活用することを可能にしていること，④別法人を設立しない簡素で効率的な相互協力の仕組みであること等を挙げることができる。具体的には，〔図3-11〕が示すように，連携協約の中で，当該連携に係る基本方針，実施方法，役割分担，費用負担，関係団体間の協議の手続等を定め，当該協約に基づき，「地方公共団体が分担すべき役割を果たすための必要な措置」（同条第6項）として，柔軟に事務処理の手法を活用し，連携を通じた事務処理を行うこととされている。

〔図3−11〕 連携協約のイメージ

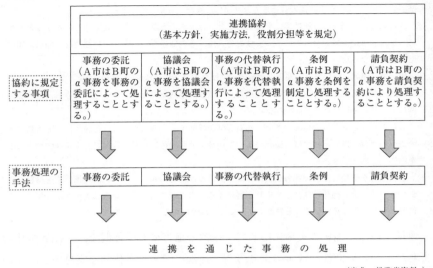

(出典：総務省資料。)

　連携協約は，地方公共団体間で連携して事務を処理するに当たっての基本的な方針及び役割分担を定めるものであり，団体間で協議し，各団体の議会の議決を経て締結することができる（同条第3項）。連携協約を締結したときは，その旨及び当該連携協約を告示するとともに，都道府県が締結した場合は総務大臣，その他の場合は都道府県知事に届け出なければならない（同条第2項）。
　連携協約を締結した場合の効果として，締結した団体は，当該連携協約に基づいて連携して事務を処理するに当たって分担すべき役割を果たすための必要な措置を採るようにしなければならないこととされ（同条第6項），必要な措置の履行に係る責務を課せられている。ここでいう「必要な措置」とは，事務の委託，協議会，事務の代替執行（252条の16の2），条例の制定，請負契約など多様な形態が考えられる（連携協約の活用について第8編第3章Ⅳを参照）。

Ⅱ 行政契約としての連携協約

　行政主体（国や地方公共団体等）が行政目的を達成するために締結する契約を行政契約という。行政契約は，行政主体による伝統的な行為形式である行政行為に比して行政主体の自由度が相対的に高く柔軟な対応が可能であるというメリットを有し，今日では行政手法の一つとしてその重要性が承認され，盛んに用いられている。

　行政契約には，関与する当事者の視点から３つの種類に分けられる。第一に，行政機関（国や地方公共団体）と私人の間の契約（以下，「官民契約」という）が挙げられる。これには，契約を通じて行政機関の管理権限を私人に付与するもの（指定管理者等），給付行政の実施手段として契約履行の形態を採るもの（給水契約）がある。第二に，行政機関相互の間の契約（以下，「行政間契約」という）が挙げられる。この類型の例として，地方公共団体間の事務の委託や教育事務の委託のように執行権限の委任を伴うもののほか，消防相互応援協定のように行政主体間の相互応援の方法を規定するものがある。自治法に基づく連携協約もこの類型に該当する[1]。第三に，やや特殊な類型として，私人間で協定を結び，行政庁から認可を受けることにより協定に関わらない第三者に対しても効果をもつことが認められるものがある（これを「行政に係る私人間契約」という）。建築協定や緑地協定等がこれに該当する。

　また，以上の類型は法律の設定根拠を有する行政契約（以下，「法定契約」という）であるが，これ以外に法定上の根拠に基づかない契約（以下，「法定外契約」という）も盛んに活用されている。代表的な例として，官民契約に係るものとしては準備行政に係る契約が代表的なものであり[2]，行政間契約としては，公害の発生原因となり得る事業を営む事業者と地方公共団体との間で地域の生活環境悪化を防止するために交わされる公害防止協定が挙げられる（〔表３－

---

[1] 連携協約は，地方公共団体が他の地方公共団体と連携して事務を処理するための仕組みとして，事務の委託とはまた別の地方公共団体間の契約方式として位置付けられている。櫻井敬子・橋本博之『行政法（第５版）』弘文堂，2016年，130－131頁参照。

[2] 国や地方公共団体が行政を遂行するに当たって必要な物的手段の調達・整備を行う事務に係る行政を指す。

2〕参照）[3]。

〔表3－2〕 行政契約の種類

種類	官民契約（例）	行政間契約（例）	行政に係る私人間契約(例)
法定契約	指定管理者（自治法244条の2）	事務の委託（自治法252条の14）	建築協定（建築基準法69条）
	一般廃棄物の収集等（廃掃法6条の2）	教育事務の委託（学校教育法31条）	緑地協定（都市緑地法45条）
	給水契約（水道法）	消防相互応援協定（消防組織法39条）	景観協定（景観法81条）
		連携協約（自治法252条の2）	管理協定（特定都市河川浸水被害対策法27条）
法定外契約	準備行政に係る契約（施設建設請負契約，物品購入契約等）	公害防止協定	―

（表は著者作成。）

Ⅲ　行政契約に対する統制原理

　これらの行政契約は，契約自由の原則に基づいて，行政庁にとって比較的自由度が高く柔軟な行政活動の手法ということができる。しかしながら，通常は，官民契約及び行政間契約にみられるように，契約当事者の一方又は双方が公的主体であることが通例であることから，公益的な観点から契約内容に自ずから制約（以下，「公的制約」という）があるものと考えられており，このような公的制約を課す考え方を行政契約に対する統制原理という。

　行政契約一般に対する公的制約としてどのような統制原理が働くのか，また，その中でも特に行政間契約にはどのような統制原理が働くのか，及びその中の一類型である連携協約にはどのような統制原理が働いているのだろうか。行政契約に対する主要な統制原理として次のものを挙げることができる。

---

3)　定住自立圏構想は，定住自立圏構想推進要綱に沿って，自治体が定住自立圏形成協定を締結して推進することとされている。当該要綱により，当該協定は自治法96条第2項に基づく議会の議決を経ることとされており，議会を含む地方公共団体の意思決定としての性格を付与することとしている。ただし，当該協定自体は法定されたものではないため，本稿の分類においては，いわば法定契約に準じた法定外契約に相当する。

(1) 公正性・透明性の要請

　まず，一般の契約行為においては，契約内容をどの程度公にするのか，契約締結手続をどのように進めるのかは，契約当事者の自由である。しかし，行政契約では，契約締結の基準や手続を透明化し，契約の締結過程及び内容について公正を図る傾向がみられる。例えば，国，特殊法人等及び地方公共団体が行う公共工事の入札及び契約に関して，入札過程・契約締結過程並びに契約内容について，透明性確保が法律により要請されている（公共工事の入札及び契約の適正化の促進に関する法律）。行政間契約においても，自治法上の事務の委託など契約内容について議会の議決を必要としており，このことは，連携協約の内容に係る政策的妥当性を連携協約を締結しようとする団体が審議するとともに，議会審議の過程を通じて契約の締結過程及び内容に係る公正性・透明性を担保している。

　連携協約についても同様であり，①連携して処理する事務の内容及び役割分担を定める（自治法252条の2第1項）ことにより，連携協約を締結する団体（以下，「締結団体」という）の間の事務の分任を一覧性をもって可視化することとしている。②連携協約締結の協議について議会の議決を経なければならないこととされ（同条第3項），③締結団体は，連携協約を締結した旨及び当該連携協約を告示し，都道府県が締結したものは総務大臣（その他は都道府県知事）に届け出ることとされている（同条第2項）。行政間契約である連携協約については，これらの枠組を通じ，公正性・透明性を担保することとされている。

(2) 経済性の要請

　自治法は最小の経費で最大の効果を上げるよう規定し（2条第14項），行政活動について経済性を要請している。このため，行政契約に関し一般競争入札が原則とされるのも経済性が重視されている現れである。また，行政間契約においても，双方の当事者が地方公共団体であるため，契約を通じた行政活動に対する一般原則として同条に基づく経済性の要請を受けている。さらに，連携協約の場合，協約の内容として当事者間の「役割分担」を明確に定め，さらに議会の審議を通じ，経済的合理性も担保することとしている。

(3) 平等取り扱いの要請

地方公共団体は契約を複数の私人と締結する場合，契約の間で不当な差別を行うことは許されない。例えば，地方公共団体は，住民が公の施設を利用することについて，不当な差別的取り扱いをしてはならない（244条第3項）[4]。行政間契約の場合，行政主体間の合意に基づいて契約が締結されるため，不当な差別的取り扱いは一般的には生じにくいと考えられる。ただし，連携協約の場合，例えば中心都市が複数の周辺都市と結ぶ連携協約の内容について，周辺都市の規模・財政力等の市勢の格差に起因する差別的な取り扱い（負担金の団体ごとの格差など）が生じるような場合には当該原理との関係が問題になるであろう。

　また，公益上必要な場合，総務大臣は都道府県が締結する連携協約について，関係のある団体に対し，連携協約を締結するべきであることを勧告することができる（252条の2第5項）。ここでいう「公益上必要がある場合」とは，客観的にみて団体間に連携が必要である場合，連携協約が締結されていないことが住民にとって看過できない不利益が生じている場合などが考えられる。例えばコミュニティバスの運行について特定の自治体のみが連携協約を締結する機会がなく，結果として当該区域のみバス運行が実現されないなど住民生活に不可欠なサービスが提供されなくなるような場合が想定される。その際，契約自由の原則に立ち戻れば，団体間の契約意思が尊重されるべきこととなるが，周辺地域住民との平等原則の要請を踏まえ，公益的観点からこのような仕組みが用意されているということができる。

　さらに，連携協約に係る紛争が団体間で発生した場合，都道府県の場合は総務大臣（その他の場合は都道府県知事）に対し，自治紛争処理委員による紛争処理方策の提示を求めることができる（252条の2第7項）。当該制度についても，団体間の平等取り扱いに抵触するような事態が生じた場合の解決方法を法定したものである。

(4) 議会関与による統制

　自治法96条第1項第5号は，官民契約である工事又は製造の請負契約の締結

---

[4] 同条に基づいて，市町村が経営する簡易水道事業では料金に係る不当な差別が禁止されている。最判平成18年7月14日民集60巻第6号2369頁。

に際して地方公共団体の議会の議決を要求している。これは，一定額以上の請負契約に関して，その適正を図るために住民代表である議会の監視の下に置く趣旨である。一方，行政間契約においては，直接的に公費の支出を招く行政活動とは異なるものであるが，自治法における協議会（252条の2の2），機関の共同設置（252条の7），事務の委託（252条の14），事務の代替執行（252条の16の2）など，議会による議決の手法は幅広く用いられており，連携協約においても同様である（252条の2第3項）。行政間契約の場合，契約自由の原則に基づけば，このような特別の手続は必要とされず，各団体の執行機関の判断に基づき契約を締結することができると考えられるが，行政行為の公益的性格に鑑み，議会の議決を経た団体意思に基づく契約締結を求める趣旨の基にこのような仕組を設けている。また，議会に契約内容の審議を行わせることにより，契約内容の公正性・透明性を担保している。

なお，事務の委託の場合，受委託を行う団体，委託事務の範囲並びに委託事務の管理及び執行の方法，経費支弁の方法などある程度詳しい規約内容について議会の審議を行うことが求められる（252条の15）のに対し，連携協約の場合，基本的な方針及び役割分担を定めることに留めている（252条の2第1項）。この点は，連携協約が団体間における柔軟な連携を想定していることの現れとして説明されている。しかし，一方で，役割分担を協約で定めることを法定しており（同条），多様な連携事務を想定しつつ締結団体間の分任を重要な要素として位置付けている点が連携協約の特徴である。

(5) 公益性に基づく契約締結義務

一般的には，契約の締結に際し，どの相手を契約対象者とするかについては当事者の自由に属するものである。しかし，行政契約においては，契約対象者の選択について，公的制約を受ける場合がある。例えば給水契約（水道法15条）においては給水義務を行政庁が負うように，行政庁が一方の契約当事者であることをもって公益的な観点から契約締結義務が課される場合がある。

さらに，行政間契約においては，自治法上の共同処理（協議会，機関の共同設置及び事務の委託）にみられるように，公益上必要な場合，都道府県については総務大臣（その他については都道府県知事）が，関係のある団体に対し，当

第6章　連携協約の仕組み　*113*

該方式を設けることを勧告することができる（自治法252条の2の2等）。そして連携協約についても，前述のとおり，同様の規定が置かれている（同条第5項）。勧告は，行政機関が，相手方の任意の協力同意を得てその意思を実現しようとする行為であり，法的拘束力をもたない非権力的行政作用であると考えられているが，一定の事実行為としての効果は備えていることから，連携協約についても，契約対象者に対する一定の統制を行う仕組が用意されているということができる。

Ⅳ　連携協約が備える法的効果

前述のとおり，連携協約は，行政間契約の一類型として位置付けられ，公益性の観点から，私人間の契約行為とは異なり，議会の議決を経て策定され（同条第3項），総務大臣又は都道府県知事の締結に係る勧告の対象とされ（同条第5項），子等の公的制約が課されている。一方，一旦締結された連携協約は，法的根拠を持つ行政契約としての性格を備えるとともに，関係団体には連携協約で定められた事務を分担するための措置義務が課され（同条第6項），その内容に係る紛争については自治紛争処理委員が関与する（同条第7項）ことにみられるように，法的効果を伴う行政間契約として扱われている。

特に，締結団体には事務処理を分担するための措置義務（同条第6項）として，民法上の請負契約の締結，関係条例・規則の制定，事務の委託の実施等が想定されており，連携協約に実効性及び継続的安定性を持たせるための措置義務を団体に課している。当該第6項の「必要な措置」は，抽象的な文言ではあるが，同項により，連携協約は，法定外契約とは異なり，実質的な法的拘束力を備える行政契約として位置付けられている。

具体的には，連携協約本文において，「（連携中枢都市）A市は，中心となって□□の推進を行う。」，「（連携中枢都市外の都市）B町は，A市と協力して□□の推進を行う。」という程度の定性的な規定を行うことが多い[5]。

5）　連携協約で定める項目の具体例として，前掲〔表2－6〕（播磨圏域連携中枢都市圏における連携協約項目一覧）を参照。

V　連携協約の活用方策

　上記のような連携協約の特徴を踏まえると，複数の地方公共団体が契約型の連携による取り組みを行う際には，法定外契約（事実上の協定や覚書の形態をとる）により行う方法と，法定契約としての行政間契約である連携協約（〔表3－2〕参照）により行う場合が考えられる。

　それでは，どのような場合に連携協約を活用することが有効なのであろうか？　地方公共団体が自治法に基づく連携協約による連携関係を採用する要因（換言すれば連携協約による手法のメリット）として，次の点を挙げることができる。

(1)　法的正統性

　団体が連携して取り組むことを想定している事業（以下，「連携事業」という）について，法的根拠を持つ行政契約として公的な正統性をもたせ，かつ，告示により，住民に連携事業を宣明し，周知の徹底を図ることができる。

(2)　分任性

　連携協約においては，締結団体の役割分担を規定することとされており（同条第1項），行政契約上，分任関係を明確化することができる。また，連携事業の根拠を連携協約に位置付けることにより，締結団体に必要な措置を講じる法的責務を生じさせることができ，責任を伴う事業の推進体制を確立することができる。

(3)　団体意思性

　連携協約に係る協議は締結を行う団体の議会の議決を経て行うこととされており（同条第3項），連携事業について議会を含む団体意思として合意形成を図ることができる。このため，連携事業を推進する上で，一定規模以上の予算措置や条例整備等の具体的措置を要する場合，事前に団体意思を確立しておくことにより，円滑な具体的措置の具現化を図ることができる。

(4)　継続性

　連携協約は法的根拠を持ち，かつ，締結団体の議会の議決を経た協議により締結されたものであるため，一時点での団体の執行機関の意思に安易に左右さ

れることを避けることができ，継続的かつ安定的な連携事業の推進を図ることができる。

(5) 広域的観点からの是正の可能性

連携協約が締結されていないことが住民にとって看過できない不利益が生じる場合（例えば住民生活に不可欠なサービスが維持できなくなるような場合）には，公益上の必要がある場合として，総務大臣又は都道府県知事が，関係のある団体に対し連携協約を締結すべきことを勧告することができる（同条第5項）。この仕組みは，都道府県や市町村等が自発的に着手する連携事業の枠組みに対して，より広域的観点から，総務大臣や都道府県知事が関与し得るルールを補完的に整備しているものであり，そのことにより，広域行政の目的を完遂させることを期待することができる。

(6) 紛争調整手段の必要性

締結団体間で紛争があるときは，当事者である団体は，総務大臣又は都道府県知事に対し，自治紛争処理委員による紛争処理方策の提示を申請することができる（同条第7項）。この仕組みにより，平等原則等との兼ね合いを巡り締結団体間で紛争が生じた場合，法定外契約であれば専用の紛争解決手段は設けられていないことになるが，連携協約制度を採用すれば自治法上の当該規定に基づき法的根拠をもつ紛争処理手段に解決を委ねることができる。このため，特に資金拠出その他の利害関係を伴う要素が多い連携事業である場合，最終的な紛争調整手段が担保されていることにより安定的に連携事業に着手することができる。

上記のような連携協約制度の特徴（メリット）を踏まえ，地方公共団体が連携事業を企画する際に連携協約を採用するか否かという点についてのチェックリストは〔表3－3〕のとおりである。

〔表3－3〕 連携協約採用に際してのチェックリスト

	チェック項目		自治法252条の2
☐	法的正当性	法的根拠をもつ行政契約として公的な正統性をもたせ，かつ，告示により，住民に連携事業を宣明し周知の徹底を図ることに適合する事業であるか。	第1項
☐	分任性	施策の推進に当たり，関係団体の役割分担を行政契約上明確に規定することが特に強く要請される事業であるか。	第1項
☐		施策の推進に当たり，法的責任を通じて各関係団体が行政契約上の分任して履行すべき措置を担保することが有効な事業であるか。	第1項
☐	団体意思性	連携事業が一定規模以上の予算や条例施行等を必要とするものであり，議会を含む団体意思を確立しておくことに適合する事業であるか。	第3項
☐	継続性	連携事業は，法的根拠及び議会の議決を基礎とすることを通じ長期の継続性を担保することに適合する事業であるか。	第1項，第3項，第4項
☐	広域的観点からの是正の可能性	広域的観点からの総務大臣等の勧告による連携の是正の事態にも適合する事業であるか。	第5項
☐	紛争調整手段の必要性	平等原則等に鑑み，関係団体間の紛争につき調整する手段を備えておくことに適合する事業であるか。	第6項

(図は著者作成。)

　地方公共団体においては，連携事業の内容及び連携相手との関係性を踏まえ，上記の連携協約制度の特徴（メリット）を十分に勘案し，連携協約の採用の有無を判断するべきである。

第7章　機動的・弾力的な共同処理への転換

　これまで述べてきたように，地方公共団体の事務処理のあり方は，広域行政のコンセプトを媒介として国の地域政策と密接に関連している。地域政策—広域行政—共同処理という3つの要素が，社会情勢を踏まえ，逐次発展・変化しながら今日の地方行政が営まれていると言ってよい。

　まず，地方行政を取り巻く背景として，人口減少，広域行政制度の進展，及び市町村合併という3つの主要な要素がある。

　人口については，我が国が近代化の途を歩む19世紀以降顕著な増加を続けてきたが，2009（平成21）年にピークを迎え，2010（平成22）年以降，急激な人口減少の時代に入っている。

　広域行政については，1969（昭和44）年から2010（平成22）年の約40年間にわたり，広域行政圏施策が進められてきたが，2010（平成22）年に社会情勢の変化を踏まえて定住自立圏構想への政策の転換が図られたところである。

　また，市町村合併については，昭和の時代以降は，昭和の大合併（1953～1961年），平成の大合併（1999～2010年）という2回にわたる大合併が行われ，この2回の合併を通じて，市町村数は9,868から1,730まで減少したところである。

　〔図3－12〕に示すとおり，これらの社会背景を踏まえると，我が国の広域行政は21世紀初頭（2010年頃）に大きな変化を迎え，今日に至っていると言うことができる。

〔図3－12〕 地域政策と事務の共同処理

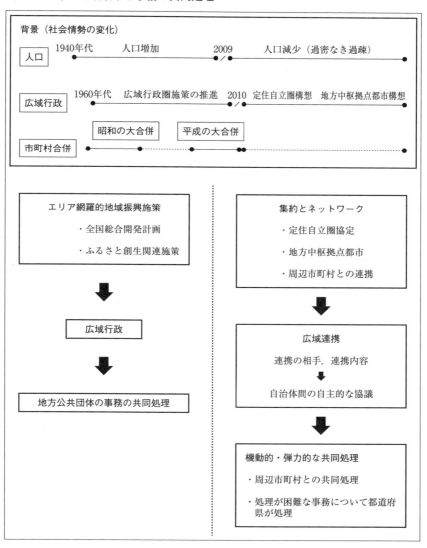

(図は著者作成。)

第7章 機動的・弾力的な共同処理への転換 119

2010（平成22）年以前は，経済は高度成長から安定成長に移行した時期であるが，地域社会においては，全体的な人口増は持続し，このことを前提として，国は地域政策として，1969（昭和44）年の新全国総合開発計画における広域生活圏構想や1977（昭和52）年の第三次全国総合開発計画における定住圏構想など，魅力ある豊かな地域社会づくりを目標とした総合的な地域振興（いわゆる面全体の地域振興）を推進した。

　このような政策のもとでは，いずれの市町村においても漏れなく行政サービスを底上げする網羅的地域振興を図るインセンティブが強く働き，圏域を設定して広域行政機能を強化する広域行政圏施策が採用された。そしてこの手法においては，組合（法人格を有する組織）を広域行政機構として位置づける方法が重要な役割を担った。すなわち，この時期は，面的な地域政策を重視する広域行政が展開されていたと言うことができる。

　一方，2010（平成22）年以降は，人口の急激な減少が始まることと併せて，この時期の2回にわたる市町村合併により，市町村数は5分の1以下にまで減少し，基礎的自治体の最新の状況に適合する新たな広域行政の枠組みが求められることとなった。

　このような情勢の下で，広域行政の新たな枠組みとして，広域連携という弾力的・自主的なニュアンスを含むコンセプトが用いられ，連携する相手と連携の内容を自治体間の自主的な協議により定め得る枠組みが用意された。このような枠組みの中で，従来から市町村が共同処理で行ってきた事務についても，法制度上定着している共同処理方式を活用する場合においても，人口減少や市町村の人口・権能の変化を踏まえて，必要に応じ，共同処理事務の統合や他の方式への転換を含む，機動的・弾力的な活用が真に求められている。換言すれば地域政策的な広域行政から，機動的・弾力的な共同処理へと行政手法の転換が求められているのである。

　これからの共同処理方式の運用に当たっては，このような制度を取り巻く全体構造を踏まえつつ，常により合理的な行政手法を検討しつつ運用することが肝要と言えるであろう。

第4編

一部事務組合

　本編からは，地方自治法上の共同処理の仕組みを解説する。本編では，特別地方公共団体として位置づけられている一部事務組合（以下，基本的に「事務組合」と表記する）を取り上げる。

第1章　一部事務組合設立の考え方

I　一部事務組合方式による処理に適した事務の特徴

　地方公共団体の事務において，共同処理方式の中で特に事務組合方式により処理することが適している事務の特徴をまとめると次のようになる。
　①　一つの団体の区域内における行政需要の量に対して，その事務に要する経費の規模が大きいこと（例　し尿・ごみ処理，病院の管理運営等）
　②　ある程度大規模な人的資源，物的資源の投入が必要な事務であること（例　防災業務，病院の管理運営等）
　③　スケールメリットによる経済性，能率性の向上が特に期待できること（例　し尿・ごみ処理施設の建設事業費とその処理能力の規模との関係，消防署の規模と設備の水準との関係等）
　④　一つの団体の区域内における行政需要の量はあまり多くはないが，地域において一定レベル以上の行政サービスを維持する必要が特にあること（例　地域中核病院，学校等）
　⑤　行政サービスの受益者が一つの団体の区域内の住民にとどまらず，周辺地域の住民も当該サービスを享受できるようなものであること（例　病院，教育文化施設等）
　⑥　事務の内容が高度の技術性，特殊性を有し，スペシャリストを養成してそれに処理を行わせることが適当なものであること（例　電算業務，滞納整理，退職手当給付，公務災害補償等）
　⑦　共同処理を行おうとする団体全体の住民の選好に適合していること

例えば，構成団体中の一部の団体の意向で，豪奢な劇場，美術館等を建設しその管理運営を行うことを企画したとしても，それが全構成団体の住民の選好に適合するような行政サービスでない限り，他の団体の共同処理の賛同は得にくいであろう。このように，事務組合方式による事務は，全ての構成団体の住民の選好に適合していることがその前提となっている。現在の事務組合方式による業務内容が，環境衛生，防災，厚生福祉等の広域的な基本的行政サービスの分野を中心としていることも，その反映であろう。

Ⅱ　設立に当たっての考え方

　事務組合を設立するということは，一言で言えば，地方公共団体が他の地方公共団体と共同で「新たな地方公共団体」を創設し，事務を処理していこうとすることである。即ち，事務組合は，普通地方公共団体及び特別区が事務の一部を共同処理するため，議会の議決を経て行う協議により規約を定め，総務大臣又は都道府県知事の許可を経て設立される。そして，ある特定の設立目的をもって設立された事務組合の現状を概観してみると，その中には現在必ずしも地方公共団体としての合理的な運営が行われていないように見受けられるものもあるようである。例えば，次のようなケースが見られる。

① 構成団体のうち，最も人口規模，財政規模等が大きく，周辺地域も含む地域において中核的な役割を果たしている団体（以下，「中心団体」という）が，事務組合に対する負担金の大半を負担し，事実上，中心団体がその周辺の小規模な団体（以下，「周辺団体」という）における行政サービスを肩代わりするような状態になっている例。また，その結果，周辺団体は，事務組合の運営については中心団体の方針に依存している例

② 複数の地方公共団体が，ある特定の施設（ごみ処理施設，学校，病院等）の建設を企画し，その建設費用を分担することを最大の理由として事務組合を設立したと推量される例

③ 例えば環境衛生施設のように，その設置場所について制約要因がある施設を建設しようとする際に，複数の団体の境界にまたがる場所に施設を建設することを計画し，その運営主体として事務組合を設立した例

④ 環境衛生施設等の実際の管理運営の負担を各構成団体が均等に負うことを目的として，各構成団体が各施設（ごみ処理場，し尿処理場，火葬場等）をそれぞれの区域内に一つずつ持ち合う形で，施設を分散して設置している例
⑤ 事務組合が処理する事務として，財産（山林，教育施設等）の維持管理以外には特に何も行われておらず，収支予算の規模も著しく小さい例
⑥ 事務組合の組織が小規模で，現業部門と内部管理部門が未分離であるため，職員が現業の業務に忙殺されて，法制執務等の内部管理業務が後手に回り，不十分な状態になっている例
⑦ 事務の内容から見て，事務組合方式よりも，事務の委託，民間に対する委託，民間の団体への組織の移管など，他の運営形態による方が合理的であると考えられる例

　それでは，このような問題はなぜ，どのような場合に生じるのであろうか。それは，一言で言えば，各構成団体が事務組合を設立しようとする際に，当該事務組合の運営に関する「長期的構想」を充分に検討していない場合に生じてくるのである。つまり，地方公共団体が事務組合を設立するに当たっては，それが「新たな地方公共団体」を創設することを意味する旨を正しく認識し，設立後は半永久的に運営していくべき組織について，長期的な視点に立った明確な構想を有していなければならないのである。

Ⅲ　設立の際のチェックポイント

　それでは，事務組合の設立を検討するにあたって，どのような点をチェックし，将来構想を用意していなければならないのか。
　事務組合の設立を検討する際には，〔図4－1〕のフローチャートが示すような流れで問題点の整理を行うことが適当であろう（各段階における具体的なチェック項目は，〔表4－1〕のチェックリストを参照）。まず「事務内容のチェック」を行い，「地方公共団体の事務として実施することが適当か。」⇒「共同処理を行うことが適当か。」⇒「共同処理方式の中でも特に事務組合方式で行うことが適当か。」という順序で当該事務の内容を検討する。

〔図4−1〕 一部事務組合設立の際のチェックポイント（フローチャート）

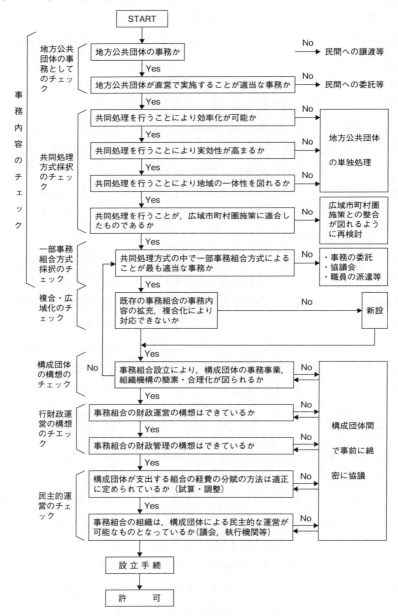

〔表4－1〕 一部事務組合用チェックリスト

		チェック項目	備考
事務内容のチェック	地方公共団体の事務としてのチェック	□ 地方公共団体の事務であると判断できるか。 　□ 国の専権に属する事務ではないか。 　□ 機関委任されていない国の行政事務ではないか。	・行政の守備範囲といえるかどうかについて注意 ・分野によっては，民間の団体等による処理が適切な場合もある。 地方公共団体の事務であれば，自治事務，法定受託事務のいずれでも共同処理できる。
		□ 地方公共団体が直営で実施することが適当な事務か。 　□ 民間への委託を行った方が廉価で柔軟なサービスを実施できるのではないか。	・コスト，柔軟性，安全性等の諸要素を比較検討
	共同処理方式採択のチェック	□ 共同処理を行うことにより効率化が可能か。 　□ スケールメリットにより，事務を経済的に処理できるか。 　□ 特定の事務を事務組合に委ねて特化させることにより能率的な事務処理を行うことができるか。	・経済的効率性 ・事務処理の能率性 （3つの類型） ①事務の集中管理 ②機動力の向上 ③スペシャリストの養成
		□ 共同処理を行うことにより実効性が高まるか。 □ 共同処理を行うことにより地域の一体性を図れるか。	・個々の地方公共団体の取り組みだけでは不十分であり，広域的対応により初めて効果が上がる事務内容か。（例：上水道，消防等） ・地域間の整調等を行うことにより，複数の地方公共団体間の公平性を保ちつつ，地域の一体性を図り，広域的な地域開発につなげていけるような事務の共同処理であることが必要である。
		□ 関係市町村の協議により広域行政圏施策を継続している場合，当該広域行政圏施策に適合しているか。	・当該地域の広域市町村圏施策の中で，新たに実施しようとする共同処理がどのような位置付けになるのか整理しておくことが必要である。
	一部事務組合方式採択のチェック	□ 共同処理方式の中で，事務組合方式によることが最も適当な事務か。 　□ 行政需要の量に対して，経費の規模が大きい。 　□ ある程度大規模な人的資源，物的資源の投入が必要。 　□ スケールメリットによる経済性，能率性の向上が特に期待できる。 　□ 地域において一定水準以上の行政サービスを維持する必要がある。	・事務組合以外の事務の共同処理方式と比較検討する必要がある。 ・公の施設の区域外設置，他の地方公共団体の公の施設の利用（自治法244条の3） ・事実上の協議会 ・協議会（252条の2～） ・機関等の共同設置（252条の7～） ・事務委託（252条の14～） ・職員の派遣（252条の17）

			チェック項目	備考
事務内容のチェック	一部事務組合方式採択のチェック	☐	周辺地域の住民も当該サービスを享受できる。	
		☐	事務内容が高度の技術性，特殊性を有し，スペシャリストを養成してそれに事務処理を行わせることが適当である。	
		☐	共同処理を行おうとしている団体全体の住民の選好に適合している。	
複合・広域化のチェック	☐		既存の事務組合の事務内容の拡充，複合化により対応できないか。	・既存の事務組合の規約の「組合の共同処理する事務」を変更する。
		☐	予定されている構成団体が，既存の事務組合の構成団体と一致している場合⇒事務内容の拡充（規約変更）	・複合事務組合に改組する場合
		☐	予定されている構成団体が，既存の一部事務組合の構成団体と一致しない場合⇒複合事務組合	・この場合，既存の事務組合の規約変更により改組する方法と，既存の事務組合を解散し，複合事務組合を新設する方法がある。
	☐			
	☐		事務組合の設立により，構成団体の事務事業，組織・機構の簡素・合理化が図られるか。	
		☐	事務組合の設立により，構成団体は，どのような事務をどの程度軽減できるか試算してみる。	
		☐	組織・機構をどのように簡素・合理化できるか検討する。	
		☐	構成団体の定員管理に与える影響を検討する。	・構成団体から事務組合への退職出向，休職出向等の規模等の検討が必要である。
		☐	その他	
行財政運営の構想のチェック	☐		事務組合の財政運営の構想はできているか。	・財政の健全性を維持できるように，将来の財政推計を行い，財政運営の方針を立てておく必要がある。
		☐	財政規模の推計	
		☐	施設等の建設事業費の規模の推計	
		☐	将来の経常的経費の推計	
		☐	構成団体が支出する負担金の規模の推計	
		☐	自主財源（手数料等）の推計	
		☐	財産の規模，内容等に関する方針	
		☐	その他	
	☐		事務組合の行政管理の構想はできているか。	
		☐	定員管理計画の策定	・定員管理計画を策定し，職務内容に対応した適正規模の定員を維持し，計画的な管理を行わなければならない。

		チェック項目	備考
行財政運営の構想のチェック	☐	適正な人事管理	・事務組合の職員は，構成団体からの出向者（退職出向，休職出向等）等も含まれるため，職員の身分を明確に整理しておくとともに，勤務条件の内容等，人事管理の内容，方針を整理しておく必要がある。
	☐	年齢構成の適正化	・業務の継続性等を確保するため，バランスのとれた年齢構成にしておく必要がある。
	☐	適正な配置転換の実現可能性	・組織の活性化のためのジョブ・ローテーションシステムを実施できるように配意した人事配置を行う必要がある。
	☐	給　与	・適正な給料表を策定し，適正な水準の給与の支給を行わなければならない。
	☐	勤務条件	・構成団体の勤務条件に準ずる場合が多いが，条例等の整備により，適正な勤務条件を定める必要がある。
	☐	適正な組織機構の設置	・議会，執行機関等について，適正な規模でありかつ合理的な組織機構を設置しなければならない。
行財政運営の構想のチェック	☐	条例・規則等の整備	・地方公共団体として必要な条例・規則等を，事務組合の設立後，直ちに制定できるように準備しておかなければならない。
	☐	構成団体が支出する組合の経費の分賦の方法は適正に定められているか。	・合理的であり，かつ，構成団体間の公平が保たれている民主的な分賦方法である必要がある。
	☐	合理的な分賦方法が採用されているか。	＊経費の分賦に関し，違法又は錯誤があると認められるときは，構成団体は組合の管理者に異議を申し出ることができる（291条）。
	☐	分賦方式に基づいて，負担金の規模が試算され，構成団体全ての合意が得られているか。	
	☐	事務組合の組織は，構成団体による民主的な運営が可能なものとなっているか。	・事務組合の規約の必要的記載事項となっているものが多い。
	☐	議員定数	
	☐	議員の選出方法	
	☐	議長，副議長の選出方法	
	☐	議員の任期	
	☐	管理者の選出方法	
	☐	副管理者の定数，選出方法	
	☐	監査委員の定数，選出方法	
	☐	補助機関の構成	
	☐	その他	

（注）チェックリストの内容は，著者の個人的見解に基づくものである。

　次に，事務組合方式で処理することを前提とした上で，既存の事務組合の事務内容の拡充，又は複合事務組合化により対応し，事務組合の複合・広域化を

推進することの可能性について検討を行う。

そして次に，構成団体自体の問題として，事務組合を設立することにより，構成団体の事務事業，組織機構の簡素合理化がどのように図られるかについてチェックする必要がある。即ち，構成団体自体が実施していたある特定の事務が事務組合に移管され，構成団体の事務が軽減されることが，当該団体にどのような影響を与え，どの程度合理化に資することになるのかについて検討しなければならない（事務組合を新設し，その構成団体の事務や組織に何ら変化が生じないとすれば，単に地方公共団体の組織が膨張したに過ぎないこととなってしまう点に注意すべきである）。

さらに，事務組合の行財政の運営に関する長期的な構想を用意できているか否かについてチェックを行う。当該事務組合が，地方公共団体として合理的な組織を備え，適正に運営されるか否かは，全てこの段階におけるチェックが充分に行われるかどうかにかかっているといっても過言ではない。

最後に，当該事務組合を構成団体が民主的に運営していける仕組みになっているかどうかについてチェックを行う。特に構成団体が支出する負担金の分賦方法は，各構成団体の財政上の利害に直接的に関係するため，問題になることが多く，合理的なルールの採用と慎重な協議を経た上での合意が必要となる。また，議会や執行機関の組織，選出方法等については，後日構成団体間で意見の相違が生じてくるようなケースもあり，安定性と併せて情勢の変化に柔軟に対応できるような民主的なルールを採用することが望ましいであろう。

詳細は〔表4－1〕（前掲）のチェックリストのとおりであるが，チェックリストに示したポイントを全てクリアして初めて長期的な観点からの検討が行われたと言うべきであろう。逆に言えば，これらのポイントのうち不明確な点又は構成団体の合意が得られていない点がある場合には，設立手続を進めることを避け，構成団体間で協議を行い，問題点を一つずつ詰めていくべきである。

このように，事務組合の設立の検討を行うに当たっては，構成団体が「事実上の協議」（自治法284条第2項に定められた法定上の協議と区別してこのようにいう）を十分に行い，当該事務組合の長期的な運営に関する各団体間のコンセンサスを完全なものにしていくことが肝要である。

第2章　一部事務組合の基本的性格

Ⅰ　一部事務組合と憲法

　事務組合は地方自治法上の特別地方公共団体として位置付けられている（1条の3）。それでは事務組合は，憲法93条第2項に規定する地方公共団体に該当するであろうか。この点については，事務組合と同様に特別地方公共団体として位置付けられている特別区について，最高裁判所は次のとおり憲法上の地方公共団体には該当しないと判断している[1]。

　「右の地方公共団体といい得るためには，単に法律で地方公共団体として取り扱われているということだけでは足らず，事実上住民が経済的文化的に密接な共同生活を営み，共同体意識をもっているという社会的基盤が存在し，沿革的にみても，また，現実の行政の上においても，相当程度の自主立法権，自主行政権，自主財政権等地方自治の基本的権能を附与された地域団体を必要とするものというべきである。」

　ここでは大きく共同体としての社会的基盤と自律性のある団体としての基本的権能の要素が必要とされ，憲法上の地方公共団体の意義が厳格に解釈されている。同じ特別地方公共団体の中でも，特別区は事務組合よりも総合的な事務を取り扱い，普通地方公共団体に極めて類似しているが，その特別区においても憲法上の地方公共団体には該当しないとされており，事務組合が憲法上の地方公共団体に該当しないことは学説や実務においても異論がないところである。逆に，事務組合においては管理者の選任方法や議員の選挙方法が規約事項とされ，法令上直接公選が定められていないことは，このことにより説明され得ることとなる。

Ⅱ　一部事務組合の構成要素

　このように事務組合は憲法93条が定める地方公共団体には該当しないが，自

---

1)　最判昭和38年3月27日，刑集17巻2号121頁。

治法という法律により創設された地方公共団体ということになる。

　一般に，地方公共団体の観念が成り立つためには，3つの要素がなくてはならないと考えられている。区域（場所的構成要素），構成員（組成的構成要素），権能（法制度的構成要素）の3つである。

　事務組合は特別地方公共団体なので，この3つの要素を備えているが，その内容については次のように考えられている。

1　区　　域

　区域は地方公共団体に特有の構成要素であり，地方公共団体が他の公法人と大きく異なる点である。即ち，地方公共団体は，この区域を限界として種々の公法上の権能を行使することができる。事務組合の区域は，これを構成する地方公共団体の区域を包含する区域である[2]。したがって，事務組合の区域は，構成団体の数の増減のほか，構成団体自体の廃置分合，境界変更及び新たに生じた土地の確認等に伴い自動的に変更されるものである[3]。なお，都道府県とそれに包括される市町村によって事務組合が組織されている場合は，当該組合の区域は，当該都道府県の区域に一致する。

2　構　成　員

　地方公共団体の存立目的は住民の福祉の向上にあり，地方自治の運営の主体は住民にほかならない。したがって普通地方公共団体の構成員は住民であることはいうまでもない。他方，事務組合については，「組合の構成員は，組合を組織する地方公共団体自体と解される。事務組合にあっては，住民が各種の権利義務を享有する関係は普通地方公共団体の場合と同様であるが，あくまでも組合に対しては間接的に構成員となるに止まる。」と解するのが通説である[4]。

　しかしながら，この問題に関連して，「事務組合と住民との関係をどのように考えるべきか」という点を巡り種々の論点があるので，幾つかに分類して整

2）　大正6年1月27日行政実例。
3）　明治29年4月4日行政実例。
4）　松本英昭『逐条地方自治法（第9次改訂版）』（以下「松本（2018）」という。）学陽書房，2014年，1635−1636頁。

理してみよう。

(1) 事務組合に対して地方自治法10条第2項は準用されるか（事務組合には10条の「住民」は存在するか）。

> 自治法10条第2項　住民は，法律の定めるところにより，その属する普通地方公共団体の役務の提供をひとしく受ける権利を有し，その負担を分任する義務を負う。

この問題については，一般に「事務組合においては住民は間接的に構成員となるに留まる」と解されており，この立場に立つと，事務組合に本条を準用する余地はないということになる。

ただし，「本条は事務組合に準用される」と解する説も存在する。その理由として，事務組合において住民は間接的な構成員であると解したのは，組合の第一義的な構成員は構成団体であると解せざるを得なかったからであり，間接的であろうが直接的であろうが，権利義務の主体としての住民の事務組合に対する関係は，普通地方公共団体のそれと何ら変わりはないことが挙げられている。また，この考え方によれば，事務組合の執行する行政の効果が実質的には直接住民に及ぶ以上，住民は事務組合が共同処理する事務の範囲内において役務の提供を受ける権利を有し負担を分任する義務を負うと解することとなる。

(2) 事務組合に対して自治法11条は準用されるか（事務組合には11条の「住民」は存在するか）。

> 自治法11条　日本国民たる普通地方公共団体の住民は，この法律の定めるところにより，その属する普通地方公共団体の選挙に参与する権利を有する。

この問題については，事務組合の議会の議員の選挙及び管理者の選任の方法は規約で定められることとされている（287条）ことから，11条及び同条を踏まえた17条から19条までの規定（選挙）は，事務組合には準用されないと解されている。

また，原則として事務組合には住民による直接選挙は想定されていないが，組合の規約によって住民の直接選挙制を採用することは可能であるとされている。公職選挙法（以下，「公選法」という）も，組合について同法が適用される場合があることを想定している。

> 公選法267条　地方公共団体の組合の選挙については，法律に特別の定があるものを除く外，都道府県の加入するものにあってはこの法律中都道府県に関する規定，市及び特別区の加入するもので都道府県の加入しないものにあってはこの法律中市に関する規定，その他のものにあってはこの法律中市町村に関する規定を適用する。

(3) 事務組合に対して，住民が住民監査請求や住民訴訟を行うことができるか（事務組合に自治法242条及び242条の2が準用されるか）。

この問題については，住民監査請求や住民訴訟は，選挙権が前提になっているものではないので，構成団体の住民は事務組合に対し，住民監査請求ができると解されており，判例でもそのような判断が示されている。

> ＜参考4＞　一部事務組合による接遇経費に係る住民監査請求（最判平成元年9月5日）
> 　普通地方公共団体の長又はその他の執行機関が，当該普通地方公共団体の事務を遂行し対外的折衝等を行う過程において，社会通念上儀礼の範囲にとどまる程度の接遇を行うことは，（中略）それが公的存在である普通地方公共団体により行われるものであることに思いを致すと，（中略）それが社会通念上儀礼の範囲を逸脱したものである場合には，右接遇は当該普通地方公共団体の事務に当然伴うものとはいえず，これに要した費用を公金により支出することは許されないものというべきである。そして，このことは，地方自治法284条1項所定の一部事務組合の管理者等の執行機関が行う接遇の場合であっても同様であって，これを別異に解すべき合理的理由はないものというべきである。

また，住民と事務組合の関係について，両者の関係を重視する見解は，事務組合において住民を構成員と位置付けることはできないが住民の要素を排除することはできず，住民の能動的権利が配慮されるべきことを指摘している[5]。また，「事務組合においては住民は間接的に構成員となるに留まる」とする説においても，事務組合において住民が各種の権利義務を享有する関係は普通地方公共団体の場合と同様であると解されている。要は制度の解釈運用において，住民の要素をどの程度勘案していくかという姿勢の問題に帰着するものであり，個別事情を踏まえ，事務組合制度の運用においても住民の要素に留意しつつ考えていくことが肝要であろう。

---

5) 塩野宏『行政法Ⅲ』有斐閣，2008年，143頁。同様に，地方公共団体の組合の事務は，直接に関係地方公共団体の住民の権利義務に影響を与えるものであり，住民の要素を捨象して考えることに疑問を提示する意見もある。宇賀（2019），84頁参照。

3 権　能

　普通地方公共団体は,「地域における事務及びその他の事務で法律又はこれに基く政令により処理することとされているものを処理する」(2条第2項)とされ,そのため,法人格が認められ,行政主体としての各種の公権が賦与されている。事務組合も,法人格が認められ,行政主体としての各種の公権が賦与されている点は,普通地方公共団体と何ら異ならない。

　ただし,事務組合の事務処理権能は,規約で定められた共同処理事務の範囲内においてのみ認められる。そして共同処理事務の範囲内であれば,そのために必要な条例,規則を制定し,財源を調達し,法律が認めている限りにおいて公権力をもってその事務を執行することができる。

　なお,事務組合は,普通地方公共団体と異なり,課税権を認められていない点に注意する必要がある(地方税法1条及び2条参照)。[6]

<参考5> 法人格が認められるとはどのような意味を持つのか
　法人格とは「法律に基づいて団体に与えられる法律上の人格」のことをいう。法律に従い一定の手続きを経たものだけに法人格が認められる。法人格を持っていない団体は,任意団体と呼ばれるが,任意団体は,実態は「団体」であっても,法人格がないために次のようなデメリットがある。
　① 団体名で財産を所有できない。
　② 代表者個人名義で契約行為を行わざるを得ない。
　③ 活動中に起こった事故の損害は個々の構成員が負担する。
　法人格を取得すると,このようなデメリットを解消することができ,団体名義で資産所有,契約締結(工事請負,地方債の借入れ)や財産の所有ができるようになる。また法人(ここでは一部事務組合)と構成団体間の法的責任が明確になる。
　したがって,共同処理方式の中でも,資産稼働を伴う事務,一定程度の大規模な法的行為(契約,債務の借入等)を伴う事務,及び法的リスクを伴う事務には一部事務組合,広域連合のような法人格を伴う方式が適していると言うことができる。

---

[6] 近年,都道府県間で相次いで設立されている地方税滞納整理組合は,2012(平成24)年現在,事務組合20組織(うち全県的組織5),広域連合5組織(うち全県的組織2)が設立されている。当該組合は,課税権は都道府県・市町村にあることを前提として,滞納事案のうち,構成団体との協議により機構が処理することとなった滞納処分,滞納処分の停止又は不納欠損処分の判定事務を共同処理事務として行っている。

第3章　一部事務組合に対する法令の適用・準用関係

Ⅰ　根拠規定

　事務組合に対する法令規定の準用の関係については，自治法292条で次のように規定されている。

> 自治法292条　地方公共団体の組合については，法律又はこれに基く政令に特別の定があるものを除くほか，都道府県の加入するものにあっては都道府県に関する規定，市及び特別区の加入するもので都道府県の加入しないものにあっては市に関する規定，その他のものにあっては町村に関する規定を準用する。

　この規定により，「法律又はこれに基く政令に特別の定があるもの」を除き，構成団体の種類毎に，関係法令が包括的に準用されることになる。なお，準用される法令は，地方自治法，同法施行令及び同法施行規則中の規定だけに限らず，他の全ての法令が含まれることとされている[1]。

Ⅱ　地方自治法の適用・準用関係

1　総　　論

　地方自治法の個々の規定については，事務組合に対して適用される規定，準用される規定及び適用・準用されない規定の3つの種類に分けることができる。

(1)　適用される規定

　法292条の「特別の定」に該当し，事務組合に対して直接適用される規定である。例としては，第1編総則の一部の規定や，第3編第3章の一部事務組合に関する規定等がある。

(2)　適用・準用されない規定

　適用・準用されない規定については，次の5つのグループに分類することができる。

---

[1]　昭和26年12月25日行政実例。

① 本来，事務組合の規約において定めるべき事項（規約事項）

〔例〕 名称，構成団体，事務の内容，事務所の位置，議会の組織及び議員の選挙の方法，執行機関の組織及び選任の方法，経費の支弁の方法

② 法令に別途の規定がある事項

〔例〕 兼職禁止の特例，人事委員会の設置等

③ 事務組合の性格上，適用・準用されない事項

〔例〕 廃置分合，境界変更，市及び町の要件等

④ 地方公共団体に関するものではない事項

〔例〕 国の地方行政機関の設置・経費の負担等

⑤ その他の特別地方公共団体に関する事項

〔例〕 特別区，財産区

(3) 準用される規定

上記の(1)，(2)以外の規定であり，構成団体の種類により，都道府県，市又は町村に関する規定のいずれかが準用される。

2 地方自治法の適用・準用関係

次に地方自治法の編・章毎に，適用・準用関係を整理すると次のようになる。

(1) 第1編 総則

本編は，地方公共団体全般に通ずる総則として設けられており，事務組合に適用される規定と適用されない規定とに分かれる。

適用される規定としては，目的（1条），地方公共団体の役割（1条の2），種類（1条の3），法人格（2条第1項），特別地方公共団体の事務処理（2条第7項），基本となる指針（2条第11項～第17項）等がある。

適用・準用されない規定としては，事務組合の規約事項に該当するものと，事務組合の性格上適用・準用の余地がないものがある。前者の規約事項に該当するものとしては，地方公共団体の事務の内容（2条第2項～第6項），名称（3条），事務所の位置（4条）がある。ただし，事務所設置に際して払うべき考慮に関する規定（4条第2項）は事務組合にも適用される。

(2) 第2編　普通地方公共団体

① 第1章　通則

　　本章の規定は，都道府県及び市町村の区域に関する規定並びに市及び町の要件に関するものであるため，事柄の性質上，組合には適用・準用されない。

② 第2章　住民

　　住民の意義（10条第1項）は，普通地方公共団体とその構成員である住民との関係を位置付けた規定であり，その性質上，事務組合には適用・準用されない。なお，このことから，事務組合と住民とは間接的な関係しか持たないと解されることになる。

住民の権利義務（10条第2項）は，一般的には事務組合には準用されないと解されている（なお，異なる説があることについては前述したとおりである）。

住民の選挙権（11条）については，組合の議員の選挙の方法及び執行機関の選任の方法が規約事項とされている（287条）ため，事務組合には適用・準用されない。

一方，住民の直接請求権（12条，13条）は，原則として準用される。

③ 第3章　条例及び規則

　　これらの規定は事務組合に準用される。

④ 第4章　選挙

　　第11条と同様の理由により事務組合には適用・準用されない。

⑤ 第5章　直接請求

　　事務組合の議員又は管理者が直接公選される場合のみ準用されると考えられている。

⑥ 第6章　議会

　　事務組合の議会の組織は規約事項とされている（287条）ため「第1節　組織」の大半の規定は準用されない。ただし兼職禁止（92条）及び兼業禁止（92条の2）の規定は，事務組合の議会議員の兼職禁止に対する特例（287条第2項）に該当する場合以外は準用される。

⑦ 第7章　執行機関

事務組合の執行機関の組織及び選任の方法は事務組合の規約事項とされているので，執行機関に関する規定のうち，長，副知事，副市町村長及び会計管理者の設置，定数，選任及び任期等に関する規定は原則として適用・準用されない（139条，140条，161条〜163条，168条）。ただし，兼職禁止及び兼業禁止に関する規定は，組合の長等の兼職禁止の特例（287条第2項）に該当する場合以外は準用される。
　委員会又は委員についても，規約事項を除き準用される。
　執行機関の権限及び職務執行に関する規定は原則として準用されるが，事務組合の性格になじまないものとして適用・準用されないものがある（地方公共団体の長の公共的団体等に対する指揮監督（157条））。なお，156条第4項及び第5項は，国の地方行政機関等に関する規定であり，そもそも地方公共団体に関する規定ではないので，事務組合に対して適用・準用されない。
　不信任議決に関する規定（177条第3項，178条）は，事務組合の議会の議員及び管理者が直接公選とされている場合のみ準用される。
⑧　第8章　給与その他の給付
　これらの規定は事務組合に準用される。
⑨　第9章　財務
　これらの規定は事務組合に準用される。
⑩　第10章　公の施設
　これらの規定は事務組合に準用される。
⑪　第11章　国と普通地方公共団体との関係及び普通地方公共団体相互間の関係
　これらの規定は事務組合に準用される。
⑫　第12章　大都市に関する特例
　準用されるが，区に関する規定は，その性質上，適用・準用されない。
⑬　第13章　補則
　本章には各種の性質の異なる規定が設けられており，準用されるものと準用されないものがある。準用されるものは，争訟手続（256条），相互救

済事業経営の委託（263条の２）等に関する規定である。適用・準用されないものは，町又は字の区域（260条），特別法の住民投票（261条，262条），長・議長の連合組織（263条の３）等の規定である。

(3) 第３編　特別地方公共団体
① 第１章　特別地方公共団体（削除）
② 第２章　特別区

事務組合以外の特別地方公共団体に関する規定であり，その性質上，事務組合には適用・準用されない。

③ 第３章　地方公共団体の組合

事務組合に関する規定であり，適用される。

④ 第４章　財産区

事務組合以外の特別地方公共団体に関する規定であり，その性質上，事務組合には適用・準用されない。

以上述べた適用・準用関係を個々の規定ごとに表にまとめてみると〔表４－２〕のとおりとなる。

〔表4－2〕 一部事務組合に適用・準用される地方自治法の規定

分類	条	項	適用
総則	1～1の3		◎
	2	①	◎
		②	×A
		③	×A
		④	×A
		⑤	×C
		⑥	×A
		⑦	×C
		⑧	×A
		⑨	×A
		⑩	×C
		⑪～⑰	◎～◎
	3		×A
	4	①	×A
		②	◎
		③	×A
	4の2		◎
普通地方公共団体共通通則	5～9の5		×C～×C
住民	10	①	×C
		②	○
	11		×A
	12		○
	13		○
	13の2		×C
条例等	14		○
	15		○
	16		○
選挙	17		×A
	18		×A
	19		×A
直接請求	74～88		△（直接公選の場合）
議会 組織権限	89		×A
	90		×A
	91		×A
	92	①	○
		②	○（但し287②に特例有）
	92の2		○
	93		×A
	94		×A
	95		×A
議会 組織権限	96	①	○（但し14号は×C）
		②	○
	97		○
	98		○
	99		○
	100		○
	100の2		○
招集	101		○
	102		○
	102の2		○
	103		×A（規約なし：○）
議長	104～108		○～○
委員会	109		○
会議	112～123		○～○
請願	124		○
	125		○
辞職	126		○
	127		○
	128		△（直接公選の場合）
紀律	129～133		○～○
懲罰理由	134		○
	135		○
	136		△（直接公選の場合）
	137		○
	138		○
通則	138の2		○
	138の3		○
	138の4		○
執行機関長	139		×A
	140		×A
	141	①	○
		②	○（但し287②に特例有）
	142		○
	143		○
	144		△（直接公選の場合）
執行権限	145		○
	147		○
	148		×A
	149		○
	150		○
	152～155		○～○
	156	①	○
		②	○
		③	○
		④	×D
		⑤	×D
	157		×C
	158	①	△（条例で設ける場合のみ）
		②	○
	159		○
	160		◎
	161		×A
	162		×A
	163		×A
補助機関	164		△（規約で議会の同意を要する場合）
	165		○
	166		○
	167		○
	168	①	×A
		②	×A
	169		○
	170		○
	171		○
	172	①	×A
		②	×A
		③	×A
		④	○
	174		○
	175		○
	176		○
議会との関係	177	①	○
		②	○
		③	△（直接公選の場合）
	178		△（直接公選の場合）
	179		○
	180		○
	180の2		○
	180の3		○
	180の4		○

区分	条文	項	適用
執行機関 委員会及び委員	180の5	①	×A
		②	×A
		③	×A
		④	○
		⑤	○
		⑥	○
		⑦	○
		⑧	○
	180の6		○
	180の7		○
教育公安	180の8		×B
	180の9		×B
	181		×A
	182		○
	183	①	×A
		②	○
		③	○
		④	×A
選挙管理委員会	184〜188		○
	189	①	○
		②	○
		③	×A
	190		○
	191	①	×
		②	○
		③	○
	192		○
	193		○
	194		○
監査委員	195		×A
	196	①	前段○ 後段×A
		②〜⑤	×A
	197		×A
	197の2		×A
	198		○
	198の2		○
	198の3		○
	199		○
	199の2		○

区分	条文	項	適用
執行機関 監査委員	199の3	①	×A
		②	○
		③	○
		④	○
	200〜202		○
その他の委員会	202の2	①	×B
		②	○
		③	×C
		④	×C
		⑤	×C
	202の3		○
	202の4〜202の9		×C
給与	203〜207		○
財務	208〜222		○
	223		×C
	224〜243の5		○
公の施設	244〜244の4		○
国と地方公共団体及び地方公共団体相互間の関係	245〜252		○
	252の2		△(※)
	252の2の2〜252の13		△
	252の14		○
	252の18の2		○
大都市	252の19	①	○
		②	×C
	252の20〜252の26の2		×C

区分	条文	適用
外部監査契約	252の27〜252の44	○
	252の45	○
	252の46	◎
補則	253	○
	254	◎
	255	×C
	255の2	○
	255の3〜258	○
	259	×C
	260の40	×C
	261	×C
	262	×C
	263	○
	263の2	○
	263の3	×C
特別区	281〜283	×E
地方公共団体の組合	284〜293の2	◎
財産区	294〜297	×E
補則	298〜299	◎

(注) ◎適用 ○準用 △特定の場合に準用 ×適用、準用なし (A：組合の規約事項 B：法令に別途の規定がある C：一部事務組合の性格になじまない D：地方公共団体についての規定ではない E：その他の特別地方公共団体に関する規定である)

(※) 一部事務組合の共同処理事務を連携協約の対象とすることについては、×C。

3 「法令の特別の定」により直接適用される規定

　前述のとおり，事務組合に対する法律の適用及び準用の関係については，自治法292条により，「法律又はこれに基く政令に特別の定があるもの」については，事務組合に直接適用され，それ以外は，構成団体の種類毎に関係法令が包括的に準用されることになる。本条の「法律又はこれに基づく政令に特別の定があるもの」に該当し，準用ではなく，直接的に適用される法令の例としては次のようなものがある。

(1)　地方自治法第3編第3章……地方公共団体の組合に関する規定
(2)　地方自治法施行令第3編第3章……地方公共団体の組合に関する規定
(3)　公職選挙法267条
　　「地方公共団体の組合の選挙については，法律に特別の規定があるものを除く外，都道府県の加入するものにあってはこの法律中都道府県に関する規定，市及び特別区の加入するもので都道府県の加入しないものにあつてはこの法律中市に関する規定，その他のものにあつてはこの法律中町村に関する規定を適用する。」
(4)　地方公務員法
　　地方公務員法（以下，「地公法」という）の規定は，一般職に属するすべての地方公務員に適用することとされており（同法4条），事務組合の一般職職員に対しても本法が適用されるものと考えられている。本法が適用される「地方公務員」の範囲については，諸説が分かれているが，一般的には，地方公務員であるか否かを判断するメルクマールは次の3点であると考えられている。

① 事務の性質（その従事している事務が地方公共団体の事務であること。事務組合の共同処理事務は当然に地方公共団体の事務の範囲に属するものである。）
② 任用の性質（地方公共団体の権限ある機関によって任命されていること。事務組合の場合，管理者が任命権者となる。）
③ 報酬の内容（勤労の対価として地方公共団体から報酬を受けていること。事務組合の一般職職員は組合から給与を支給されている。）

このように，事務組合の一般職職員は，以上の３点のメルクマールをいずれも満足させていることから，地方公務員法が適用されると考えられている。
(5) 地方公営企業法

　地方公営企業法（以下，「地公企法」という）２条第１項で定めている事業（法定事業）を事務組合が行う場合及び同条第３項に基づき事務組合の規約で同法を適用することを定めた場合には，同法が適用される。

　そして同法中には，事務組合及び広域連合に関する特例（企業団に係る規定。同法39条の２及び39条の３）が定められている。また，事務組合が病院事業を行う場合（病院組合）においても，同法２条第２項が定めるとおり，同法の財務規定等が適用される。

(6) 地方教育行政の組織及び運営に関する法律

　地方教育行政の組織及び運営に関する法律（以下，「地教行法」という）23条が定める教育委員会の職務権限の事務の全部又は一部を共同処理する事務組合については，同法が適用される。このような組合を通常は「教育組合」と呼ぶが，同法及び同法施行令に事務組合の特例が定められており，その設立等の手続きや兼職について，一般的な事務組合とは異なる扱いが定められている。

　即ち，市町村の議会は，教育組合の設立の協議，構成団体の数の増減，共同処理事務の変更及び規約変更の協議並びに解散の協議について議決をしようとするときは，あらかじめ当該教育委員会の意見を聴かなければならず（同法60条第４項，同法施行令11条），都道府県知事は教育組合の設立の許可，その規約の変更等の許可をしようとするときは，あらかじめ当該都道府県教育委員会の意見を聴かなければならない（同法60条第５項，同法施行令12条）。また，教育組合を解散したときは，都道府県知事に届出をするほか，都道府県教育委員会にも届出をしなければならない（同法施行令13条）。

　なお，教育委員会の委員は，地方公共団体の議会の委員，長，各種委員会の委員，監査委員及び常勤の委員との兼職を禁止されているが（同法６条），教育委員会の事務の一部を共同処理する教育組合の教育委員は，構

成団体の教育委員会委員に限り，兼職が許されている（同法60条6項）。
(7) 港湾法
　地方公共団体が港湾管理者として事務組合を設立する場合がある（同法33条。この組合を「港湾管理組合」という）。港湾管理組合は，地方公共団体が単独で港湾管理者となる場合と同様に同法が定める手続の下で運営される。

第4章 規　約

I　規約の性格

　事務組合は設立団体が協議により規約を定めることによって設立される（284条第2項）。この協議は，法的性質としては，公法上の合同行為に該当するものである[1]。この協議は実質的には法の定立行為としての性格を有しているが，規約はこの協議によって定立される自主法であり，事務組合の存立根拠となり，構成団体を拘束する。従って，事務組合が定める条例及び規則等の内容は，法令に違反することが許されない（憲法94条）とともに，規約に違反することも許されないので留意する必要がある。

II　規約と法律との関係

　地方自治法は，事務組合については，法律又はこれに基づく政令に特別の定がある場合はそれを適用し，特別の定がない場合には普通地方公共団体に関する規定を準用するものとしているが，規約事項を規定した自治法287条は「特別の定」に該当し，規約の規定は，当該組合について，他の法令の準用よりも優先して適用されることになる。

　しかし，規約もまた法律に基づくものであるから，事項的にあるいは内容的に法令違反と判断されるものを規定することはできない。

　ところで，規約事項でありながら実際の規約に規定がない場合には，他の法令が準用されるのか否かが問題となる（本来は，規約事項であるにもかかわらず規約に記載がない場合は，不完全な規約であるから，組合の設立を許可すべきではないということとになるが，実際には，規約事項の範囲が法律上明確ではないため，このような問題が生じることも考えられる）。

　〔例〕　組合議会の議長，副議長の選挙に関する記載が規約にない場合等

1）　公法的効果の発生を目的とする複数の当事者の同一方向の意思の合致によって成立する公法行為。土地改良区の設立もこれに当たる。合同行為は一旦成立すると，直接にこの成立に関与した者だけでなく（相対的拘束力），その後これに関与するに至った者をも拘束する（絶対的拘束力）。

この問題については次の2つの説にわかれている。

① 補　充　説

規約に記載があればその内容が優先的に適用されるが，記載がない事項については，それを補充するために他の法例の規定が準用されるとする説。

次の行政実例もこのような考え方に立っているものと考えられる。

(i)　「組合の議会の選挙については，規約において規定すべきであるが，規約において規定された事項以外については，自治法第292条の規定により公職選挙法の規定が準用されるものと解される。」(昭和28年8月28日)

(ii)　「議長及び副議長の選挙及び任期に関する事項は，組合規約に規定すべきであるが，規定がない場合には自治法103条が準用されるものと解する。」(昭和25年12月11日)

② 規約完結説

規約事項である以上，必ず記載しなければならないものであり，自治法292条の趣旨から判断して，規約の定めがない場合には他の法令の規定を準用する余地はなく，条理によって補完せざるを得ないとする説。

事務組合という地方公共団体の運営に際しては，運営の安定性の確保を特に重視する必要があり(例えば組合の選挙の手続き等)，補充説によれば，規約事項の記載がない場合であっても法令の規定を準用するという安定的な解決方法を採ることができ，疑義の発生が少ないという利点があることから，補充説が適当であると考える。しかし実際には，規約完結説を採るとしても，条理によって補完をすることになり，他方，条理を一般化したものが法令であると考えることができるので，いずれの説を採っても結論に大差はないと考えられる。

Ⅲ　規約事項

1　必要的記載事項

(1)　必要的記載事項の内容

自治法287条第1項は，規約で規定しなければならない事項として次の7つ

の項目を挙げている。これらのうちどの1つを欠いても規約は無効であり，総務大臣（都道府県知事）の許可は得られない。

これらの7項目を必要的記載事項という。

① 事務組合の名称
② 事務組合を組織する地方公共団体
③ 事務組合の共同処理する事務
④ 事務組合の事務所の位置
⑤ 事務組合の議会の組織及び議員の選挙の方法
⑥ 事務組合の執行機関の組織及び選任の方法
⑦ 事務組合の経費の支弁方法

(2) 各記載事項の注意点[2]

各記載事項の内容を決定する際には，次に掲げる点に注意する必要がある。

ア 事務組合の名称

どのような名称を用いるべきかという点については特に法令上の制限はないが，次の点が客観的にわかる名称であることが望ましい。

(i) 事務組合であること

通常は〇〇組合，〇〇企業団のように名称の最後の部分で明示する。

(ii) 共同処理する事務内容

例えば，〇〇消防組合，〇〇滞納整理組合のように，名称だけでその組合の事務処理の内容がわかるように配慮する。

(iii) 構成団体の概要

例えば構成団体が郡単位である場合には，郡の名称を明示することも適当であり，また広域市町村圏施策を継続している場合には圏域名を活用してもよい。

イ 事務組合を組織する地方公共団体

規約の記載上，構成団体が明確に特定されていることが必要であるが，例えば県内の全市町村で構成する組合の場合には，「〇〇県内の全市町村」という記載方法も許されると解されている。しかし，構成団体が一つの郡程度の場合

---

2) 規約のモデルとして，1948（昭和23）年に一部事務組合規約準則（以下，「規約準則」という）が定められている（昭和23年12月総理庁官房自治課決定）。後掲＜参考資料Ⅲ＞参照。

には，全市町村を個別に列挙した方が適当であろう。

　ウ　事務組合の共同処理する事務

　事務組合の権能は共同処理事務の範囲内においてのみ認められ，かつ，構成団体はその範囲において権能を失うことになる。従って，共同処理する事務の内容及び範囲は，できる限り明確かつ正確に規定しなければならない。

　エ　事務組合の事務所の位置

　ここでいう事務所は，自治法4条の事務所と同じく，主たる事務所（都道府県庁，市役所等）を意味する。「事務所の位置」とは，その所在場所を示すものであるから，原則として番地まで規定することが適当であろう（普通地方公共団体の場合には，市町村単位までの表示に留めている例もある）。

　なお，事務所の位置を定め又は変更するに当たっては，自治法4条第2項が適用されるので注意する必要がある。

　また，事務所の位置は，構成団体の区域内には限られず，他の市町村の区域内に定めても違法ではない[3]。

自治法4条第2項　前項の事務所の位置を定め又はこれを変更するに当つては，住民の利用に最も便利であるように，交通の事情，他の官公署との関係等について適当な考慮を払わなければならない。

　オ　事務組合の議会の組織及び議員の選挙の方法

　この項目については，どの範囲までが規約事項で，どこからが自治法等の準用事項かという点において種々の問題点があるが，基本的には，次の事項を規定することが適当であろう。

　①　議員定数
　②　任期

　上記①及び②が規約事項であることについては諸説も一致している。

　③　議長及び副議長に関する事項（選挙方法，被選挙人の資格等）

　規約準則は，議長，副議長について何ら規定を置いていない。しかし，行政実例は，議長及び副議長に関する事項は規約事項であるとしている（昭和25年12月11日）。地方公共団体の議会運営を巡っては問題が生じることも多いため，

---
3)　大正3年5月8日行政実例。

第4章　規　約　　147

議会運営の安定化の観点から，規約に規定することが適当であると考える。
　④　選挙の方法
　直接選挙又は間接選挙等の選挙の方法について明記することを意味する。ここでいう「選挙の方法」の範囲については諸説が分かれているが，一般的には，「選挙人団が被選挙人の中から特定人を選定し，一定の認定機関が当選者を決定する一連の手続き」を意味すると解してよい。従って事務組合の議会の選挙の場合には，具体的には，直接選挙・間接選挙の別のほか，議員定数，任期，被選挙者に関する事項（後述の⑤及び⑥）を規定すればよく，その他の事項は自治法118条の準用によって運用されることになる。
　⑤　選挙の母体等
　例えば間接選挙の場合「○○町議会議員の中から○人を選挙」というように，選出する母体や選出数を明記することを意味する。
　⑥　議員の被選挙資格
　事務組合の議員の場合，充て職（特定の職にある者を自動的に他の特定の職に就かせること）による運用が行われている場合もある。組合の議員を構成団体の長や議員等による「充て職」とすることになっている場合には，「○○町町長及び○○町議員を議員に充てる」というように被選挙人の資格を明記しておく方法が考えられる。なお，広域連合においては，充て職は認めておらず，直接選挙又は間接選挙により選出することを原則としており，議会の議員は，選挙人の投票又は構成団体の議会における選挙により選出することが法定されている（291条の5）。（第5編第6章Ⅰ参照）
　なお，委員会及び議会事務局に関する事項を「議会の組織に関する事項」として規約事項と考えるべきかという点については，規約準則，行政実例及び学説等は特に何も触れていない。この点については，議会の組織規模にもよるが，議長・副議長と異なり，委員会は議会に必置すべき機関ではないことや，議会事務局は議会の外にあって一般事務を補助する機関であること等を勘案すれば，必ずしも規約に規定する必要はないと考える。

カ　事務組合の執行機関の組織及び選任の方法

　執行機関に係る項目についても，どこまでを規約事項と考えるかについて諸説が分かれているが，基本的には，次に掲げる事項を規定するべきである。

　①　管理者の選任方法及び任期

　自治法は，事務組合に管理者を置くことを当然に予想しているが，直接的な根拠規定はないので，規約に設置の根拠を置かなければならない。そこで，管理者の選任方法と任期を規約に規定しておく必要がある。

　②　副管理者及び会計管理者の定数，選任方法及び任期

　「執行機関」は管理者の補助職員（副管理者，会計管理者等）も含むと解されており，その設置に関する事項を規約に規定しておかなければならない。なお，会計管理者は，292条により準用される168条の規定により１人置かなければならない。

　③　監査委員の定数，選任方法及び任期

　行政実例は，事務組合において監査委員は義務設置であると解しており[4]，その設置に関する事項を規約に規定しておく必要がある。なお，定数は規約事項であるが，自治法上，普通地方公共団体における監査委員は，原則として４人までとされており[5]（195条），事務組合についても，条理上，普通地方公共団体と同程度の上限があると解するべきであろう。

　④　吏員の定数及び選任方法

　「執行機関の組織」として吏員に関する事項についても規定する必要がある。ただし，定数については，規約に「その定数は条例で定める。」と規定し，職員定数条例に委任してもよい。また，選任方法についても，規約準則のように「吏員は管理者が任免する。」という旨の規定を置けば足りるであろう。

　キ　事務組合の経費の支弁方法

　事務組合の経費が，財産収入，使用料，手数料，寄付金，地方債及び構成団体の分賦金等により賄われる旨を規定する。この部分では，特に構成団体の分

---

[4]　昭和41年１月22日行政実例。
[5]　監査委員の定数は，普通地方公共団体の中では，原則，都道府県及び政令で定める市（人口25万人以上）にあっては４人，その他の市及び町村にあっては２人とされ，条例で定数を増加することはできる（195条，地方自治法施行令140条の２）。

賦金の規定方法が重要である。客観的かつ明確な支弁方法となるよう規定の定め方に留意する必要がある。次に掲げるのは規約準則における経費の規定であるが，組合の経費の支弁方法を規定する際には，特に傍点部に示されるように，構成団体の分賦金の負担方法の定め方が問題となる（事務組合運営上の分賦金のあり方について第6編第2章Ⅱ参照）。

---一部事務組合規約準則---
第11条　この組合の経費は，財産より生ずる収入，使用料，手数料その他の収入をもって支弁し，なお不足あるときは，何分の何を関係市町村均等に，（何分の何を予算の属する前年末の人口により）組合町村に分賦する。

2　任意的記載事項

　規約には，前述の必要的記載事項の他に，必要に応じて任意的に記載することができる任意的記載事項がある。

　任意的記載事項は，(1)法律又はこれに基づく政令に規定があるものと，(2)何ら法令上の規定がないものの2つに分けることができる。

(1)　法律又はこれに基づく政令に規定があるもの

　法令の規定に基づいて任意的記載事項として規約に盛り込んだ事項については，292条により，仮に同一内容の法令があったとしても，当該規約事項が優先適用されることになる。

　具体例として次のような事項がある。

　ア　複合事務組合において，議会の議決すべき事件のうち，組合を組織する市町村の一部に関わるものその他特別の必要があるものの議決の方法について特別の規定を設けること（287条の3第1項）

　イ　複合事務組合において，管理者に代えて，理事をもって組織する理事会をおくこと（同条第2項）

　ウ　法287条の4に基づき，構成団体の長に通知すべき重要な議決事件を定めること（地方自治法施行令（以下，「施行令」という）211条の2）

　エ　市町村及び特別区の組合が，組合の設立，解散，事務の変更，構成団体の数の増減に伴う事務の承継，決算など施行令1条の2から6条までの特

例を定めること（施行令218条の２）

(2)　法律又は政令に任意的記載事項とできる旨の規定がないもの

　一部事務組合の規約について，一般的に任意的記載を自由に行い得ることを直接定めた規定はない。また，逆にこれを禁止した規定も存在しない。

　通説は，「規約には，必要的記載事項の外に，必要があれば，任意的に記載をすることをさまたげない。」としている[6]。

　それでは法令に記載の根拠がなく任意的に記載される事項とは具体的にはどのようなものであろうか。

　結論として，そのような事項は「現行法上，普通地方公共団体についての規定がないものであり，内容的には組合の特殊性から記載する必要性が認められ，かつ，現行法体系の趣旨に反しないもの」に限られることになり，そのような事項で実質的な意義を持つものはほとんど見出すことはできないということになる[7]。

　自治法292条は，法律又はこれに基づく政令に特別の定めがある場合はこれを優先的に適用し，特別の定めがない場合は普通地方公共団体に関する規定を準用するとしている。また，「法律又はこれに基づく政令」に記載の根拠がない任意的記載は，292条の「特別の定」には該当しない。このため，普通地方公共団体に関する規定と同じような内容をあえて任意的に規約に記載したとしても，結局は普通地方公共団体に関する規定が優先的に準用されることになり，任意的に記載をしても無意味な結果となる。そこで，「無意味でない」任意的記載を行うとすれば，それは，現行法上普通地方公共団体に関する規定が存在しない事項であり，かつ，現行法体系の趣旨に反しないものでなければならないことになる。「本来地方公共団体の運営に関する事項を網羅しているはずの『普通地方公共団体に関する現行法の規定』には含まれず，かつ，現行法体系の趣旨に反しない事項」は広くは存在しないと考えてよいであろう。

---

6)　松本（2018），1655頁。
7)　この点について秋田周『*執行機関・共同処理*』（第一法規，1976年）においては，「そのような規定は，ほとんど予想されないであろう。わずかに，組合と構成団体の連携を密にするための諸手法の規約化－たとえば，管理者が決定した一定の重要事項について構成団体の長に報告しなければならないものとすること等－が考えられるにすぎないのではなかろうか。」と述べられている。

第5章　一部事務組合に関する手続

Ⅰ　設　立

1　設立の概要

　事務組合は，普通地方公共団体及び特別区が事務の一部を共同処理するため，議会の議決を経て行う協議により規約を定め，総務大臣又は都道府県知事の許可を経て設立する。

　事務組合は法人格を有し，しかも，組合の設立は，地方公共団体が本来は自ら処理すべき事務を事務組合という他の団体（特別地方公共団体）へ移管することになるので，事務組合は，法律に基づく手続により設立されることとなる。

　法人の設立については，次の5つの方式がある。

① 特許主義　個々の法人を設立するために特別の法律を制定する方法
② 強制主義　国家が法人の設立や法人への加入を強制する方法
③ 許可主義　団体に法人格を与えるか否かについて行政庁の裁量に委ねる方法
④ 認可主義　法律上の一定の要件を満たす団体には必ず法人格を与える方法
⑤ 準則主義　法律上の一定の要件を満たす団体は，行政庁の何らの行為を要せず，当然に法人格を取得する方法

　この中で，事務組合の設立については，許可主義が採られている[1]。すなわち，事務組合は，関係地方公共団体からの申請に基づき，総務大臣又は都道府県知事が行政庁としての判断に基づき許可する方式のみが採用されている。

---

[1] 1994（平成6）年以前は，公益上必要がある場合，都道府県知事が強制設立を行うことができる制度が設けられていた。これは強制主義に該当する制度であった。しかし，活用事例が少ないことや，都道府県知事による勧告制度で代替し得る等の理由により，1994（平成6）年地方自治法一部改正により廃止された。併せて，公益上必要がある場合に，都道府県知事が市区町村に対し，組合を設けるべきことを勧告できる制度が設けられた（285条の2）。

2　設立の主体

　事務組合を設けることができるのは，原則として普通地方公共団体（都道府県及び市町村）及び特別区のみである（284条第2項）。したがって，特別区を除く特別地方公共団体は事務組合を設けることができない。

　特別地方公共団体である財産区が事務組合を設けることが認められないのは，市町村及び特別区の一部であり，その事務は市町村及び特別区の事務の一部として処理されるので，財産区に関する事務を共同処理しようとする場合には，市町村又は特別区において事務組合を設ければ足りるという理由によるものである。

　次に特別地方公共団体である事務組合については，普通地方公共団体に関する規定が準用される（292条）ため，その意味では284条も準用され，事務組合も特定の事務を共同処理するために他の事務組合の設立主体となり得ると解されている。

　それでは，事務組合は他のどのような組合の設立主体となり得るのであろうか。まず，事務組合は当初からある特定の事務を共同処理するために設けられたものであるから，その設立目的である事務処理を行うことについて新たに別の事務組合を設けるということは，元の組合の存在意義を無にするものであり，通常はあり得ない。しかし，事務組合が，内部管理事務（退職手当支給事務や非常勤職員公務災害補償事務等）について，他の事務組合を設けて共同処理を行うことは，現在の組合における職員数の規模が小さいことや，現業部門と内部管理部門との未分化の状態が少なくないこと等に鑑みると，合理性があり，むしろ公務能率の向上や事故防止等の観点からは望ましいことであると考えることができる。

　行政実例[2]も，事務組合が他の市町村と市町村職員退職手当組合を設けることを認めており，実際に，退職手当組合，公務災害補償組合等に事務組合が加入している例は多い。

2）　昭和32年4月19日行政実例。

3　一部事務組合の共同処理する事務

　事務組合による共同処理の対象となる事務は，「普通地方公共団体及び特別区の事務の一部」（284条第2項）である。したがって，その事務の内容については何ら制限がなく，地方公共団体又はその機関が処理することが法律上不可能な事務（国の専権に属する事務（司法，刑罰等）等）でない限り，共同処理事務とすることができる。

4　共同処理事務としての適否の判断の基準

　事務組合の設立の目的が地方公共団体又はその機関の事務を共同処理することである以上，当該事務は，事務組合の設立時点において，各設立団体又はその機関の事務として処理することができるものでなければならない。例えば，県から市町村への事務の委託が予定されている場合において，市町村が，委託に先立って，当該委託事務の共同処理のみを目的として事務組合を設けることはできない。その理由は，組合の設立目的が，現に地方公共団体又はその機関の権限に属する事務を共同処理することにあるからである。従って，この場合委託後に組合を設けることは認められる。

　また，行政実例によれば，市町村が競馬法による競馬開催市町村の指定を受ける前に競馬組合を設けることはできないこととされている[3]。その理由は，競馬を開催することができる団体は競馬法1条によって指定を受けた団体のみであって，一般的に競馬を開催することは地方公共団体の事務ではないからである。

　これに対し，市町村が土地改良法96条の規定による土地改良事業施行の認可を受ける前に，土地改良事業を共同施行するための事務組合を設立することは可能であると解されている[4]。その理由は，同条の認可は，個々の土地改良事業の適正な計画等に基づいて施行されるか否かを判断するものであり，この認可の有無にかかわらず，市町村は土地改良事業の実施主体と認められているから

3）　昭和24年8月2日行政実例。
4）　昭和36年1月17日行政実例。

である。換言すれば，この場合は，前述の競馬法の指定の場合と異なり，土地改良事業の施行は地方公共団体の事務に属し，市町村はいわば潜在的に当該事務を処理する地位を有すると解されるからである。

同様に，水道事業を経営することは，市町村の事務であり，水道法の認可の有無にかかわらず，水道事業の経営は，抽象的には市町村の権能に属する。したがって，水道法6条の認可を受ける前に水道事業を経営するための事務組合（水道企業団）を設立することは可能であると解されている。

それでは逆に，組合設立後も当分の間は各構成団体で処理していくことを前提として，ある特定の事務を共同処理事務として事務組合を設立することができるだろうか。この点については，事務組合を設立すると，当該事務の処理権能は設立団体から組合に移り，設立団体は設立の時点から当該事務に関する処理権能を失うと解されているので，このようなことはできないと考えられている。

5 設立手続の概要

現在，自治法上の事務組合の設立の方法は，任意設立（関係地方公共団体の申請に対する許可によって設立する方法）である。任意設立の場合，事務組合を設立するためには，関係地方公共団体の協議により規約を定め，この協議については，各関係地方公共団体の議会の議決を経なければならない（284条第2項，290条）。

任意設立の場合の設立手続の流れを図に示してみると，〔図4－2〕のとおりである。

以下において，設立手続の流れに沿ってその注意点を述べてみる。実際の設立手続を進めるに当たっては，法284条に定める手続に入る前に次のような（法文には定められていない）事実上の手続を必要とする。ここではそのような手続を「事実上のプロセス」と呼び，284条に定める手続（これを「法定上のプロセス」と呼ぶこととする）と区別して述べることとする。

(1) 事実上のプロセス

① 事実上の協議

〔図4-2〕 一部事務組合の設立手続の流れ

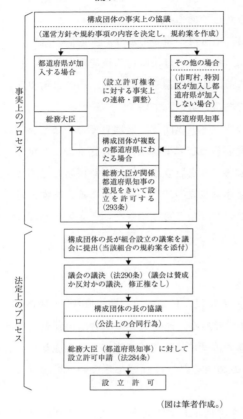

（図は筆者作成。）

法284条により、地方公共団体の長は議会の議決に基づいて協議を行うこととされているが、この場合、議会の議決と異なる協議をすることはできない[5]。したがって、同条によれば「その協議により規約を定め」ることとされているが、規約の内容については、議会の議決を経る前に各構成団体の長が実質的な協議を行い、規約に関する全ての事項について全構成団体の合意を取り付けた上で、各団体の議会に対して事務組合設立のための協議の提案をしなければならない。

このような議会の議決を経る前の協議のことを「事実上の協議」と呼ぶ。この事実上の協議の段階で、当該事務組合の基本的な性格、組織、運営方針等の全ての事項を実質的に決定することになる。このため、組合を設立した後で、規約の内容について構成団体間で疑義が生じることや、運営方針を巡り見解の相違が生ずることがないよう、構成団体間で綿密な打ち合せを行っておく必要がある。

② 設立申請の相手（設立の許可権者）

構成団体が設立申請を行う相手、すなわち設立の許可権者は、当該事務組合に都道府県が加入する場合は総務大臣、その他の場合（市町村及び特別区のみで構成する場合）には都道府県知事とされている（284条第2項）。ただし、市町

---

5) 昭和27年3月13日行政実例。

村及び特別区のみで構成する場合であっても構成団体が複数の都道府県にわたるものについては、総務大臣が関係都道府県知事の意見を聴いて設立を許可することとされている（293条）。

③ 設立の許可権者に対する事実上の連絡・調整

各構成団体の長は、議会の議決を経て行われた法定上の協議の内容と異なる許可申請を行うことはできない。一方、設立の許可権者（総務大臣又は都道府県知事）が許可を行うか否かは講学上の自由裁量行為[6]に属するものとされ、設立許可に当たっては、手続の適法性等の形式的な問題だけではなく、設立の妥当性や規約の内容の妥当性等の実質的内容についても判断の対象となる。そこで、設立申請を行う各構成団体の長は、規約について議会の議決を経た後で、許可権者が規約の内容が妥当でないと判断し、そのために組合設立の許可を受けられないというような事態を避けるために、法定上の協議に入る前に、設立許可権者に対して事前説明を行うなど、事実上の連絡・調整を綿密に行わなければならない。特に設立申請のために必要な申請書、理由書、協議書及び規約等については、その形式及び内容の妥当性について、各構成団体の議会の議決後に疑義が生ずることがないように関係者間で十分に連絡・調整を図っておくべきである。

(2) 法定上のプロセス（法定上の協議、議会の議決）

① 協議の主体

協議の主体は関係地方公共団体であり、協議を直接担当するのはその代表者である長である。したがって、組合の共同処理事務の中には、長、委員会又は委員の権限に属する事務が含まれるが、共同処理の対象となる事務が委員会又は委員の権限に属する事務の場合であっても、その事務を共同処理するか否かの決定権は長にあるので、やはり長が協議の担当者となる。ただし、この場合においては、法律上の定めはないが、当該事務の直接の担当者である委員会又

---

6) 行政庁の行為のうち、法規が要件又は内容について一義的に明確な概念で定めていない場合、行政庁の裁量に基づいてなされる行為をいう。この場合、行政庁に対し、政策的、行政的判断について一定の裁量が許容されていると考えられている。ただし、当該裁量処分についても、行政事件訴訟法30条により、裁量権の逸脱・濫用が認められる場合には裁判所による取消の対象となるという限界は想定されている。

は委員との意見調整を十分に行っておくことが適当である。

　②　議決の対象（協議の対象）

　議会が議決する対象は，規約を定めること及び事務組合を設立することである。観念上はこの2つの事項は区別し得るが，両者を区別する実益はないとされており[7]，併せて一つの議案として提出し，議決を経ればよいと考えられている[8]。

　また，議決の対象は協議の内容，ひいては規約の内容にまで及ぶことから，長が提出する事務組合設立の議案には必ず規約案を添付しなければならない。なお，構成団体の長が議会に提出する事務組合設立の議案の様式の例を掲げておく（〔様式4－1〕参照）。

〔様式4－1〕　一部事務組合設立の議案（例）

```
第　　号議案

　　　　○○一部事務組合の設立について

　地方自治法第284条第1項の規定により，平
成　　年　　月　　日から，何町と○○に関す
る事務を共同処理するため，次のとおり規約を
定め，○○一部事務組合を設立する。

　　　平成　　年　　月　　日提出

　　　　　　　　　　○○町長　氏　　　名
```

（備考）規約案を添付

　③　議案の提案及び議決

　この場合の議会の議決は，長が関係地方公共団体と協議を行う前提条件としてなされるものである。したがって，当該議案の提案権は協議の直接の担当者である長に専属し，また，議会には議案の修正権はない。議会は，提出された組合設立の議案に賛成するか，あるいは反対するかのいずれかの議決をすることになる。

　④　長が行う協議（法定上の協議）

　長は，議会の議決を経た後に，法定上の協議を行い，協議書を作成しなければならない。この場合，長は議会の議決内容と異なる協議を行うことはできな

---

7)　昭和24年12月15日行政実例。
8)　市制及び町村制の下では，組合の設立については市制149条，町村制129条により，規約の定立については市制151条，町村制131条により，それぞれ協議により知事の許可を受けるべき旨を別々に規定してあった。この場合，2つの協議，2つの許可は同時に行われるべきものであると解釈されていた。自治法は，両者を条文上区別しておらず，一つのものとして議決を行えばよいと考えられている。

い。なお，③で述べたように，議会の議決は長が行う協議の前提条件としてなされるものなので，議会の議決があったとしても，長が法定上の協議を行わないことは法的には可能であると解されている。

⑤　協議の法律的性格

協議の法律的性格は，いわゆる公法上の合同行為であるとされている。公法上の合同行為とは，「公法的効果の発生を目的とする複数の当事者の同一方向の意思表示の合致によって成立する公法行為」である。公法上の合同行為は，複数の当事者の意思の合致によって成立する点において契約に類するが，契約と異なり，一度その行為がなされたときは，個々の当事者の錯誤や無能力（例えば，議会の議決の瑕疵）を理由として，その無効又は取消しを主張することはできない。

⑥　教育事務組合の場合の特例

教育事務の全部又は一部を共同処理するために事務組合を設ける場合には，構成市町村の議会は，290条に基づく議決の前に当該団体の教育委員会の意見を聴かなければならない。また，都道府県知事は，当該事務組合の設置について，設立許可の処分をする前に，当該都道府県委員会の意見を聴かなければならない（地教行法60条第4項及び第5項）。

(3)　設立申請のチェックポイント

これまで述べてきたように，法定上の協議に至るまで手続のプロセスが適正に行われ，協議書が作成されると，次は構成団体の長が設立許可権者に対して設立許可申請を行うことになる。

申請を行うに当たっては，必要書類（通常は，申請書，理由書，協議書，規約，各構成団体の議決書，協議の議決に係る各構成団体の議会の議事録等）を許可権者（総務大臣又は都道府県知事）に対して提出しなければならない。申請書の様式の参考例は〔様式4－2〕のとおりであるが，内容を満たしていれば，表現は柔軟に工夫してよい。

なお，実際に組合を設立するに当たっては，申請時までに単に必要書類を調製するだけでは不十分であり，当該組合が設立された時点から直ちに地方公共団体としての運営を行っていくことができるように，組合の行財政運営のため

〔様式4-2〕 一部事務組合設立の許可申請書（例）

(昭28．9．18自乙発第194号各都道府県知事あて自治庁次長通知)

> 何第　号
> 何第　号
> 　昭和　　年　月　日
> 　　　　　　　　　何町長　氏　　名㊞
> 　　　　　　　　　何村長　氏　　名㊞
> 何県知事氏名殿
> 　　　一部事務組合の設立の許可申請書
> 　地方自治法第284条第1項の規定により，左記のとおり一部事務組合を設立いたしたいので，御許可下さるようお願いいたします。
> 1　一部事務組合を設置しようとする地方公共団体名
> 2　一部事務組合設立を必要とするに至った理由（経緯の概要を含む。）
> 3　組合規約案の写
> 4　関係市町村の議会の議決書の写と議会の会議録の関係部分の写
> 5　一部事務組合の事務に要する経費の見積額と関係市町村の負担の見積額（但し，規約において具体的な記載があるときには不要）

（備考）その他例えば，学校組合であれば，学童数，学級編成，校舎の位置，通学区域等の略図又は地図，校舎と通学区域の距離及び通学所要時間調，校舎の状況及び施設，校舎の建設計画等も必要に応じて添付すること。

の準備を十分に整えておく必要がある。

具体的には，〔図4-3〕の事務組合設立申請用チェックリストに掲げる項目について申請時までに準備を整えておく必要がある。

チェックリストの概要は次のとおりである。

ア　規約の内容の解釈，運用の方針等が明確かつ適正であるように充分に整理しておくこと。設立後に構成団体間の見解の不一致等が生じないようにすることが肝要である。

イ　組合の財政運営のための手続を整えておくこと。

①　予算について

設立された組合が地方公共団体として活動していくためには，経費を支出することが不可欠であり，そのためにはまず予算の裏付けが必要である。そこで，設立後速やかに組合議会を招集し，組合の当該年度の予算を成立させなければならない。そのためには，設立申請の時点において，組合の当該年度の予算を調製しておくことが必要である。

〔図４－３〕 一部事務組合設立申請用チェックリスト

チェック項目	備考
□ 事務組合を設立する理由・必要性が整理されているか（申請書類として理由書を作成）。 ・地方公共団体の事務としての必要性 ・共同処理方式を ［共同処理により効率化が可能か。 　採択する必要性　共同処理により実効性が高まるか。 　　　　　　　　　共同処理により地域の一体性を図ることができるか。 ・事務組合方式を採択する必要性	「一部事務組合設立用チェックリスト」（第４編第１章Ⅲ，〔表４－１〕）における「事務内容のチェック」及び「複合・広域化のチェック」を参照。
□ 規約の内容は明確かつ適正なものであるか。 □ 必要的記載事項７項目の内容が完全に調整されたものになっているか。 □ 任意的記載事項がある場合、その内容は適正か。	
□ 事務組合の財政運営のための手続が整っているか。 □ 組合の予算は調製されているか。 □ 組合の予算と各構成団体の（組合設立による）補正予算との調整はできているか。 □ 中長期的な財政推計はできているか。 　（設立後５か年程度の期間の推計） □ 会計事務処理のための準備はできているか。 　□指定金融機関の指定の準備 　□収納事務の準備（手数料徴収の手続等） 　□支出事務の準備（小切手等） 　□帳簿類の準備 　□財産管理の準備 　□物品管理の準備	「一部事務組合設立用チェックリスト」における「行財政運営の構想のチェック」を参照。
□ 事務組合の行政管理のための手続が整っているか。 □ 組合の定員管理の方針が定まっているか。 　・定員規模 　・人事配置 　・ジョブ・ローテーションの方針等 □ 職員の身分等について方針が定まっているか。 　・構成団体の職員の兼職、休職出向等 　・新規採用 □ 職員の勤務条件等について方針が定まっているか。 　（給与、勤務時間、休日・休暇、休職、職務専念義務の特例等） □ 職員の辞令交付の用意はできているか。	規約、職員定数条例及び定員管理計画により具体的に定めることになる。 条例、規則等により具体的に定めることになる。
□ 事務組合の内部管理のための手続の用意ができているか。 □ 組合が制定しておくことが望ましい条例、規則案等の用意ができているか。 □ 内部管理の効率化のために必要な手続の用意ができているか。 　（例）公平委員会の事務の委託 　　　　退職手当組合及び非常勤職員等公務災害補償組合に対する加入等 □ 組合議会の招集のための準備はできているか。	組合として制定しておくことが望ましい条例、規則等の内容については、〔図４－４〕（後掲）の「条例・規則等チェックリスト」を参照。
□ 各構成団体は、事務組合設立に伴って処理することが必要な手続の準備ができているか。 □ ①予算　組合設立に伴う補正予算は調製されているか。 □ ②行政管理（職員を兼職させる場合や出向させる場合）職員人事管理上の手続の準備ができているか（辞令の準備、勤務条件関係の整理）。 □ ③条例・規則等　組合設立後、各構成団体が直ちに廃止すべき条例、規則等の廃止の準備はできているか。	組合設立の効果として各構成団体は当該組合が行う事務については処理権能を失うため、結果として構成団体は、当該事務に係る条例、規則等のうち不要となったものを廃止しなければならない。
□ 申請のために必要な書類が整備されているか。 　（一般的な例） □ 申請書 □ 理由書　　　（内容について、申請前に都道府県知事（総務大臣） □ 協議書　　　　と調整済のもの） □ 規約 □ 各構成団体の議決書 □ 各構成団体の議会の議事録	 議案の様式は〔様式４－１〕を参照。

第５章　一部事務組合に関する手続

また，事務組合設立の効果として，各構成団体は当該組合が行う事務については処理権能を失うことに起因して，組合の設立は各構成団体の当該年度の歳出にも必然的に影響を与えることになる。このため，各構成団体の補正予算の内容を申請の時点で明らかにし，事務組合の予算案との関係を明確に整理しておく必要がある。
　②　中長期的な財政推計について
　事務組合の適正な財政運営を行うためには，設立の時点から，事務組合の中長期的な財政運営の展望を有していなければならない。そのためには，設立後一定期間（例えば5か年程度）にわたる財政状態の推計を行っておくことが望ましい。
　③　会計事務処理のための準備について
　事務組合が地方公共団体として活動していくために，予算と並んで直ちに必要となるのが，出納事務を始めとする会計制度の整備である。そこで，設立申請の時点から，指定金融機関の指定の準備，事務組合の主要な自主財源となる手数料徴収の手続を始めとする収納事務の準備，小切手や公金振替書等の支出事務の準備，会計事務のために必要な帳簿類の準備，財産管理の準備，物品管理の準備等を進めておく必要がある。
　ウ　事務組合の行政管理のための手続を整えておくこと。
　事務組合の適正な定員管理を行うとともに，特に，新たに事務組合の職員となる者の身分保障を確実なものにする必要があることから，職員の身分形態（兼職，出向，給与，勤務条件等）について適正な管理がなされるように，必要な手続を整えておく必要がある。具体的には，勤務条件関係等の条例案及び規則案等の作成作業が中心となる。
　エ　事務組合の内部管理のための準備を整えておくこと。
　事務組合が地方公共団体として設立当初から整備しておくことが望ましい条例，規則等については，設立後招集される事務組合の議会において制定する必要がある。このため，申請時までに条例案及び規則案等を作成しておかなければならない。準備しておくべき主要な条例・規則の例は，〔図4－4〕（チェックリスト）が示すとおりである。

また、これらの条例・規則等のほかに、事務組合が共同処理する事務の実施に関する条例（いわゆる事務条例）等を制定する必要がある。また、公平委員会の事務の委託、退職手当組合・非常勤職員等公務災害補償組合に対する加入等を、事務組合設立後、速やかに行うために、設立申請の時点から、委託先や加入先に対する連絡・打診など必要な手続の準備等を進めておく必要がある。

　オ　各構成団体が、事務組合設立に伴って処理することが必要な手続の準備をしておくこと。

　①　予　　算

　事務組合設立に伴い、各構成団体は、当該事務組合が行う事務について処理権能を失うことになり、その結果、各構成団体の予算（歳出）に必然的に変動をもたらすことになる。このため、各構成団体は、事務組合設立に伴う各団体の当該年度における補正予算を用意しておく必要がある。

　②　行政管理

　特に当該構成団体の職員を事務組合の事務に兼職させる場合や、事務組合に出向させる場合には、

〔図4－4〕　主要な条例・規則等チェックリスト（一部事務組合用）

1	通　則	（備　考）
□	公告式条例	
□	公告式規則	
□	文書事務取扱規程	
□	公用文に関する規程	
□	公印規程	
2	議　会	
□	議会の定例会の回数を定める条例	
□	委員会条例	
□	議会の議員の報酬及び費用弁償等に関する条例	
□	議会会議規則	
□	議会傍聴人規則	
3	執行機関	
□	管理者の職務代理者を定める規則	
□	管理者の職務代行者及び代行の順序を定める規則	
□	組織規程	
□	決裁規程	
□	監査委員条例	
4	定数及び任用	
□	職員定数条例	
□	職員の設置に関する規則	
□	人事異動及び人事記録に関する規程	
5	給与、勤務時間その他の勤務条件	
□	特別職の職員で常勤のものの給与及び旅費に関する条例	
□	職員の給与に関する条例	
□	職員の給与の支給に関する規則	
□	職員の旅費に関する条例	
□	職員の旅費に関する規則	
□	職員の勤務時間に関する条例	
□	職員の勤務時間に関する規則	
□	勤務を要しない時間の指定に関する規則	
□	職員の休日及び休暇に関する条例	
□	職員の休暇に関する規則	
□	職員の勤務時間等に関する調令	
□	職務の級の分類の基準となるべき標準的な職務の内容に関する規程	
□	初任給、昇格、昇給等の基準に関する規則	
6	分限、懲戒及び服務	
□	職員の分限に関する手続及び効果に関する条例	
□	職員の休職に関する条例	
□	職員の定年等に関する条例	
□	臨時的に任用された職員の分限に関する条例	
□	職員の懲戒の手続及び効果に関する条例	
□	職務の服務の宣誓に関する条例	
□	職務に専念する義務の特例に関する条例	
□	勤務条件に関する措置の要求に関する規則	
□	不利益処分についての不服申立てに関する規則	
□	職員安全衛生管理規程	
7	財　務	
□	財務規則	
□	議会の議決に付すべき契約及び財産の取得又は処分に関する条例	
□	財産の交換、譲与、無償貸付等に関する条例	
□	財政状況の公表に関する条例	
□	（公の施設の）設置及び管理条例	

当該職員に対する辞令の準備や，勤務条件関係の整理等，必要な人事管理上の手続の準備をしておく必要がある。

③　条例・規則等

事務組合設立の効果として，各構成団体は，当該事務組合が行う事務について処理権能を失うことになるので，結果として構成団体は，当該事務に係る条例・規則等のうち不要となったものを廃止しなければならない。そこで，各構成団体は，設立申請時までに廃止すべき条例・規則等を整理し，廃止条例等の準備を進めておくことが適当である。

(4)　設立の許可

事務組合の設立については，都道府県の加入するものにあっては総務大臣，その他のものにあっては都道府県知事の許可を要する（284条第2項）。ただし，市町村及び特別区のみによって構成される組合であっても，数都道府県にわたるものにあっては，都道府県知事の意見を聴いて総務大臣が許可することとされている（293条）。

総務大臣（都道府県知事）の許可は，自由裁量行為に属すると解されており，許可の判断にあたっては，申請に至るまでの手続等に関する適法性の判断だけではなく，当該事務組合の設立に関する内容の妥当性も判断されることになる。適法性の基準と妥当性の基準の要素を具体的に挙げてみると次のとおりである。

○　適法性の基準

○　許可申請に至るまでの手続は適法に行われているか。
　・構成団体の議会の議決は全て適正に行われたか。
　・構成団体間の協議は全て整っているか。
　・必要な申請書類は全て用意されているか。
○　規約の内容は適正か。
　・必要的記載事項の内容は全て適正に記載されているか。
　・任意的記載事項がある場合，その内容は全て適法なものか。

○　妥当性の基準

・地方公共団体の事務としてふさわしい事務内容であるか。
・地方公共団体が直営で実施することが妥当な事務か。
・共同処理を行うことにより効率化が可能か。
・共同処理を行うことにより実効性が高まるか（個々の構成団体の取組みだけでは不十分であり，広域的対応により初めて効果が上がる事務か）。
・当該事務組合の設立が広域的な地域の発展に資するものであるか（構成団体間の公平性，地域の一体性を保ちつつ広域的な地域振興につなげていくことが可能か）。
・当該事務組合の行財政運営に関し長期的な構想が用意されているか。
・規約が事務組合の民主性と合理性を保障する内容となっているか。
・その他当該地域における個別事情等
　〔例〕（当該地域が広域行政圏施策を継続している場合）当該広域行政圏施策等の地域開発の方向と整合性がとれたものであるか。

　総務大臣（都道府県知事）は，許可に際しては，許可をするか否かを判断するのみであり，規約の内容を変更することはできない[9]。しかし，この許可は自由裁量行為であるから，許可の目的の範囲内で付款を付することは可能であるとされている[10]。当該行政実例は，事務組合の設立許可に際し規約の内容を変更することの条件を付することは，当該条件が妥当なものである限り可能であるとしている。また，このように規約の内容の変更を条件とされた場合には，当該設立許可は，条件どおりの規約の改正を行うことについて各構成団体の議会に付議し，構成団体の協議が成立したときその効力を生じ，規約改正について改めて許可を得る必要はないとされている[11]。

9）　昭和27年3月13日行政実例。
10）　条件，期限又は負担のように，行政行為に付せられた行政庁の従たる意思表示として行政行為の本来の効果を制限するものを行政行為の付款という。ここでは，例えば「規約の○○の内容を△△に変更することを条件として当該組合の設立を許可する。」というような条件を付す場合を指す。
11）　昭和29年5月6日行政実例。

(5) 設立の時期

　事務組合は，総務大臣（都道府県知事）の許可により法人格を取得し，登記その他の行為を要しない。そこで，事務組合がどの時点から法人として成立するのか（設立の時期）という点が問題になる。

　組合設立の時期は規約の定めるところによる。具体的には，規約の付則で定められることとなるが，通常は次の2通りの定め方がある。

① 「この規約は平成〇〇年〇月〇日から施行する。」（規約において設立時期を明記する方法）

② 「この規約は総務大臣の許可の日から施行する。」（許可の日を設立日とする方法）

　また，規約に何ら規定がないときは，許可の日が設立の日となる。これらの場合に，どの時点をもって「許可の日」とするかについて特段の法令の規定はない。しかし，仮に民法の原則（到達主義，民法97条）に基づき許可指令書が構成団体に到達したときであるとすると，到達日を確認する作業が必要であることや，各構成団体の到達日が異なることが予想され最後に到達した団体を特定しなければならないことなど，実務上煩雑な事態が生ずることになる。このため，実際には許可指令書に示された日をもって「許可の日」と考えて良いであろう。また前述のように設立許可に当たって付款が付された場合には，条件に係る規約の変更を改めて各構成団体の議会に付議し，その議決を経て，協議により規約が成立した日に組合が成立したものと解することとなる。

　なお，事務組合の設立の時期を設立許可の日よりも前の時点にさかのぼらせることは，事務組合と構成団体の当該事務に関する処理権能が重複して存在する時期が生ずることとなるので許されない。

(6) 設立の告示

　事務組合が成立したとき，これを一般に公知する法律手続は明記されていない。規約についても，これを告示することは法的に要求されていない。しかし，行政実例においては，事務組合の成立とその規約の内容は，当該事務組合及び各構成団体においてこれを告示することが適当であるとされている。[12]

---

12) 昭和27年6月26日行政実例。

(7) 設立の効果

① 処理権能の移管

　事務組合が設立されると，規約で共同処理することとされた事務の処理権能は，構成団体から事務組合へ移る。その結果，構成団体は，当該事務の処理権能を失うと解されている。したがって，特定の事務の全部ではなく当該事務の一部だけを共同処理するような場合，例えば，ごみ処理の事務のうち，焼却場に関する事務のみ組合で処理し，収集に関する事務は構成団体が引き続き行う場合には，事務組合が共同処理する事務の範囲を規約に明確に規定しておく必要がある。

② 条例，規則等の改廃の必要性

　事務組合の設立によって消滅した事務に関する構成団体の条例及び規則等は当然には消滅しない。ただしその効力が発揮される余地はなく，いわば効力停止の状態となると解されている。したがって，事務組合が解散し，当該事務の処理権能が再び構成団体に移管すれば，当該事務に関する条例，規則等は自動的に効力を生じ，再び適用されることになる。しかし，無用となった法令を存置しておくことは，法令の体系を煩雑にするだけでなく，同一事項に関し，同一の地域に２つの条例等が存在することになり，住民の間に無用の混乱を生じさせるおそれがあるので，原則として，これらの条例等については速やかに改廃の手続をとるべきである（〔図４－３〕参照）。

③ 執行機関の消滅

　事務組合を設けた場合において，構成団体の執行機関の権限に属する事項がなくなったときは，その執行機関は組合の成立と同時に消滅する（284条第２項後段）。例えば，教育事務の全部を共同処理する組合が設立されたときは，構成団体の教育委員会は消滅する。

④ 事務の承継

　事務組合の設立によって共同処理することとされた事務は，構成団体から事務組合に引き継がれなければならない。行政実例は[13]，このような場合，法292

---

13) 昭和26年11月15日行政実例。

条の規定により，施行令5条第1項（普通地方公共団体の廃置分合による事務承継）が準用され，組合が構成団体の事務の一部を当然引き継ぐこととなり，告示等をもって外部に対し表示行為を行う必要はないとしている。この点については，構成団体に当該事務の処理権能が残らない以上，事務組合が当該事務を承継することは論理的に当然と考えることもできる。

なお，この場合構成団体は消滅するわけではないので，施行令5条第2項及び第3項は準用されない。即ち，施行令5条第2項によれば，普通地方公共団体が消滅した場合には，消滅した団体の収支は消滅の日を以てこれを打ち切り（これを打ち切り決算と呼ぶ），消滅した団体の長が決算を行い，同条第3項に基づき，事務を承継した団体の長が決算を監査委員の審査等に付すこととなるが，事務組合設立の場合には，各構成団体は，法218条第1項の規定により，事務の一部消滅に伴う補正予算の調製を行えば足りる。たとえ事務組合の設立に伴い年度途中において構成団体の特別会計を廃止することになったとしても，構成団体の決算は，法233条（出納整理期間中の決算の調整），及び235条の5（5月31日の出納閉鎖）の規定によって行われ，打ち切り決算は行われず，また，構成団体の長が当該決算を監査委員の審査等に付すことになる。

II 一部事務組合の規約の変更

1 総 論

事務組合が構成団体，共同処理事務又は規約の内容のようないわば事務組合の基本に係る事項について変更しようとするときには，自治法上，設立の場合と同様の手続が必要とされている。すなわち，事務組合を組織する地方公共団体の数を増減し若しくは共同処理する事務を変更し又は事務組合の規約を変更しようとするときは，議会の議決を経てする協議により，都道府県の加入するものにあっては総務大臣，その他のものにあっては都道府県知事の許可を受けなければならない（286条）。

2 手続

ここではまず，事務組合の規約の変更の手続について扱うこととする。規約の変更とは，287条が規定している規約事項の内容を変更する手続をいう。

規約変更の手続の流れを図に示してみると，〔図4-5〕のようになる。

事務組合の設立手続の揚合と同様に，実際の規約変更手続を進めるに当たっては，286条に定められている手続に入る前に次のような事実上の手続を必要とする。ここでは，そのような手続の過程を「事実上のプロセス」と呼び，286条に定める手続（法定上のプロセス）と区別して述べることとする。

〔図4-5〕 規約変更手続の流れ

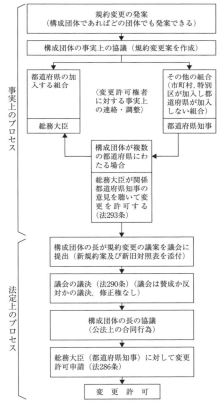

(1) 事実上のプロセス

ア 規約変更の発案

まず，事務組合の構成団体のいずれかが規約変更の発案を行うことから当該プロセスは始まる。規約変更の発案は関係地方公共団体のいずれの団体でもなし得る[14]。しかし，当該事務組合の議会が規約変更の発案及び許可申請を行うことはできないこととされている[15]。

イ 事実上の協議

---

14) 大正15年7月24日行政実例。
15) 昭和34年12月16日行政実例。

事務組合設立の場合と同様に，規約変更の内容については，議会の議決を経る前に各構成団体の長が実質的な協議を行い，変更の内容について全構成団体の合意を取り付けた上で，各団体の議会に対して規約変更の協議の提案をしなければならない。このような議会の議決を経る前の協議のことを「事実上の協議」と呼ぶ。

　規約変更の許可申請を行った後に，変更の内容について構成団体間で疑義が生ずることがないように，この段階において構成団体間で綿密な打ち合せを行っておく必要がある。

　ウ　変更許可申請の相手（変更許可権者）

　事務組合が規約変更の許可申請を行う相手，すなわち変更の許可権者は，当該事務組合に都道府県が加入する場合は総務大臣，その他の場合（市町村及び特別区のみで構成する場合）には都道府県知事とされている（286条）。ただし，市町村及び特別区のみで構成する場合であっても構成団体が複数の都道府県にわたるものについては，総務大臣が関係都道府県知事の意見を聴いて変更を許可することとされている（293条）。

　エ　規約変更の許可権者に対する事実上の連絡・調整

　設立の許可権者（総務大臣又は都道府県知事）が許可を行うか否かは自由裁量行為に属するものとされ，規約変更の許可に当たっては，手続の適正性等の形式的な問題だけではなく，変更の内容の適法性，妥当性等の実質的内容についても判断の対象となる。そこで，各構成団体の長は，規約変更について議会の議決を経た後で，許可権者が変更の内容が妥当でないと判断し変更の許可が得られなくなるというような事態を避けるため，法定上の協議に入る前に，変更許可権者に対して変更の趣旨や内容の事前説明を行うなど，事実上の連絡，調整を綿密に行わなければならない。

(2)　法定上のプロセス（法定上の協議，議会の議決，変更許可申請等）

　ア　協議の主体

　協議を行う主体は「関係地方公共団体」即ち構成団体である。当該事務組合自体は286条の「関係地方公共団体」には含まれないため，当該事務組合は構成団体と協議をし又は協議を受ける義務はない。[16]

---

16)　昭和34年3月16日行政実例。

イ　協議に関する議会の議決

構成団体の長は規約変更に関する法定上の協議を行うことについて各団体の議会の議決を経なければならない。なお，当該事務組合自体は286条の関係地方公共団体には含まれないから，当該事務組合は協議を行う必要はなく，協議についての事務組合の議会の議決を行う必要はない[17]。

長が議会に提出する議案の様式の例を掲げておく（〔様式4－3〕参照）。通常は，当該議案に変更後の規約案と新旧対照表を添付して議会に提出する。当該議案の提案権は協議の直接の担当者である長に専属し，議会には議案の修正権はない。議会は，提出された規約変更の議案に賛成するか，あるいは反対するかのいずれかの議決をすることになる。

〔様式4－3〕　一部事務組合の規約変更の議案（例）

```
第　号議案
　　○○一部事務組合規約の変更について
　地方自治法第286条第1項の規定により，
○○一部事務組合規約を次のとおり変更する。
　平成　年　月　日提出
　　　　　　○○市（町村）長　氏　　名
　　○○一部事務組合規約の一部を改正する規
　　約（略）
```

ウ　長が行う協議（法定上の協議）

長は議会の議決を経た後に法定上の協議を行う。この場合，長は議会の議決内容と異なる協議を行うことはできない。協議の法律的性格は公法上の合同行為とされており，行為がなされた後で個々の当事者の錯誤等を理由としてその無効や取消しを主張することはできない。また，この法定上の協議が行われたときには，通常は協議が行われたことを証する書面（協議書）を作成する。

エ　規約変更許可の申請者

規約変更の許可申請を許可権者（総務大臣又は都道府県知事）に対して行う者は，関係地方公共団体の長又は組合の管理者のいずれでもよいとされている[18]。関係地方公共団体の長が申請を行う場合には，関係団体の長が申請書に連署して許可権者に提出することになる。また，事務組合の管理者が申請する場合には，管理者が作成した申請書に，関係地方公共団体の協議が成立した旨を証す

---

17)　昭和34年3月16日行政実例。
18)　昭和34年12月16日行政実例。

る書面（協議書）及び関係地方公共団体の議会の議事録を添付して許可権者に提出する必要がある。

　許可権者（総務大臣又は都道府県知事）の許可の客体は当該事務組合自体であることから[19]，どちらかといえば，後者の「事務組合管理者からの申請」の形式の方が一般的なようである。

　また，管理者が許可権者（都道府県知事の場合）に対して許可申請を行う場合の申請書の様式の例を掲げておく（〔様式4－4〕参照）。

〔様式4－4〕　一部事務組合の規約変更の許可申請書（事務組合管理者からの申請）（例）

```
　　　　　　　　何　第　　　号
　　　　　　　　何　第　　　号
　　　　　　　　平成　年　月　日
○○県知事（氏　　名）殿
　　○○組合管理者　氏　　名㊞
　　　○○組合規約変更の許可申請書
　地方自治法第286条第1項の規定により，次のとおり○○組合の規約を変更したいので許可してください。
1　組合の規約変更を必要とする理由（経緯の概要を含む。）
2　組合規約案の写（変更にかかる部分と旧の部分とがわかるよう表示すること。）
3　関係地方公共団体の議決書の写と議会の会議録の関係部分の写
　　（備考）　2，3は別紙として添付すること。
```

オ　規約変更の許可

前述した設立の場合（第5章Ⅰ5参照）と同様に，規約変更の許可は，許可権者（総務大臣又は都道府県知事）の自由裁量行為であり，許可の判断に当たっては，申請に至るまでの手続等に関する適法性の問題だけではなく，当該変更の内容の妥当性も判断されることとなる。

また，その他の問題についても，設立の場合の例に従って解釈すればよい。すなわち，総務大臣（都道府県知事）は，規約変更の許可に当たっては，当該変更の申請の内容を更に変更することはできず，当該変更の申請を許可するか否かのみを判断することとなる。また，許可の目的の範囲内では，付款を付することも可能であると考えられている。

カ　規約変更の時期

前述した設立の時期の場合と同様である。

キ　申請の際のチェックポイント

規約変更許可の申請を行う際のチェックポイントをまとめてみると〔表4－3〕のとおりである。

---

[19]　昭和26年8月15日行政実例。

〔表4－3〕 規約変更許可申請用チェックリスト

チェック項目	備 考
Ⅰ．内容の適法性・妥当性	
□ 規約変更の内容は適法なものか（内容に違法性がないか） 〈変更内容の概要〉 ［　　　　　　　　　　　］	自治法2条第16項参照
□ 規約変更の理由は合理的なものか 〈変更理由の要旨〉 ［　　　　　　　　　　　］	
□ 規約変更の内容は妥当なものか 　当該変更は，組合の組織及び運営の合理化に資するか 　当該変更は，組合の民主的な運営の観点からは問題はないか	自治法2条第14項及び第15項参照
Ⅱ．手続の適正性	
□ 申請に至る手続は適正か（関係地方公共団体の長の協議は整っているか） 　〈申請者〉 (A)「当該組合の管理者」の場合…協議を訂正する書面（協議書）を申請書に添付する必要有り 　　　　　　(B)「関係地方公共団体の長（連署）」の場合…申請者の連署を確認	一般的には，組合管理者が申請者となる。
□ 申請のために必要な書類が整理されているか 　（一般的な例） 　□ 申請書 　□ 理由書　　（内容について，申請前に都道府県知事 　□ 新規約　　　（総務大臣）と調整済のもの） 　□ 新旧対照表 　□ 関係地方公共団体の議決書（写） 　□ 関係地方公共団体の議会の議事録（写）	自治法290条参照

① 内容の適法性及び妥当性

　本章Ⅱ1(1)において述べたように，許可に当たっては，適法性だけでなく，内容の妥当性についても判断されるため，申請者の側としては，申請前に変更内容の適法性及び妥当性を十分に検討しなければならない（2条第15項，第16項）。まず，当該変更の内容は適法なものでなくてはならない。また，規約変更は，当該事務組合の組織又は運営の基幹的な部分について変更を加えるものである以上，当該変更は合理的な理由を伴ったものでなければならない。

　次に，自治法上，地方公共団体は，常にその組織及び運営の合理化に努めなければならないこととされており，事務組合が，規約変更によってその組織及び運営に変更を加える際には，2条第15項及び第16項の趣旨に沿ったものであるか否かについてチェックを行う必要がある。

そして最後に，当該変更が，事務組合の民主的な運営の観点からは問題がないか，例えば当該規約変更による組織や運営方法の変更が特定の構成団体にのみ不利な条件をもたらすものではないか等についてチェックしておく必要がある。

② 手続の適正性

〔表4－3〕に掲げるような点に注意して，必要書類等を調製することが適当である。

ク　規約変更の協議の議決に係る専決処分の指定（軽易な事項）

規約変更の手続の実務に鑑みると，以上述べてきた手続のプロセスの中で，最も時間を要するのは，構成団体の議会の議決を経る作業のようである。また，単に時間を要するだけではなく，例えば規約の変更を行わなければならないような切迫した事態が生じたとしても，通常の構成団体の議会運営においては，事務組合の規約変更のみを付議事件として臨時会を招集することは困難な面もあり，いきおい次の定例会や別の事件による臨時会の招集を待つことになり，迅速に規約変更を行うことが困難な場合もあるようである。そこで，このような事態を改善するために，事務組合の規約変更のうち，「軽易な事項」については，180条に基づき，議会の議決による指定を行い，議会の委任に基づく長の専決処分としておく方法も考えられる。

行政実例においても，市町村職員退職手当組合に加入市町村以外の市町村が新たに加入し又は脱退する場合の関係市町村との協議について，加入市町村議会において，これを軽易な事項として専決処分の対照として指定することは差し支えないとされている[20]。

議会における選挙，決定，議会の同意，意見書の提出，諮問の答申，請願の採択，証人喚問など，自治法上，議会自らこれを決定し，或は議会そのものの意思又は意見を表明することが想定されている事項は，専決処分の指定の対象に含まれないと考えられている[21]。

それでは，事務組合の規約変更においては，何が各構成団体にとって180条

---

20) 昭和40年9月24日行政実例。
21) 松本（2018），631頁参照。

にいう「軽易な事項」に該当するだろうか。この点について，著者は，「当該団体の権能，組合に対する関与の形態及び組合に対する経費の支出のいずれにも直接的な影響を与えない事項」が，各構成団体にとって「軽易な事項」に該当すると考える。すなわち，287条に定められている規約事項（必要的記載事項）のうち，三号「組合の共同処理する事務」の変更は，各構成団体の処理権能に変更をもたらし，五号「組合の議会の組織及び議員の選挙の方法」及び六号「組合の執行機関の組織及び選任の方法」の変更は，各構成団体の当該一部事務組合に対する関与の形態に変更をもたらし，七号「組合の経費の支弁の方法」の変更は，当該組合に対する各構成団体の経費の支出に直接的な影響をもたらすことが予想されるので，これらの事項の変更については，「軽易な事項」として指定することは適当ではないであろう。

そこで，具体的には，278条に定められた必要的記載事項のうち，次に掲げる事項について，「軽易な事項」として専決処分の指定を行うことが適当であると考える。

① 一号「事務組合の名称」
② 二号「事務組合を組織する地方公共団体」

　ただし，退職手当組合，公務災害補償組合等，既に構成団体数が多く，かつ，新たな団体の加入，脱退に伴い相当程度の財産処分を行う必要が生じない場合に限る。なぜならば，構成団体の数が少ない場合及び構成団体の数の増減が当該組合を巡る各構成団体の財産的権利の関係に相当程度の影響をもたらす場合には，各構成団体にとって「軽易な事項」とは言えないと考えられるからである。具体的には，指定を行う際に，「〇〇組合を組織する地方公共団体の変更」というように組合の具体名を挙げて限定列挙すればよい。

③ 四号「事務組合の事務所の位置」

　ただし，当該事務所が所在する構成団体の廃置分合，市制移行，住居表示の実施など，「地理的な移動を伴わない事務所の位置の変更」（すなわち位置の表示の変更）の場合に限る。普通地方公共団体の場合，事務所の位置を変更しようとするときは条例でこれを定めなければならない（4条）

こととされており，4条との権衡を図る意味で，事務組合の「地理的な移動を伴う事務所の位置の変更」の場合には，「軽易な事項」とせず，議会の議決を経ることが適当であろう。

　実際にこれらの指定を行うに当たっては，地方公共団体の長には専決事項の決定に関する提案権はなく，議長に対して事件を指定して議決を依頼することができるのみであるとされている[22]ので，関係者に十分な説明を行った上で，構成団体の長が議長に対して議決を依頼する形で進めればよいであろう。

　また，180条の規定により議会の権限に属する事項を長の専決処分に委ねるべく指定したときは，当該事項は，議会の権限を離れて長の権限となる。従って，適法に本条の委任がなされた後において，当該委任事項について議会が議決しても，それは権限に基づかない議決であり無効である。

　なお，構成団体の長が委任事項を専決処分したときは，これを議会に報告しなければならない。報告の時期については，自治法は特段規定していないが，原則としてできる限り速やかに行うべきであると解されている。即ち，次期の定例会又は臨時会の会議において報告すべきである。専決処分自体は，あらかじめ議会の了解を得ている行為であり，報告を行う以前においても当然に有効なものなので，報告の前に当該変更が許可され，新たな規約が施行されても構わない。

Ⅲ　共同処理事務の変更

1　共同処理事務の変更と規約の変更との関係

　地方公共団体の組合は，これを組織する地方公共団体の数を増減し若しくは共同処理する事務を変更し，又は組合の規約を変更しようとするときは，関係地方公共団体の協議により，都道府県の加入するものにあっては総務大臣，その他のものにあっては都道府県知事の許可を受けなければならない（286条第

---

[22]　昭和30年12月17日行政実例。

1項)。本条により,事務組合の共同処理事務を変更する場合にも,規約変更の場合と同様の手続が必要となる。

　ところで,組合の共同処理事務は規約事項となっている(287条第1項3号)。それではなぜ,規約事項であるにもかかわらず,286条においては,共同処理事務の変更を規約の変更と区別して列記しているのだろうか。

　その理由は,共同処理事務の変更は,組合と各構成団体の権能の変更をもたらす重要な意味を有しているということと同時に,規約の変更を伴わない共同処理事務の変更があり得るからである。例えば,共同処理事務が,「〇〇法に基づく市町村の事務」と規約に規定されており,法改正により〇〇法に基づく事務の内容が拡充され,その拡充部分についても当該組合で共同処理していこうとする場合には,規約変更の必要はないが,共同処理事務の変更手続をとる必要がある。共同処理事務の変更は,事務の種類,内容の変更及び量の変更を含む。即ち,当該事務の変更が組合の権能に変化をもたらすものは全て含むことになる。ただし,通常は共同処理事務の変更は,規約の変更と競合することが多く,「共同処理事務の変更とこれに伴う規約の変更を行う」という形を採り,一本の手続で処理を行う。

2　共同処理事務の変更の手続

　共同処理事務の変更の手続の流れは,前述した規約の変更の場合と同じであり,各構成団体の長は議会の議決を経て行う協議により申請を行い,総務大臣(都道府県知事)がこれを許可することになる(〔図4－6〕参照)。

〔図4-6〕 共同処理事務の変更及び規約の変更の手続の流れ

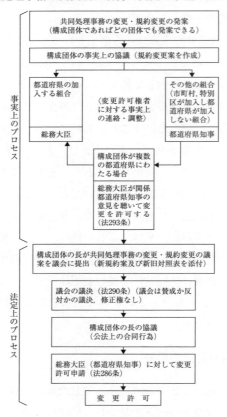

共同処理事務の変更が規約の変更を伴う場合に，長が議会に提出する議案の様式の例〔様式4-5〕と，組合管理者が許可申請を行う場合の申請書の様式の例〔様式4-6〕を掲げておく。

〔様式4-5〕 一部事務組合の共同処理事務の変更の議案（例）

```
第　号議案
　　　　○○一部事務組合の共同処理する事務の変更及び○○一部事務組合規約の変更について
　地方自治法第286条第1項の規定により，平成　年　月　日から○○一部事務組合の共同処理する事務を何々に変更し，○○一部事務組合規約を次のとおり変更する。
　平成　年　月　日提出
　　　　　　　　　　　　　　　　　　　　　　　　○○市（町村）長　氏　　　名
　　　○○一部事務組合規約の一部を改正する規約（略）
```

〔様式４－６〕　一部事務組合の共同処理事務の変更の許可申請書（例）

```
                                          何　第　　　号
                                          平成　年　月　日
○○県知事（氏　　名）殿
                                    ○○組合管理者　氏　　　名㊞
　○○組合の共同処理する事務の変更及び規約の変更について（申請）
　地方自治法第286条第１項の規定により，次のとおり一部事務組合の共同処理する事務を変更
し，これに伴い規約を変更したいので許可してください。
１　組合の共同処理する事務の変更を必要とする理由（経緯の概要を含む。）
２　組合規約案の写（変更にかかる部分と旧の部分とがわかるよう表示すること。）
３　関係地方公共団体の議決書の写と議会の会議録の関係部分の写

　（備考）　２，３は別紙として添付すること。
```

3　申請の際のチェックポイント

　共同処理事務の変更は，当該組合及び各構成団体の権能の変更を伴うので，それが規約の変更を伴う場合には，その他の事由に係る規約変更の場合よりも一層入念なチェックを行うべきである。具体的には，〔表４－４〕の「共同処理事務の変更・規約変更許可申請用チェックリスト」に掲げる項目について申請時までに準備を整えておく必要がある。

　その概要は次のとおりである。

(1)　共同処理事務の変更の合理性

　共同処理事務の変更は，当該事務組合及び各構成団体の権能の変更をもたらし，関係地方公共団体に各般の影響を与えるものであるため，当該変更を行う合理性を充分に整理しておく必要がある。

　特に，事務組合の事務の内容又は量を新たに拡充する場合には，事務組合設立の場合のチェックと同様に，①地方公共団体が処理すべき事務なのか，すなわち，民間部門に委ねることが適当な事務ではないのか，②共同処理方式によって処理することが適当な事務なのか，③共同処理方式の中でも，特に事務組合による処理が最も適しているのか（事務の委託，協議会方式等の方が適しているのではないか）等についてチェックしておく必要がある。

〔表4-4〕 共同処理事務の変更及び規約変更の許可申請用チェックリスト

チェック項目	備考
Ⅰ．共同処理事務の変更の合理性	
□ (1) 事務の内容，量の拡充の場合 　事務を拡充する理由・必要性が整理されているか 　（申請書類として理由書を作成） 　（拡充する事務について） 　□ 地方公共団体が処理する必要性 　□ 共同処理方式を採択する必要性 　　　□ 共同処理により効率化が可能か 　　　□ 共同処理により実効性が高まるか 　　　□ 共同処理により地域の一体性を図れるか 　□ 共同処理方式の中で，一部事務組合による処理が最も適しているか	民間部門に委ねるべき事務ではないか 委託，協議会等による処理の場合と比較
□ (2) 事務の内容，量の縮減の場合 　事務を縮減する理由・必要性が整理されているか 　（縮減する事務について） 　□ （各構成団体に移管する場合） 　・各構成団体によって個々に処理されることが適当な事務か 　□ （その他の共同処理方式等によって処理する場合） 　・当該処理方式（委託，協議会等）によって処理されることが適当な事務か	
Ⅱ．体制の整備	
□ (1) 事務の内容：事務の拡充の場合 　組合の財政運営のための手続が整っているか 　（当初予算案では対応できない場合） 　□ 組合の補正予算はできているか 　□ 組合と構成団体及び構成団体間で，新たな経費の負担に係る調整はできているか	
□ 事務組合の行政管理のための手続が整っているか 　□ 事務の拡充に対応した，定員管理，人事配置等の方針が固まっているか等	
□ 事務組合の内部管理のための手続が整っているか 　□ 事務の拡充に伴い新たに制定すべき条例案，規則案等の用意ができているか等	
□ 各構成団体は事務組合の共同処理事務の拡充に伴って処理することが必要な手続の準備ができているか 　□ 予算　組合に対する経費（分賦金）の増大に対応するための補正予算（又は予算の流用）の準備はできているか 　□ 行政管理　職員の出向者，兼職を増やす必要がある場合等に，その準備はできているか 　□ 条例・規則等　組合の事務が拡充することに伴い構成団体が廃止する必要がある条例・規則等について，廃止の準備はできているか	
□ (2) 事務の内容：事務の縮減の場合 　（事務組合）　縮減に対応した財政運営，行政管理，内部管理の手続は整っているか	
□ （構成団体）（特に縮減された事務の権能が他団体へ移管される場合）権能の移管に対応した財政運営，行政管理，内部管理の手続は整っているか	
□ 財政運営（予算の執行の方針，補正予算等） □ 定員管理，人事配置等 □ 制定すべき条例案・規則案等の用意	

	Ⅲ．手続の適正性	
☐	申請に至る手続は適正か（関係地方公共団体の長の協議は整っているか） 〈申請者〉(A)当該事務組合の管理者の場合……協議を証する書面（協議書）を申請書に添付する必要有り (B)関係地方公共団体の長（連署）の場合……申請書の連署を確認	申請者は組合の管理者であることが一般的
☐	申請のために必要な書類が整備されているか （一般的な例）	
☐	申請書	申請書の例は、〔様式4－6〕（第4編第5章Ⅲ）を参照
☐	理由書　（内容について，申請前に都道府県知事（総務大臣）と調	
☐	協議書　　整済のもの）	
☐	規約	
☐	各構成団体の議決書	議案の例は〔様式4－5〕（第4編第5章Ⅲ）を参照
☐	各構成団体の議会の議事録	

　また，事務組合の事務の内容・量を縮減する場合には，その縮減の理由，必要性を整理しておく必要がある。そして，「縮減される事務」自体は，各構成団体に移管される場合と移管されない場合（その他の共同処理方式（委託や協議会等）によって引き続き処理する場合，民間部門に委ねて地方公共団体としては処理しない場合等）があるであろう。それぞれの場合において，「爾後の処理方式」による処理が適している理由を整理しておかなければならない。

(2)　体制の整備

　共同処理事務の変更の申請を行うに当たっては，当該事務組合及び各構成団体のそれぞれについて，事務組合の事務の変更に対応した体制の整備ができているか，という点についてチェックしておかなければならない。

　ア　事務組合の事務の内容又は量の拡充の場合

　①　事務組合の財政運営

　事務組合の事務が拡充される以上，拡充に伴う経費の支出の増加が見込まれる。そこで，業務増に伴う経費の増加について適切な見積もりを行い，事務組合の当該年度における当初予算で対応できるか否かについて明らかにしておく必要がある。そして，当初予算では対応できない場合には補正予算を調製しておかなければならない。また，補正予算を組むに当たり，構成団体からの分賦金を増加させる場合等においては，事務組合と構成団体及び各構成団体で，新たな負担に係る十分な調整が必要となる。

　②　事務組合の行政管理

事務の拡充に対応するために、定員規模、人事配置等を見直す必要がある場合には、それらの行政管理に関する方針を固めておかなければならない。
　③　事務組合の内部管理
　事務の拡充に伴い、新たに条例、規則等を制定する必要がある場合には、それらの案を準備しておく必要がある。
　④　各構成団体の準備
　各構成団体は、事務組合の事務の拡充に伴って処理することが必要な手続の準備を整えておかなければならない。
　(A)　予　　　算
　事務組合に対する経費（分賦金）を増加する必要がある場合には、そのための当該団体の補正予算の準備をしておかなければならない（予算の流用により対応できる場合もある）。
　(B)　行政管理
　組合の事務の拡充に伴い、構成団体から新たに出向者、兼職等を増加させる場合等には、その準備をしておく必要がある。
　(C)　条例・規則等
　事務組合の事務の拡充に伴い、各構成団体の事務が縮減され、構成団体が廃止しなければならない条例、規則等がある場合には、それらの廃止の準備をしておかなければならない。
　イ　事務組合の事務の内容・量の縮減の場合
　この場合、事務組合においては、事務の内容・量の縮減に対応した財政運営、行政管理、内部管理の手続を整えておく必要がある。
　また、特に縮減された組合の事務の権能が各構成団体に移管される場合には、構成団体にとっては事務の拡充となるので、各構成団体においてはそれに対応するための財政運営（当該年度における予算の執行の方針、場合によっては補正予算の準備等）、定員管理・人事配置、制定すべき条例、規則等の案の準備等を行う必要がある。
　ウ　手続の適正性
　規約変更の場合と同様に、所要の事項に注意して必要書類等を調製するとよ

い（前掲〔表4－4〕参照）。

Ⅳ　一部事務組合の構成団体の数の増減

1　構成団体の数の増減と規約の変更との関係

　事務組合は，これを組織する地方公共団体の数を増減し若しくは共同処理する事務を変更し，又は組合の規約を変更しようとするときは，関係地方公共団体の協議により，都道府県の加入するものにあっては総務大臣，その他のものにあっては都道府県知事の許可を受けなければならない（286条）。本条により，構成団体の数が増減する場合においても，規約変更の場合と同様の手続が必要となる。

　ところで，事務組合を組織する地方公共団体の内容は，組合の共同処理事務の変更の場合と同様に規約事項となっている（287条第1項2号）。そこで，この場合においても，なぜ規約事項であるのにもかかわらず，286条においては，構成団体の数の増減を規約の変更と区別して規定しているかという点が問題になる。

　第一の理由は，規約の変更を伴わない構成団体の数の変更があり得るからである。例えば，規約の中で，構成団体が「〇〇郡内の町村」と規定されていた場合に，当該郡内において町村の廃置分合があり，新たな町が置かれることとなり，その町が事務組合の構成団体として実質的に残存するという場合には，規約変更の必要はないが，構成団体の数は増減することになり，数の増減に関する許可の申請を行う必要がある。

　第二の理由は，事務組合の設立行為は，「公法上の合同行為」であり，構成団体の数の増減（即ち構成団体の変動）は，この合同行為の当事者の変動を意味することから，当初の合同行為に変動を及ぼす場合には，同様の法的行為（関係地方公共団体の協議と許可権者による許可）によらなければならないことが挙げられる。

　第三の理由は，構成団体の変動は，当該事務組合及び各構成団体の財産（積極財産及び消極財産）に重大な影響を及ぼすため，規約変更と並べて規定して

いることが挙げられる。そして実際に，構成団体の数の増減の手続を行う場合には，併せて事務組合の財産処分の手続（289条）を行うことが多いので，注意する必要がある。

　以上が構成団体の数の増減を規約変更と区別して規定している理由であるが，実際には，構成団体の数の増減は規約の変更を伴うことが多く，通常は，「構成団体の数の増減とこれに伴う規約の変更を行う」という形を採り，一本の手続で処理を行う。

　また，財産処分を伴う場合には，そのための手続（289条）を平行して行うことになる。財産処分を行うときは，構成団体の議会の議決を経て行う協議によって決することになる。すなわち，構成団体の数の増減や規約変更の場合と異なり，許可権者（総務大臣又は都道府県知事）の許可が不要である点に留意する必要がある。ただし，許可権者は，構成団体の数の増減の許可の判断を行う際に，増減に併せて行われた財産処分の内容の適否についても判断材料とすることができる。

2　構成団体の数の増減が生じる事由

　事務組合の構成団体の数の増減が生じる事由としては，
　① 　構成団体の廃置分合がある場合
　② 　地方公共団体が事務組合に加入する場合
　③ 　ある構成団体が事務組合から脱退する場合
の3つに大別することができる。

　以下において，それぞれの場合に問題となる点を述べてみよう。

3　構成団体の廃置分合がある場合

　廃置分合とは，法人格の変動を伴う地方公共団体の区域の変更であり，分割（一の団体を廃し，その区域を分けて数個の団体を置くこと），分立（一の団体の一部の区域を分けて，その区域をもって新しい団体を置くこと），合体（二以上の団体を廃してその区域をもって一の団体を置くこと），編入（団体を廃して，その区域を既存の他の団体の区域に加えること）の4種がある。4種のいずれの場合におい

ても，地方公共団体の廃止（法人格の消滅）又は地方公共団体の設置（法人格の発生）のいずれか一方又は双方を同時に伴うことになる。

　事務組合の構成団体の廃置分合があった場合には法人格の変動が生じ，必然的に構成団体の数が減少することになる[23]。

　〔例1〕　構成団体がA町，B町，C町であり，A町をa町とb町に分割した場合には，A町は消滅するから，構成団体の数は減少する。a町とb町は組合への加入の手続を採らなければ構成団体にはならない。

　〔例2〕　構成団体がA町，B町，C町であり，A町とB町が合併してD市となった場合，D市は，当然には当該組合の構成団体にはならず，構成団体となるためには新規に加入の手続を要する。D市が加入しない場合には，当該事務組合の構成団体は，C町だけになるので，当該事務組合は，法律上当然に解散（消滅）することになる。このため，合併後も従前どおり組合を維持していこうというときは，組合の解散と新組合の設立という2つの手続を経なければならない[24]。

　このような構成団体の廃置分合に際して，合併後も事務の執行を中断することなく引き続き組合の構成団体としてあり続けるためには，あらかじめ新団体の組合加入の手続を事実上進めておき，合併の日に構成団体が協議を行い，許可を受けるという手続を採らざるを得ない。しかしこれらの手続は煩瑣な面があるため，市町村の合併の特例に関する法律（以下，「合併特例法」という）の2002（平成14）年一部改正において，事務組合を構成する合併関係市町村以外の地方公共団体が合併により一の地方公共団体だけとなる場合においては，当該事務組合は，全ての合併関係市町村及び当該他の地方公共団体の協議により，組織する地方公共団体の数を減少し若しくは共同処理する事務を変更し又は規約を変更して，市町村の合併の日において，当該事務組合を当該合併関係市町村及び当該地方公共団体が組織する事務組合とすることができる（合併特例法13条）。この規定により，上記〔例2〕の場合でも，事務組合が消滅する

---

23)　ただし，ある構成団体が構成団体以外の団体を編入合併する場合は，数の減少は生じないので286条の手続を要しない。
24)　昭和28年10月27日行政実例。

ことにはならない。

　また，事務組合の継続性にかんがみ，2004（平成16）年の合併特例法一部改正により，全ての合併関係市町村の区域の全部が一の合併市町村の区域の全部となるものについて，当該合併に係る全ての合併関係市町村が合併関係市町村以外の地方公共団体と同一の事務組合を組織している場合においては，当該合併の日から当該事務組合の規約が変更される日までの間に限り，当該事務組合を当該合併関係市町村及び他の地方公共団体が組織する事務組合とみなすこととされた（合併特例法14条）。

　次に，廃置分合により組合の構成団体の数の減少が生じる場合に，当該団体は，消滅する前に，法286条に基づいて，事務組合を脱退する手続を採るべきである。この点については，論理的には，廃置分合が生じた団体は，7条（市町村の廃置分合）の手続により，その法人格が消滅するので，当該団体は，当然に組合から脱退することになる。行政実例においても，構成団体である村が廃置分合の結果廃されることとなり，事務組合を脱退するとき，財産処分の必要を生じるであろうが，村は廃されると同時に組合を自然脱退するものであり，289条の規定によるべきではないとしているものがある[25]。

　しかし，実際の運用においては，廃置分合の場合，当該団体が286条の手続により事務組合を脱退し（構成団体の数の減少の手続を採り），その後で7条の手続を経るべきであると考えられている。この点については，行政実例においても，次のとおり，構成団体である村を廃して市に合併する場合に，組合町村の数の減少の手続を採るべきであるとしているものがある。

　「村ヲ廃シテ之ヲ市ニ合併セムトスル場合ニ　其ノ村カ他ノ町村ト一部事務ノ為メニ組合ヲ構成セルトキハ　該町村組合ノ組合町村ノ数ノ減少ヲ為スヘキモノトス」[26]。

　A町及びB町の組合が設けられている場合において，A町が8条第3項（市制移行）の規定によってA市となったときは，A町は法人格の変更なしにA市になったものに過ぎないから，構成団体の数の増減はなく，構成団体の名称変

25）　明治45年5月31日行政実例。
26）　明治45年8月9日行政実例。

更にかかる規約変更のみを行えばよい。

4 地方公共団体が組合に加入する場合

　事務組合を組織する地方公共団体の数の増加は，「関係地方公共団体の協議による」ものとされる。構成団体以外の地方公共団体が組合に加入しようとする場合には，当該団体も協議に参加することになる。協議案は，いずれの関係地方公共団体でも提示することができる。協議案については，関係地方公共団体の議会の議決を経て，これに基づいて関係地方公共団体の長が当該団体を代表して協議する。

　そこで，加入（すなわち数の増加）の手続を行う際に，通常は組合の規約変更を同時に行うことになるが，このときに，加入しようとする団体の議会において議決の対象となるのは，規約の変更案（変更部分のみ）か，あるいは変更後の規約全体か，という問題がある。仮に後者であるとするならば，加入団体以外の団体においては規約の変更案が議決対象となるのに対し，加入団体のみ変更後の規約案全体を議決対象として議決に基づいた協議を行うのは，複数の当事者の同一方向の意思の合致であるはずの「協議」の趣旨に反するのではないか，という疑問が生ずることになる。しかし，加入団体の議会にとっては，規約案全体がなければ加入の適否を判断することができず，仮に規約の変更部分のみを議決するといっても，変更の対象となる規約を当該団体は有していないので，他の構成団体と同様に，規約の変更部分のみを議決の対象とすることには無理がある。また，関係地方公共団体間で，議案の形式まで同一にする必要はないと考えられる。したがって，加入団体の議会においては，変更後の規約案全体を議決の対象とするべきである。

　団体の加入による構成団体の数の増加の手続に併せて財産処分を行う場合には，289条及び290条に基づいて，議会の議決を経た「関係地方公共団体の協議」により財産処分の内容を定める。具体的には，次のような例が考えられる。

　① 森林事業を経営している事務組合において，収益が上がっているとき，新たな団体の加入を契機として，既に事務組合を組織している団体の間で，こ

の収益の分配を行うような場合。なお，この場合，新たな加入団体は，収益に関与しておらず，「関係地方公共団体」に該当しないので，財産処分の協議には参加できない。

② 事務組合の負債を，新たに加入した団体も加えて構成団体に分割する場合。この場合には，新たに加入する団体も直接的な不利益（負債）を被ることになるので，「関係地方公共団体」として協議に参加することになる。

5　ある構成団体が組合から脱退する場合

(1)　趣　　旨

　構成団体の数の増減が生ずる事由としては，構成団体の廃置分合による脱退が最も多いようである。それ以外の事情による脱退の場合で，他の構成団体が当該団体の脱退を認めず，構成団体の数の減少にかかる協議が整わない事態が生じたときに，当該団体は脱退を強行できるだろうか。この点については，法286条第1項によれば，当該脱退について，原則としては構成団体の協議が整うことが必要となる。その理由は，事務組合の成立は協議を経た公法上の契約を前提とする行為であり，一方的な脱退は他の構成団体に不利益を与えることを予防し得ないからであるとされていた[27]。

　しかし，2012（平成24）年の自治法一部改正において特例が設けられ，構成団体は，脱退する日の2年前までに他の全ての構成団体に対して書面で予告することにより事務組合から脱退することができることとされた（286条の2）。平成の市町村合併は2010（平成22）年3月末に一区切りを迎えたが，合併により人口・面積が大規模な市が誕生する一方で，未だに小規模市町村も存在している。さらに，基礎自治体への権限委譲の進展や多様化する住民サービスへの対応等を考慮すれば，基礎自治体の行政基盤の強化は依然として必要であると考えられている。その手法として，事務の共同処理に係る広域連携の仕組みをより活用し易いものにしていく必要があり，事務組合についてもこのような観点から見直しが必要であるとされた。従来の制度では，事務組合等の設立後，

---

[27]　昭和27年6月27日行政実例。

長期間が経過したことによる事情変更が生じても，事務処理の枠組みを容易に変更できないという支障が生じ，このことが，地方公共団体が新たに広域連携を活用することに躊躇する一因になっているものと考えられた[28]。このような状況を踏まえ，事務組合等からの脱退について予告を行うことで，一定期間経過後に脱退を可能とする仕組みが導入された。

このように，合併を通じた市町村数の顕著な減少など，地方公共団体が地域ごとに多様な事情を抱える状況の下で，広域行政の在り方についても様々な形態を想定し，弾力的な広域連携の選択肢を用意しておくことが必要であることから，主体的，弾力的な共同処理方式の選択に資する枠組みとしてこのような手続が用意されたものである。

(2) 留意点

ア 予告の意義

脱退の予告の書面においては，脱退する日を明示することとなり，脱退の法的効果はその日に生じることとなる。したがって，脱退表明団体と組合との間で財産処分等を含む全体の協議が整わなくても，脱退自体の法的効果に影響はない。ただし，脱退の際には関係地方公共団体間の協議が整うことが期待される。

イ 予告期間

予告期間は，事務組合等の安定的な運営に影響が生じないようにするため，十分な期間を設けることとし，2年間としている（〔図4－7〕参照）。この期間は法定された期間なので延長や短縮はできないこととされている。

2年間としている理由は，他の法令に基づく組合制度では，90日前としているものが多いが[29]，一部の団体の脱退は，脱退表明団体と組合との関係だけでなく，組合に残ることとなる構成団体間においても，組合の財産処分や残る構成団体間での組合の経費分賦の在り方など，各団体の財政面にも影響を与えることとなるため，関係団体に必要かつ十分な準備期間が与えられるよう「2年

---

28) 脱退手続の簡素化を導入した地方自治法一部改正の趣旨について，地方制度調査会「地方自治法改正案に関する意見」（平成23年12月15日）参照。
29) 例：消費生活協同組合法19条，中小企業等協同組合法18条。

前」という期間が定められているものである。

〔図4－7〕　一部事務組合からの脱退

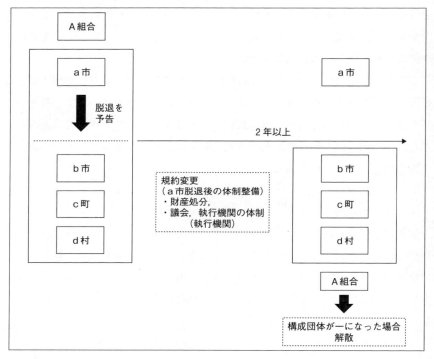

ウ　規約変更

　予告を受けた構成団体は，当該予告をした団体が脱退するときまでに，脱退に伴い必要となる規約変更を行わなければならない。この場合の規約変更は，総務大臣又は都道府県知事の許可ではなく届出で足りることとされている（286条の2第2項）。

　当該規約変更のプロセスを通じて，事務組合に残る構成団体は，脱退する組合との間で必要な財産処分の協議を行うとともに，脱退が行われた後の事務組合の執行機関の構成や組合議会の構成に関し，協議を行い，事務組合としての方針を確立する必要がある。構成団体は，財産処分やその後の事務処理体制について誠実に協議し，予告期間内に適切な結論が得られるよう努力することを期待されている。

規約変更の内容が，名称，構成団体，事務所の位置及び経費の支弁の方法のみである場合には，総務大臣又は都道府県知事の許可ではなく，届出のみでよいこととされている（同条第２項後段）。
　なお，脱退により事務組合の構成団体が一となったときは，事務組合は解散することとされている（同条第４項）。
　　エ　予告の撤回
　脱退の予告を行った地方公共団体は，他の全ての構成団体が議会の議決を経て同意した場合に限り，予告の撤回をすることができる。この場合において，予告をした団体が予告の撤回について同意を求めるに当たっては，あらかじめその議会の議決を経なければならない（同条第３項）。

6　構成団体の数の増減の手続

　構成団体の数の増減の手続の流れは，規約変更の場合と同じであり，各構成団体の長は議会の議決を経てする協議により申請を行い，総務大臣又は都道府県知事がこれを許可することになる（〔図４－８〕参照）。
　構成団体の数の増減が規約の変更を伴う場合における長が議会に提出する議案の様式の例と，組合管理者が許可申請を行う場合の申請書の様式の例を掲げておく。
　　［数の増加の場合］
　　　　・従前から事務組合を組織していた団体用〔様式４－７〕
　　　　・新たに事務組合に加入する団体用〔様式４－８〕
　　［数の減少の場合］
　　　　・減少後も事務組合を組織する団体用〔様式４－９〕
　　　　・事務組合から脱退する団体用〔様式４－10〕
　　　　・数の増加（減少）及び規約の変更の許可申請書〔様式４－11〕

〔図4－8〕 構成団体の数の増減の手続の流れ

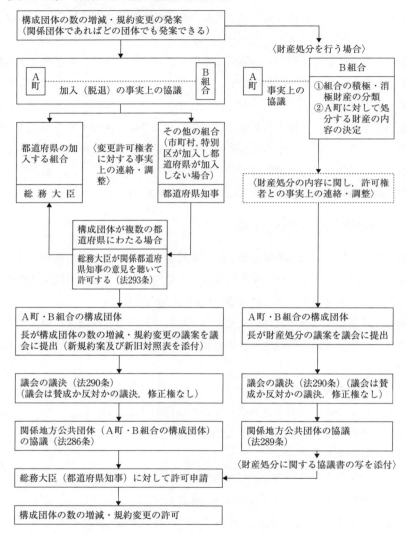

〔様式4－7〕　一部事務組合を組織する地方公共団体の数の増加の議案

（従前から一部事務組合を組織していた団体用）（例）

第　号議案

　　　　　　　○○組合を組織する市町村数の増加及び
　　　　　　　○○組合規約の変更について

　地方自治法第286条第1項の規定により，平成　　年
月　　日から，○○組合に何町を加入させ，○○組合規約を
次のとおり変更する。

　　　　平成　　年　　月　　日提出

　　　　　　　　　何々市（町村）長　　氏　　　名

　　　　　○○組合規約の一部を改正する規約

　組合規約の一部を次のように改正する。
　第何条中「○○」を「○○」に改める。
　第○条を次のように改める。
第○条　……………………………
　　附　則
　この規約は，…………

（備考）規約の一部を改正する規約の様式は条例の改正の場合と同様
　　　とする。

〔様式4－8〕　一部事務組合を組織する地方公共団体の数の増加の議案

（新たに一部事務組合に加入する団体用）（例）

第　号議案

　　　　　　　　○○組合への加入について

　地方自治法第286条第1項の規定により，何々に関する事
務を共同処理するため，平成　　年　　月　　日から，次の
規約により，○○組合に加入する。

　　　　平成　　年　　月　　日提出

　　　　　　　　何市（町村）長　　氏　　　名

　　○○組合規約（略）

（備考）一部事務組合規約案は改正後の全文を掲げること。

〔様式4－9〕 一部事務組合を組織する地方公共団体の数の減少の議案

（減少後も一部事務組合を組織する団体用）（例）

```
第　号議案
　　　　　　○○組合を組織する市町村数の減少及び
　　　　　　組合規約の変更について

　地方自治法第286条第1項の規定により，平成　　年
　月　　日から，○○組合から何町を脱退させ，○○組合規約
を次のとおり変更する。

　　　　　平成　　年　　月　　日提出

　　　　　　　　　　何市（町村）長　　氏　　　　名

○○組合規約の一部を改正する規約（略）
```

〔様式4－10〕 一部事務組合を組織する地方公共団体の数の減少の議案

（一部事務組合から脱退する団体用）（例）

```
第　号議案
　　　　　　　○○組合からの脱退について

　地方自治法第286条第1項の規定により，平成　　年
　月　　日から，○○組合を脱退する。

　　　　　平成　　年　　月　　日提出

　　　　　　　　　　何市（町村）長　　氏　　　　名
```

〔様式4－11〕　一部事務組合を組織する地方公共団体の数の増加（減少）
　　　　　　　及び規約の変更の許可申請書（例）

```
                                    何　第　　　　号
                                    何　第　　　　号
                                    平成　　年　　月　　日

    ○○県知事殿

                    ○○組合管理者　氏　　　名　㊞

        ○○組合を組織する地方公共団体の数の増加
        （減少）及び規約の変更について（申請）

      地方自治法第286条第1項の規定により，次のとおり○○
    組合を組織する地方公共団体の数を増加（減少）し，これに
    伴って規約を変更したいので許可してください。

    1　組合を組織する地方公共団体の数の増加（減少）を必要
        とする理由（経緯の概要を含む。）
    2　組合規約案の写（変更にかかる部分と旧の部分とがわか
        るよう表示すること。）
    3　関係地方公共団体の議決書の写と議会の会議録の関係部
        分の写

    （備考）　2，3は別紙として添付すること。
```

7　申請の際のチェックポイント

　ここであらためて数の増減の申請を行う際のチェックポイントをまとめてみると，〔表4－5〕のとおりとなる。

〔表4－5〕 一部事務組合を組織する地方公共団体の数の増減の許可申請用チェックリスト

チェック項目	備　　考
Ⅰ．地方公共団体の数の増減の合理性	
(1) 地方公共団体の廃置分合による構成団体の数の増減である場合 ・配置分合の内容，予定時期 〔　　　　　　　　　　　　　　　　　　　〕	廃置分合 〔分割・分立・合体・編入〕 (例)「組合の構成団体A町が構成団体B市に編入されるため，構成団体の数が減少する。平成○年○月に編入が行われる予定。」等。
(2) 地方公共団体の新たな加入による構成団体の数の増加である場合 ・加入する団体の名称及び加入する理由 〔　　　　　　　　　　　　　　　　　　　〕	
(3) 地方公共団体の事務組合からの脱退による構成団体の数の減少である場合 ・脱退する団体の名称及び脱退する理由 〔　　　　　　　　　　　　　　　　　　　〕	
(4) その他の事由による構成団体の数の増減である場合 ・加入又は脱退する団体の名称及びその理由 〔　　　　　　　　　　　　　　　　　　　〕	
Ⅱ．体制の整備	
□　構成団体の数の増減に伴う財産処分の準備はできているか 　□・財産関係の正確な把握（積極的財産・消極的財産） 　□・財産処分の方針は固まっているか（関係地方公共団体間の事実上の協議） 〔　　　　　　　　　　　　　　　　　　　〕 　□財産処分のための適正な手続がとられているか 　・関係地方公共団体の議会の議決 　・関係地方公共団体の協議 　□財産処分の内容は適正か 　・合理的な処分の内容になっているか 　・関係地方公共団体にとって民主的な処分の内容になっているか	(例)「組合の積極的財産のうち，金0,000千円については，脱退するA町に分与する。」等。 290条 289条
□　構成団体の数の増減に伴い組合の財政運営上採るべき措置の準備はできているか 　□構成団体の経費分賦の見直しの必要がないか 　□予算の見直しの必要がないか 　・補正予算の準備 　□長期的な財政運営の方針の見直しの必要がないか □　構成団体の数の増減に伴い組合の行政管理上採るべき措置の準備はできているか 　□定員規模の見直しの必要がないか 　□人事配置の見直しの必要がないか □　事務組合の内部管理上の必要な措置の準備はできているか 　・条例・規則等の改定等	287条，290条 2条第14項，第15項

☐	関係地方公共団体の準備はできているか (1) 事務組合に加入する団体の場合 ☐ 財政運営 　・事務組合に対する経費分賦，財源の手当て等 ☐ 行政管理 　・事務組合に対する職員の出向，兼職等 ☐ 内部管理 　・条例・規則等の改廃等 (2) 事務組合を脱退する団体の場合 ☐ 財政運営 　・当該年度における事務組合に対する経費分賦の適切な処理等 ☐ 行政管理 　・事務組合に出向していた職員の受入れ等 ☐ 内部管理 　・条例・規則等の制定・改廃等 　・財産処分に対する適切な対応（適正な会計上の処理） (3) 数の増減の前後を通じて構成団体である団体の場合 ☐ 財政運営 　・構成団体の数の増減に伴い，事務組合に対する経費負担が変動する場合の予算の準備等 ☐ 行政管理 　・事務組合の執行機関の拡充又は縮小がある場合の出向者の対応等	脱退する団体は，事務組合に加入する際に廃止した条例・規則等を再び制定する必要が生じる場合がある。

(1) 地方公共団体の数の増減の合理性

　増減の事由が次に掲げる4種類の事由のいずれに該当するかについて明らかにし，関係団体の加入・脱退の理由を整理した上で，数の増減が合理性を伴ったものであるか否かについてチェックしておく必要がある。

　ア　地方公共団体の廃置分合による構成団体の数の増減である場合

　廃置分合（分割，分立，合体，編入）の具体的な内容及び予定時期を明らかにしておくこと。

〔例〕　構成団体であるA町が構成団体であるB市に編入されるため，構成団体の数が減少する（平成〇〇年〇月に編入が行われる予定）。

　イ　地方公共団体の新たな加入による構成団体の数の増加である場合

　加入する団体の名称及び加入の理由を明らかにしておくこと。

　ウ　地方公共団体の組合からの脱退による構成団体の数の減少である場合

　脱退する団体の名称及び脱退の理由を明らかにしておくこと。

　エ　その他の事由による構成団体の数の増減である場合

加入又は脱退する団体の名称及びその理由を明らかにしておくこと。
(2) 体制の整備
ア 構成団体の数の増減に伴う財産処分の準備

構成団体の数の増減に伴い財産処分を行うことが明らかである場合には、財産処分は複数の団体（当該組合自身及び構成団体）の利害関係に直接的に関わる手続であるため、支障が生ずることのないよう、入念に準備を進めておく必要がある。

そのためには、次に掲げる点に留意しておかなければならない。
① 事務組合の財産関係の整理

まず財産処分を行う前提として、処分を行う時点における当該組合の財産（積極財産及び消極財産）を正確に把握しておかなければならない。

② 財産処分の方針の決定（関係地方公共団体間の事実上の協議）

次に、関係地方公共団体間で事実上の協議を行い、財産処分の方針を固めなければならない。

〔例〕 事務組合の積極財産のうち、金〇,〇〇〇千円についてはA町に分与する。

その際に、財産処分の内容に関して不服を有する団体を爾後に法的に救済する措置はないので、全ての関係団体が了承できる結論を得るよう入念な協議を行うことが肝要である。

③ 財産処分のための適正な手続

財産処分を行うためには、各団体の議会の議決を経て行う関係地方公共団体の協議が必要とされる（289条、290条）ので、自治法に基づき適正な手続を行うための準備を進めておかなければならない。

④ 財産処分の内容の適正性

財産処分の内容は適正なものでなければならない。

特に次の点に留意する必要がある。

・合理的な処分の内容になっているか。

・関係地方公共団体にとって民主的な処分の内容になっているか。

なお、事務組合の構成団体の数の増減に係る許可権者（総務大臣又は都道府

県知事）は，数の増減に伴う財産処分が行われる場合には，財産処分の内容の適否についても判断することができることとされているので，留意する必要がある。

　イ　構成団体の数の増減に伴い組合の財政運営上採るべき措置の準備

　構成団体の数の増減に伴い，組合の財政運営について見直しを行わなければならない。その上で，財政運営に変更を加える必要がある場合には，次に掲げる点の準備についてチェックを行うとよい。

　① 構成団体の経費分賦の見直しの必要がないか（287条及び290条）。
　② 事務組合の当該年度の予算の見直しの必要がないか。見直しが必要である場合には，補正予算の準備ができているか。
　③ 事務組合の長期的な財政運営の方針を見直す必要がないか。

　ウ　構成団体の数の増減に伴い組合の行政管理上採るべき措置の準備

　構成団体の数の増減に伴い，事務組合の行政管理について見直しを行わなければならない。その上で，行政管理に変更を加える必要がある場合には，次に掲げる点の準備についてチェックを行うとよい。

　① 定員規模の見直しの必要がないか。
　② 人事配置の見直しの必要がないか。
　③ 事務組合の内部管理上の必要な措置の準備ができているか（条例，規則等の改定等）。

　エ　関係地方公共団体の準備

　構成団体の数の増減がある場合，新たに加入する団体又は事務組合を脱退する団体及び継続して構成団体である団体のそれぞれについて，数の増減に伴って採るべき措置の準備を進めておかなければならない。

　以下，場合に分けてポイントを挙げてみると次のとおりである。

　① 新たに事務組合に加入する団体の場合
　　(A) 財政運営
　　　新たに事務組合に加入する以上，通常は当該事務組合に対する負担金を新たに支出することになり，当該経費の財源の手当（予備費の充当，予算の流用，又は補正予算等）の準備をしておかなければならない。

(B)　行政管理

　　新たに事務組合に加入する結果，当該事務組合に職員を出向させることや，兼職をさせる必要が生じる場合には，職員の人事管理上の必要な手続の準備を進めておかなければならない。

　(C)　内部管理

　　事務組合に加入する結果，改廃することが必要な条例・規則等について所要の準備を進めておく必要がある。

② 事務組合を脱退する団体の場合

　(A)　財政運営

　　当該年度における当該団体の事務組合に対する経費分賦の適切な処理（予算の補正，組合からの還付等）に留意する必要がある。

　(B)　行政管理

　　事務組合に出向（退職出向，休職出向等）している職員がいる場合には，適切な人事管理上の措置（異動）が行えるように留意する必要がある。

　(C)　内部管理

　　当該事務組合に加入した際に廃止した条例・規則等を再び制定する必要が生じる場合があり，そのために必要な条例・規則等の制定，改廃等の準備をしておかなければならない。

　(D)　財産処分に対する適切な対応

　　地方公共団体が事務組合を脱退する場合には，財産処分として所要の財産の分与を受けることが多いため，分与された財産について，会計上適切に処理できるように留意する必要がある。

③ 数の増減の前後を通じて継続して構成団体である団体の場合

　(A)　財政運営

　　構成団体の数の増減に伴い，一つの構成団体当たりの組合に対する経費負担が変動するような場合には，それに対応するための所要の準備（予備費の充当，予算の補正等）をしておく必要がある。

　(B)　行政管理

構成団体の数の増減に伴い，事務組合の執行機関の拡充又は縮小の必要が生じ，定員規模に変動が生じる場合には，構成団体からの出向者等の扱いについて所要の措置（増員，構成団体への受け入れ等）を講ずるための備準をしておかなければならない。

(3)　手続の適正性

　規約変更の場合と同様に，所要の事項に留意して必要書類等を調製する必要がある。なお，次の点に注意する必要がある。

① 加入（脱退）する団体とその他の構成団体とでは，議会の議決書の様式が異なる場合があること。

② 構成団体の数の増減に併せて財産処分を行う場合には，数の増減の申請に必要な書類に加えて，財産処分の協議書（289条）及び各構成団体の議決書（290条）を添付すること。

V　一部事務組合の解散

1　一部事務組合の解散の意義

　事務組合の解散とは，事務組合という特別地方公共団体の存在を消滅させることをいう。事務組合の場合には，清算の制度はなく，組合の解散は，法人格の消滅の効果をもたらすことになる。このため事務組合の解散の場合には，事務承継等のように特有の手続が採られることになるので注意する必要がある。

2　解散の効果

　解散によって，事務組合は法人格を失い，事務組合の議会及び執行機関は消滅し，規約，条例等は失効する。事務組合の共同処理事務の権能は，解散によって各構成団体に復帰する。

　そこで，各構成団体においては，事務組合設立に伴い廃止していた条例等をあらためて制定し，廃止していた機関を復活させる等の対応が必要となる。

　また，事務組合の職員にも地公法が適用されるので，組合が解散するときには，地公法28条第1項4号が適用され（廃官廃庁に該当），免職されることにな

る（構成団体から出向している職員は，通常は派遣元の団体に復帰することになるであろう）。

　このように事務組合が解散するときは，関係団体の職員の身分の変動をもたらし，人事管理上の適切な処理を行うことが一つの重要なポイントとなる。

> 地公法28条第1項　職員が，左の各号の一に該当する場合においては，その意に反して，これを降任し，又は免職することができる。
> （中略）
> 四　職制若しくは定数の改廃又は予算の減少により廃職又は過員を生じた場合

3　解散の理由

　事務組合の解散の理由については，法令には何ら規定されていないので，関係地方公共団体の合意により任意に解散することができるが，一般的には次に掲げるような理由によることが多い。

(1)　組合の設立目的が達成された場合又は目的が消滅した場合

　例えば，市町村が組織している組合の共同処理事務が都道府県の専管事項とされた場合がこれに当たる。このような場合には組合の目的が消滅し，組合は存立の基礎を失うから自然に消滅するともいえるが，そのような場合でも地方自治法上の解散の手続（288条）を取らなければならない。行政実例は，道路の改修維持修繕を共同処理するために町村が組織した組合があり，道路法の施行と同時にその道路を県道に認定編入するため組合の目的が消滅する見込みがある場合においても，組合解散の手続を採らなければならないとしている。[30]

(2)　共同処理の目的をより効果的に果たすため，一部事務組合を他の共同処理方式（事務の委託等）に切り替える場合

　具体的には次のようなケースがある。

　・より広域的な行政を実施する観点から，市町村が組織する組合を解散し，市町村が県に対して事務の委託を行う場合

　・市町村合併に伴い，構成団体の大半が合併し，それ以外の団体が事務の委託に移行する場合

---

30)　大正9年3月8日行政実例。

〔図4－9〕 一部事務組合から事務の委託に移行した事例

■ 佐賀県玄海町から唐津市への事務委託のケース
玄海町が加わっていた一部事務組合（平成16年7月1日時点）

名称	構成団体	事務
上場地域農業開発事業組合	唐津市，北波多村，肥前町，玄海町，鎮西町，呼子町	農業用水
唐津・東松浦広域市町村圏組合	唐津市，浜玉市，七山村，厳木町，相知町，北波多村，肥前町，鎮西町，呼子町，玄海町	ふるさと市町村圏・会館・共有財産等の維持管理，計算事務，消防，救急，し尿処理，ごみ処理，介護保険
肥前町・玄海町共同斎場組合	肥前町，玄海町	火葬場

平成17年1月1日に，一部事務組合を解消し，玄海町から唐津市への「事務の委託」へ移行
※左表の8事務を委託。ただし，ふるさと市町村圏及び会館・共有財産等の維持管理事務を除く。

（出典；報告書（2009）。）

(3) 構成団体の廃置分合の結果，組合の構成団体が一つになってしまう場合

例えばA村とB村が組合を組織しており，A村がC市に合併される場合には，当該組合の構成団体はB村のみとなり，組合はもはや存在しなくなる。この場合にも地方自治法上の解散の手続をとらなければならない[31]。

(4) 一部事務組合を他の一部事務組合と統合する場合

事務組合には，普通地方公共団体と異なり，合併という観念はない（事務組合には6条及び7条は適用されない）。

したがって，複数の事務組合を統合する場合には，次のいずれかの方法を採ることになる。

ア 中心となる組合の規約変更を行い，他の組合が処理していた事務を吸収する。その他の組合は全て解散する。

〔例〕 宗像地区事務組合〔図4－10〕：宗像地区の事務組合である宗像地区水道企業団，宗像地区消防組合，宗像自治振興組合及び宗像清掃施設組合を統合するため，宗像地区消防組合，宗像自治振興組合及び宗像清掃施設組合を解散し，宗像地区水道企業団の名称及び共同処理する事務を変更した。

イ 関係する組合を全て解散させ，新たに事務組合を設立する。

〔例〕 一関地区広域行政組合〔図4－10〕：東磐環境組合，東磐広域行政組合，一関地方衛生組合

---

31) 昭和27年8月9日行政実例。

及び一関地方広域連合を2006（平成18）年3月31日に解散し，一関地区広域行政組合を同年4月1日に設置した。
　このいずれの方法を採る場合においても，組合の解散の手続を採らなければならないことになる。

〔図4－10〕　一部事務組合の統合の事例

構成団体		統合前	構成団体	統合後	事務
福岡県	宗像市，福津市	宗像自治振興組合	宗像市，福津市	宗像地区事務組合	関係市の振興に関する調査研究，資料収集及び情報提供　水道用水供給事業，し尿処理場の管理運営及び清掃事業の相互連絡調整，消防に関する事務，急患センターに関する事務
		宗像清掃施設組合			
		宗像地区消防組合			

構成団体		統合前	構成団体	統合後	事務
岩手県	一関市，平泉町	一関地方衛生組合	一関市，平泉町，藤沢町	一関地区広域行政組合	介護保険，ごみ処理，し尿処理，火葬場
	一関市，藤沢町	東磐環境組合			
		東磐広域行政組合			

（出典：報告書（2009）。）

4　解散手続の概要

(1)　総　論

　解散を決定する主体は，当該組合自身ではなく，構成団体である。事務組合を解散しようとするときは，関係地方公共団体の議会の議決を経て行う協議により，都道府県の加入するものにあっては総務大臣，その他のものにあっては都道府県知事に届け出る（288条）。設立や規約変更等の場合と異なり，行政庁（総務大臣又は都道府県知事）の許可は要しない。解散手続の流れを図に示すと〔図4－11〕のようになる。

〔図4−11〕 解散手続の流れ

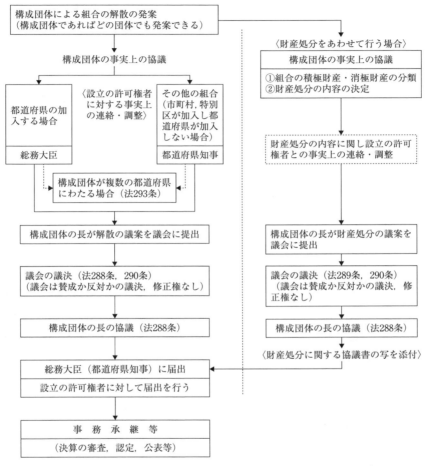

　解散の手続の場合には，通常は解散に併せて組合の財産処分を行う。その場合には，財産処分の手続（289条）を並行して行うことになる。

　財産処分を行うときは，構成団体の議会の議決を経て行う協議によって決する。即ち，規約変更等の場合と異なり，許可権者（総務大臣又は都道府県知事）の許可は不要である。したがって，解散と併せて財産処分を行う場合には，解散の届出に財産処分に関する協議書，議決書を添付すれば足りる。

なお，解散の手続の場合には，解散の届出を行った後も，事務承継（打ち切り決算，監査委員による決算の審査，議会による決算の認定，決算の要領の公表等）や免職となった組合の職員の処遇等の重要な問題の処理を伴うことが多いので注意しなければならない。

(2) 解散手続きの留意点

次に，解散手続の流れに沿って，その注意点を述べてみる。実際の解散手続を進めるに当たっては，288条に定める手続に入る前に次のような（法文には定められていない）事実上の手続を必要とする。ここでは，そのような手続を「事実上のプロセス」と呼び，288条に定める手続（これを「法定上のプロセス」と呼ぶこととする）と区別して述べてみよう。

ア 事実上のプロセス

① 事実上の協議

組合の設立や規約変更等の場合と同様に，各構成団体の長は，法定上の手続き（各団体の議会の議決，議決に基づく各団体の長の協議）に入る前に，実質的な協議を行い，解散に関するすべての事項について全構成団体の間で合意を取り付けていかなければならない。このような議会の議決を経る前の協議のことを「事実上の協議」と呼ぶ。この事実上の協議の段階で，組合の解散に関連する全ての事項を実質的に決定することになる。

そこで，この段階で協議しておく内容について留意する必要がある。即ち，「法定上の協議」において協議する内容（又は各団体の議会が議決の対象とする内容）は，「解散すること」及び「解散の期日」の2つであるとされている。事実上の協議においては，解散に関連する全ての事項を決定しておく必要があることから，次に掲げる事項全てについて協議をしておくべきである。

〔事実上の協議の内容〕

(a) 解散すること

(b) 解散の期日

(c) 組合の職員の処遇等に関する事項

(d) （財産処分を伴う場合における）財産処分の内容

(e) 事務承継の内容（承継する内容，承継する団体，決算の認定の方法等）

② 届出の相手

解散は，設立や規約変更等の場合と異なり，行政庁（総務大臣又は都道府県知事）の許可は必要とされず，届出で足りることとされている。届出は，288条によれば「284条第2項の例により」行うこととされており，組合の設立許可権者に対して行うこととなる。すなわち，当該事務組合に都道府県が加入している場合には総務大臣，その他の場合（すなわち市町村及び特別区のみで構成している場合）には都道府県知事を届出の相手とし，後者の場合でも特に市町村及び特別区の組合で数都道府県にわたるものについては，関係都道府県知事を経て総務大臣に届け出るものとされている（293条後段）。

③ 届出先（総務大臣又は都道府県知事）に対する事実上の連絡・調整

組合の解散は，一つの地方公共団体を消滅させることを意味し，解散に伴い関係地方公共団体の事務の権能に変動をもたらすものである。また，組合の職員の処遇を始めとして関係地方公共団体の組織及び運営にも変動をもたらすとともに，事務組合の解散は通常は財産処分を伴うことから，構成団体の財務管理にも影響を与えることが多い。

一方，事務組合解散の届出の相手先となる総務大臣又は都道府県知事は，同時に普通地方公共団体の事務の運営等に対する助言・勧告を行い得る主体であること等に鑑み，組合の解散の届出を行う際には，法定上の手続に入る前に，解散に関連する事項（解散の期日，職員の処遇，財産処分，事務承継等）について，相手先（総務大臣又は都道府県知事）に対して事実上の連絡・調整を綿密に行っておくべきである。

イ 法定上のプロセス

① 協議の主体

解散を決定する主体は，当該組合自身ではなく構成団体である。したがって，協議の主体は構成団体であり，協議を直接担当するのはその代表者である長である（組合の管理者は協議には関与しないので注意する必要がある）。

② 議決の対象（法定上の協議の対象）

議会が議決する対象は，「組合を解散すること」及び「解散の期日」である（議案及び届出書の記載例を参照）。議案の提案権は，協議の直接の責任者である

第5章 一部事務組合に関する手続　207

長に専属し，議会には議案の修正権はない。議案の様式の例は〔様式4－12〕のとおりである。

また，事務組合の解散に併せて財産処分を行う場合には，通常は解散の議案を議会に提出するときに併せて財産処分に関する議案も提出することになる。財産処分に関する議案の様式の例は〔様式4－13〕のとおりである。

〔様式4－12〕 一部事務組合解散の議案（例）

〔様式4－13〕 財産処分に関する議案（例）

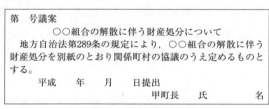

③ 長が行う協議（法定上の協議）

長は，議会の議決を経た後に，法定上の協議を行い，協議書を作成しなければならない。この場合，長は議会の議決内容と異なる協議を行うことはできない。協議は公法上の合同行為であり，一度協議が成立したときは，個々の当事者の錯誤や無能力（例えば議会の議決の瑕疵）を理由としてその無効又は取消しを主張することはできない。

また，事務組合の解散に併せて財産処分を行う場合には，解散の協議書を作成するときに併せて財産処分に関する協議書も作成することになる。財産処分に関する協議書の様式の例は〔様式4－14〕のとおりである。

〔様式4−14〕　財産処分に関する協議書（例）

> 財産処分に関する協議書
> 　地方自治法第289条の規定により，○○組合の解散に伴う財産処分を次のとおり定める。
> 1　A町に帰属せしめる財産は次のとおりとする。
> 　(1)　何々
> 　(2)　何々
> 2　何々
> 　　　　　　平成　　年　　月　　日
> 　　　　　　　　　　　　A町長　　氏　　　名　印
> 　　　　　　　　　　　　B町長　　氏　　　名　印
> 　　　　　　　　　　　　C町長　　氏　　　名　印

④　解散の届出

　解散の協議が整ったときは，前述した届出先（総務大臣又は都道府県知事）に対して解散届出書を届け出る。解散届出書の様式の例は〔様式4−15〕のとおりである。なお，解散の決定主体は，事務組合自身ではなく構成団体なので，様式例のとおり，届出書の作成主体は組合の管理者ではなく構成団体の長の連署とすることが適当であろう。

　また，解散届出書の提出に併せて，理由書，解散に関する協議書，各構成団体の議決書，関連部分の議事録，事務承継に関する書類，（解散に併せて財産処分を行う場合には更に加えて）財産処分に関する協議書，各構成団体の議決書，関連部分の議事録等の必要書類を調製の上，提出しなければならない。

⑤　解散の効力の発生時期

　解散の効力の発生の時期は法文上明らかではなく，協議が成立した時であるとする説[32]と総務大臣（都道府県知事）への届出が到達した時であるとする説とに分かれている。実務上は，後者では関係者間であらためて到達日の確認を要することから，前者の方が合理的であると考えられる。

⑥　解散についての告示

　事務組合の解散については，設立の場合と同様に，登記その他の行為は法定されていないが，当該区域における地方公共団体の権能に変動をもたらすものであり，住民の生活に大きな影響を与えることから，告示等の手段により，住民にその旨を公表することが適当であると考えられている。

---

32)　出典：松本（2018），1667頁。

〔様式4−15〕　一部事務組合の解散届出書（例）

```
                                    何　第　　　　　号
                                    何　第　　　　　号
                                    平成　　年　　月　　日
    何県知事　　　　　殿
                      A町長　　　氏　　　　　名　㊞
                      B町長　　　氏　　　　　名　㊞
                      C町長　　　氏　　　　　名　㊞
            一部事務組合の解散届出書
    地方自治法第288条第1項の規定により，次のとおり平成
     　年　　月　　日から○○組合を解散するので，お届けし
    ます。
    1　組合の解散を必要とするに至った理由（経緯の概要を含
      む。）
    2　関係地方公共団体の議決書の写と議会の会議録の関係部
      分の写
    3　解散に伴い財産処分を行う場合には，さらに次の書類を
      添付
        ・財産処分の協議書の写
        ・財産処分についての議決書の写
        ・財産処分についての議会の会議録の写
```

　解散手続の概要は以上述べてきたとおりであるが，以下においては，事務組合の解散手続を処理するに当たって特に重要な問題となる職員の処遇，財産処分，事務承継及び構成団体（事務承継団体）の体制の整備について，注意すべき点を述べることとする。

⑦　職員の処遇の問題

　組合が解散する場合，関係する制度として設けられているのは地公法28条第1項4号に定める「職制の改廃」による免職である。しかし，実際には，このような措置が採られることは少ないと考えてよいであろう。通常は，組合の解散に先立って，職務命令を発すること等により，できる限り職員にとって不利益が生じないような手段が工夫されることになる。

　地公法27条第2項によれば，職員は法律又は条例で定めた事由による場合でなければ，その意に反して休職されないこととされている。当該規定を踏まえ，一般に地方公共団体においては，「職員の休職に関する条例」の中で，職員が，当該団体の事務と密接な関連があると認められる公共的機関の要請により，その職員の職務と関連があると認められるこれらの機関の業務に従事する

場合には，これを休職にすることができる旨を定めていることが多い。このような休職条例に基づき，構成団体の職員としての身分を保有したままで事務組合に出向させる形態は「休職出向」と呼ばれている。休職出向している職員は，構成団体の職員としての身分は保有しているので，組合が解散する場合には，構成団体に戻り復職することが想定される。そこで，事務組合の解散に当たって，構成団体から休職出向している職員がいる場合には，解散に先立ち，組合の管理者が当該職員に対し，「（元の）構成団体への出向を命ずる」旨の職務命令を発し，構成団体の任命権者があらためて任命を行うこととなる。

　また，構成団体の職員が構成団体における職務専念義務の免除によって事務組合の職務を行っている場合においても，当該職員が構成団体に復帰することが想定されている点において休職出向の場合と同様であり，構成団体の任命権者が，職員が構成団体に復職するための職務命令を発する等の措置を採ることとなる。

　また，このような任用の手続を採る際に注意しておくべきことは，まず，職員が休職出向を行っていた場合には，その出向期間について当該職員の将来における退職手当の算定の際の勤続期間の通算等の扱いについて確認しておくことである。

　次に，当該職員の給与の一部を組合が支給していた場合には，構成団体に復職した後の給与の支給額について調整しておく必要がある。また，給与の重複支給の禁止に抵触することがないよう留意する必要がある。

⑧　退職手当等の扱い

　組合の解散に伴い職員の退職が生ずる場合には，退職手当を支給する準備を行わなければならない。

　まず，当該事務組合が退職手当組合に加入しているか否か，及び加入していない場合には組合としての退職手当支給条例を制定しているか否かを確認し，具体的な支給方法を明確にしておかなければならない。事務組合として退職手当を支給する場合には，条例に基づかなければ支給することはできないことに注意する必要がある（204条の2）。

　また，事務組合の財産処分を行う際に，退職手当の財源を確保するように留

意しておかなければならない。この場合，事務組合が退職手当引当金として特別に財源を確保している場合もあるであろう。

⑨　事務組合の職員が引き続き構成団体の職員として採用される場合

個別事情に応じ，事務組合の職員を構成団体が採用することも措置の一環として考えられる。

このような場合，まず，給与については，その格付けにおいて，職務給原則に基づき適正な格付けを行うべきである。次に，当該職員の将来における退職手当の算定の際に，事務組合に在職した期間が勤続期間として通算されるようになっているか否かについて構成団体の退職手当条例の規定を確認しておく必要がある。職員が構成団体を退職して事務組合に出向し，事務組合解散に伴い再び構成団体に採用される場合は，当該職員の全勤続期間を通算するためには，事務組合（又は組合が加入している退職手当組合）も退職手当条例において通算に係る規定を置いている必要がある。また，職員が事務組合を一旦退職する場合，事務組合から退職手当の支給を受けると，将来構成団体から退職する際に，組合の在職期間を勤続期間として通算することはできなくなる（勤続期間が別々に計算される）ことも生じ得るので留意する必要がある。

組合職員を採用した構成団体は，当該職員の適性に応じた職場の配置を心掛ける必要がある。また，職員の採用に際し，当該団体の定員管理計画の見直しを行い，さらに，当該職員の将来におけるジョブローテーションの計画的な実施等についても検討しておく必要がある。

また，財務管理の面では，職員が事務組合に在職した期間の退職手当引当金に相当する財源を，解散に当たって組合から構成団体に承継する場合には，その適正な額の算定及び財源の移管に留意すべきである。

Ⅵ　財産処分

事務組合が解散する場合には，その法人格が消滅するため，解散時に当該組合に所属する財産があれば，その財産の帰属先を決める必要がある。そのための手続が，289条に定められている財産処分である。

財産処分は，構成団体が，その議会の議決を経た上で協議を行うことによっ

て定める。なお，この場合には総務大臣又は都道府県知事の許可は要しない。

1 財産処分に先立つ検討事項

　事務組合の財産に関し，法定上の財産処分の手続に入る前に，必要に応じ，次の事項について検討しておかなければならない。

　(1) 事務組合として96条に基づき処分する財産

　事務組合が解散する前に，その所有する不動産又は動産を売却して財産関係の整理を進めていく例は少なくない。そしてその場合には，96条に基づき条例で定められている基準以上の予定価格に該当するものを処分するケースが生ずることとなり，事務組合の議会の議決を要することとなるので，それに対応するために所要の準備をしておく必要がある。

　(2) 起債の承継又は繰り上げ償還

　事務組合が地方債の償還期日の前に解散に至る場合には，他の団体が起債を承継するか，又は解散に先立って繰り上げ償還を行う必要がある。そこで，いずれの方法を採るかについて，関係団体・融資機関及び起債許可権者等と所要の連絡・調整を行っておく必要がある。なお，行政実例によれば，起債を他の団体が承継する場合には，あらためて起債の手続（(当時）自治大臣の許可等）を要しないとされている。[33] 実務上は，債務の承継について，融資機関等に対して必要な通知書を提出する等の手続を要する。

2 解散の協議と財産処分の協議

　解散についての議会の議決を経てする協議（288条）と財産処分についての議会の議決を経てする協議（289条）は，それぞれ別個の処置（議決及び協議）である。解散がなければ財産処分を行う必要はないので，理論的には，解散の議決を行ってから財産処分の議決を行い，同様に解散の協議を行ってから財産処分の協議を行うことになる〔図4－12〕。したがって，解散の協議が成立してから実際に解散する期日までに相当な期間がある場合には，財産処分の議決

---

[33] 昭和2年7月2日行政実例。

及び協議が解散の議決及び協議よりも相当期間を空けて行われることも考えられるが，一般には，解散の協議の期日と実際に解散する期日の間は短期間であることから，解散及び財産処分の議決及び協議は同時に行われることが多い。

〔図4-12〕 解散の議決・協議と財産処分の議決・協議の流れ

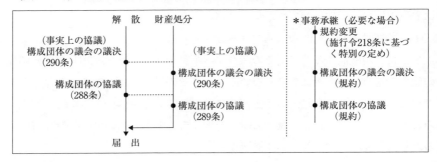

3　財産処分の対象となる「財産」

ここでいう財産は，6条第3項（都道府県の廃置分合，境界変更に伴う財産処分）及び7条第4項（市町村の廃置分合，境界変更に伴う財産処分）における「財産」と同じ意味であり，債権・債務等を含む全ての積極・消極財産を意味する。行政実例によれば，負債は財産に含まれ，一方，公用文書類，公法上の未徴収金，歳計現金は財産処分の対象ではなく，事務承継の対象となるものであるとされている[35]。公法上の未徴収金は，特定の事務処理について生じたものであるから，当該事務の承継と密接な関係があることに鑑み，関係団体の裁量に基づく協議により帰属先を決定する財産処分よりも，承継すべき事務に含めることが適当であると考えられている[36]（後述　本章Ⅶ2）。

ところで，237条においては，「この法律において『財産』とは，公有財産，物品及び債権並びに基金をいう。」と定めている。ここで，同条及びこれに続く数条を参照すれば，負債は財産に含まれず，公用文書及び公法上の未徴収金

---

34)　昭和24年10月11日行政実例。
35)　昭和26年11月21日行政実例。
36)　古居『地方公共団体の行政組織：現代地方自治全集4』ぎょうせい，1977年，312頁。

は，それぞれ物品，債権として「財産」に含まれることは明らかであるから，財産処分の対象となる財産の範囲と同条における財産の範囲は異なることになる（〔図4－13〕参照）。

　これは，行政実例が，「財産処分」の対象に係る解釈において，237条が定めた「財産」の範囲とは別に，いわば一部事務組合の解散に伴う一種の事務手続として，事務承継の対象となるものを除き財産処分の対象を捉えている結果によるものである。

〔図4－13〕　自治法上の「財産」の範囲と事務組合の財産処分の対象範囲との関係

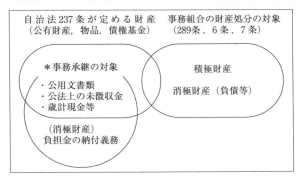

4　財産の帰属先

　財産の帰属先については，法令上の制限はない。構成団体に帰属させる場合，新たな組合の設立のための解散に伴う財産処分として新たな組合に帰属させる場合，その他の団体に帰属させる場合（例えば市町村を構成団体としている組合が解散し都道府県が当該事務を広域処理することになり，組合の財産を都道府県に帰属させる場合等）等が考えられる。

5　財産処分を行う場合の注意事項

　解散により事務組合は消滅するため，積極財産を処分するに当たっては，事務組合は対価を求めない形態をとる。即ち，有償の売買契約ではなく，贈与，債権譲渡等の形態をとることになる。また，消極財産の処分に当たっては，事

務組合は負担を負わない形態をとる。即ち，債務引受（債務を新たな引受人に移転させる契約）等の形態をとることになる。

したがって，財産処分が贈与に当たる場合には，民法549条が適用されることになり，贈与を受ける相手方の受諾によってその効力が生ずる。

また，債権譲渡に当たる場合には，民法466条から473条までの規定が適用される。

〔例〕　A組合が財産処分として構成団体であるB町に債権を譲渡した場合，A組合から債務者Cに対して債権譲渡の通知を行うか又は債務者Cが譲渡を承諾することによって，債務者C及びそれ以外の第三者に対する対抗要件を備えることになる（民法467条）。

また，消極財産の処分の例としては，地方債の未払元利償還金を譲渡するような場合が考えられる。このような場合には，民法には直接の規定はないが，いわゆる債務引受に該当すると考えることができ，通説によれば，事務組合（旧債務者）と当該債務の新たな帰属先の団体（引受人）との間で債務引受契約を締結し，債権者（融資機関）の承認があれば譲渡は可能であると考えられている。[37]

なお，起債を他の団体が引き受ける場合には，債務を引き受けた団体においては，新たな起債の手続は要しないとする行政実例がある。[38]

以上のように，解散に伴う財産処分を行うに当たっては，これらの法律行為が問題なく行われ，解散と同時点で財産処分が完成するように配慮しなければならない。

また，財産処分について，関係地方公共団体間で協議が整わない場合には，法令上の特別な手続規定は定められていないので，民事訴訟の手続による他は

37）いわゆる免責的債務引受（債務引受契約により債務が引受人に移転し旧債務者が債務を免れる形態。併存的引受と区別される）については，民法には規定がないが，通説，判例ともにこれを認めている。債権者，旧債務者，引受人の三面契約によってこれが可能なことについては異論がないが，債務者と引受人の契約をもってする場合でも，通説は，債権者の追認があれば，これを停止条件として契約の効力が発生すると解している。

38）昭和2年7月2日行政実例。

ないと解されているが、そのような事態を招くことがないように、関係者間で入念な事前調整（事実上の協議）を行った上で法定上の手続を進めなければならない。

VII 事務承継

1 事務承継の概要

事務組合には、清算制度が設けられていないので、特別の手続が必要となる。

そこで、行政実例は、事務組合の解散については、施行令5条（普通地方公共団体の廃置分合の場合の事務承継）が準用されるものとしている。即ち、組合の解散があった場合においては、それぞれの地域の区分に応じ構成団体がその事務を承継する（施行令5条第1項）。その地域により承継の区分を定めることが困難である場合には、都道府県が加入する組合については総務大臣、その他の組合については都道府県知事が事務の承継団体を指定する（同項）。この運用に当たっては、通常は、構成団体に事実上の協議を行わせ、それに沿って承継団体を指定することになる。

また、事務組合の収支は解散の日をもって打ち切られ、旧組合の管理者がこれを決算する（これを打切り決算と呼ぶ）（施行令5条第2項）。この決算は、旧組合の管理者から事務を承継した団体の長に送付され、長は、これを当該団体の監査委員の審査に付しその意見を附けて議会の認定に付さなければならない（施行令5条第3項）。また、その決算をその認定に関する議会の議決とともに、都道府県の加入する組合については総務大臣、その他の組合については都道府県に報告し、かつ、その要領を住民に公表しなければならない（施行令5条第4項）。

このような事務承継の手続の流れは、〔図4－14〕のとおりとなる。

〔図4-14〕 事務承継の手続の流れ

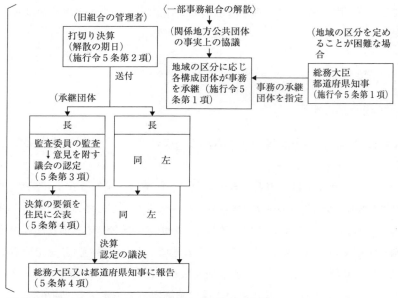

施行令218条の2に基づき規約に特別の定めを規定することも可
(「構成団体が議会の議決を経てする協議をもって定める」等)

2 事務承継と財産処分との区分

事務承継の内容が前述のような手続きに基づいて定められる一方で、財産処分は関係地方公共団体の協議によって定められ、両者が別個の方法による以上、それぞれの対象は明確に区分しなければならない。事務承継の対象について法令の規定はないが、行政実例や通説は、〔図4-15〕に掲げるものを事務承継の対象であるとしている。[39]

〔図4-15〕 事務承継の対象

①公法上の積極的財産	(例)(ｱ)地方税等の未徴収金 (ｲ)国県支出金、地方交付税の未収入金
②公法上の消極的財産	負担金の納付義務
③金銭会計に属する財産	(ｱ)歳計現金 (ｲ)予算に属する未収金・未払金
④物品会計に属する物品	
⑤公用文書類	

---

39) 昭和26年11月21日行政実例。

行政実例は，事務承継の対象と財産処分の対象との区分の明確な判断基準を示していない。しかし，次のように考えることができる。

　前述のとおり，「公法上の未徴収金」は，特定の事務処理について生じたものであるから，その事務の承継と密接不可分な関係にある。このため，「未徴収金」の帰属先が関係団体の協議によって自由に決定されることは妥当性を欠くと考えられ，財産処分の対象とするべきではなく，事務承継の対象に含まれると解するべきである。なお，市町村の廃置分合により消滅した市町村の地方税，その督促手数料等の徴収を目的とする権利は，地方税法8条の2により，当該消滅市町村の区域が新たに属することとなった市町村が承継することとされている。事務組合は課税権を有していないが，この制度との並びから判断しても，公法上の未徴収金は事務承継の対象に含まれるものとして解するべきであろう。また，公用文書類についても同様に考えることができる。

　以上のように，事務承継の対象となるものについては，業務との密接な関連性，帰属先の決定に係る裁量の余地の程度等を中心として判断する他はないと考えられる。ただし，このような判断基準からすれば，例えば私法上の債権債務の中にも事務承継の対象となるものが存在すると考えられ，依然として明確な基準とは言い難いことになる。

　また，仮に財産処分の対象ではなく事務承継の対象として判断したとしても，さらにその対象について地域別の承継の区分を定め複数の構成団体に振り分けることが困難な場合も生ずる。最終的には，業務との関連性を基準に整理を進めていくことが適当と考えられる。

3　収支決算

　前述したとおり，事務組合が解散する場合には，施行令5条が準用されることにより，事務組合の収支は解散の日をもって打ち切られ，旧組合の管理者がこれを決算する。

　事務組合の解散の場合には出納整理期間の観念はないので，仮に赤字決算となったときは，決算書の歳入歳出差引不足額欄に，「この不足額は，何々の事由により生じた債務である」旨を付記すべきものとされている。[40]

---

40)　昭和29年6月4日行政実例。

4　構成団体（事務承継団体）の体制の整備

　事務組合の解散に伴い，構成団体（事務承継団体）もそれに対応した体制の整備を行わなければならない。

(1)　新たな職員を受け入れる場合の体制

　事務組合の解散に伴い，事務組合へ休職出向していた職員が復職する場合や，事務組合職員を採用する等の場合には，必要に応じて，それに対応するための定員管理計画の見直し，新たなジョブ・ローテーションの計画の策定等の準備を進めておく必要がある。

(2)　財政運営上の対応

　組合に対する団体の負担金の清算や事務組合の財産処分に対する対応等を適切に進める必要がある。

(3)　法制上の対応

　事務組合の解散に伴い，構成団体として制定又は改廃を行うべき条例・規則等に係る所要の準備を進めておく必要がある。なお，行政実例によれば，構成団体は，組合の解散の前に，事務組合の解散期日を施行期日とした条例を制定することができることとされている。

(4)　事務承継に対する対応

　事務承継の内容，地域に応じた区分等について関係団体と所要の調整を行っておく必要がある。また，事務組合の収支決算について，監査委員による審査，議会による認定，総務大臣（都道府県知事）への報告，決算の要領の住民への公表等の手続を進める準備をしておく必要がある。

(5)　告示・公表の準備

　法令の規定はないが，構成団体は住民に対し，組合が解散した旨を公表することが適当であると解されており，広報等を通じた解散の公表の準備を進めておく必要がある。

　以上が，事務組合の解散に関連した重要な問題である。これらの諸問題の具体的な対処方法を固めた上で，解散の届出に必要な書類の調製を行うこととなる。その際，解散手続に係る書類だけではなく，財産処分，事務承継，職員の

処遇など解散から派生する問題に係る書類の整理及び調製も十分に行っておく必要があるので注意が必要である。
　最後に，解散の届出を行う際のチェックポイントをあらためてまとめてみると〔表4－6〕のとおりとなる。

〔表4－6〕　一部事務組合の解散の届出用チェックリスト

チェック項目	備　考
Ⅰ．事務組合の解散の合理性	
・事務組合の解散を必要とするに至った理由（経緯を含む）を記入する	主な解散の理由（例） ① 事務組合の設立の目的が達成されたため又は目的が消滅したため ② 共同処理の目的をより効果的に果たすため，事務組合を他の共同処理方式（事務の委託等）に切り替えるため ③ 構成団体の廃置分合の結果，組合の構成団体の数が1つになってしまうため ④ 当該事務組合を他の事務組合と統合するため
Ⅱ．事務組合の職員の処遇	
(1) 事務組合の職員が構成団体の職員の身分を併せて有している場合（構成団体への異動が予定されている場合） ・構成団体を休職して出向している職員	・地方公務員法27条2項による休職条例に基づき，構成団体の職員を休職させて事務組合に派遣した場合
・その他（構成団体の職との兼職，構成団体における職務専念義務の免除等） □ 構成団体への異動の準備は整っているか ・異動に係る職務命令の準備 ・給与の一部を組合が支給していた場合は，構成団体に異動した後の給与の支給について調整 ・退職手当の算定における全期間通算 (2) 事務組合の職員が構成団体の職員の身分を併せて有していない場合 ・事務組合が採用した職員 ・構成団体を退職して事務組合に出向している職員等 □ 事務組合の職員に退職の勧奨を行ったか (1) 事務組合の職員が退職の勧奨に応じ，引き続き構成団体の職員にならない場合 □ 退職手当を支給する準備ができているか	・当該事務組合が退職手当組合に加入している場合には，退職手当組合が一括して退職手当を支給すべきであり，当該組合がそれとは別に退職手当を支給するようなことはすべきではない
□ 事務組合が退職手当支給条例を制定しているか（地方自治法204条の2） □ 当該条例に基づき，5条退職（整理退職等）として退職手当を支給することができるか □ 退職手当の財源（退職手当引当金）は確保されているか (2) 事務組合の職員が引き続き構成団体の職員になる場合（構成団体が事務組合の職員を採用する場合） □ 職員の身分等の保障が図られているか □ 構成団体において適正な給与の格付けが行われるか（職員にとって不利益な変更とならないように配慮）	・当該組合が退職手当組合に加入している場合は，退職手当組合の条例をチェックすること ・組合の財産処分の準備に当たって積極財産・消極財産の整理をする際に注意すること ・組合と構成団体の給料表が同一の場合には，同一の格付けを継続させることが望ましい ・給料表が異なる場合には，職員にとって不利益な変更とならないように配慮して格付けを行うこと
□ 事務組合に在職した期間が，職員の退職手当支給の算定基礎となる勤続期間に全期間通算されているか	

	チェック項目	備　考
☐	・事務組合及び構成団体は，退職手当支給条例準則7条に該当する条文を条例として制定しているか	・事務組合及び構成団体が退職手当組合に加入している場合には，退職手当組合の条例を確認すること ・財産処分の際に注意すること
☐	職員が事務組合に在職した期間に対応する退職手当引当金を，適正に事務組合から構成団体に移管できるか（通常は財産処分の一環として処理）	
☐	構成団体において，職員の適正に応じた人事配置を行えるか ・構成団体の定員管理計画の見直し ・将来におけるジョブ・ローテーションの計画的な実施等も併せて検討すること	
Ⅲ．財産処分		
☐	財産の内容について整理ができているか	
☐	事務組合の解散前に組合として処分する財産はないか（条例で定める一定の基準以上の予定価格で処分する財産については，その処分に当たり，事務組合の議会の議決を要する）	・地方自治法96条1項8号（議決事項） ・施行令121条の2第2項 ・施行令別表第4 　施行令の基準 　　不動産又は動産の売払い（土地については，その面積が市町村にあっては，一件5,000㎡以上のものに限る） 　予定価格 　　・市が加入している組合　　　20,000千円 　　・町村のみで構成している場合　7,000千円 　　（地方自治法292条）
☐	起債の承継又は繰上償還について方針が決まっており，関係各方面に対する調整がついているか	・関係団体及び起債許可権者との調整が必要 ・関係団体・融資機関及び起債許可権者との調整が必要 ・債務を他の団体が承継する場合には融資機関に対する通知等の手続が必要
☐	財産処分の対象と事務承継の対象との区分ができているか	
☐	積極財産と消極財産との区分ができているか	
☐	財産処分の内容（財産の帰属先等）について，関係団体の間で調整がついているか	
Ⅳ．事務承継		
☐	事務承継の方針が決定しているか	
☐	事務を承継する団体は決定しているか	
☐	承継する内容は，関係団体の間で調整がついているか	
☐	決算認定の準備ができているか	
☐	解散する事務組合の管理者が，解散の日をもって打ち切り決算を行う準備ができているか	・施行令5条2項 ・できる限り，赤字決算とならないように留意すること
	事務組合の解散後に行われる決算の監査，議決の認定及び収支決算の報告・公表のために必要な準備が整えられているか	
	・事務組合の管理者が決算の事務を承継した団体（通常は組合の構成団体）の長に送付	・施行令5条3項
	・当該構成団体の監査委員が決算を審査	〃
	・当該構成団体の長は監査委員の意見を付けて決算を当該構成団体の議会の認定に付す	〃
	・決算を，その認定に関する議会の議決とともに，総務大臣（都道府県知事）に報告	・施行令5条4項
	・決算の要領を住民に公表	
Ⅴ．構成団体（事務承継団体）の体制の整備		
☐	新たに職員を受け入れる体制の準備はできているか（休職出向者の異動，事務組合の職員の採用等）	

	チェック項目	備考
☐	定員管理計画を見直す必要はないか	
☐	新たなジョブ・ローテーション計画を策定する必要はないか	
☐	新たに採用する職員に対する人事管理手続上の準備はできているか（辞令交付，給付の格付け，職場配置等）	
☐	事務組合解散に伴う財政運営上の対応はできているか	
☐	事務組合に対する負担金の清算はできているか	
☐	事務組合の財産処分に対する対応はできているか（積極財産及び消極財産の承継，組合の起債の承継等）	
☐	事務組合解散に伴う構成団体の条例・規則等の制定・改廃の準備はできているか	・構成団体は，事務組合の解散前に，事務組合の解散期日を施行期日とした条例を制定することができる（行政実例）
☐	事務承継の準備はできているか	
☐	事務承継の内容について関係団体との調整はできているか	・条例・規則等の準備にも注意
☐	収支決算の準備ができているか ・監査委員の審査 ・議会の認定 ・都道府県知事（自治大臣）への報告 ・要領を住民に公表	
Ⅵ．告示・公表の準備		
☐	事務組合が解散した旨の告示の準備ができているか	・法令の規定はないが，構成団体は，住民に対し，事務組合が解散した旨を公表することが適当であると解されている
☐	各事務承継団体（構成団体）は，事務組合の収支決算を住民に公表する準備ができているか	・施行令5条4項
Ⅶ．手続の適正性		
☐	届出のために必要な書類が整備されているか	・内容について，届出前に総務大臣（都道府県知事）とよく調整すること
☐	届　出　書	
☐	理　由　書	
☐	協　議　書	
☐	各構成団体の議決書	
☐	各構成団体の議会の議事録	
	〈上記の書類に加えて次の書類を添付〉 〈財産処分〉	
☐	財産処分の協議書	・地方自治法289条
☐	各構成団体の議決書	・地方自治法290条
☐	各構成団体の議会の議事録	
	〈事務承継〉	
☐	事務を承継する団体及びその内容に関する資料	・施行令5条
☐	決算の調整・認定方法に関する資料	〃
☐	収支決算の都道府県知事（総務大臣）に対する報告書（案）	〃
☐	収支決算の要領についての住民に対する公表の様式（案）	〃
☐	事務組合の解散の告示（案）	

第6章　一部事務組合の組織

本章では、一部事務組合の組織について扱うこととする。

I　一部事務組合の組織の概要

自治法は、事務組合の組織として、組合の議会の組織及び組合の執行機関の組織を規約に定めなければならない旨を規定し、この２つの機関は必ず置くものとしている。

執行機関については、287条第２項に管理者の兼職に関する規定が置かれており、組合の代表者として管理者を置くことが予定されている。また、執行機関として置く委員の中で、監査委員は必ず置かなければならない職と考えられている。

しかし、議会及び執行機関の組織の具体的な内容については、規約に委ねることとされている。普通地方公共団体については1991（平成３）年前は、都道府県の局部・分課及び市町村の分課が例示され、同年の一部改正により例示は廃止された。一方、事務組合については、従来から法令により局部・分課の標準が示されることはなく、完全に規約の内容に委ねられていた。

事務組合の組織の一般的な構造は、〔図４−16〕のとおりである。

〔図４−16〕　一部事務組合の組織（例）

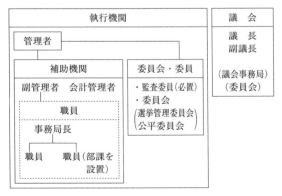

Ⅱ 一部事務組合の議会

1 一部事務組合の議会と規約

　普通地方公共団体には，議事機関として議会が置かれる（憲法93条第1項）が，自治法287条第1項5号は，「一部事務組合の議会の組織及び議員の選挙の方法」については，規約で定めなければならないと規定することによって，組合にも議会の設置を義務づけている。

2 「一部事務組合の議会の組織」の範囲

　規約で定めるべき「一部事務組合の議会の組織」とはいかなる範囲のものか（何が規約事項で何が自治法等の準用事項か）という点については，個々の問題点があるが，基本的には次の3点を規約事項と考えることが適当であろう。

　① 議員の定数
　② 任期
　③ 議長及び副議長に関する事項（選挙方法，被選挙人の資格等）

　①及び②が規約事項である点については諸説も一致している。③については，規約準則（後掲）には議長及び副議長に関する規定は置かれていないが，通説は規約事項であるとし[1]，さらに行政実例は，これらの事項は規約事項であり，規約に規定がない場合には103条（議長及び副議長）が準用されるとしている[2]。ただし，規約準則が議長・副議長に関する規定を置いていないことを踏まえつつ，「議会の組織」は議決機関の枠組（即ち議員の定数及び任期）のみを意味し，議長，副議長のような内部機関に関する事項は含まれないとする説も存在する[3]。著者は，議長は議事整理権及び議会代表権（104条）を備え，議会の組織及び運営において中枢的な役割を果たす機関であることや，地方公共団

---

1) 松本（2018）（1655-1657頁）は，議員定数，任期，被選挙資格，選挙の方法，議長・副議長に関すること等は，一切規約に任されているものとしている。一方，その組織及び議員の選挙の方法，即ち，議会の権限，召集・会期，委員会，会議，請願，紀律，懲罰，事務組織等は，292条により，地方自治法の規定が準用されるものとしている。
2) 昭和25年12月11日行政実例。
3) 秋田，前掲書，420頁。

体の議会運営を巡り問題が生ずることも多いため，議会の組織過程の合理化及び安定化に資する制度化を図っていく必要があること等に鑑み，これらの事項は組織の根幹的な事項として規約に規定することが適当であると考える。

次に，「委員会」及び「議会事務局」に関する事項を規約事項と考えるべきかという問題がある。この点については，規約準則及び行政実例は特に何も触れていない。ただし，行政実例[4]の中に，組合に常任委員会を置く場合の委員会数の制限は，構成団体の区域内の人口の合計によるものとしており，規約による規定については特に言及していないものがあり，当該実例は，委員会の設置は規約事項ではなく，109条等の準用事項であると解しているようである。著者は，委員会は議長，副議長と異なり議会に必ず置くべき機関ではないこと，議会事務局は議会の外にあって一般事務を補助する機関であること等に鑑み，議会の組織規模に応じて判断することが適当であり，常に規約において規定する必要はないと考える。

3　議会の議員の選挙の方法

287条第1項は，議会の組織のほか，議員の選挙の方法も規約によって定めるべきものとしている。この場合，規約として定めるべき事項としては，次の事項が考えられる。

- ・選挙の方法（直接選挙又は間接選挙等の選挙の方法）
- ・選挙の母体等（選出する母体（例えば構成団体の議会）や母体からの選出数等）
- ・議員の被選挙資格（間接選挙の場合は，「構成団体の議会の議員の中から選挙する」旨等）

それぞれの事項について，次の点に留意すべきである。

(1)　選挙の方法

規約の中で，「議会の組織」の内容として議員の定数及び任期が定められることから，後述する被選挙権者に関する事項（選挙の母体，議員の被選挙資格等）に併せて，ここでは「直接選挙」又は「間接選挙」等の選出方法を定めればよい。

---

[4]　昭和31年9月28日行政実例。

ア　選挙の意義

次に，ここでいう「選挙」の意義が問題となる。選挙とは，厳密な意味においては，「選挙権者の集まりである選挙人団という合議体が行う公務員の選定行為」であると解されている。287条第1項が議会の議員については「選挙」という文言を用い，執行機関については「選任」という文言を用いているのは，「選挙」という文言にこのような厳格な意味を持たせる趣旨と解するべきであろう（この点は，「充て職」に対する考え方にも影響を与えることとなる（後述Ⅱ3オ））。

イ　選出方法の状況

① 全体

2012年7月現在の全国の事務組合における規約上の選出方法の状況は〔表4－7〕及び〔図4－17〕のとおりである。住民による一般選挙（A）を採用している組合は存在していない。

〔表4－7〕　事務組合の議会議員の選任方法

選　任　の　方　法		組合数	種類
一部事務組合の構成団体の住民による直接選挙		0	A
構成団体の議会の議員の中から	構成団体の議会での選挙	839	B
	あて職によるもの	32	C
	その他の方法	12	D
構成団体の長の中から	互選によるもの	34	E
	あて職によるもの	30	F
	その他の方法	2	G
構成団体の特別職その他の職員の中から	互選によるもの	1	H
	あて職によるもの	1	I
	その他の方法	0	J
構成団体の一般職たる職員の中から	互選によるもの	0	K
	あて職によるもの	0	L
	その他の方法	1	M
構成団体関係者以外の中から	構成団体の議会での選挙	106	N
	あて職によるもの	0	O
	その他の方法	9	P
上記方法の組み合わせ　※		399	－
合　　　　計		1,466	

（※）　選任方法の組み合わせで多いものは，次のとおり。
　　①BとF　79組合
　　②BとC　77組合
　　③CとF　37組合

〔図4−17〕 一部事務組合の議会議員の選出母体の状況[5] (2018.7.1現在)(事務組合数,構成比)

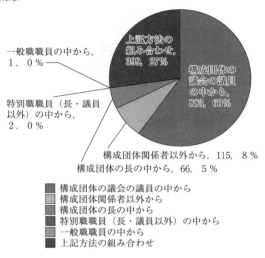

② 選出母体

〔図4−17〕が示すとおり，選出母体の類型で見ると，構成団体の議会の議員の中から選出する方法〔表4−7〕(B~D)が最も多く，全体の60％を占めている。次いで構成団体関係者以外から選出，構成団体の長から選出，構成団体のその他の特別職職員から選出という方法が続く。やはり組合の議会としての性格上，議事機関の構成員としての類似性が強い構成団体の議会議員から選出される傾向が強い。

また，複数の選出方法の組合せ方式を取る組合も399組合（構成比27.2％）に上っており，複数の選出方式により，組合議員の多様性を加味する工夫がなされている。組合せ方式の中では，構成団体の議員から選出と構成団体の長のあて職を組み合わせる方式，及び構成団体の議員からの選出で選挙とあて職を組み合わせる方式が多い（〔表4−7〕BとFの組合せ及びBとCの組合せ）。

また，選出母体の推移をみると，構成団体の議会議員及び構成団体以外の関係者からの選出が漸増している〔図4−18〕。

---

5) 本章以降の図は，『状況調』のデータを基に筆者が作成。

〔図4－18〕 一部事務組合の議会議員の選出母体の構成比の推移

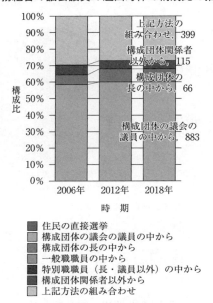

このように外部から事務組合の議会議員の人材を確保する場合もみられる。

③ 選挙の方法

選挙の方法としては，構成団体の議会での選挙が，全体の65％を占め，最も主要な方法である。このほか，充て職や互選による方法もみられる（〔図4－19〕参照）。

〔図4−19〕 一部事務組合の議会議員の選出方法の状況 (2018. 7. 1現在)（事務組合数，構成比）

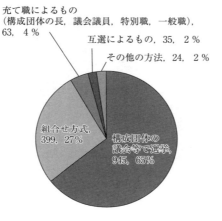

近年の推移をみると，構成団体の議会での選挙及び複数の方法の組合せ方式の構成比が増加している（〔図4−20〕参照）。

〔図4-20〕 一部事務組合の議会議員の選出方法の推移

ウ　間接選挙の場合

　事務組合の議会の議員の選出方法としては，〔表4-7〕が示すとおり，間接選挙制，すなわち構成団体の議会の議員・長等の中から組合議会の議員を選出する方法等が採られることが多い。

　その理由としては次のような事由が考えられる。

① 理論上，事務組合の第一義的な構成員は住民ではなく構成団体であることから，住民による直接選挙は制度上あまり想定されていなかったこと。

② 特定の事務を共同処理事務として執行する事務組合の事務の性格上，事務組合と構成団体との間の政策的な合意形成が肝要であり，制度上も，事務組合の運営上重要な変更を行う事項（規約変更，構成団体の増減等）に関する協議については構成団体の議会の議決を要することとしているところである（290条）。このような事務の特性により，事務組合の運営方針と構成団体（特に構成団体の議会）の意思とは密接な関係を有していることから，間接選挙を行うことにより事務組合及び関係団体間において統一的な意思形成を図り易くなるという利点が認められること。

③　上記②と同様の趣旨により，事務組合と構成団体は密接不可分の関係において組織されることが事務組合の性格上必然的な要請であることや，小規模市町村においては議会の構成員となる人材の確保にも制約がある場合がある。このため，287条第2項において議員の兼職禁止の特例が設けられていることもあり，運用において間接選挙を行い易いこと。

　選挙の方法として間接選挙を採用する場合には，例えば「組合の議会の議員は，関係町村の議会において，議員の中から選挙する」というように規約に定めることになる（規約準則7条，後掲＜参考資料1＞参照）。間接選挙については，このような規定のほか，規約において定数，任期及び被選挙権者に関する事項を規定することが想定され，その他の事項は，118条の準用によって運用されることになる。

　　エ　直接選挙の場合
　事務組合の議会の議員の選挙方法については，前述のとおり間接選挙を採用し易い事由があることから，2018（平成30）年7月現在，住民による一般選挙（即ち直接選挙）を規約で定めている組合は存在しない[6]。

　そこで，これから述べる点は理論上の話になるが，事務組合の議員の選挙方法として直接選挙制を採用した場合には次の点が問題となる。

　まず，直接選挙について規約に規定する場合には，選挙権や選挙人名簿を始め，立候補の扱い等についても明確に規定しなければならない。通説によれば，この場合の定め方は，公選法の規定を挙げてもよいし，また，特別に規定することも自由であるとされている[7]。

　この場合，このように規約に選挙の方法に関する必要な事項を規定せず，単

---

[6]　規約上は，「住民の互選による」としているものもあるが，そのような場合においても，実際上は関係住民の協議によって議会の議員が決定されているようである。
　　（例）　大滝山林組合規約
　　第5条　この組合の議会の議員の定数は，24人とし，組合を組織する市町（以下「組合市町」という。）がそれぞれ選出すべき議員の定数は次のとおりとする。ただし，多賀町より選出すべき議員の中12人は地元郷の地域内に住所を有する者の中から選出するものとする。
　　彦根市　1人，多賀町　14人，豊郷町　1人，甲良町　8人
　　2　組合の議会議員は，組合市町の議会において甲良町及び第3条に規定する財産区の地域に3ケ月以来住所を有する者で年齢満20年以上のものの中からそれぞれ選挙する。
[7]　松本（2018）1656頁。

に「住民の直接選挙による」とのみ規定した場合には，292条により公選法が準用されるのかという問題がある。

地方自治法292条（普通地方公共団体に関する規定の準用）
「地方公共団体の組合については，法律又はこれに基づく政令に特別の定があるものを除く外，都道府県の加入するものにあっては都道府県に関する規定，市及び特別区の加入するもので都道府県の加入しないものにあっては市に関する規定，その他のものにあっては町村に関する規定を準用する。」

この点に関連し，公選法267条には次のような規定がある。

公選法267条（地方公共団体の組合の特例）
「地方公共団体の組合の選挙については，法律に特別の定があるものを除く外，都道府県が加入するものにあってはこの法律中都道府県に関する規定，市及び特別区の加入するもので都道府県の加入しないものにあってはこの法律中市に関する規定，その他のものにあってはこの法律中町村に関する規定を適用する。」（2項略）

　ここで，文理上の解釈からいえば，公選法267条の規定は，事務組合に関する特例であり，自治法292条にいう「法律に特別の定があるもの」に該当するから，公選法267条は組合に適用されるべきものであり，自治法292条により準用されるものではないことになる。

　一方，自治法287条第1項5号により「議員の選挙の方法」は規約事項とされていることから，設例のように規約に選挙に関する必要な事項を規定していない場合には，文理上は公選法の規定も適用されないという説も存在する。しかし，このように「規約に直接選挙によることのみを規定し選挙に関する必要な事項を規定しない場合には，公選法が適用準用されず空白の状態になる」という文理上の解釈の結論に対しては，幾つかの反対する説が存在する。

　第一は，役場事務組合に関する古い行政実例[8]であり，同実例は，「組合の議会の議員の選挙については規約において規定すべきであるが，規約において規定された事項以外については，法第292条の規定により公選法の規定が準用される」ものとしている。

　第二は，公選法の規定のうち争訟や罰則の規定は「選挙の方法」ではないか

---

8) 昭和26年8月28日行政実例。

ら，これらの規定は組合に適用されるとする説である。ただし，この説については，「公選法の争訟や罰則の規定は，選挙権，被選挙権，選挙運動等の規定と一つの体系をなしているものであるから，争訟・罰則のみを切り離して適用することはできない」として反対する説が存在する。

このように，文理上の解釈の問題としては複数の見解が存在しているが，結局のところ，直接選挙を実施する場合には，公正な手続で選挙が行われるようにするため，選挙の手続全般に対して一律に公選法を適用することが望ましい。したがって，実際上は，規約に直接選挙の方法を規定する際に，選挙権等の基本的な事項について明記するほか，「その他の事項については公職選挙法の例による」旨を規定し，同法を適用することが適当である。

オ　議員の充て職

事務組合の議会議員の選挙の方法として，いわゆる「充て職」の方法を規定している例も少なくない（例「○○町議会議員○名を組合の議会の議員に充てる」）。

2018（平成30）年７月現在で，全国の事務組合の規約で判明しているもののうち，全体の67％の組合が選挙又は互選の方式を採用しているが（構成団体の議会の選挙65％，長等による互選２％），一方，17.5％の組合が，複数の方式の組合せ方式に含まれる場合も含め充て職の方式を採用している（前掲〔図４－20〕参照）。

しかしながら，選挙の方法として「充て職」が認められるか否かについては議論があるところである。すなわち，「どのような方法であれ，議会の議員になる者を決定することができるような規定であればよく，充て職も許される」という見解がある一方で，「選出行為がないような充て職は選挙とは言えない」とする見解もある。

287条においては，執行機関の「選任」の方法と議会議員の「選挙」の方法というように文言を使い分けていること及び議会の組織については議会民主制の原理に基づく要請が強く働くこと等から考えると，議会議員の充て職は，執行機関の充て職に比べ，やや疑問な点が多いといわざるを得ないであろう。

(2)　選挙の母体，議員の被選挙資格等

例えば，間接選挙制を採用している場合，議員を選出する母体，議員の選挙

資格等を規約に明記する必要がある。

　〔例〕　議会の組織
　　　第○条　この組合の議会の議員の定数は，○人とし，各町の定数は，
　　　　左のとおりとする。
　　　　　　A町□人
　　　　　　B町△人
　〔例〕　議員の選挙
　　　第○条　組合の議会の議員は，関係町村の議会において，選挙権を有
　　　　する者の中から選挙する。
　　　2　選挙を行うべき期日は，組合の管理者が定めて，関係町長に通知
　　　　しなければならない。
　　　3　第一項の選挙が終ったときは，関係町長は，直ちにその結果を組
　　　　合の管理者に通知しなければならない。

　なお，2008（平成20）年現在の選出方法の状況は〔図4－21〕のとおりであり，構成団体の議員の中から選任する組合が最も多く全体の60.2％，構成団体の長から選任する組合が5.2％，長・議員以外の者から選任する組合が5.9％という状況である。また複数の方法の組合せにより選任している組合も27.8％に上っている。全体としては，管理者とチェック・アンド・バランスの関係を維持する必要があることから組合が所掌する事務にも精通した人材が組合議員として求められること，及び構成団体の議会との連携が組合議会の運営上重要であること等の理由から，構成団体の議員の中から選任される場合が多いと考えられる。

〔図4－21〕　議会の議員の選出方法の状況（2008.7.1）

○　議会の議員	・構成団体の議員の中から選任する組合（1,001組合（60.2％）） ・構成団体の長・議員以外の者の中から選任する組合（99組合（5.9％）） 　　（※　山林等を管理する組合で，山林等の地権者から組合議会の議員を選任するものが多い。その場合，構成団体の長が，当該団体の議会の同意を得て選任する方法等がある。） ・構成団体の長の中から選任する組合（86組合（5.2％）） ・複数の方法の組み合わせにより選任する組合（462組合（27.8％））

（出典；総務省資料）

4　一部事務組合の議会に関する地方自治法の適用・準用関係

ここであらためて，事務組合に適用・準用される地方自治法のうち組合の議会に関係する部分を整理してみると〔表4－8〕のとおりとなる。

〔表4－8〕　一部事務組合に適用・準用される地方自治法の規定（議会関係）

項目	条文	内　　　　容	適用・準用
条例等	14	条例の制定及び罰則の委任	○
	15	規則	○
	16	条例・規則等の公布	○
選挙	17	議員及び長の選挙（選挙人が投票）	×A
	18	選挙権	×A
	19	議員及び長の被選挙権	×A
直接請求	74～74の4	条例の制定又は改廃の請求とその処置	△（議員，管理者が直接公選されている場合のみ準用される）
	75	監査の請求とその処置	〃
	76～79	議会の解散の請求とその処置	〃
	80，82～85	議員の解職の請求とその処置	〃
組織権限	89	議会の設置	×A
	90	都道府県議会の議員の定数	×A
	91	市町村議会の議員の定数	×A
	92①	地方公共団体の議会の議員と衆議院議員，参議院議員との兼職の禁止	○
	②	地方公共団体の議会の議員と（他の）地方公共団体の議会の議員，常勤の職員との兼職の禁止	○（但し287条2項に特例有）
	92の2	議員の兼業禁止	○
	93	議員の任期	×A
	94，95	町村総会	×A
	96①	議会の議決事件	○（但し14号（区域内の公共的団体等の活動の総合調書）は×B）
	②	条例により前項以外の議決事件を定める	○
	97	選挙及び予算の増額修正	○
	98	検査及び監査の請求	○
	99	説明の要求・意見の陳述及び意見書の提出	○
	100	調査権・刊行物の送付・図書室の設置等	○
	100の2	専門的事項に係る調査	○
招集	101	招集	○
	102	定例会・臨時会及び会期	○

項目	条文	内容	適用・準用
	102の2	通年の会期	○
議長	103	議長及び副議長	×Ａ（規約に定めがない場合は○（行実））
	104	議長の議事整理権・議会代表権	○
	105	議長の委員会への出席	○
	106	議長の代理及び仮議長	○
	107	臨時議長	○
	108	議長及び副議長の辞職	○
委員会	109	常任委員会，議会運営委員会及び特別委員会	○
会議	112	議員の議案提出権	○
	113	議会の定足数	○
	114	議員の請求による開議	○
	115	議事の公開の原則及び秘密会	○
	115の2	公聴会及び参考人	○
	115の3	修正の動議	○
	116	表決	○
	117	議長及び議員の除斥	○
	118	投票による選挙，指名推選及び投票の効力の異議	○
	119	会期不継続の原則	○
	120	会議規則	○
	121	長及び委員長等の出席義務	○
	122	長の説明書提出	○
	123	会議録の作成，署名，報告	○
請願	124	請願の提出	○
	125	採択請願の処置	○
辞職	126	議員の辞職	○
	127	議員の失職及び資格決定	○
	128	議員の失職の時期	△（議員が直接公選されている場合のみ準用される）
紀律	129	議場の秩序維持	○
	130	会議の傍聴	○
	131	議長の注意の喚起	○
	132	品位の保持	○
	133	侮辱に対する処置	○
懲罰理由	134	懲罰理由	○
	135	懲罰の種類及び除名の手続	○
	136	除名議員の再当選	△（議員が直接公選されている場合のみ準用される）

項目	条文	内　　容	適用・準用
	137	欠席議員の懲罰	
	138	事務局の設置及び議会の職員	

(注)　○……準用，△……特定の場合に準用，×……適用・準用なし（A……組合の規約事項，B……一部事務組合の性格になじまない）

以下，主な注意点を挙げてみよう。

・14条の準用により，事務組合にも条例制定権があることから，事務組合の議会にとって，事務組合の条例の制定又は改廃が重要な議決事件となる（96条第1項1号が準用される）。
・事務組合の議会の組織は規約事項とされているので，選挙に関する規定（17〜19条）は適用・準用されない。
・直接請求（条例の制定・改廃，議会の解散，議員の解職等）の規定は，議会の議員及び管理者がともに直接公選されている場合のみ準用されると解されている。[9]
・兼職の禁止については287条に特例が定められている。
・議員の任期は前述したように規約事項であり，93条は準用されない。
・議会の議決事件に関する規定（96条）は原則として準用される。ただし，同条第1項14号の「普通地方公共団体の区域内の公共的団体等の活動の総合調整に関すること」については，事務組合の性格になじまないものなので準用されないと解されている。
・議長，副議長の選挙及び任期に関する事項は，規約事項であり準用されないが，規約に規定がない場合は103条が準用されると解されている。[10]
・議会の招集，議長の権限，委員会，会議の運営方法，請願，辞職，規律，懲罰等の議会運営に関する規定は原則として準用される。

---

9)　一方，1994（平成6）年の地方自治法一部改正により導入された広域連合については，自主的・自律的な行政運営を行う権能を有し，議会議員の選出方法に直接投票又は議会における選挙を規定していることもあり，直接請求制度を認めている（291条の6）。
10)　前掲昭和25年12月11日行政実例。

5　一部事務組合の組合議会の議員の地位

(1) 任　　期

　議員の任期は，行政実例や判例[11]においても，組合の規約に規定すべき事項（規約事項）であるとされている。したがって，普通地方公共団体の議会議員の任期は4年であるが（93条第1項），組合の会議の議員には同条は準用されず，規約において適当な任期を定め得ることになる。

　ところで，事務組合の議会の議員の選出においては，一般に間接選挙制（構成団体の議会の議員の中から互選により選出する方法等）が採られることが多いことから，議員の任期に関連して，事務組合の議会議員の地位の継続関係（資格の継続，喪失等）が問題になることがある。すなわち，間接選挙制を採ることから，事務組合議会の議員の地位を保持するためには，その選出の前提となる資格（例えば構成団体の議会の議員であること等。以下，「被選挙資格」という）を満たした上で，事務組合議会の議員としての資格（任期満了，兼職禁止の職に就いていること及び議会による除名等の身分の喪失事由が生じていないこと）も満たしていなければならない。

　したがって，任期に関して言えば，事務組合議会の議員の地位は，被選挙資格としての任期が継続し，かつ，事務組合議会の議員としての任期が継続している限りにおいて保持されることになる。逆に言えば，いずれかの任期が満了した場合には，事務組合議会の議員の任期は中断されることになるので注意する必要がある。

　行政実例[12]は，構成団体の議会の議長を事務組合議員に充てている組合において，ある構成団体の議長が一旦辞職し即日再選された場合，その事務組合議員の資格は一時失格となるとしている。また，他の行政実例[13]においても，構成団体の議会の議員の中から事務組合議会の議員を選出することとされている組合において，事務組合議会議員の任期満了に伴う選挙を実施する場合に，ある議

---

11)　行政裁昭和30年2月7日行録21巻6号。
12)　昭和32年6月21日行政実例。
13)　昭和38年1月24日行政実例。

員が事務組合議会の議員に選出された3か月後に構成団体の議会議員の選挙が行われ再選された場合には，当該事務組合議員の資格は一旦中断されるものとしている。

この昭和38年の行政実例のように，事務組合議会の議員が構成団体の議会の議員の中から選出され，かつ，事務組合規約において事務組合議会議員の任期を一律に定めている（例えば「議員の任期は4年とする」等）場合には，被選挙資格（構成団体の議会議員）の任期満了の時期と組合議会議員の任期満了の時期が個々に到来することになる。このような事態を避けるために，事務組合議会の議員が構成団体の議会の議員の中から選出される場合には，事務組合規約における任期の定め方として，一律に「○年」と定めずに，例えば「議員の任期は，各議員が選出される町村の議会の議員の任期とする」というように，被選挙資格の任期に準ずる形を採る方法も考えられる。なお，この場合には，事務組合議会の議員の任期満了の時期は一律に到来せず，個々の議員の任期満了の時期が選出母体毎に異なるという結果になり，その点が普通地方公共団体の議会と大きく異なる点に注意しなければならない。しかし，「組合の議会の組織及び議員の選挙方法」が規約に委ねられている以上，このような方法を採ることも可能であり，その実例も多いようである。

また，規約準則6条（後掲＜参考資料Ⅲ＞参照）において，「議員の任期は，何年とする。（町村の議会の議員の中から選挙するようにした場合は，任期を定める必要がない。）」と定められているが，（　）書の部分も同様の趣旨である。

(2) 兼職の禁止の特例

普通地方公共団体の議会の議員は，衆議院議員，参議院議員，他の地方公共団体の議会の議員並びに常勤の職員及び短時間勤務職員（地公法28条の5）と兼ねることができない（92条）。しかし，事務組合の議会の議員については，構成団体の議会の議員，長その他の職員との兼職に限り，これを認めることとしている（287条第2項）。

事務組合においては，組合の議会と構成団体の議会の議員・執行機関とが密接不可分の関係において組織されることがその性格上必然的に要請されることがその理由とされている。このことに対応し，公選法の特例として，構成団体

の議会の議員又は長は，その在職中，当該組合の議会の議員又は管理者の選挙に立候補することを妨げず，また，地方公共団体の組合の議会の議員又は管理者は，その在職中，構成団体の議会の議員又は長の選挙に立候補することができることとされている（公職選挙法施行令90条第4項）。

また，法287条第2項の反対解釈として，構成団体以外の地方公共団体の議員，長その他の職員及び当該組合の長その他の職員との兼職については，普通地方公共団体に関する規定が準用され，許されないと解するべきであろう。

(3) 議会の解散及びリコール（解職）の直接請求

普通地方公共団体における議会の解散の直接請求（76条）及び議員の解職の請求（80条）の規定は，事務組合については，組合議会の議員が直接公選されている場合にのみ準用されると解されている[14]。

6 一部事務組合の議会の運営

組合の議会の運営については，287条の2及び287条の3のような特例が定められているほか，普通地方公共団体の議会の運営に関する規定は，若干の例外を除く大半の規定が準用される。

以下において主な注意点を述べてみよう。

(1) 議会の開催状況

事務組合において，議会の招集回数の近年の状況をみてみると，2回又は3回の事務組合が多数を占め，かつ，そのような方針をとる事務組合の構成比は増加している（〔図4－22〕参照）。

---

14) ただし現在に至るまで直接公選の実例は見られず，当該直接請求の実例も見られないようである。

〔図4-22〕 議会の招集回数別 一部事務組合数の推移

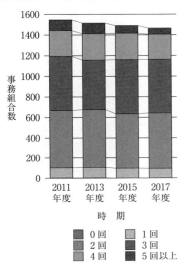

次に，議会の開催日数の推移をみると，1-5日及び6-10日の開催を行う事務組合が多く，かつ，そのような方針をとる事務組合の構成比が増加している（〔図4-23〕及び〔図4-24〕参照）。

〔図4-23〕 議会の開催日数別 一部事務組合数の推移

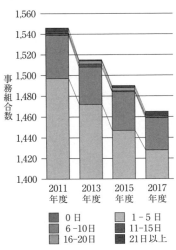

〔図4-24〕 議会の開催日数別 一部事務組合数の構成比の推移

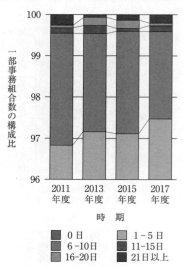

普通地方公共団体においては，通常は年4回にわたる定例会が招集され，会期は市の場合30-50日が標準的である。これに対し，事務組合の場合，通常，補正予算が組まれることはなく，予算・決算の審査が中心となることから，現状のように，招集回数及び開催日数はやや少ない状況となっている。開催状況の事例は〔図4-25〕のとおりである。[15]

---

15) 広域連合においても，議会の開催状況は同様である。

〔図4－25〕　一部事務組合の議会の開催状況の例[16]

```
例1）A県後期高齢者医療広域連合（県内全市町村で構成。後期高齢者医療の事務を処理）
    H21. 8（1日間）　　11議案を処理（専決処分承認5件，決算認定1件，補正予算2件，
                                    共同設置規約変更2件，監査委員選任同意1件）
    H22. 2（1日間）　　9議案を処理（条例改正5件，補正予算1件，予算2件，副連合長
                                    選任同意1件）
例2）B衛生プラント組合（1市1町で構成。衛生プラントの設置及び運営事務を処理）
    H21. 8（1日間）　　4議案を処理（専決処分承認1件，決算認定1件，監査委員選任同
                                    意1件，補正予算1件）
    H22. 2（1日間）　　4議案を処理（専決処分承認1件，加入組合規約変更1件，監査委
                                    員選任同意1件，予算1件）
例3）C広域連合（広域市町村圏単位で構成。広域計画の策定・実施，消防，ごみ・し尿処理，
                高齢者・障害者福祉施設の運営，介護保険等の事務を処理）
    H21. 5（7日間）　　一般質問を実施，6議案を処理（専決処分承認1件，補正予算2
                                    件，条例改正2件，契約締結1
                                    件）
    H21. 8（4日間）　　15議案を処理（決算認定3件，共同設置規約変更1件，公の施設廃
                                    止1件，条例制定・改廃4件，事務委託規約廃止・
                                    変更2件，広域計画変更1件，補正予算3件）
    H21.11（7日間）　　5議案を処理（補正予算2件，条例改正3件）
    H22. 2（5日間）　　一般質問を実施，9議案を処理（条例改正1件，事務委託規約変更
                                    1件，補正予算3件，予算3件，
                                    副管理者選任同意1件）
```

　事務組合においては共同処理事務に所掌事務が限定され条例や予算を始めとする議案の数が普通地方公共団体に比べると少数であること，普通地方公共団体のように年間に複数回の補正予算を編成することは稀であること等の事情により，普通地方公共団体の議会に比べると開催日数は少数になっている。

(2)　組合の議会の権限

　事務組合の議会の権限は，共同処理事務に関する範囲内に限定され，その事務の範囲外にわたる事項又はその事務に矛盾するような事項について議決することはできない。

　仮にこのような議決があれば，議会の議決がその権限を越えていると認められる場合に該当することから，176条第4項が準用されることにより，事務組合の管理者は，当該議決について理由を示して再議に付さなければならない[17]（特別再議）。

---

16)　出典：地方行財政検討会議第一分科会資料（総務省；2010年6月18日）。
17)　この場合の再議は義務規定であり，管理者は再議に付さなければならない。177条1項が定めるように長が議会の議決に異議がある場合の再議が長の裁量判断に基づくものであることとの違いに留意する必要がある。

また，議会の議決事項については96条が準用されるが，事務組合規約の規定は，同条第1項15号（その他法律又はこれに基づく政令により議会の権限に属する事項）の「法律又はこれに基づく政令」に該当するものと解することができるので，規約により，規約事項の範囲内において組合議会の議決事項を追加的に規定することは可能である。その具体例としては，事務組合の副管理者等の選任を議会の同意にかからしめること（執行機関の選任方法は本来規約事項であるが，規約の規定により自治法上の規定に準じた形にするため）や，構成団体の事務組合に対する負担金の割合を年度ごとに事務組合議会の議決をもって定めること等が考えられる。[18]

(3)　議決事件の通知

　287条の4により，事務組合の管理者（管理者に代えて理事会を置く複合事務組合にあっては理事会）は，当該組合の議会の議決すべき事件のうち，政令で定める重要なものについて当該議会の議決を求めようとするときは，あらかじめ，これを構成団体の長に通知し，当該議決の結果についても通知しなければならないこととされている。

　この規定は，事務組合と構成団体との連絡調整を密にすることにより円滑な広域行政を推進することをねらいとするものである。施行令211条の2で定める重要事項とは，①条例を設け又は改廃すること，②予算を定めること，③決算を認定すること，及び④これらのほか，重要な事件として事務組合の規約で定める事件である。これらの事項の具体例としては，条例で定める一定の額以上の契約を締結すること，条例で定める一定の額又は一定の規模以上の財産の取得又は処分を行うこと等が考えられる。

(4)　複合事務組合の議会の議決の特例

　事務組合の議会における議決方法の特例として，法287条の3は，組合が複合事務組合である場合には，その規約に，議会の議決すべき事件のうち，当該組合を組織する市町村の一部に係るものその他特別の必要があるものの議決の

---

[18]　議会の権限の1つとして，決算の認定がある（自治法233条を準用）。2017（平成29）年自治法一部改正により，同条第7項が追加され，決算の認定に関する議案が議会で否決された場合，長は，当該議決を踏まえて必要と認める措置を講じたときは，速やかに当議措置の内容を議会に報告し公表しなければならないこととされた。同項は組合に準用されるため留意する必要がある。

方法について特別の規定を設けることができることとしている。

　複合事務組合の構成団体のうち，一部の市町村のみが共同処理する事務に係る議決事件については，その事件に直接利害関係のある市町村の意思がその議決に十分に反映されなければならない。しかし，単純な多数決の原理を採用すると，次の例に見られるように，直接の利害関係のない市町村の意思の方が議決に強く反映される結果になることがある。

〔例〕　7つの市町村によって構成される複合事務組合において，全団体が清掃事務を共同処理するとともに，4つの団体のみがし尿処理事務を共同処理しており，組合の議員は，各団体から1名ずつ選出されている場合を想定してみよう。
　　この場合に，し尿処理に関する議決事件（例えば処理施設に関連する財産の取得や処分等）について，し尿の共同処理を行っている4団体のうち1団体の議員のみが賛成し，他の3団体の議員が反対しているとき，残りの3団体の議員が全て賛成すれば，結局，「賛成4，反対3」により賛成の可決がされることになる。
　　これでは，現にし尿の共同処理を行っており直接利害関係を有する団体内における多数意思が反映されないという弊害が生ずることになる。

　上記のような事態を防ぐために，直接利害関係を有する関係団体の意向が採決に十分反映されるように議決の方法について特別の規定を設け制度的な保障をすることを認めるのが同条の趣旨である。

　同条にいう「特別の規定」とは，通常の表決方法である過半数による表決方法（116条）の特例をいう。例えば，特別多数議決（4分の3以上，3分の2以上のような一定の過半数以上の多数決）や，一部の市町村の全会一致を含む過半数議決方式等が考えられる。このような表決方法については，規約により法律に違反しない範囲内で自由に規定することができる。

　具体的には，規約に「直接関係する市町村を代表する議員の過半数（全会一致）を含む全体の過半数により議決する」と規定することが考えられる。また，同条にいう「その他特別の必要があるもの」に該当するものとしては，例えば，広域行政機構としての複合事務組合が当該地域の総合的な整備の基本方針となる広域総合計画を策定しようとする場合等の重要な案件について特別多数議決による旨を規定すること等が考えられる。

> <参考6> 複合事務組合の規約例
> ・組合の議会の議決すべき事件のうち，関係市町村の一部に係るものの議決については，当該事件に関係する市町村から選出されている議員の出席者の過半数の賛成を含む出席議員の過半数でこれを決める。
> ・組合の共同処理事務に規定する広域計画の策定及び変更については，出席議員の3分の2以上の賛成で，これを決する。

　それでは次に，議題となっている事件について関係を有していない団体から選挙された議員を表決に参加させないことができるであろうか。この点については，事務組合の民主的運営の観点から，直接の関係がない事件であっても組合議会の議員である以上その議事に参与する権利が認められるべきであること及びその事件の議決が組合の事務全体の運営に必ず何らかの影響を与えることが予想されること等の理由から，表決に参加させないという方法を採ることはできないと考えられている。

　なお，事務組合には議員等の除斥に関する規定（117条）は準用されるが，同条は，身分上，職業上その他特別の関係を有する議長及び議員をその審議に参加させないこととすることにより議会の審議の公正性を担保しようとするものであり，ここで取り扱っているような利害関係を有する団体の多数意思の尊重の問題とは別の問題である。

　また，特別の規定を設けることができるのは，あくまでも組合の議会の議決の方法についてのみであって，例えば「事務組合の議会で議決するときは，あらかじめ構成団体の議会の議決を経なければならない」というような規定を設けることはできない。

(5)　特例一部事務組合

ア　趣　旨

　〔図4−22〕（前掲）のとおり，事務組合の議会は，年に2〜3回の会期を設け，1日〜数日間ずつ開催する例が多い。また，市町村合併の影響により構成団体の数が顕著に減少している。このような状況を踏まえ，2012（平成24）年に自治法の一部改正が行われ，特例一部事務組合の制度が設けられた。これは，主として構成団体の数が少ない現業的な事務のみを処理する一部事務組合を念頭に置き，民主的統制の確保と組織の簡素効率化を図ることを目的として，事務組合固有の議会を設けず，各構成団体の議会（全体として複数の議会。

本書では総称して「関係議会」という）が事務組合の議案を直接的に調査審議する組織形態（これを特例一部事務組合という）を選択できることとするものである（287条の2）（〔図4-26〕参照）。

〔図4-26〕 特例一部事務組合の仕組み

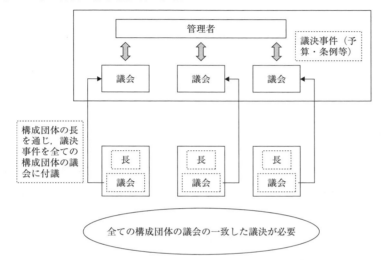

このように特例一部事務組合は，組合議会を代替するものとして関係議会の直接審議による方式を採用する仕組みであるが，構成団体の議会の数がある程度少数である場合には組合運営の簡素化及び迅速化を期待し得る方式であると考えられる。

普通地方公共団体においては，議会は条例制定を通じ自治立法権という根幹的な権能を行使しており，普通地方公共団体に準じた自治法上の権能を附与されている事務組合において，事務組合が固有の議会を設置しない方式については異論も見られるところである。しかし，構成団体の議会をもって事務組合の議会を組織することから，実質的に住民から直接公選された各構成団体の議会において審議され，議会としての意思決定が行われるので，議会機能は確保されるものと考えられている。[19]

---

19) 松本（2018），1662頁。

著者も，構成団体の数が比較的少数である組合については，運営の迅速化に配意すれば，直接民主制の要素も加味された制度として期待できるのではないかと考える。

イ　留意点
① 構成団体

特例一部事務組合の構成団体として，次のものは除かれる。

(A)　一部事務組合

事務組合の場合，その議会の議員が直接公選で選ばれていることが担保されないため，特例一部事務組合の趣旨になじまない。また，構成団体自体が特例一部事務組合である場合には組織が複雑になることが理由とされている。

(B)　複合事務組合（理事会を置く組合を含む）

構成団体の数が多いことが一般的であり，また，共同処理事務の種類が構成団体間で同一でない点が全ての関係議会の一致した議決を通じて運用する本制度（後述②）になじまないことが理由とされている。なお，このような理由から，複合事務組合であっても共同処理事務が全ての構成団体間で同一の種類である場合には，特例一部事務組合の対象から除かれないこととされている。

② 関係議会の議決

特例一部事務組合における議会の議決は，管理者が構成団体の長を通じて提出した議案を全ての関係議会が議決するものであるが，全ての関係議会の一致する議決によることが必要である。

③ 地方自治法の準用

特例一部事務組合については，地方自治法の準用関係が直接定められている（287条の2第7項）。議会に係る規定においては，次の項目は準用することとされている。

・組織　議員の兼業禁止（92条の2）
・権限　以下の項目を除き準用
　政務活動費，政府及び都道府県の刊行物の議会への送付，図書室の附置
・請願

④ 監査委員

特例一部事務組合においては，組合固有の議会を置かないことに鑑み，監査委員を置かず，規約で定める構成団体の監査委員がその名において監査を行うことができる（287条の2第9項）。

Ⅲ　一部事務組合の執行機関

1　執行機関の意義

「執行機関」とは，事務組合のためにその意思を決定し，それを外部に表示する機能を有する組合の機関を指す。

287条第1項6号は，「組合の執行機関の組織及び選任の方法」を規約事項として規定している[20]。

2　執行機関の範囲

普通地方公共団体における執行機関としては，長，委員会・委員，及び付属機関があり，長の指揮監督の下に長の補助機関（副知事・副市長，会計管理者及びその他の職員）等が置かれている（138条の2以下）。これに対して，287条第1項6号は，事務組合にいかなる機関を置くかを規約に委ねており，「執行機関」の具体的な内容が問題となる。

以下において，法令との関係，規約準則との関係，及び実際に置くべき機関の考え方を順次述べていくこととする。

(1)　法令との関係

ア　管理者

執行機関の管理は規約に委ねられているところであるが，287条第2項（管理者の兼職）並びに291条第1項及び第2項（経費分賦に関する異議）は，事務組合の代表者として管理者を置くことを予定しており，管理者は必ず設置しなければならない。

ただし，複合事務組合にあっては，処理する事務が多種類にわたるとともに，構成団体間の関係が錯綜し，複雑な利害の調整を行う必要が生ずることが予想されることから，管理者に代えて理事をもって組織する合議制の機関である理事会を置くことができることとされている（287条の3第2項）。

イ　行政委員会

---

[20]　自治法制定前の市制・町村制においては，同号に相当する規定として「組合吏員ノ組織及ヒ選任ノ方法」が規約事項とされていた。「組合吏員」という用語は，自治法において「執行機関」と改められたが，これは「吏員」という用語が戦後の地方公務員制度の確立等により，国の官吏と地方の吏員というような区別をする必要がなくなり，積極的な意味を有しなくなったからである。

普通地方公共団体においては，執行機関として，長のほか，法律の定めるところにより委員会又は委員を置くこととされている（138条の4第1項）。これを行政委員会という。事務組合の場合どのように扱うかが問題となる。
　① 監査委員
　監査委員については，法令に直接の規定はないが，行政実例により組合に必ず置かなければならない機関であるとされている[21]。
　1963（昭和38）年以前は，監査委員を置かない市町村にあっては市町村長が監査委員の職務を行うものとされ，事務組合においてもこれを準用し，管理者が監査委員の職務を行う例が多かったが，同年の自治法の一部改正によって監査委員は市町村における必置の機関となったため，事務組合においても，普通地方公共団体に準じた形での運営を行うため，必置とすることとなった。
　② 公平委員会
　公平委員会は，地公法7条第3項の規定により，全ての事務組合にその設置が義務づけられている。前述の管理者及び監査委員は，事務組合の規約にその設置の根拠を置かなければならないのに対し，公平委員会は，同項に「地方公共団体の組合」と規定しており287条第1項5号の特例規定となるので，規約に設置根拠を置く必要はなく，地公法7条第3項に基づき条例で規定することとなる。
　なお，公平委員会については，地公法7条第4項において，機関の共同設置，他の団体の人事委員会への事務委託の方法を採ることが想定されており，実際においても，市町村によって構成されている事務組合は都道府県の人事委員会に対して公平委員会の事務を委託する例が多い。
　③ 教育委員会
　教育事務の全部又は一部を共同処理する組合にあっては，地教行法2条の規定により，教育委員会が設置されることになる[22]。公平委員会と同様に，同条が

---

[21] 平成元年1月13日行政実例。
[22] 全部の教育事務を扱う場合を教育全部事務組合，一部を共同処理する場合を学校事務組合と呼ぶ。教育全部事務組合は1960年代において設立の例が見られた。また，学校組合は，1950年代に市町村事務として新制中学の整備を行う必要があることから，全国にわたり設立され，1951年には，中学校組合数で1,022組合（構成団体数2,766）に上っていた。その後学校組合数は減少し，2018年現在で，中学校組合は24（構成団体数50）となっている。

設置の根拠となるので，事務組合の規約に根拠となる規定を置く必要はない。

なお，2007（平成19）年には，同法が一部改正され，都道府県と市町村が構成する広域連合による教育委員会設置が認められるようになった。

また，教育事務に関する組合も，公平委員会の場合と同様に，共同処理しようとする教育事務が非常に少ないときは，機関の共同設置や事務委託の方法が採られることが多い。[23]

④　その他

このほか，自治法その他の法律が普通地方公共団体について各種委員会の権限として規定している事務を共同処理しようとする場合には，事務組合に当該委員会の設置が義務づけられ，規約で規定することになる（例えば選挙管理委員会等）。

ところで，法令が普通地方公共団体について定めていない執行機関を規約で設けることはできない。なぜなら，事務組合の運営に関しては普通地方公共団体に関する規定が準用されるので，そのような執行機関を設置しても，その権限及び執行の方法については規約で規定を設けることができず，他方，準用されるべき普通地方公共団体に関する規定も存在しないという状態になってしまうからである。

(2)　規約との関係

ア　総　論

287条によれば，「組合の執行機関の組織」は規約事項とされている。そこで，執行機関の組織の内容をどの範囲まで規約に規定しなければならないかという点が問題となる。

前述のとおり事務組合の執行機関として管理者を置くことは自治法が想定しているところであり（287条，291条），事務組合の規約においてその設置を規定することになる（規約準則9条，後掲＜参考資料Ⅰ＞参照）。

次に執行機関の補助機関及び附属機関についてはどのように考えるべきであろうか。

---

[23]　2018（平成30）年7月現在，3道県において，8市町村が指導主事の共同設置を行っている。

イ　補助機関

　まず補助機関（副管理者，会計管理者，職員等）については，通説は規約で明示しなければならないとしている[24]。その理由としては，市制及び町村制の組合に関する規定の部分において，現行の287条第1項6号に相当する規定として「組合吏員ノ組織及ヒ選任ノ方法」が規約事項とされていたことが挙げられる。すなわち，ここでいう「組合吏員」の用語は，自治法においては「執行機関」に改められたが，これは，同法においては市制・町村制の時期と異なり「吏員」という語が積極的な意味を有しなくなったことによるものである。したがって，「執行機関」の解釈としては，市制・町村制の規定の例にならい，補助職員まで含むものと解され，副管理者，会計管理者及びその他の職員については，その設置の根拠を規約に規定すべきであると解されている。規約準則9条（後掲）もこの考え方に基づいている。

　副管理者について，2018（平成30）年7月現在の設置の状況を示したものが，〔図4－27〕である。副管理者を設置している事務組合は1,366組合（全体の93％）に上っている。近年の推移をみると，事務組合の設置件数の減少に伴い，副管理者を設置する事務組合の数も減少しているが，比率はほぼ同じ率（90％強）が確保されている（〔図4－28〕参照）。次にその設置根拠の推移を示したものが〔図4－29〕である。事務組合数の減少に伴い規約で定めている事務組合の割合が増加しており，2018年度現在，事務組合全体の約99％（1,356）が規約において設置を定めているが，条例や組織規則において定めている事務組合も若干存在している。

---

24)　松本（2018）1657頁。

〔図4-27〕 副管理者の設置の状況 (2018.7.1現在)(事務組合数,構成比)

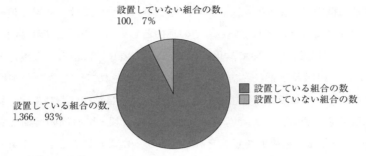

〔図4-28〕 副管理者の設置状況の推移

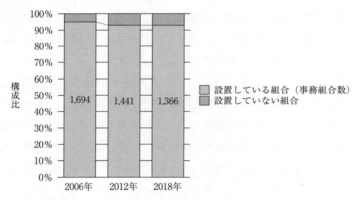

〔図4-29〕 副管理者の設置根拠に係る状況の推移

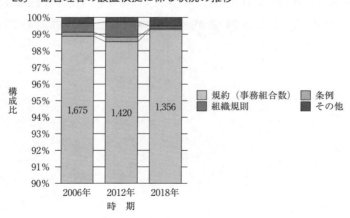

ウ　付属機関

　事務組合が附属機関（審査会，審議会，調査会その他の調停，審査，諮問又は調査のための機関）を置く場合に，その附属機関の設置は規約に定めなければならないのか，あるいは138条の4第3項が組合に準用され，条例で定めることにより設置することができるのかという問題がある。

　この点については判例，行政実例は何ら触れていない。一般的には準用事項と解して特に規約には設置について定めず，条例に基づいて設置しているようである。組合に「吏員その他の職員」を置くことを規約事項としている点（規約準則9条，後掲＜参考資料Ⅰ＞参照）との権衡からすれば，附属機関の委員についても規約で定めるべきという考え方もある。しかし，付属機関は自治法上，執行機関と区別されていること，規約事項は根幹的事項に留めることが適当であること等の理由により，附属機関の設置は一般に行われているように条例に基づく設置でよいのではないかと考えられる。

　第三に部・課の設置等の内部行政組織に関する事項は規約において規定するべきであろうか。副管理者及び会計管理者の設置については，学説，実例ともに規約事項であると解しており，規約準則もこれに従っている（準則9条）。しかし，部・課等の内部部局について規約準則は何も触れておらず，これらは規約に定めるべきものでなく，自治法158条が準用される事項であるとの立場を採っている。

　前述したように，市制・町村制において「組合吏員ノ組織及ヒ選任ノ方法」が規約事項とされていた趣旨を踏まえれば，現行の自治法における「執行機関の組織」とは執行機関及びその補助機関がいかなる人的要素をもって構成されるかを意味し，人的構成要素たる副管理者及び会計管理者の設置及び定数や，その他の吏員の設置に関する事項は規約事項ということになる。しかし，規約準則の立場は，職員に任命された当該自然人がいかなる職に補されるかは単なる補職行為の問題に過ぎず，「執行機関の組織」の問題とは言えないと解している。この結果，部・課の設置については規約には定めず，条例により定めることになる。

　以上のように，287条第1項6号の「執行機関」に含まれると解される機関

については，教育委員会及び公平委員会を除き，その設置根拠及び定数を「執行機関の組織」として規約に規定しなければならない。もっとも職員の定数については条例に委任することが適当であると考えられており，規約準則もこの考え方をとっている（準則９条）。

なお，監査委員の定数も規約事項であるが，普通地方公共団体における定数の上限が原則４人であること（195条）との権衡を図る必要があることから，条理上の上限があると解するべきであろう。

また，複合事務組合については，その理事会の組織について施行令211条に定められている。すなわち，理事会には理事の互選によって選ばれる代表理事が置かれ，代表理事は理事会に関する事務を処理し理事会を代表する。その他理事会の組織及び運営に関し必要な事項は理事会が定めることとされている。

3　執行機関の選任の方法

(1)　選任の方法

287条第１項６号において「組合の執行機関の組織及び選任の方法」が規約事項とされていることから，事務組合の「執行機関」に含まれると解されるものの選任方法は，事務組合の規約で定めることとなる。ただし，次に掲げるものについてはそれぞれ法律が特例規定として適用されるため，規約で規定する余地がない。

①　複合事務組合において管理者に代えて理事会を置く場合[25]には，理事会を組織する理事は，当該事務組合を組織する市町村の長又は当該市町村の長が当該市町村の議会の同意を得て当該市町村の職員のうちから指名する者をもって充てる（287条の３第３項）。

②　教育組合における教育委員会委員は，当該教育組合を組織する市町村の長の被選挙権を有する者で，人格が高潔で，教育，学術及び文化に関し識見を有するもののうちから，事務組合の管理者が，議会の同意を得て任命する（地教行法４条，同施行令14条）。

---

[25]　理事会を置く複合事務組合は，2018（平成30）年７月現在で46組合に上る。

(2) 管理者の選任

組合において管理者は必ず置かなければならないものであるが，その選任方法については普通地方公共団体における長の選任方法と同じである必要はない。公正妥当な自治の運営が保障される限りにおいて規約で自由に規定することができる。なお，行政実例において「管理者の選任に付き府県知事の認可を受けることを要する旨を規約に規定することはできない」とするものがあるが，公正妥当な自治の運営を保障する観点からの判断を示したものと考えられる。

また，287条第2項において兼職の特例が設けられており，管理者は構成団体の議会の議員，長その他の職員と兼ねることができるとの特例と併せて，法文上は「選挙」ではなく「選任」の方法とされていることから，構成団体の長の「充て職」を行うことが可能となっている。

〔表4－9〕 管理者の選任方法[26]

(2018. 7. 1 現在)

選任の方法		組合数
一部事務組合の構成団体の住民による直接選挙		0
構成団体の長の中から	充て職によるもの	437
	互選によるもの	638
	その他の方法	214
一部事務組合の議会の議員の中から	充て職によるもの	0
	互選によるもの	17
	その他の方法	2
構成団体の議会の議員の中から	充て職によるもの	0
	互選によるもの	0
	その他の方法	3
上記以外の構成団体の特別職たる職員の中から	充て職によるもの	4
	互選によるもの	1
	その他の方法	2
構成団体の一般職たる職員の中から	充て職によるもの	0
	互選によるもの	0
	その他の方法	1
上記以外の者の中から	充て職によるもの	6
	互選によるもの	8
	その他の方法	87
合計		1,420

(※) 理事会制度（地方自治法第287条の3第2項）を導入している一部事務組合 46組合

選任方法の主な例としては次のようなものがある。

ア 互選・選挙による方法
① 構成団体の長による互選
② 事務組合議会における選挙
イ 充て職による方法
① 構成団体の長の充て職
② 構成団体の議会の議員（特定の団体の議長等）の充て職

---

26) 出典；『状況調』。

③　構成団体の補助職員（副管理者等）の充て職

　実際の選任方法の状況は，〔表4-9〕に示すとおりである。選任される母体・選任方法の組合せの中では，「構成団体の長の中から互選によるもの」が最も多く（638件），全体の44.9％を占めている。次に，管理者が選任される母体をみてみると，構成団体の長の中から選ばれることが最も多く（1,289件），全体の91％を占めている（〔図4-30〕参照）。また，近年の推移をみてみると，「構成団体の長の中から」は構成比が減少し，「それ以外の者の中から」の構成比が増加している（〔図4-31〕参照）。

　次に選任の方法としては，2018年度現在，互選による方法が46.8％，次いで充て職による方法が31.5％であり，充て職による選任の割合もかなり高いことがわかる（〔図4-32〕参照）。また，推移をみると，互選の割合は，52.2％（2006年度），46.9％（2012年度），46.8％（2018年度）というように，一貫して減少しており，その他の方法の構成比が増加している。特に構成団体の長の中から選任する方式を採っている組合においてはこの点が顕著であり，充て職による方式が33％に上っている（〔図4-32〕参照）。

〔図4-30〕　**管理者が選任される母体の状況**（2018. 7. 1現在）（事務組合数，構成比）

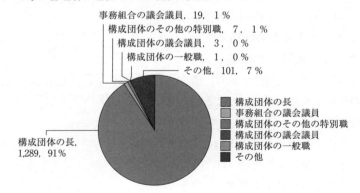

〔図4−31〕 管理者が選任される母体の推移

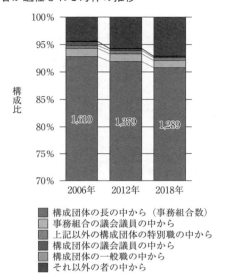

■ 構成団体の長の中から（事務組合数）
■ 事務組合の議会議員の中から
■ 上記以外の構成団体の特別職の中から
■ 構成団体の議会議員の中から
■ 構成団体の一般職の中から
■ それ以外の者の中から

〔図4−32〕 管理者の選任方法の推移

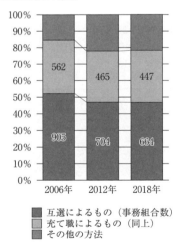

■ 互選によるもの（事務組合数）
■ 充て職によるもの（同上）
■ その他の方法

(3) 副管理者の選任

事務組合に副管理者を置く場合には，構成団体の執行機関とは別に，組合自身の執行機関として選任する必要がある。この点について，行政実例におい

て，「一部事務組合の規約で某町村長を管理者としている場合に，その管理者たる町村長に故障があっても規約中に規定がない場合には，その町村の助役は当然に管理者の代理者になれるものではない。」としたものがある。事務組合が構成団体とは別個の法人格を有する組織である以上，独自の選任手続きを取らなければならない。

　組合の執行機関として副管理者を置く場合には，規約においてその選任方法を定めるべきである（前述）。

　その選任方法については，普通地方公共団体における副知事・副市長の選任方法（162条；長が議会の同意を得て選任）と同じものである必要はなく，公正妥当な自治の運営が保障される限りにおいて規約で自由に規定することができる。

　規約準則10条は，副管理者の選任方法として普通地方公共団体の副知事・副市長の選任方法に準じた方法を採り，副管理者は，管理者が組合の議会の同意を得て選任するものとしている[27]。

一部事務組合規約準則
第10条　管理者は，組合の議会において選挙する。
　2　助役及び収入役（注）は，管理者が組合の議会の同意を得て選任する。
　3　第9条第3項の吏員は，管理者が任免する。
（注）現行制度では副管理者及び会計管理者

　なお，実際の選任の方法には次のような様々なものがある（〔表4－10〕参照）。

　ア　構成団体の長の中から選任する方法
　①　充て職によるもの（「A町の長をもって副管理者に充てる」旨を規約に規定する方法等）
　②　互選によるもの（「構成団体の長の間で副管理者を互選する」旨を規約に規定する方法等）

---

[27] 2006（平成18）年の自治法一部改正の際に，総務省自治行政局市町村課通知（平成18年9月21日）により，今般の法改正の趣旨を勘案し，また，混乱を避けるため，規約上の「助役」，「収入役」又は「吏員」をそれぞれ「副管理者」，「会計管理者」又は「職員」に変更を行うことが適当であることとされた。

③ 管理者の指定による
もの（管理者が副管理
者になる者を指定し（組
合の議会の同意を得て）
選任する方法等）
イ 構成団体の議会議員
の中から選任する方法
ウ 組合の議会議員の中
から選任する方法
エ 上記以外の構成団体
の特別職たる職員の中
から選任する方法
オ 上記以外の構成団体
の一般職たる職員の中
から選任する方法
カ 上記以外の者の中か
ら選任する方法
キ 上記の方法を組み合
わせる方法

なお，いずれの場合においても，規約において規定する選任の要件として，普通地方公共団体における副知事・副市長の選任方法に準じた形で組合の議会の同意を必要とする方法及び必要としない方法の両者がある。副管理者が選任される母体としては，構成団体の長の中から選任する事務組合が最も多く（63％），次いで，構成団体の特別職から選任する事務組合（12％）となっている（〔図4

〔表4－10〕 副管理者等の選任方法 (2018. 7. 1現在)[28]

選任の方法		議会の同意 要	議会の同意 不要
構成団体の長の中から	充て職によるもの	9	371
	互選によるもの	23	240
	管理者の指定	43	5
	その他の方法	63	33
一部事務組合の議会の議員の中から	充て職によるもの	0	0
	互選によるもの	5	5
	管理者の指定	3	0
	その他の方法	0	0
構成団体の議会の議員の中から	充て職によるもの	0	0
	互選によるもの	1	0
	管理者の指定	1	0
	その他の方法	3	1
構成団体のその他の特別職職員の中から	充て職によるもの	2	112
	互選によるもの	0	3
	管理者の指定	32	7
	その他の方法	2	0
構成団体の一般職職員の中から	充て職によるもの	0	4
	互選によるもの	0	0
	管理者の指定	0	2
	その他の方法	0	0
その他の者	充て職によるもの	0	4
	互選によるもの	1	1
	管理者の指定	80	5
	その他の方法	1	2
上記の方法の組み合わせ ※		62	240
合　計		331	1,035

28) 出典：『状況調』。

-33〕参照）。

　その推移をみると，「構成団体の長」の構成比が増加し，「構成団体の議会議員」の構成比が減少している（〔図4-34〕参照）。

　選任の方法としては，充て職が最も多く（37％），次いで互選によるもの（20％），管理者の指定（13％）という順になっている（〔図4-34〕参照）。

　同意を要する方式とするか，同意を不要とする方式とするかについては，2018（平成30）年7月現在で，同意を要する方式を採る事務組合は全体の24.2％に留まり，75.8％の事務組合は同意を不要とする方式を採っている（〔図4-35〕参照）。議会の選任同意の推移をみると，同意を要する団体の構成比は22.8％（2006年度），24.8％（2012年度），24.2％（2018年度）であり，若干増加傾向にある。これも副管理者のライン化の1つの現れであるということができる（後述）。

〔図4-33〕　副管理者が選任される母体の状況 (2018.7.1現在)（事務組合数，構成比）

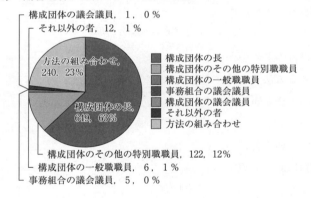

〔図4-34〕 副管理者が選任される母体の推移

〔図4-35〕 副管理者の議会の選任同意に係る状況の推移

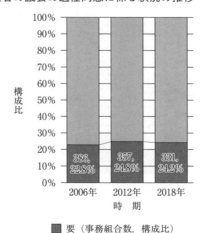

また，副管理者の人数は，1人である事務組合が703で全体の52％を占めている（〔図4－36〕参照）。近年の推移をみると，1人である事務組合はやや減少（54.5％（2006年度）から51.5％（2018年度））し，2人又は3人の事務組合の構成比が一貫して増加している（35.6％（2006），37.1％（2012），37.7％（2018））（〔図4－37〕参照）。

〔図4－36〕　副管理者の人数の状況 (2018. 7. 1現在) (事務組合数，構成比)

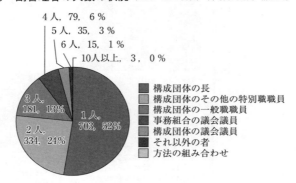

〔図4－37〕　副管理者の数の推移

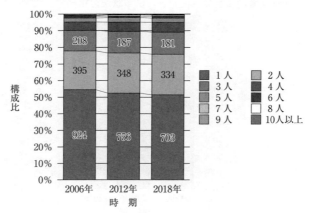

(4) 会計管理者の選任

　普通地方公共団体においては，会計管理者は，長の補助機関である職員のうちから長が命ずることとされている。2006（平成18）年以前においては，特別職としての出納長・収入役が置かれていたが，収入役を置かないこととする市町村の増加や出納事務の電算化の進展等を踏まえ，会計機関の見直しが行われ，2006（平成18）年の自治法一部改正により，特別職としての機関は廃止された。しかしながら，改正後においても，地方公共団体の会計事務の適正な執行を確保する上で内部牽制の仕組みは引き続き必要であることから，会計事務を所掌する職務上独立した権限を有する会計機関が必要であると考えられ，一般職である長の補助機関のうちから長が任命する会計管理者1人を置くこととされた（168条）。会計管理者は，一般職の職員であることから，改正前の特別職であることから設けられていた議会の同意等の諸規定は廃止された。

　事務組合においては，当該改正前は，構成団体に準ずる形で，規約により収入役が設置されていたが，改正に合わせて，会計管理者が置かれることとなった。2006（平成18）年9月21日総務省自治行政局市町村課通知により，事務組合等の組織として，規約において，「収入役」を置くとされている場合は，今般の法改正の趣旨を勘案し，また混乱を避けるため，「会計管理者」に変更を行うことが適当であるとされた。なお，当該規約変更の時期については，他の規約変更と併せて行う等，適宜変更することとして差し支えないこととされている。[29]

　まず，会計管理者（収入役）を設置している事務組合は，事務組合全体の80.6％（2006（平成18）年度）から90.9％（2018（平成30）年度）に増加し，1,333事務組合（2018（平成30）年度）となっている（〔図4－38〕参照）。

---

[29] 組合によっては，現在においても，規約上は収入役の職名を引き続き使用している例が見られる。

〔図4−38〕 会計管理者（収入役）の設置状況の推移

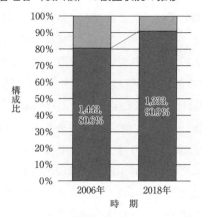

■ 設置している事務組合（事務組合数，構成比）
■ 設置していない事務組合

　事務組合の会計管理者は，一般職職員として位置付けられたことを契機として，選任の際に議会の同意を要する方式を採る事務組合の数及び構成比は2006（平成18）年度の484事務組合（33.5％）から2018（平成30）年度の13事務組合（1.0％）へと大きく減少している（〔図4−39〕参照）。

〔図4−39〕 会計管理者の選任に係る議会同意の推移

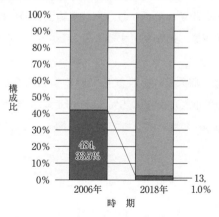

■ 要（事務組合数，構成比）　■ 不要

　規約事項として287条第1項6号が定める「一部事務組合の執行機関の組織」

の中には補助機関も含まれると解されていることから，会計管理者は規約を根拠として設置されるものと考えられている。
　会計管理者の人数は法的な制限はないが，普通地方公共団体について1人と定められている均衡上，組合においても1人が適当と考えられる。会計管理者は，組合の管理者が，当該組合の職員又は構成団体の職員の中から任命することが通常であると考えられる。
　事務組合は構成団体と密接不可分の関係において組織されることが要請されるため，組合の職員は，構成団体の職員と兼職することができる（287条第2項）。このため，会計管理者については，専任の会計管理者を置くことも想定されるが，組合は業務内容が普通地方公共団体と異なり共同処理事務に限定され，かつ，財政規模も小規模な場合もあることから，構成団体の職員が組合の会計管理者を兼職することも考えられる。
　故に，自治法上の収入役が置かれていた最後の年度である2006（平成18）年度と2018（平成30）年度の会計責任者が選出される母体の推移をみると，構成団体の会計管理者（収入役）の構成比が顕著に減少する一方，構成団体又は事務組合の職員の構成比が増加している。自治体の3役と言われた収入役の廃止に伴い，一般職職員を事務組合の会計管理者に充てる傾向が強くなっていることがわかる（〔図4-40〕参照）。また，選任方法については，前述のような選任母体の変化に伴い，従来は充て職の構成比が大きかった（2006年度現在，65.6％）が，管理者の指定による方法が顕著に増加している（2018年度現在，45.3％）。（〔図4-41〕参照）。

〔図4−40〕 会計管理者が選任される母体の推移

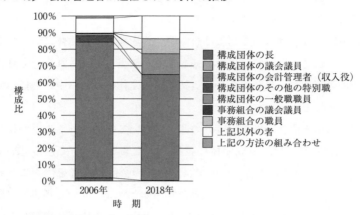

〔図4−41〕 会計管理者の選任方法の推移

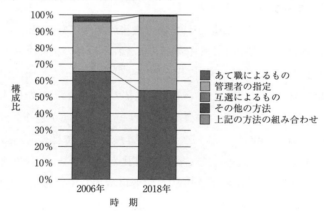

　それでは，会計管理者の選任方法は，規約においてどのように定めるべきであろうか。この点について，2006（平成18）年の自治法一部改正前は，いずれかの構成団体の収入役を充て職として組合の収入役に選任する旨を規約に定める方法が全体の5割以上を占めていた。自治法改正以降は，「会計管理者は管理者がこれを任用する」というように自治法に準じた規定のみを置くケース，「会計管理者は，管理者の属する市の会計管理者を充てる」あるいは「事務組合の事務所が置かれる構成団体の会計管理者を充てる」というように充て職とする旨を明記するケース，会計管理者の設置のみを規定し選任方法は規定しな

いケースなど，様々なスタイルとなっている。普通地方公共団体の場合は，長が管理執行権（148条）及び補助機関である職員に対する指揮監督権（154条）等に基づき人事管理上の裁量的判断の下に会計管理者を任用することとなる。これに対し，事務組合管理者が自由な任用行為を行うのではなく，特定の構成団体の職員の中からの選出や充て職を活用する場合には，その旨を規約に明記し運用の透明性を確保することが適当であろう。

会計管理者の兼職が生ずる場合，会計管理者は一般職の地方公務員なので地公法が適用されるため，状況に応じ，職専念義務免除の取り扱いや給与の重複支給を避けるため給与支給の調整規定を置く等の措置を講ずることが必要となる。

(5) 監査委員の選任

監査委員は全ての事務組合に必置の機関と解されており，その選任方法は規約において定める必要がある。規約準則においては「監査委員は，管理者が組合の議会の同意を得て知識経験を有する者のうちから選任する」と規定されており，これに準じた形で規約を定めれば良いと考えられる。[30]

監査委員の設置数は，近年の推移をみると，1人の事務組合が減少し，2人の事務組合が増加し，95.6％（2018年度）を占めるに至っている（〔図4－42〕参照）。

---

[30] 2017（平成29）年自治法一部改正により，同法196条第1項にただし書が追加され，「条例での議員のうちから監査委員を選任しないことができる」という旨が規定された。「各地方公共団体の判断により，監査委員は専門性のある識見監査委員に委ね，議選監査委員を置かないことを選択肢として設けるべき」（第31次地方制度調査会答申第3・2(4)）という趣旨に基づく改正である。本書は，同項については，事務組合の規約事項に委ねられ自治法の適用はないという考え方が妥当であるという方針を採っており，当該方針によれば，当該改正は事務組合制度に直接の影響はない。しかしながら，規約により，事務組合議員を監査委員に充てている組合も存在するところであり（2018年度現在，84組合。〔表4－11〕参照），事務組合の運営においても，いわゆる議選監査委員を活用するか，あるいは活用せずに識見監査委員の採用に限定するかについて，政策的な判断を求められるところである。

〔図4－42〕 監査委員の設置数の推移

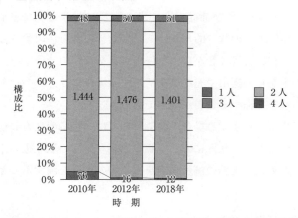

　監査委員の選出方法として，複数の方式を組み合わせている組合が全体の87％を占め顕著に多い（〔表4－11〕参照）。個別の方式の中では，事務組合の議会議員から選出している組合や構成団体の監査委員の中から選出している組合が多い（〔図4－43〕参照）。また，近年の推移をみると，選任にあたって，組合議会の同意を要する方式を採っている組合の構成比が増大し，2018年度現在，全体の98.6％に上っており，組合議会や構成団体の議会の議員が監査委員に選出されることが多いことも影響していると考えられるが，大部分の組合において議会の同意方式を採用している（〔図4－44〕参照）。

〔表4−11〕 監査委員の選任方法 (2018. 7. 1現在)

選任される母体		議会の同意 要	議会の同意 不要	区分
構成団体の監査委員	あて職によるもの	0	9	A
	互選によるもの	1	4	B
	管理者の指定	25	2	C
	その他の方法	0	0	−
構成団体の議会議員	あて職によるもの	1	0	D
	互選によるもの	2	0	E
	管理者の指定	3	0	F
	その他の方法	0	0	−
構成団体の長	あて職によるもの	0	0	−
	互選によるもの	0	0	−
	管理者の指定	1	0	G
	その他の方法	0	0	−
構成団体のその他の特別職	あて職によるもの	0	0	−
	互選によるもの	0	0	−
	管理者の指定	1	0	H
	その他の方法	0	0	−
構成団体の一般職職員	あて職によるもの	0	0	−
	互選によるもの	0	0	−
	管理者の指定	1	0	I
	その他の方法	0	0	−
事務組合の議会議員	あて職によるもの	0	0	−
	互選によるもの	16	0	J
	管理者の指定	66	0	K
	その他の方法	2	0	L
事務組合の職員（※当該職員が構成団体の職員を兼ねている場合を除く）	あて職によるもの	0	0	−
	互選によるもの	0	0	−
	管理者の指定	1	0	M
	その他の方法	0	0	−
上記以外の者	あて職によるもの	0	0	−
	互選によるもの	0	0	−
	管理者の指定	47	0	N
	その他の方法	1	0	O
上記の組み合わせ ※		1,278	5	−
合計		1,446	20	−

※選任方法の組み合わせで多いものは、次のとおり。
　①KとN（議会の同意要）　　798組合
　②CとK（議会の同意要）　　319組合
　③KとM（議会の同意要）　　22組合

〔図4−43〕 監査委員が選出される母体の推移

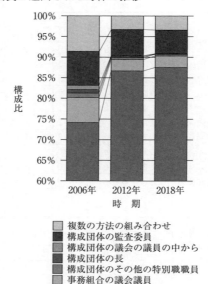

- 複数の方法の組み合わせ
- 構成団体の監査委員
- 構成団体の議会の議員の中から
- 構成団体の長
- 構成団体のその他の特別職職員
- 事務組合の議会議員
- 上記以外の者

〔図4−44〕 監査委員の選任に係る議会同意の推移

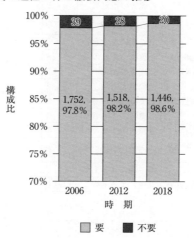

選任方法の推移をみると，「管理者の指定」の構成比が顕著に減少し，一方，「組合せ」の構成比が顕著に増加している（〔図4－45〕参照）。
　組合せの内訳として，「事務組合議員の中から管理者が指定」と「上記以外の者の中から管理者が指定」の組合せが最も多く（798組合），議会のチェック機能の行使と専門的人材の活用のバランスを図る事務組合が多いことがわかる。

〔図4－45〕　監査委員の選任方法の推移

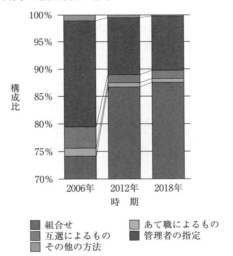

(6)　その他の職員の選任方法

　その他の職員の選任方法については，規約準則10条第3項において「吏員は，管理者が任免する」と規定されている（後掲＜参考資料Ⅰ＞参照）。この規定を規約に置いておけば，より具体的な選任の方法については，地公法の任用に関する規定等が適用されることになる。
　なお，事務組合の職員と構成団体の職員は兼職することが認められており（287条第2項），実際にも兼職が行われている例は多い。また構成団体からの休職出向等により構成団体の職員の身分を保有しながら組合の専任職員となる場合もあるので，その任用，勤務条件について注意する必要がある。

職員の採用にあたっては，優秀な人材を確保するため構成団体と共同で採用試験を実施することや，都道府県の人事委員会に採用事務を委託すること等が考えられる。また，構成団体からの職員の派遣（252条の17）等によって人材を確保するとともに，事務組合と構成団体との間で幅広い人事交流を行うことが望ましいと考えられている。

　近年の監査実施状況をみると，2009～2017年度の間，事務組合総数は減少を続けてきたが，その中で，監査委員による監査延べ日数が1～5日の事務組合が最も構成比が高く（2017年現在，57.2％），かつ，2009（平成21）年度から2015（平成27）年度の間は構成比が増加していた。一方，延べ日数が11日以上である事務組合の構成比は，当該期間は減少していたが，2017（平成29）年度は増加に転じ，25.8％を占めている（〔図4－46〕参照）。

〔図4－46〕　監査実施状況の推移

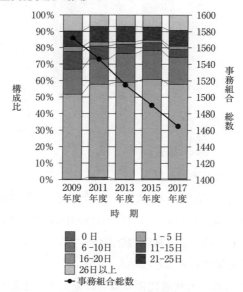

　2017（平成29）年自治法改正により監査委員の権限の強化が図られたこともあり[31]，事務組合においても，今後，監査延べ日数が増加するなど，監査委員の活動が強化されることが予想される。

31）　2017（平成29）年自治法一部改正は，監査委員による監査基準の策定・公表，勧告・監査専門委員等の制度を定めている。

(7) 事務局長

ここで，職員の中で，いわば事務方の責任者として実務の執行を行う事務局長の設置の現状とその選任方法について触れることとする。

ア　事務局長の現状

事務局長の設置状況の推移をみると，2006（平成18）年度〜2018（平成30）年度の間，事務組合総数が減少する状況の中で，設置する事務組合は概ね一定の構成比であり，2018年度現在，70.8％を占めている（〔図4－47〕参照）。管理者や副管理者を補佐し，組合事務局の内部事務を統括する職として設置されることが多い。

〔図4－47〕　事務局長の設置状況の推移

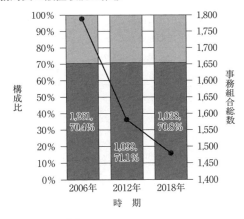

イ　事務局長の選任方法

事務局長の選任の母体としては，構成団体の一般職（全体の36.2％），組合の専任職員（22.4％），かつて構成団体の一般職職員であった者（6.9％）の中から選任されることが多い（〔表4－12〕参照）。実務的な職務を担うことから，実務経験に着目した任用が行われていることがうかがわれる。

また，近年の推移をみると，構成団体の一般職職員の構成比は若干減少し，一方，事務組合の専任職員の構成比が増加している（2006年度現在，19.5％から，2018年度現在，22.4％（〔図4－48〕参照）。事務組合の職員（いわゆるプロパーの職員）の人材育成が進んでいる現れと考えることができる。

〔表4－12〕　事務局長の選任方法[32]

選任の方法		議会の同意	
		要	不要
構成団体の一般職たる職員の中から	充て職によるもの	0	63
	管理者の指定	0	454
	その他の方法	0	14
一部事務組合の専任の職員の中から	充て職によるもの	0	5
	管理者の指定	0	319
	その他の方法	0	4
構成団体の旧一般職職員であった者の中から	充て職によるもの	0	0
	管理者の指定	1	68
	その他の方法	0	3
上記以外の者の中から	充て職によるもの	0	9
	管理者の指定	2	82
	その他の方法	0	14
計		3	1,035

32）　出典；『状況調』。

〔図4－48〕　事務局長が選任される母体の推移

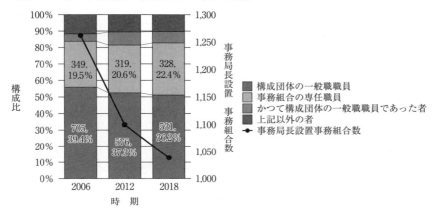

事務局長の選任方法としては，管理者（長）の指定が全体の89.2％（926事務組合）を占めているが，充て職による場合もある（7.4％），77事務組合（〔図4－48〕参照）。

近年の推移をみると，あて職の構成比は減少し，一方，管理者の指定の構成比は増加している（〔図4－49〕参照）。これは，管理者が事務組合職員の中から事務局長を登用する形態の構成比が増加していることを示し，内部組織のライン化が進展している現れであるということができる。

〔図4－49〕　事務局長の選任方法の推移

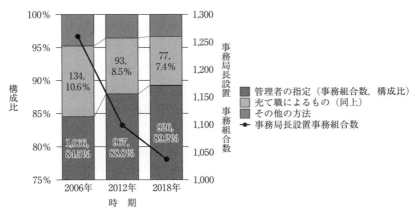

第6章　一部事務組合の組織　279

また，選任の方法として，事務局長を設置している組合の0.3％（3件）は，事務局長の選任を議会の同意にかからしめている（〔表4－12〕参照）。特別職である副管理者の場合，同意を必要とする組合が24.2％（331件）に上っているが（前掲〔表4－10〕参照），それに比して，事務局長については，内部事務を担う立場の職として，同意まで導入している組合は現状では少数（2018年現在，1,035組織中3組織）である。

　また，選出の母体を見てみると，構成団体の旧職員の指定が1件，構成団体・事務組合の職員以外の者の指定が2件である。なお，3件のうち2件は，事務組合・構成団体の職員以外の者の中からの選任であり，関係職員以外の者を選任することをチェックする観点からも議会同意制度が活用されている面もあるのではないかと考えられる（〔表4－12〕参照）。

　（なお，事務局長の身分，事務局組織の規模その他の事務局の体制に係る状況については，第6編第1章Ⅰを参照。）

4　一部事務組合の職員の身分取扱い

　地方公務員は，特別職と一般職に区分される。それでは事務組合において，どのような職が特別職及び一般職に該当するのであろうか。

　地公法3条第3項において，特別職の範囲が定められ，一般職は，特別職に属する職以外の一切の職とされている（同条第2項）。同条第3項では，特別職として多様な職の類型が掲げられているが，特別職とは基本的にはどのような職を指すのかという点についてこの規定だけでは明確ではない。

　行政実例[33]は，一般職と特別職との違いを次のように説明している。

　「地方公務員法第3条第3項に掲げる職員の職は，恒久的でない職又は常時勤務することを必要としない職であり，かつ，職業的公務員の職でない点において，一般職の属する職と異なるものと解される。」

　即ち，一般職は，受験成績，勤務成績，能力の実証によって採用，昇任等の任用が行われ，成績主義の原則が全面的に適用され，そのような特徴を「職業的公務員」と表現している。一方，特別職の方は，それと異なり，住民の選

---

[33]　1960年7月28日行政実例。

挙,議会の議決,任命権者の特別の信任など,特別の判断基準にもとづいて選出される職を意味する。この考え方を事務組合に適用してみると,事務組合は普通地方公共団体のように単体としての組織ではなく,複数の構成団体の合同行為により設立されており,構成団体の長の間での互選,構成団体議会における互選,構成団体の特定の職にある者からの選任,構成団体の特定の職にある者の充て職など,独立した法人である組合と複数の構成団体間の多層的な関係の中で運営されている組織である。したがって,このような多層的な関係の中で,特別の判断基準に基づいて選出される職を,事務組合の特別職と考えてよい。

　実際に,このような考え方を基礎として,管理者,副管理者及び監査委員は特別職として扱われ,吏員その他の職員は一般職に該当するものとして扱われている。

　例えば,これらの職について,組合の中での選出プロセスをみれば,全てのケースについて地公法3条第3項1号の「就任について公選又は地方公共団体の議会の選挙,議決若しくは同意によることを必要とする職」に該当するものとは限らない。しかしながら,その選任方法を定める規約自体が,関係地方公共団体の議会の議決を経た協議によって定められるものであり,かつ,前述のとおり選任方法も互選や充て職など一般職職員に対する任用とは異なる方法を取ることが標準的であることから,これらの職は特別職と位置付けるべきであると考えられている。

(1)　特別職（管理者,副管理者,監査委員）

　管理者は,前述の理由から特別職に該当し,さらに,地公法3条第3項4号に規定されている「地方公共団体の長」に該当する職として,特別職として位置付けることができる。また,同条第3項1号の2において「企業団の企業長」が特別職として明記されていることからしても,法が組合の管理者を特別職として想定していることは明らかである。

　副管理者は,規約により設置される補助機関であり,具体的な選出方法は様々であるが,前述のとおり規約事項として定められた選任方法により選任されることや,名称の如何を問わず,普通地方公共団体の副知事・副市長に相当

すると認められる場合には，副知事等に関する規定が準用されることから，特別職と位置付けるべきであると考えられている。

なお，監査委員は，規約に基づき選任されることと併せて，第3項2号の「法令又は条例，地方公共団体の規則若しくは地方公共団体の機関の定める規程により設けられた委員及び委員会（審議会その他これに準ずるものを含む）の構成員の職で臨時又は非常勤のもの」に該当する委員であるという観点からも特別職であると言うことができる。

これら特別職には地公法は適用されない（地公法4条第2項）。また同法以外の法律で特別職の身分取扱いを統一的に規定した法令は存在しないので，個々の特別職ごとに関係する法規を検討した上でその身分取扱いを決定することになる。

ここでは，管理者，副管理者及び監査委員（監査委員のうち常勤のもの）に共通する点について述べておく。

ア　給　与

自治法204条において，常勤の特別職については，①給料及び旅費を支給すべきこと，②諸手当を支給できること及び③これらの額と支給方法は条例で定めなければならないことが定められている。なお，非常勤の監査委員については，203条の2により，①勤務日数に応じて報酬を支給すべきこと，②費用弁償を支給し得ること及び③これらの額と支給方法は条例で定めなければならないことを定めている。

イ　服務規律

地公法は原則として一般職にのみ適用される。そこで特別職の身分取り扱いについて法令上どのように対応するかが問題となる。この点について，自治法附則5条は都道府県の吏員（副知事等）を対象とし，同附則9条は，都道府県のその他の職員（監査委員，専門委員等），市町村の吏員（副市長等），及び市町村のその他の職員（監査委員，専門委員等）を対象として，その身分取り扱いについては，別に法律が定められるまでの間，従前の規定に準じて政令でこれを定めることとした。その後，別に規定する法律は定められていないため，特別職の身分取り扱いについては，政令である地方自治法施行規程（以下，「規

程」という）により対応することとなる。これらの規定の内容を事務組合の職員に適用した形でまとめたものが〔表4－13〕である。

　また，身分取り扱いの中でも服務に関しては，都道府県の特別職職員については東京都職員服務規律及び府県職員服務規律が準用され，市町村の特別職職員については市町村職員服務規律（＜参考７＞参照）が準用される。これらの服務規律の規定の概要をまとめたものが〔表4－14〕である。

　同表に示されているとおり，服務規律の観点から，事務組合の特別職は，次の4種に分類される。
・都道府県が加入する事務組合
　(a)　副管理者（都道府県の吏員に相当）
　(b)　監査委員，専門委員（都道府県のその他の職員に相当）
・それ以外の事務組合
　(c)　副管理者（市町村の吏員に相当）
　(d)　監査委員，専門委員（市町村のその他の職員に相当）

　また，懲戒処分については，上記(a)は官吏懲戒令の例によるものとして扱われ，(b)～(d)は共通で，規程13条が適用される。同条により，副管理者等は，①職務上の義務に違反しまたは職務を怠ったとき，又は②職務の内外を問わず公職上の信用を失うべき行為があった場合においては，懲戒処分（免職，過怠金又は譴責）を受ける。なお，免職又は過怠金の処分を行う場合には，組合に職員委員会（懲戒審査委員会）を設置し，その議決を経なければならない（規程13条，16条，17条）。

〔表4－13〕 一部事務組合の特別職に対する服務規律に係る法令の概要

区分	都道府県が加入する一部事務組合		それ以外の一部事務組合	
	吏　員	その他の職員	吏　員	その他の職員
職	副管理者（a）	監査委員,専門委員（b）	副管理者（c）	監査委員,専門委員（d）
身分取扱い	〈地方自治法附則5条〉 ・従前の都道府県の官吏等に関する規定を準用。	〈同法附則9条〉 ・分限,給与,服務,懲戒等に関し,政令（同法施行規程）で定める。	〈同法附則9条〉 ・同左	〈同法附則9条〉 ・同左
服務	〈地方自治法施行規程10条〉 ・従前の東京都職員服務規律又は道府県職員服務規律の例による。	〈自治法198の3〉 ・監査委員の服務については同条を適用（公正不偏,守秘義務）。 〈同規程12条〉 ・同左 ・但し,営業の従事や,給料・報酬を受ける他の事務を行うことも可。	〈同規程15条〉 ・従前の市町村職員服務規律の例による。	〈自治法198の3〉 ・監査委員の服務については同条を適用（公正不偏,守秘義務）。 〈同規程15条〉 ・同左 ・但し,営業の従事や,給料・報酬を受ける他の事務を行うことも可。
分限	〈同規程8条〉 ・官吏の分限に関する規定を準用しない。	〈同規程8条〉 ・同左	－	－
懲戒	・従前の官吏懲戒令による。（行政実例昭和24年6月15日自発8号） （処分の種類） 　免官,減俸,譴責 〈同規程9条〉 ・（組合に置く）職員委員会が懲戒の審査・議決に関する事務をつかさどる。	〈自治法197条の2〉 ・監査委員の罷免については同条を適用。 〈同規程13条〉 ・懲戒事由,処分の種類（免職,過怠金,譴責），手続き（職員委員会の議決）を規定。 〈同規程14,21条〉 ・職務執行停止に関する規定。	〈同規程16条〉 ・懲戒事由,処分の種類（免職,過怠金,譴責），手続き（職員委員会の議決）を規定。 〈同規程17条〉 ・（組合に置く）職員委員会が懲戒の審査・議決に関する事務をつかさどる。	〈自治法197条の2〉 ・監査委員の罷免については同条を適用。 〈同規程18条〉 ・懲戒事由,処分の種類（免職,過怠金,譴責），手続き（職員委員会の議決）を規定。 ・職務執行停止に関する規定。
休日及び休暇等	〈同規程11条〉 ・官吏の休暇及び休日等に関する規定を準用。	〈同規程11条〉 ・同左	－	－

＜参考7＞市町村職員服務規律（明治44年9月22日内務省令16号）

第1条　市町村吏員ハ忠実勤勉ヲ旨トシ法令ニ従ヒ其ノ職務ニ尽スヘシ

第2条　市町村吏員ハ職務ノ内外ヲ問ハス廉恥ヲ破リ其ノ他品位ヲ傷フノ所為アルヘカラス
　②　市町村吏員ハ職務ノ内外ヲ問ハス職権ヲ濫用セス懇切公平ナルコトヲ務ムヘシ

第3条　市町村吏員ハ総テ公務ニ関スル機密ヲ私ニ漏洩シ又ハ未発ノ事件若ハ文書ヲ私ニ漏示スルコトヲ得ス　其ノ職ヲ退クノ後ニ於テモ亦同シ
　②　裁判所ノ召喚ニ依リ証人又ハ鑑定人ト偽リ職務上ノ秘密ニ就キ訊問ヲ受クルトキハ指揮監督者ノ許可ヲ得タル件ニ限リ供述スルコトヲ得　事実参考ノ為訊問ヲ受ケタル者ニ付テモ亦同シ
　③　前項ノ場合ニ於テ市町村吏員ノ掌ル国府県其ノ他公共団体ノ事務ニ付テハ国府県共ノ他公共団体ノ代表者ノ許可又ハ承認ヲ得ルコトヲ要ス

第3条ノ2　市町村助役，市町村収入役及市町村副収入役並ニ市制第6条ノ市ノ区長及市制第82条第1項ノ市ノ区長ハ市町村長ノ許可ヲ受クルニ非ザレバ他ノ報償アル業務ニ従事スルコトヲ得ズ

第4条　市町村吏員ハ其ノ職務ニ関シ直接ト間接トヲ問ハス自己若ハ共ノ他ノ者ノ為ニ贈与其ノ他ノ利益ヲ供給セシムルノ約束ヲ為スコトヲ得ス
　②　市町村吏員ハ指揮監督者ノ許可ヲ受クルニ非サレハ共ノ職務ニ関シ直接ト間接トヲ問ハス自己若ハ其ノ他ノ者ノ為ニ贈与其ノ他ノ利益ヲ受クルコトヲ得ス

第5条　左ニ掲クル者ト直接ニ関係ノ職務ニ在ル市町村吏員ハ其ノ者又ハ共ノ者ノ為ニスル者ノ饗燕ヲ受クルコトヲ得ス
　一　市町村ニ対シ工事ノ請負又ハ物件労力供給ノ契約ヲ為ス者
　二　市町村ニ属スル金銭ノ出納保管ヲ担任スル者
　三　市町村ヨリ補助金又ハ利益ノ保証ヲ受クル起業者
　四　市町村ト土地物件ノ売買贈与貸借又ハ交換ノ契約ヲ為ス者
　五　其ノ他市町村ヨリ現ニ利益ヲ得又ハ得ムトスル者

第6条　第1条乃至第3条，第4条及第5条ノ規定ハ町村会議員選挙管理委員（町村制第38条ノ町村ニ於テハ町村長選挙管理委員）及市会議員区選挙管理委員並ニ市町村会議員選挙管理委員会（町村制第38条ノ町村ニ於テハ町村長選挙管理委員会）及市会議員区選挙管理委員会ノ書記ニ之ヲ準用ス

〔表4－14〕　職員服務規律の主な内容

○法令順守
○職務命令順守
○品位の保持
○守秘義務
○職務地外への移動の制限（出張を除く。市町村職員にはない。）
○収賄等の禁止
○営利行為への従事に対する制限

ウ　勤務条件

　特別職であっても労働基準法9条に定める「労働者」に該当する者（事業又は事務所に使用される者で，賃金を支払われる者），すなわち当該地方公共団体と使用従属関係にある者については同法が全面的に適用される。管理者及び副管理者等は同法にいう「使用者」に該当するものであり，その他の使用従属関係が認められる特別職が，労働者に該当するものと考えられる。労働者に該当する者に対しては，同法の規定（労働時間，有給休暇等の勤務条件，解雇制限等）の適用を受けることとなる。

①　福利関係

　地方公務員等共済組合法は常時勤務に服する地方公務員である限り，一般職，特別職の区別なく適用される。したがって，管理者，副管理者，会計管理者，常勤の監査委員に対しては，その病気，負傷，出産，死亡若しくは災害又はその被扶養者の病気，負傷，出産，死亡若しくは災害に関して所定の短期給付が行われ，また，その退職，疾病又は死亡に関して長期給付が支給される。

　また，地方公務員災害補償法も，常時勤務に服する地方公務員である限り，一般職，特別職の区別なく適用される。したがって管理者等の常勤の特別織が公務により災害を受けたときは，療養補償，休業補償，傷病補償年金，障害補償，介護補償，遺族補償及び葬祭補償を受け（同法25条），又は福祉事業の対象となる（同法47条）。なお，非常勤監査委員等の非常勤特別職に対し同法は適用されないが，同法69条により，地方公共団体は非常勤職員に対する補償の制度を条例によって定めることとされており，同制度による補償を受けることになる（一般に事務組合の場合には，各事務組合がこれらの制度を設ける方法よりも，事務委託や当該事務を行っている事務組合への加入の方法を採ることの方が多いようである）。

5　執行機関の権限と事務執行の方法

　自治法においては，事務組合の執行機関の「組織及び選任の方法」については規約事項とされているが，その権限及び事務執行の方法については，原則として普通地方公共団体に関する規定が準用されることになる（292条）。

事務組合に対する自治法の執行機関関係の規定の適用，準用関係は，〔表4−15〕に示すとおりであるが，以下その概要について述べることとする。

〔表4−15〕　一部事務組合に適用・準用される地方自治法の規定（執行機関関係）

項目	条文	内容	適用・準用
通則	138の2	執行機関の義務	○
	138の3	執行機関の組織の原則	○
	138の4	委員会・委員及び附属機関の設置	○
長	139	知事及び市町村長	×A
	140	任期	×A
	141①	兼職の禁止（衆議院議員又は参議院議員との兼職）	○
	②	兼職の禁止（地方公共団体の議会の議員，常勤の職員との兼職）	○（但し287条②に特例あり）
	142	長の兼業禁止	○
	143	失職	○
	144	失職の時期	△（管理者が直接公選により選任されている場合は準用）
	145	退職	○
権限	147	長の統轄代表権	○
	148	事務の管理及び執行権	×A
	149	担任事務	○
	150	財務事務等の方針の策定	○
	152	長の職務の代理	○
	153	長の事務の委任・臨時代理及び補助執行	○
	154	職員の指揮監督	○
	154の2	処分の取消及び停止	○
	155	支庁・地方事務所・支所等の設置	○
	156①〜③	行政機関の設置	○
	④⑤	国の地方行政機関の設置の条件	×C
	157	公共的団体等の監督	×B
	158	内部組織	△（条例で設ける部分のみ準用）
	159	事務引継	○
	160	財務事務等の方針の策定の特例	◎
	161	副知事・副市町村長の設置及びその定数	×A
	162	副知事及び副市町村長の選任	×A
	163	副知事及び副市町村長の任期	×A
	164	副知事及び副市町村長の欠格事由（公選法11条第1項等）	△（規約において議会の選任同意を要することとされている場合に準用）
	165	副知事及び副市町村長の退職	○
	166	副知事及び副市町村長の兼職・兼業禁止及び事務引継	○

項目	条文	内容	適用・準用
補助機関	167	副知事及び副市町村長の職務	○
	168	会計管理者の設置及び選任方法	×A
	169	親族の就職禁止	○
	170	会計管理者の職務権限	○
	171	出納員及び会計職員	○
	172①〜③	職員の設置，任免，定数	×A
	④	地方公務員法の適用	○
	174	専門委員	○
	175	支庁及び地方事務所等の長	○
議会との関係	176	議会の瑕疵ある議決又は選挙に対する長の処置	○
	177①，②	収入又は支出に関する議決に対する長の処置	○
	③	経費の削除・減額の議決に対する長の処置	△（管理者が直接公選により選任される場合に準用）
	178	不信任議決と長の処置	△（〃）
	179	長の専決処分	○
	180	議会の委任による専決処分	○
	180の2	長の事務の委員会等への委任及び補助執行	○
	180の3	職員の兼職・事務の従事等	○
	180の4	組織等に関する長の総合調整権	○

（注）◎＝適用，○＝準用，△＝特定の場合に準用，×＝適用・準用なし（A＝組合の規約事項，B＝一部事務組合の性格になじまない，C＝地方公共団体に関する規定ではない）

(1) 執行機関の義務

　自治法138条の2は，執行機関に関する通則として執行機関の義務について定めている。この規定は組合にも準用されるので，読替えを行うと次のようになる。

　「一部事務組合の執行機関は，当該一部事務組合の条例，予算その他の議会の議決に基く事務並びに法令，規則その他の規程に基づく当該一部事務組合及び国，他の地方公共団体その他公共団体の事務を，自らの判断と責任において，誠実に管理し及び執行する義務を負う。」

　本条は，終戦直後の地方公共団体の職務権限の執行が公正妥当になされているとは必ずしも称し得なかった実情に鑑み，1949（昭和27）年8月の一部改正において設けられた規定であり，地方公共団体の全ての執行機関がその権限に属する事務を管理し及び執行するに当たっての根本基準を規定したものである。事務組合においては，関係団体や関係機関が多く，それらの連絡・調整事

務が執行すべき事務の相当の割合を占めることから，特に，執行機関が「自らの判断と責任において（事務を）誠実に管理し及び執行する」ことに重要な意義があり，事務組合の執行機関を構成する者が常に念頭に置いておかなければならない規定であると考えられる。

　また，2017（平成29）年自治法一部改正により，財務事務等の方針の策定（150条）に関する規定が定められ，同法160条により，事務組合の管理者及び広域連合の長等は150条（第2項〜第9項）の規定が準用される[34]。同条により，事務組合の管理者等は，財務に関する事務及び法令適合性（コンプライアンス）を特に確保する必要がある事務について，方針を策定し，毎会計年度少なくとも1回以上，内部統制評価報告書を策定するなど必要な体制を整備するよう努めなければならない（2020（令和2）年4月1日から施行）。管理者等は，当該報告書を監査委員の意見を付けて議会に提出するとともに，公表しなければならないこととされている。

　このように組合の事務の執行においても，行政サービス提供の事務上のリスクを評価及びコントロールすることが要請されている。

(2)　執行機関の組織の原則

　自治法138条の3が定める普通地方公共団体の組織の原則も事務組合に準用されるものであり，読替えを行うと次のとおりである。

「①　事務組合の執行機関の組織は，事務組合の管理者の所轄の下に，それぞれ明確な範囲の所掌事務と権限を有する執行機関によって，系統的にこれを構成しなければならない。

　②　事務組合の執行機関は，事務組合の管理者の所轄の下に，執行機関相互の連絡を図り，すべて，一体として，行政機能を発揮するようにしなければならない。

　③　事務組合の管理者は，当該事務組合の執行機関相互の間にその権限につ

34）会社法及び金融商品取引法において，近年，リスク管理が強化されていることや，地方公共団体において不正経理処理等が度々明らかになった事情を踏まえ，地方公共団体の監査制度の強化を図るとともに，地方公共団体における内部統制（組織内において業務処理の適正性を確保する上でのリスクを評価し，コントロールする仕組み）の整備を図る必要があることが，当該改正の背景となっている。

き疑義が生じたときは，これを調整するように努めなければならない」

　これらの規定は，事務組合の総括的代表者としての管理者の地位を定めるとともに各執行機関相互間の連絡調整による行政機能の一体性を確保することの必要性を明らかにしたものである。

　これからの広域行政の進展の中で，事務組合の広域化，複合化は必然的に執行機関相互の関係を複雑化することが予想されるが，そのような状況の中で，行政機能の一体性を確保する要請は一層高まり，この規定が定めている原則の重要性は増していくと考えられる。

　(3)　管　理　者

　管理者については，その権限及び事務執行の方法について普通地方公共団体の長に関する規定がほぼ全て準用される。

　　ア　管理者の統轄代表権

　管理者は，当該事務組合を統轄し，これを代表する（147条を準用）。すなわち，管理者は，当該団体の事務についてこれを統御するとともに，管理者のなした行為そのものが法律上直ちに組合の行為となる。

　　イ　管理者の担任事務

　149条が準用され，管理者は概ね次に掲げる事務を担任する。

　①　議案の提出
　②　予算の調製，執行
　③　決算を議会の認定に付すこと
　④　会計の監督
　⑤　財産の取得，管理，処分
　⑥　公の施設の設置，管理，廃止
　⑦　証書，公文書類の保管
　⑧　その他の組合の事務の執行

　なお，事務組合には課税権がないので，149条が定める「地方税を賦課徴収」[35]は通常は組合管理者の事務には該当しないこととなるが，滞納整理組合のよう

---

35)　地方税法1条及び2条において，課税権を有する地方団体は，都道府県及び市町村とされている。

に，確定した租税債権に対する徴収手続きの一部である滞納処分に係る案件の一部を事務組合で処理する例は見られる。

　ウ　議決事件の通知

　前述の管理者の担任事務のうち，議案の提出については，287条の3において特例が定められており，管理者は政令（施行令211条の2）で定める重要なもの（〔図4－50〕参照）について当該議会の議決を求めようとするときは，あらかじめ，これを構成団体の長に通知しなければならないこととされている。これは，組合と密接な関係を持ち，組合の活動の態様により重大な影響を受ける構成団体と組合との間の「行政機能の一体性の確保」を担保するための制度である。政令で定める重要なものとは，(A)条例の制定，改廃，(B)予算を定めること，(C)決算を認定することのほか，(D)規約で定める重要な事件であり，その具体的な例としては，一定額又は一定規模以上の契約の締結，財産の取得・処分等が挙げられる。

〔図4－50〕　構成団体の長に通知すべき議決事件

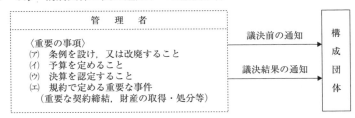

　エ　理事会及び理事

　287条の3第2項により，複合事務組合には，組合の規約で定めるところにより，管理者に代えて，理事をもって組織する理事会を置くことができる。理事会については，292条により，普通地方公共団体の長に関する規定がその性質に反しない限り準用されると解されている。ここで注意すべき点は，管理者が独任制であるのに対して理事会は合議制であること及び理事は理事会の構成員であってそれ自体は執行機関ではないことである。したがって次に掲げるように合議制の執行機関である理事会にはその性質上準用されないと考えられる規定がある。

① 長の職務代理（152条）

合議体である理事会に事故が生じることや理事会自体が欠けるということは，通常はあり得ないことであり，また理事会を置く場合には独任制の長の補助機関である副市長に相当する機関（すなわち副管理者）を置くことはないと考えられるので，通常は152条が準用される余地はないということになる。

② 長の兼業禁止（142条）

組合の管理者については同条が準用されるが，理事会を置いた場合の個々の理事については準用されないと考えられる。すなわち，組合を代表し，具体的な事務を管理し執行する権限を有するものは理事会であり個々の理事ではないからである。ただし，理事の中に一人でも該当者が存在すれば理事会の職務執行の公正性が阻害されるおそれがあること及び地方公共団体に置かれる委員会の委員等については兼業禁止の規定が置かれていることから，組合の理事会についても，同条に該当する事態が生じないよう条理上配意すべきである。

(4) 副管理者

「副管理者」という名称は，法令・準則等には用いられていない。規約準則9条においても「助役」という文言が用いられている（後掲＜参考資料Ⅰ＞参照）。しかし，一般的にはこの名称が用いられているので，以後，この名称を用いることとする。副管理者は，普通地方公共団体の副知事又は副市長に相当し，その職務としては，167条が準用される。

自治法167条　副知事及び副市町村長は，普通地方公共団体の長を補佐し，普通地方公共団体の長の命を受け政策及び企画をつかさどり，その補助機関である職員の担任する事務を監督し，別に定めるところにより，普通地方公共団体の長の職務を代理する。（以下略）
152条　普通地方公共団体の長に事故があるとき，又は長が欠けたときは，副知事又は副市町村長がその職務を代理する。（以下略）

同条に定められているとおり，副管理者の職務権限は次の4つに分けることができる。

ア　管理者の職務の代理

副管理者は「別に定めるところにより，管理者の職務を代理する」職責を有する。「別に定めるところ」とは，152条第1項の規定を指し，管理者に事故が

あるとき，又は管理者が欠けたときは副管理者がその職務を代理する。「事故があるとき」とは，管理者が長期又は遠隔の旅行，病気その他の何らかの事由により，吏員その他の職員を有効に指揮監督し得ない場合をいう。たとえば，構成団体の長が管理者を兼職しており，当該構成団体の長の任期満了による選挙に立候補している場合には，ここでいう事故がある場合に該当することも考えられる。

　イ　管理者の補佐

　副管理者は管理者を補佐する。補佐する職務の内容には次のようなものがある。

　①　管理者がその事務を処理するに当たりこれを内務的に補佐すること

　管理者のいわゆる側近として職務に関し助言することや，処務規程，訓令等に基づいて長の権限に属する事務を専決，代決，代行するなど，内部関係において長の事務処理を補助することを意味する。

　②　管理者の委任を受けて，その権限に属する事務の一部を処理すること

　153条第1項が準用されることにより，管理者はその権限に属する事務の一部を副管理者に委任することができ，受任した副管理者はその事務を自らの権限に基づき執行する（専ら副管理者の名において副管理者の責任において処理する）こととなる。

　③　管理者の命を受けてその臨時代理をすること

　①と同様に同項の準用に基づき，管理者はその権限に属する事務の一部を副管理者に代理させることができる。代理の場合は，前述の委任と異なり，当該事務は依然として代理される管理者の職務権限に属し，代理者となる副管理者はその管理者の職務権限を代わって行使するに留まる。なお，委任又は代理をさせる形式については何ら制限がないので，委任又は代理の内容が明らかにされれば充分であり，適宜の方法で差しつかえないが，対住民的な事務については，あらかじめ住民に対して周知する方法を採ることが適当であるとされている。

　ウ　補助機関である職員の担任する事務の監督

　補助機関である職員とは，組合の吏員等を指す。担任する事務の範囲は条

例，規則，処務規程，訓令や委任，臨時代理等により定められる。
　エ　管理者の命を受け政策及び企画をつかさどること
　事務組合の場合は共同処理事務が特定されており現業の執行が多いが，167条の準用により副管理者が管理者の命を受け政策企画を所掌することも想定される。

　また，副管理者の職務権限は，管理者に事故があるときの代理（設置数の38％），管理者の補佐（7％），一定範囲の決裁権限（3％）等が挙げられる（〔図4－51〕参照）。

〔図4－51〕　**副管理者の職務権限**（2018.7.1現在）（事務組合数，構成比）

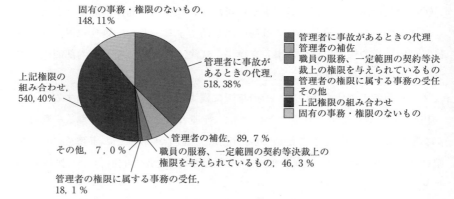

　次にこのような権限の推移をみると，「一定の範囲の決裁上の権限を与えられている」場合を含む何らかの固有の事務・権限を与えられている団体の構成比が増加（固有の事務・権限のないものは，16.2％（2006年度）から10.8％（2018年度）に減少）している（〔図4－52〕参照）。このことから，副管理者については，構成団体の長を充て，管理執行の権限を持たせるようなライン化をしている団体の構成比が増加していることがわかる。

〔図4－52〕　副管理者の職務権限の推移

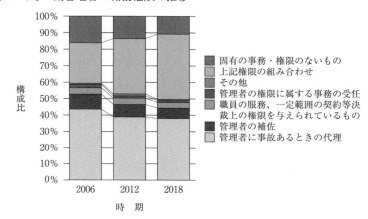

　このように事務組合においては、普通地方公共団体における副知事・副市長が、総合的な行政主体の立案・執行を所掌しているのに対し、構成団体の合意により設立された法人としての性格を反映し、管理者の代理及び補佐としての機能を担う要素が強いものと考えられる。

　2018（平成30）年7月現在、事務組合の管理者の90.8％は、構成団体の長が兼ねているのが実状である（1,420組合のうち1,289組合）。このような場合、管理者は構成団体の長としての事務執行が多忙であるため、自ずから組合の管理者として組合の職務を執行する上で時間的制約があり、それを補うために適切な補佐業務の体制を整備することが強く求められている。したがって、前述の「管理者の補佐」の職務権限の充実を図ることは、組合の執行機関の組織運営の合理化の観点からも重要な問題である。そこで、副管理者が構成団体の長以外の者で、常勤に近い形で組合の職務執行に携わることができる場合（例えば構成団体の長以外の者が兼職している場合等）には、専決、委任、代理等の制度の活用により、そのような常勤的副管理者の補佐権限の充実を図ることも一つの方法であろうと考えられる。

(5)　事務局長

　次に事務局長の職務権限の現況を見ると、〔図4－53〕が示すとおり、職員の服務や一定範囲の契約など、決裁上の権限（いわゆる専決権限）が与えられ

ている職務を所掌するケースが全体の半分を超えている（57％）。次いで、管理者の権限に属する事務を受任し執行する権限である場合が12％を占める（副管理者の職務である前述の②(b)と同様）。また、これらの権限を組み合わせているケースが260組合存在するが、その中で、これら２つの権限を組み合わせている組合が多く124件に上っている。また、近年の推移をみると、事務局長の職務権限として、組合せ（管理者の権限の受忍と一定の決裁上の権限が付与されているタイプ）の構成比が増加し、「固有の事務・権限のないもの」に該当する事務組合の構成比は減少している（〔図４－54〕参照）。このように事務局長の権限の実質的な明確化が進んでいる。このことから、例えば副管理者が構成団体の特別職を務めており組合業務に対し時間的制約もある場合には、事務局長が補助機関の総括者として実務を執行することが期待され、実際に職務権限の規定もそれに沿う形で整備されている面があることが推量される。このため、組合事務局の公務能率の向上を図るのであれば、事務局長を中心にいかに合理的、効果的に業務を執行していくかという点を考えていくことが今後も重要になる。

〔図４－53〕 **事務局長の職務権限の状況** (2018. 7. 1現在)（事務組合数，構成比）

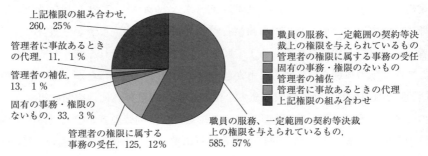

〔図4-54〕 事務局長の職務権限の推移

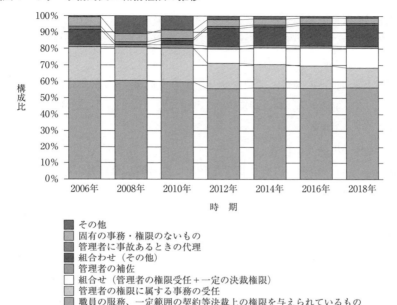

凡例:
- その他
- 固有の事務・権限のないもの
- 管理者に事故あるときの代理
- 組合わせ（その他）
- 管理者の補佐
- 組合せ（管理者の権限受任＋一定の決裁権限）
- 管理者の権限に属する事務の受任
- 職員の服務、一定範囲の契約等決裁上の権限を与えられているもの

(6) 会計管理者

ア　会計管理者の職務権限

　事務組合の会計管理者は，普通地方公共団体における会計管理者と同様の機能を果たすために位置付けられた補助機関であり，その職務権限については170条が準用される。同条の準用により，会計管理者は当該組合の会計事務をつかさどる。ここで言う「会計事務」とは，収入・支出のうちの現実の収支の執行手続，決算，現金及び有価証券並びに物品に関する事務を総称するものである。同条により次に掲げる事項が会計事務の内容として例示されている。

① 現金の出納及び保管

　現金には歳計現金と歳入歳出外現金とがあるが，会計管理者はそれらを指定金融機関その他の確実な金融機関への預金その他の最も確実かつ有利な方法によって保管しなければならない（令168条の6及び168条の7の準用）。

　また，組合に基金が設置されている場合は，基金を管理する権限は管理者が有しているが，基金に属する現金の出納及び保管は会計管理者の権限である。

② 小切手の振出し

組合が指定金融機関を設置している場合における組合の支出の方法として小切手を振出すことをいう。また公金振替書の交付も会計管理者の権限である。

③ 有価証券の出納及び保管

有価証券の現実の交付，受領及び受領から交付までの間における管理のことをいう。有価証券の出納は，管理者の通知に基づいて行うことを要する（施行令168条の7を準用）。

④ 物品の出納及び保管

「物品」とは，組合の所有に属する動産であって現金以外のもの又は公有財産に属する動産・基金に属する動産以外のもの，及び組合が使用のために保管する動産をいう。出納及び保管とは，物品の現実の交付，受領及び受領から交付の間における管理をいう。すなわち，物品は組合管理者の管理権の対象である「財産」に含まれるものであるが，その出納及び保管の事務は会計事務に属するものとして会計管理者の職務権限とされている。なお，物品の出納についても，管理者の通知に基づいて行うことを必要とする（施行令170条の3を準用）。

⑤ 現金及び財産の記録管理

現金収支及び財産の変動を会計帳簿，伝票等に記録して収支変動を明らかにし，これによって現金及び財産の価値保全を図ることをいう。

⑥ 支出負担行為に関する確認

支出負担行為とは，地方公共団体の支出の原因となる契約その他の行為を意味し（232条の3），「支出負担行為の確認」とは232条の4第2項の規定を受けたもので，管理者から支出の命令を受けた場合において，当該支出に係る支出負担行為が法令又は予算に違反していないこと及び当該支出負担行為に係る債務が確定していることを審査，確認することをいう。

⑦ 決算の調製，長に対する提出

毎会計年度，決算を調製し，出納の閉鎖後三箇月以内に，歳入歳出決算事項別明細書，実質収支に関する調書及び財産に関する調書等とあわせて管理者に提出しなければならない（233条を準用）。

イ　会計管理者の位置付け

　会計管理者を設置している事務組合の中では，構成団体の会計管理者と兼職している割合が高いことが推量される[36]。このような傾向は，会計事務の専門性，技術性が考慮された結果として兼職の方式が採られることが多いということが推量される。

　このような場合に，事務組合の会計管理者が組合事務所と離れた場所で通常執務している場合，事務処理上の支障を伴う場合がある[37]。実際には，電子決済や，帳票類を一定期間蓄積して会計管理者の執務場所に決裁を回す方法で対応する例も見られるようである。このような運営を行うことはやむを得ない面もあるが，事故の防止，会計事務の迅速化，円滑化を図る観点から，問題点の克服に努めていかなければならないであろう。

(7)　監査委員

ア　監査委員の職務権限

　1963（昭和38）年に自治法一部改正が行われ，普通地方公共団体の設置が義務付けられたことにあわせて，行政実例において，監査委員は全ての一部事務組合に必置の機関であるとされており[38]，その職務は普通地方公共団体の監査委員の職務と全く同様とされている。普通地方公共団体においては監査機能の充実強化が近年の重要課題とされ，1991（平成3）年及び2006（平成18）年の自治法一部改正を通じて相次いで制度改正が行われてきた。事務組合についても，292条により，法令の特別の定めがある場合を除き，自治法の規定が準用される。

　監査委員の職務の概要は次のとおりである。

①　一般監査

　199条第1項に基づく監査であり，当該団体の財務に関する事務の執行及び当

---

36)　2007（平成19）年に廃止された収入役の制度が存在した時期には約8割以上の組合において兼職が実施されていた。

37)　地域事情により異なるが，構成団体の会計管理者が組合の同職を兼職し，通常時は事務組合の事務所と異なる構成団体庁舎で執務している場合は，事務組合の会計職員が会計管理者の決裁を得るために帳票類を組合の事務所から運ばなければならない事例や，会計管理者が頻繁に事務組合の事務所を訪れ執務しなければならないという事例が生じていた。

38)　昭和41年1月13日行政実例。

該団体の経営に係る事業の管理に対する監査。これは更に，毎会計年度少なくとも1回以上期日を定めて行う定例監査と，必要があるときにいつでも行うことができる随時監査に分かれる。

② 特別監査

特別監査には次の種類がある。

(A) 直接請求による監査（75条）

(B) 議会の請求による監査（98条第2項）

(C) 当該団体の長の要求による監査（98条第6項）

(D) 当該団体が補助金等の財政的援助を与えているものの出納等の事務の執行に対する監査（98条第7項）

(E) 団体の決算の審査（233条第2項）

(F) 現金出納の検査（235条の2第1項）

(G) 指定金融機関等における公金の収納等の監査（同条第2項）

(H) 住民監査請求に係る監査（242条）等

イ 監査委員の位置付け

監査委員の定数，選任の方法及び任期に関する事項並びに事務局及び職員の配置に関する事項は規約に規定しなければならないこととされている（前掲 昭和41年行政実例）。

普通地方公共団体においては，監査委員の定数は，都道府県及び政令で定める市（人口25万人以上の市）にあっては4人，その他の市及び町村にあっては2人とされている。ただし，条例でその定数を増加することができる（195条）。事務組合の場合は，事務組合の構成団体の種類に応じこの規定が準用される。

また，その選任は，長が，議会の同意を得て，人格が高潔で，普通地方公共団体の財務管理，事業の経営管理その他行政運営に関し優れた識見を有する者及び議員のうちから行うこととされている（196条）。議員のうちから選任される監査委員の数は，都道府県及び人口25万人以上の市にあっては2人又は1人，その他の市及び町村にあっては1人とされている（196条）。この規定は組合においても準用される。

市町村が構成団体となっている事務組合においては，構成団体における監査

委員の選任方法との権衡を図り，監査委員が複数の場合には，規約の規定により知識経験を有する者と組合議会の議員のうちからそれぞれ委員を選出する例が多く見られる。

組合せにおいて多く採られる方式 （全体1,546組合；2012年7月現在）
① 「組合の議会議員の中から管理者が指定する者」と「管理者が指定する知識経験者を議会が同意」 838組合（全体の54%）
② 「組合の議会議員の中から管理者が指定する者」と「構成団体の監査委員の中から管理者が指定する者」343組合（全体の22%）

　行政実例により，事務組合の規約の規定に定めることにより，構成団体の監査委員を組合の監査委員に充てることはできるとされている[39]（（現行）自治法287条第2項により，兼職は認められている）。

　なお，構成団体の監査委員が事務組合の監査を執行することはできない。[40]

　ウ　罷　　免

　1991（平成3）年以前は，監査委員に対する罷免の扱いは，規程に基づく特別職に対するルールが適用されていたが，同年の自治法一部改正により，監査機能の充実と併せて監査委員の身分取り扱いについても規定が整備され，罷免に関する手続きも規定された（197条の2第1項）。同項の準用により，管理者は，監査委員が心身の故障のため職務の遂行に堪えないと認めるとき，又は監査委員に職務上の義務違反その他監査委員たるに適しない非行があると認めるときは，議会の同意を得てこれを罷免することができる。この場合においては，議会の常任委員会又は特別委員会において公聴会を開かなければならない。ただし，監査委員は，同項が定める場合を除き，その意に反して罷免されることがない。

　エ　服　　務

　上記と同様に，1991（平成3）年自治法一部改正により，監査委員の服務に関する規定も自治法上整備された（198条の3）。改正前は，特別職たる監査委員については，施行規程により，東京都職員服務規律及び道府県職員服務規律

---

39) 昭和30年4月11日行政実例。
40) 昭和32年10月22日行政実例。一町村の町村監査委員による町村組合立中学校の監査執行は行うことができないとされ，また，関係各町村の町村監査委員が合同して町村組合立中学校の監査を執行することはできないとされた。

の例によることとされ、守秘義務等が課されていた。当該改正により、自治法の規定の適用により、公正不偏の態度の順守義務と守秘義務が課されることとなり、292条により、事務組合の監査委員にも当該規定が準用されることとなっている。198条の3により、監査委員は、その職務を遂行するに当たっては、常に公正不偏の態度を保持して監査をしなければならない（同条第1項）。また、監査委員は職務上知り得た秘密を漏らしてはならず、退職後も同様とされている（同条第2項）。

6　一部事務組合の財務管理上の組織

　ここでは、事務組合の執行機関をあらためて財務管理の観点から見た場合の各機関の役割等について述べることとする。

(1)　地方公共団体における財務管理上の組織の意義

　はじめに、地方公共団体一般における財務管理上の組織の意義について述べてみよう。地方公共団体の財務事務は、基本的には地方公共団体の長（事務組合においては管理者）が行う。ただし、重要な財務管理については、これを長の専属的な権限に委ねず、議会の議決を要することとし、さらに、長には収支を命令する権限のみを与え、この命令に従って実際に会計事務（出納事務）を行う機関として会計管理者という特別の機関を置いている。換言すれば、長が予算執行について最終的な責任を負うことになるが、その過程において、議会の議決や住民の関与を手続的に認め、会計機関に長の収支命令を審査させ、さらには監査委員を置いて監査を行わせるなど、長から独立した地位に立つ各種の機関を分立させて、長の財務管理をチェックし、地方公共団体の財務の民主的な運営が図られるようにしている。そして、このような組織の構造の中心として位置付けられているのが、「長（管理者）と会計管理者との間のチェック・アンド・バランス」の関係である。すなわち、地方公共団体においては、近代会計法の原則に従い、収入・支出を命令する機関（長）とそれを執行する機関（会計管理者）を分離し、収入及び支出の命令は長が行い（149条2号）、命令に基づく実際の出納の事務は会計管理者が行うこととしている（232条の4第1項）。このように機能が分担されているとともに、両者は互いの機能をチェッ

クする仕組みになっている。すなわち会計管理者は収支の執行（会計事務）に関して独立した職務権限を有する（現金の出納・保管，小切手の振り出し等（170条））とともに，長の発した命令についての審査権（当該支出負担行為が法令又は予算に違反していないこと及び当該支出負担行為に係る債務が確定していることを確認するための審査を行う権限）を有している（232条の4第2項）。これに対し，長は，会計管理者を選任する権限（168条第2項）及び会計管理者が行う会計事務を監督する権限を有している（149条5号）。事務組合における財務管理上の組織の概要は，〔図4−55〕のとおりである。

〔図4−55〕 一部事務組合における財務管理上の組織

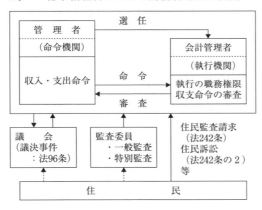

(2) 財務管理上の組織における各機関

ア 管理者

事務組合の管理者が財務について担任する事務は次のとおりである（232条，149条）。

① 議会の議決を経るべき事件（96条）について，その議案を提出すること
② 予算を調製し，執行すること
③ 地方税を賦課徴収し[41]，分担金，使用料，加入金又は手数料を徴収し，及

---

41) 事務組合は地方税を賦課徴収する権限自体は有していないが，確定された債権及び納税者に対する財産調査等の一部の業務について組合により共同処理されている例がある。滞納整理機構等の名称で，事務組合又は広域連合等の形態が採られている。

び過料を科すること
　④　決算を議会の認定に付すること
　⑤　会計を監督すること
　⑥　財産を取得し，管理し，及び処分すること
　⑦　公の施設を設置し，管理し，及び廃止すること
　⑧　証書及び公文書類を保管すること
　イ　会計管理者

　会計管理者は独立の権限を有する補助機関であり，管理者の命令に従って現金及び物品の出納を行う権限を有している。また前述したように，管理者の収入支出命令を審査する権限（収支命令審査権）を有しており，適法かつ正当と認めた収支命令のみを執行することとされている。

　ウ　会計管理者の補助機関

　事務組合にあっては，管理者は，会計管理者に事故がある場合において必要があるときは，組合の職員にその事務を代理させることができる（170条第3項を準用）。

　エ　出 納 員

　会計管理者の事務を補助させるため出納員を置く。ただし構成団体が町村のみである事務組合の場合には置かないことができる（171条第1項を準用）。

　出納員の事務は次のとおりである。

　①　会計管理者の命を受けて，現金の出納（小切手の振出を含む）若しくは保管，又は物品の出納若しくは保管をつかさどること（同条第3項）
　②　管理者が会計管理者をしてその事務の一部を出納員に委任させた場合において当該事務を行うこと（同条第4項）。事務組合の会計管理者を構成団体の会計管理者が兼職している場合，事務組合の日々の事務処理において，このような委任の制度を活用することも有効であると考えられる。

　オ　会計職員

　会計管理者の事務を補助させるため，出納員のほか「その他の会計職員」を置くこととされている。構成団体が町村のみである事務組合の場合，出納員は置かないこともできるが，会計職員は，いずれの事務組合においても必ず置く

こととされている（171条第1項）。会計職員の権限は次のとおりである。
　①　上司の命を受けて組合の会計事務をつかさどること
　②　管理者が出納員をしてその事務の一部をその他の会計職員に委任させた場合にその事務を行うこと
　このようにその他の会計職員は，出納員と異なり，現金及び物品の出納保管に限らず，一般的に当該団体の会計事務について，会計管理者その他の上司の命を受けて処理することとなる。

第7章　一部事務組合と住民

I　一部事務組合の住民

　地方公共団体として必要な構成要素は，場所的な構成要件（区域），法制度的な構成要件（権能），そして構成員の3つの要素が必要であると考えられている。特別地方公共団体である事務組合もこの3つの要素を備えている。

　事務組合の区域はそれを組織する地方公共団体の区域を包容する区域である[1]。また，その権能は「共同処理する事務」になる。

　一方，普通地方公共団体（都道府県，市町村）と特に異なる点は，3番目の要素である構成員についてである。普通地方公共団体については，その存立目的は住民の福祉増進であり，地方自治の運営の主体は住民に他ならないと考えられており，団体の構成員は言うまでもなく住民であると解されている。ところが，事務組合の構成員は，通説によれば，住民ではなく，事務組合を組織する地方公共団体自体であると解されている。即ち，事務組合においては，住民が各種の権利義務を享有する関係は普通地方公共団体の場合と同様であるが，あくまでも事務組合に対しては間接的に構成員となるに留まるものと解されている[2]。

　そこで，従来から「事務組合と住民との関係をどのように考えるべきか。」という問題が種々議論されてきたところである。事務組合と住民との関係を考える際の「住民」という観念は次の二つの意味を含んでいる。第一に，11条に規定されている「その属する普通地方公共団体の選挙に参与する権利を有する」住民である。第二に，10条に規定されている「その属する普通地方公共団体の役務の提供をひとしく受ける権利を有し，その負担を分任する義務を負う」住民である。それぞれの場合について，その考え方を述べてみよう。

1）　大正6年1月27日行政実例。
2）　松本（2018）1636頁。

Ⅱ 選挙に参与する権利を有する住民（11条）

　11条に規定されている住民（団体の選挙に参与する権利を有する住民）の観念は，市制・町村制の時代から，事務組合については認め難いと考えられている。すなわち「凡て市町村公民は同時に府県公民として府県会議員の選挙権，被選挙権を有することを原則とする。（中略）複合的の地方公共団体に至ると，組合に加入して居る地方団体の連合に外ならないのであるから，各団体の公民の外に組合自身に特別の公民の無いことは無論である。[3]」とされ，また，「組合の構成分子は市町村団体自体であって，従って市町村民は組合に対しては間接の関係に立つものであり，組合公民なる観念を認めることが出来ぬものと解する。[4]」という考え方が採られている。

　この考え方は自治法にも受け継がれており，ここでいう「公民」は，現在の11条に規定する「住民」に相当するものと考えられている。このことを前提として，287条により，事務組合の議会の議員の選挙及び執行機関の選任の方法は規約で定めるべきこととされているとともに，11条及び同条に関連する17条（議員及び長の選挙），18条（選挙権），19条（議員及び長の被選挙権）の規定は事務組合に準用されないと解されている。したがって，11条に規定されている住民は，当然には事務組合には存在しないことになる。ただし，事務組合の規約において，議員の選挙又は執行機関の選任の方法について「住民の選挙による」と定めた場合には，当該規約を根拠として「事務組合の選挙に参与する権利を有する住民」が位置付けられる（いわば創出される）ことになる。通説も，「組合の規約いかんによっては公民（11条の住民）さえも存在し得ることを認めているといえるようである。」と解釈している[5]。また，この場合には，住民の選挙権の要件や被選挙権の要件について規約で定めておく必要がある（〔図4－56〕参照）。

---

[3]　出典：美濃部達吉『*日本行政法*』有斐閣，1940年。
[4]　出典：入江俊郎・古井喜実『*市制町村制提義*』良書普及会，1937年。
[5]　地方自治制度研究会『*新訂注釈地方自治関係実例集*』（以下「実例集」という。）ぎょうせい，1993年，1035頁。

〔図4−56〕 一部事務組合と住民との関係

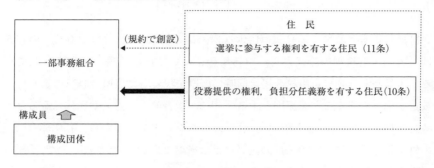

Ⅲ 役務提供の権利,負担分任義務を有する住民(10条)

10条は,住民は地方公共団体の役務の提供をひとしく受ける権利を有し,その負担を分任する義務を負う主体である旨を規定している。

通説は,事務組合においては,選挙に参与する住民(11条)は認め得ないとしているが,事務組合に対し各種の権利義務を享有する主体としての住民の存在は認めていると解されている[6]。すなわち,住民は,事務組合の自治権に服し,各種の権利義務を享有する関係は普通地方公共団体の場合と同様であると構成している。この点については,事務組合が提供している公共サービスを想起すれば,①上水道供給,ごみ処理など,住民が享有する典型的な公共サービスを提供していることが一般的であること,②一般にそのようなサービス提供の関係において,利用者は提供者を選択できない関係にあること,③利用者はそれらの公共サービスに対し,税,公共料金,使用料等の負担を分任することによりサービス提供を受けていること,④組合が条例を制定した場合,組合の行政活動が区域内の住民の権利義務に対して直接的な法的効果を及ぼすことから,普通地方公共団体と住民の関係と,事務組合と利用者の関係は,行政主体と住民との関係という観点から同等に扱い得ることが容易に理解できる。このことから,各種の権利義務を享有する主体としては,利用者即ち「事務組合の

---

6) 実例集,1035頁。

区域内の住民の地位を持つ者」は，普通地方公共団体の住民と同様であると位置づけることができる。この構図と，組合の構成員は地方団体という論理を調和させるため，「住民は組合に対して間接的には構成員となる」という考え方を構成していると考えられる。

　また，このように，事務組合との関係において10条に規定する住民の扱いと11条に規定する住民の扱いについて差が出てくるのは，次のような事務組合の性格に帰因しているものと考えられる。すなわち，地方公共団体は，「地縁的な公共団体」であると同時に「公共的機能を果たす団体」であるという2つの性格を有している。一方，事務組合は，構成団体間の規約という合同行為を存立の基盤としており，前者の「地縁的結合」の要素が普通地方公共団体に対して希薄である。一方，より広域的な行政活動を行うことから，後者の「公共的機能」という要素については普通地方公共団体の公共性に優るとも劣らない。このような組合の性格は，組織の形成過程（議員の選挙，執行機関の選任）については住民と間接的な関係となることに留まる[7]一方で，行政活動に係る権利義務については住民と直接的な関係を有するという現在の構図をもたらしている。

　以上のことを勘案すると，地方公共団体間の広域連携の進展に伴い，組合と住民との関係は今後一層錯綜したものとなることが予想されることから，「住民は組合の間接的な構成員」とする構成は，実践的で妥当なものと考えられる。

Ⅳ　直接請求

　住民と事務組合との関係に係る問題として，74条〜88条の直接請求制度の規定（条例の制定・改廃，事務監査，議員・長・主要公務員の解職）が準用されるか否かという問題がある。

　この点に関し，行政実例[8]は，75条（事務監査請求）の規定の事務組合に対する準用について，次のように解している。

7）　2014年現在，管理者又は議員が直接公選される組合は存在していない。
8）　昭和26年11月10日行政実例。

「第75条第１項中『選挙権を有する者』[9]とあるのは，組合の規約において直接選挙制を採用している場合をいうのであって，組合の議員及び長がともに直接選挙により選挙され，且つ，両者の選挙権の要件が同一の場合以外にはできない。」

　これは，前述したように，規約により「組合に対する選挙権を有する住民」を創出することができるという考え方を前提とし，自治法の直接請求制度が，請求権者を，「団体の議会の議員及び長の選挙権を有する者」に限定している趣旨にかんがみ，事務組合において当該制度を活用しようとする場合には同様の要件を課すこととしたものである。また，1971（昭和46）年，第65回国会における自治法の一部改正案の審議の際に，事務組合に対する直接請求について議論が行われ，「立法論としてではなく解釈論として考える場合には，法292条の規定により直接請求に関する規定は形式的には準用されるが，一部事務組合において議員及び長の公選制度をとっていない場合には，法第74条の『普通地方公共団体の議会の議員及び長の選挙権を有する者』に相当する者がいないので，実質的には準用されないのではないか。」という政府の見解が示されている。前述のとおり，「住民は組合の間接的な構成員」という構成を採るのであれば，議員又は長の直接公選を採用する場合を除き，事務組合において『選挙権を有する者』を位置付けることは解釈上困難であり，行政実例の考え方が妥当であろう。

V　住民監査請求及び住民訴訟

　行政実例及び判例において，事務組合に対し，242条（住民監査請求）及び242条の２（住民訴訟）の規定は準用され，事務組合を構成する普通地方公共団体の住民は，当該事務組合の監査委員に対し住民監査請求を行うことができ，また住民訴訟を行うことができることとされている。[10][11]

9）　75条に基づき事務監査請求を行い得る主体を指す。
10）　昭和45年７月14日行政実例。平成元年９月５日最高裁昭和61（行ツ）144。地方自治法242条の２に基づく損害賠償請求事件。
11）　2017（平成29）年自治法一部改正により，243条の２（条例で長等の損害賠償責任を一部免責することができる旨の規定）の追加等の規定が整備された（2010年４月１日から施行）。当該規定は組合についても準用されると考えられるので留意する必要がある。

通説は，住民監査請求や住民訴訟は，選挙権が前提となっているものではないので，構成団体の住民は組合に対しても行い得るものであると解釈しており，実務上もそのように取り扱われている[12]。そもそも242条の趣旨が，住民全体の利益を確保する見地から職員の違法・不当な行為等の予防是正を図ることを本条の目的とするものであることを考えると，組合の職員による違法・不当な行為を防止し当該地域の住民の利益を確保する要請は普通地方公共団体である場合と何ら相違はなく，事務組合の中には財政規模も大きく，また，公共料金や租税を原資として事業活動を展開する特別地方公共団体に対し納税者として財務監視の関心を有することは当然であると考えられることから，292条を通じ，242条及び242条の2を準用することは妥当な結論であろう。

　なお，242条においては，「住民」が監査を求めることとされ，ここでいう「住民」とは，選挙人のみならず，地方公共団体に住所を有する者，いわゆる納税義務を負うもの（法人を含む）の全てを含むと解されている。この点が請求の主体を「選挙権を有する者」に限定している直接請求の制度と異なるので留意する必要がある。

　事務組合に対する住民監査請求の概要は〔図4-57〕に示すとおりである。事務監査請求と異なり，住民監査請求は，住民1人でも行うことができる。請求の対象は，一部事務組合の具体的な財務会計上の行為又は怠る事実であり，①違法又は不当な公金の支出，②違法又は不当な財産の取得，管理又は処分，③違法又は不当な契約の締結又は履行，④違法又は不当な債務その他の義務の負担，⑤違法又は不当に公金の賦課又は徴収を怠る事実⑥違法又は不当に財産の管理を怠る事実が該当する。請求することができる内容は，①監査，②当該行為の防止又は是正，③当該怠る事実を改めること，及び④地方公共団体が被った損害の補填である。

---

12) 松本（2018），1636頁。

〔図4-57〕 一部事務組合に対する住民監査の概要

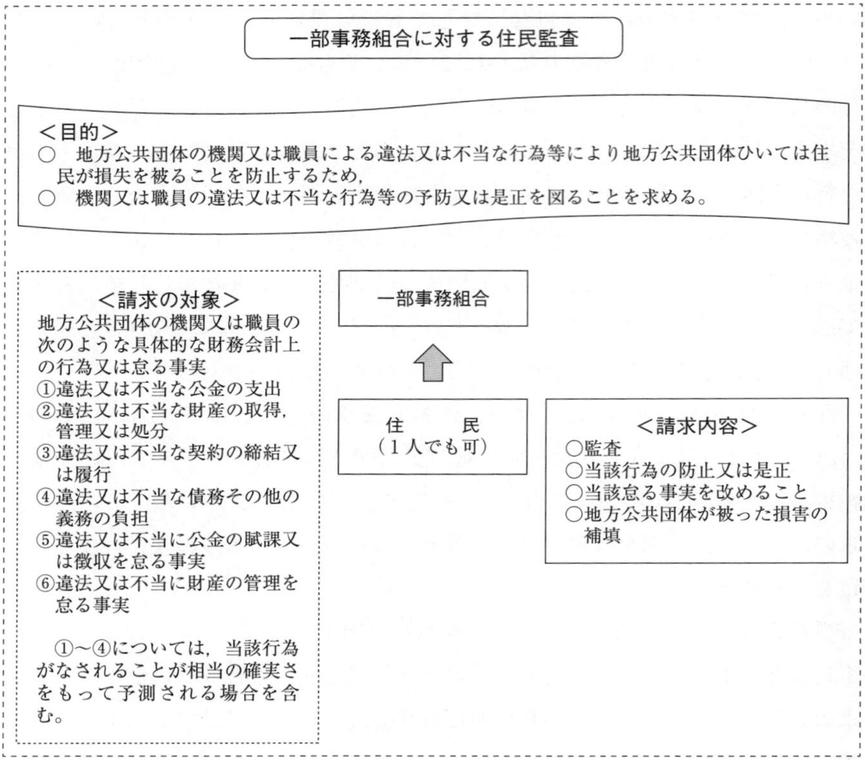

```
┌─────────────────────────────────────────────────────────┐
│              ┌─────────────────────────┐                │
│              │ 一部事務組合に対する住民監査 │                │
│              └─────────────────────────┘                │
│                                                         │
│  ╭─────────────────────────────────────────────────╮   │
│  │ <目的>                                           │   │
│  │ ○ 地方公共団体の機関又は職員による違法又は不当な行為  │   │
│  │   等により地方公共団体ひいては住民が損失を被ることを  │   │
│  │   防止するため,                                   │   │
│  │ ○ 機関又は職員の違法又は不当な行為等の予防又は是正を │   │
│  │   図ることを求める。                              │   │
│  ╰─────────────────────────────────────────────────╯   │
│                                                         │
│  ┌─────────────────────┐   ┌───────────────┐           │
│  │  <請求の対象>         │   │ 一部事務組合  │           │
│  │ 地方公共団体の機関又は職員 │   └───────────────┘           │
│  │ の次のような具体的な財務  │          ↑                │
│  │ 会計上の行為又は怠る事実  │                           │
│  │ ①違法又は不当な公金の支出│   ┌───────────┐ ┌──────────────┐│
│  │ ②違法又は不当な財産の取得,│  │  住  民   │ │ <請求内容>    ││
│  │   管理又は処分          │   │(1人でも可)│ │○監査          ││
│  │ ③違法又は不当な契約の締結│   └───────────┘ │○当該行為の防止││
│  │   又は履行             │                 │  又は是正     ││
│  │ ④違法又は不当な債務その他│                 │○当該怠る事実を││
│  │   の義務の負担          │                 │  改めること   ││
│  │ ⑤違法又は不当に公金の賦課│                 │○地方公共団体が││
│  │   又は徴収を怠る事実    │                 │  被った損害の ││
│  │ ⑥違法又は不当に財産の管理│                 │  補填         ││
│  │   を怠る事実           │                 └──────────────┘│
│  │  ①～④については,当該行│                                │
│  │ 為がなされることが相当の │                                │
│  │ 確実さをもって予測される │                                │
│  │ 場合を含む。           │                                │
│  └─────────────────────┘                                │
└─────────────────────────────────────────────────────────┘
```

Ⅵ　住民参加

　近時，行政活動の過程に対する住民参加の充実を図ることの必要性が唱えられているが，これは，事務組合についても取り組んでいかなければならない課題である。即ち，組合と住民との関係が地方公共団体とその間接的な構成員という関係として位置付けられているとはいえ，行政の広域化が進展し，多様な事務の共同処理が実現されることに伴い，個々の住民の日常生活と組合の行政活動は一層緊密なものとなることが予想され，行政に対する民意の反映を充実させる観点から，組合の行政活動に対する住民参加の手法を充実させる要請は

高まっていると考えられる。

　住民参加の具体的な手法の例としては，アンケート，モニター制度，イベントの開催，広報活動の充実（活動状況の公表制度の充実，広報紙の発行等）などが考えられるであろう。

　これらの活動を，広域行政の担い手としての組合が，創意工夫に基づいて積極的に展開していくことは，住民との一体感や地域のアイデンティティの醸成を進めることにもなり，これからの広域行政の進展のために重要なことである。

第8章　複合一部事務組合

I　制度の概要

　広域行政の一層の推進を図るため，1974（昭和49）年6月に自治法の一部が改正され，一部の構成団体の共同処理の事務内容が，他の一部又は全部の構成団体の共同処理の事務内容と異なる形態の事務組合（285条）が創設された。これは自治法284条に定められている（一般的な）事務組合の特殊な類型であり，複合事務組合と呼ばれている。

　285条においては，次のように規定されている。

> 285条　市町村の事務又は市町村長若しくは市町村の委員会若しくは委員の権限に属する国，他の地方公共団体その他公共団体の事務に関し相互に関連するものを共同処理するための市町村の一部事務組合については，市町村の共同処理しようとする事務が他の市町村の共同処理しようとする事務と同一の種類でない場合においても，これを設けることを妨げるものではない。

　すなわち，本来の事務組合（284条）は，その組合を組織するすべての地方公共団体に共通する（規約で定める）事務を処理するために設置されるものであるから，複数の事務を処理することはできるが，そのすべての事務がすべての構成団体に関係するものでなければならない。これに対して，本条に基づき「相互に関連する」複数の事務を共同処理するための市町村の事務組合については，共同処理事務が全ての構成団体に共通している必要がないこととされている。その例を図示すると，〔図4-58〕のようになる。同制度により，A市，B町，C町は，相互の事務の共同処理の関係（ごみはA市とB町が共同処理，し尿はB町とC町が共同処理）に異動を生じさせることなく，甲，乙の一部事務組合を統合し，丙複合一部事務組合を設立することができることになり，事務処理の総合化及び広域行政の充実を図り得ることになる（〔図4-59〕参照）。

〔図4−58〕 複合事務組合における構成団体相互の事務の関係[1]

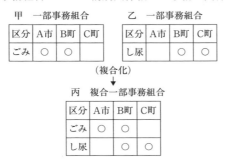

〔図4−59〕 複合一部事務組合の仕組み

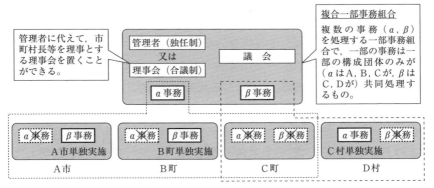

　なお，複合事務組合は，構成団体が共通の事務を共同処理する点について制約を解除しているに過ぎず，その設置根拠はあくまでも284条であり，組合の新たな類型を創設したわけではない。この点は広域連合とは異なるので留意する必要がある。このため，複合事務組合に対しては，議決方法の特例や理事会の設置を除き，規約事項を始め，一般の事務組合と同様の法的規律が及ぶこととなる。

---

1) 出典；〔図4−58〕及び〔図4−59〕は総務省資料。

Ⅱ　制度創設の経緯

1　背　　景

　自治法は，1974（昭和49）年の改正前は，事務組合の共同処理事務は各構成団体に共通のものでなければならず，一つの圏域の中で共同処理を行う場合においても，共同処理事務の範囲が構成団体の間で異なる場合は事務ごとに個別の事務組合を設立しなければならないこととされていた。このため，1974年当時は，事務組合の設立数は，市町村数を上回る3,039組合にまで達していた[2]。このような状況は自治体の責任の所在を不明確にし，連絡調整事務や事務局運営の財政・事務負担も問題視されるようになった。このような状況を踏まえ，一定の圏域を基礎とする総合的な共同処理体制が求められていた。また，併せて，1969（昭和44）年から開始されていた広域市町村圏構想を背景とし，広域行政を担う法制度が求められる状況であった。

2　地方制度調査会答申

　このような状況の下で，社会経済の進展に伴う広域行政の必要性の増大に適切に対処するため，従来の事務組合よりも弾力性を持ち，広域にわたる総合的な計画に基づく広域行政を実施し得る主体を制度化する必要性が唱えられていた。その代表例が，内閣総理大臣の諮問機関である地方制度調査会の第9次答申（1963（昭和38）年12月17日）と第13次答申（1969（昭和44）年10月15日）であった。

(1)　第9次答申（1963（昭和38）年）

　第9次答申においては，広域行政の新たな実施主体として，総合計画を策定し計画に基づく事務を自ら実施する特別地方公共団体である「連合」の創設が提言された。

---

2)　1974（昭和49）年当時，広域市町村圏（329圏）の圏域内に2,777の事務組合が存在し，1圏域に平均8.5組合が存在していた。このことからも，事務組合の設立が錯綜していたことがわかる。砂子田隆「特別区の区長公選制の復活と複合的一部事務組合制度の創設」『時の法令No870』1974年，1頁。

> <参考8> 地方制度調査会第9次答申（抄）
> 第5 行政事務再配分に伴い措置すべき事項
> 2 地方公共団体の連合
> 　社会，経済，文化の発展に伴い，都道府県又は市町村の区域をこえて広域的に処理することを必要とする事務は，ますます多くなってきたが，これらの事務を効率的に処理するためには，協議会，一部事務組合，地方開発事業団等各種の共同処理方式の活用をはかるべきである。しかし，これら現行の共同処理方式のみでは現下の広域行政の要請には必ずしも十分に対処しうるものとは認められないので，当調査会は，新たな地方公共団体の共同処理方式の一つとして，別紙要綱により，特別地方公共団体たる地方公共団体の連合の制度を設けることが適当であると考える。

(2) 第13次答申（1969（昭和44）年）

　第13次答申は，第9次答申を更に発展させ，新たな共同処理方式である「連合」の創設を唱えるとともに，連合は「構成団体の一部にかかる事務を処理することもできる」こととしており，この考え方が現行の複合事務組合制度の原型となっている。

> <参考9> 地方制度調査会第13次答申（抄）
> 第2 地方公共団体の連合に関する事項
> 　当調査会は，(中略)さきに地方公共団体の連合に関する制度について答申したところである。しかし，その後における社会経済情勢の変化に伴い，前述のような広域市町村圏における広域行政機構の整備をはじめ広域市町村圏以外の地域においても広範囲な事務にわたる広域行政の要請が増大していること，さらに行政事務再配分を実施するにあたっての地方公共団体の受入れ体制の整備を図る必要があることにかんがみ，当調査会は，先に答申した地方公共団体の連合に関する制度を含む，より総合的かつ弾力的な次のような地方公共団体の連合を創設することが適当であると考える。
> 1　連合は，関係市町村が共同して設置する特別地方公共団体とするが，地域の実情に応じて次のような各種の類型ができるような弾力的な制度とすべきである。（中略）
> 2　連合は，総合的な計画を策定し，およびこれに基づく事務を総合的に処理することとするが，構成団体の一部にかかる事務を処理することもできることとする。また，その処理する事務を必要に応じ弾力的に増加することができるような仕組みについて検討すべきである。

　総務省（当時は自治省）は，この答申を踏まえ，自治法の一部改正案を1971（昭和46）年第65回国会に提出した。同改正案は，新しい事務組合を法律上「連合」と称し，いわゆる連合法案と呼ばれたが，第68回国会において廃案となった。その後，1973（昭和48）年に再度連合法案を提出したが廃案となり，1974（昭和49）年の第72回国会において，ほぼ現行の制度に近い内容の法案が再度

提出され，一部修正された上で可決成立し，1974（昭和49）年6月1日に公布施行された。

　これまでの答申，法律案の概要は〔表4－17〕に示すとおりである。これらの取り組みは1969（昭和44）年から開始された広域市町村圏構想の推進を法制度面で支えようとするものであり，市町村の行政区域を変更することなく，その機能を広域単位で統合する試みであった。

　一方，国会においては，市町村の自治への侵害，将来の府県廃止の論議等が懸念され，継続審議や廃案を繰り返していた。しかし1974（昭和49）年の法律案は，特別区の区長公選制とセットになっていたこともあり，一部修正の上で成立することとなった。[3]

Ⅲ　複合事務組合が共同処理する事務

(1)　相互に関連する事務

　複合事務組合が処理する複数の事務は「相互に関連する」ものであることが必要とされている（285条）。一般の事務組合においても，構成団体の共同処理しようとする事務が同一である場合には複数の事務の処理は可能であったが，複合事務組合では，当初から「相互に関連する」複数の事務を共同処理することを目的としており，制度自体が総合的な事務処理を想定している。

　「相互に関連する」とは，一般的には次のような場合が想定されている。[4]

　①　相互の事務が同一の行政目的又は同一の行政部門に属する場合
〔例〕　養護老人ホームの設置運営と特別養護老人ホームの設置運営のように共に老人福祉を目的とする事務
　②　相互の事務内容に関連がある場合
〔例〕
・特別養護老人ホームや身体障碍者施設の設置管理とその医療面を担当する病院の経営
・上水道の経営と下水道の設置管理

3）　背景の解説について，宇賀（2019），81頁。
4）　松本（2018），1513頁。砂子田，前掲書，8頁。

〔表4−16〕 複合事務組合に係る答申・法律案一覧[5]

	答申・法律案	共同処理の主体	地方公共団体	構成団体	事務の内容	組織	議決の特例	成果
1963（昭38）	答申	地方制度調査会第9次答申		特別地方公共団体	都道府県又は市町村	・総合計画 ・連絡調整 ・広域事務処理	理事会及び審議会	−	・行政事務配分に関する答申 ・現行の共同処理方式では不十分。 ・新たな共同処理方式が必要。
1969（昭44）		地方制度調査会第13次答申	連合	特別地方公共団体（協議会, 役場事務組合等の類型）		・総合計画, 事務の総合的処理 ・構成団体の一部に係る事務の処理も可 ・事務を弾力的に増加 （※複合事務組合の原型）	・地域に応じたシステム ・議決機関と執行機関が別個 ・委員会のみ設置 ・理事会・審議会の設置	−	・広域市町村圏および地方公共団体の連合に関する答申 ・広域行政機構の整備が必要。
1971（昭46.3）	法律案	第65回国会 地方自治法一部改正法律案	自治法285条：一部事務組合	一部事務組合の特例	市町村のみ	「広域にわたる総合的な計画を共同して作成し, これらの事務の管理及び執行についてその計画の実施のために必要な連絡調整を図り, 並びにこれらの事務の一部を広域にわたり総合的かつ計画的に」実施	管理者又は理事会	構成団体の一部に係る議決について, 規約で特別の議決方法を定めることが可	・第66回, 第67回国会で継続審議 ・第68回に審議未了のため廃案。
1973（昭48.3）		第71回国会 地方自治法一部改正法律案							・直接請求制度あり ・廃案
1974（昭49.3）		第72回国会 地方自治法一部改正法律案							・当該法律案において特別区の区長公選制とセット。 ・提案された法律案を修正可決（下欄参照）。
1974（昭49.6）		修正可決（現行法：昭和49年6月1日法律第71号）				「相互に関連する事務」			

---

5) 答申・法律案等について, 山本順一「複合事務組合制度の理念と現実」『早稲田政治公法研究(10)』（早稲田政治公法研究会, 1981年, 203〜218頁）を参考として, 筆者が表を作成した。

・ごみ処理施設の設置とその施設の余熱を利用する温水プール等の施設の管理運営

③　一定の地域の一体的な計画に基づく施設整備の事務

〔例〕

・広域市町村圏計画に基づく施設整備の事務

・ニュータウン計画に基づく一連の都市施設（学校，上下水道，消防救急等）の整備

(2)　運用における事務の種類の同一性

　複合事務組合の最大の特徴は，前述のとおり，構成団体ごとに共同処理に係る事務が異なることである。ただし，実際の運用においては，理事会制は採用しているが共同処理は同一となっている事務組合も存在する。

　近年の推移をみると，共同処理事務が異なる事務組合は2010（平成22）年以降増加し，2018（平成30）年度現在，205の複合事務組合のうち，174の組合（構成比84.9％）は構成団体間で共同処理に係る事務が異なる。一方，構成団体内の共同処理事務が全て同じ複合事務組合は，その構成比は減少しているが，2018（平成30）年度現在，15.1％（31団体）存在している（〔図4－60〕参照）。このように，複合事務組合において，複数の事務が相互に関連するものであることは常に必要であるが，常に構成団体間の共同処理に係る事務が異なるものであるとは限らない。

　また，2014年度以降，設置数が増加した際に，複合事務組合当たりの議員数も増加している（〔図4－61〕参照）。複合事務組合が若干広域化され，制度として利用される趨勢がうかがわれる。

〔図4-60〕 複合事務組合における事務の種類別設置数の構成比の推移

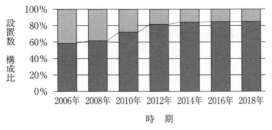

〔図4-61〕 複合事務組合における性質別設置数・議員数の推移

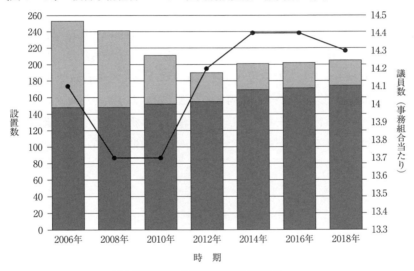

　行政実例[6]においても,「相互に関連する事務を共同処理するための市町村の一部事務組合であれば,構成市町村間で共同処理する事務が全て同一種類である場合も,287条の3第1項に基づき議決の方法の特例を設け,又は同条第2項に基づき理事会を置くことができる」としている。

---

6) 昭和50年12月24日行政実例。

2012（平成24）年7月現在の調査の結果，団体間で共同処理事務が全て同じ35組合のうち27組合は実際に理事会制を導入している。このような結果から，複合事務組合の活用は，理事会制の活用の需要とある程度の関連性を有していることも推定される。

(3) 事務の内容

複合事務組合が共同処理する事務には一般の事務組合の場合と同様に，市町村の自治事務に限らず，法定受託事務も含まれる。2018（平成30）年7月現在，複合事務組合が担う事務の中で最も多いのは，ごみ処理（106件），し尿処理（75件），消防（47件），広域市町村圏・ふるさと市町村圏計画の推進（36件）となっている[7]（〔図4-62〕参照）。複合事務組合は，広域行政圏施策の担い手として想定されていたが，広域市町村圏は，例えば1999（平成11）年当時は，平均9市町村で構成されるなど，相当程度広範なエリアであった。このようなエリアをカバーすることにメリットを見出すことができる行政サービスとして，施設稼働型であり，かつ，車両等の交通手段によりスケールメリットを生かすことができる行政サービスとして，これらの事務が複合事務組合の対象事務として選定されることが多かったということが推量される。

---

7) 出典：『状況調』。

〔図4－62〕 複合事務組合における主な事務の種類（2018年）

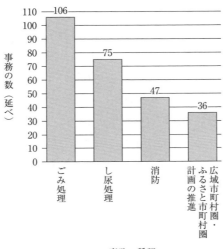

Ⅳ 構成団体

　複合事務組合を設立することができるのは，市町村と特別区に限られ，都道府県が設けることは認められていない。これは，広域行政の現状から，広域自治体である都道府県には複合事務組合を設ける必要性が少ないと判断されたためである。[8]

Ⅴ 複合事務組合に認められる特例

　287条の3により複合事務組合には「特別議決」及び「理事会制」の2つの特例が認められている。

1 特別議決（287条の3第1項）

　複合事務組合の規約には，組合の議会が議決すべき事件のうち当該組合を組織する市町村の一部に係るものその他特別の必要があるものの議決の方法につ

---

8) 砂子田，前掲書，8頁。

いて特別の規定を設けることができる。

　複合事務組合においては，例えば，10の市町村で組織する組合がその中の4つの市町村だけを対象とする消防事務を共同処理する場合がある。当該組合が消防事務に関して条例を制定しようとする際に，議会の議員の構成において当該4市町村から選出されている議員数よりも他の6市町村から選出されている議員数の方が多い場合があり，議決方法の一般原則である過半数表決方法（116条）によるとすれば当該4市町村の意思が十分に当該組合の団体意思として反映されない可能性がある。したがってこのような場合に，特に必要があれば，規約で当該4市町村の意向が採決に十分反映されるように制度的な保障をすることがこの制度の趣旨である。具体的には，当該例においては，規約において「○○に関する議事は，関係市町村から選出されている出席議員の過半数の賛成を含む全出席議員の過半数でこれを決する」というような議決方法の特例を定めることが考えられる。

　ここでいう「特別の規定」とは，通常の表決方法である過半数表決方法の特例を意味し，例えば，特別多数議決（出席議員の3分の2以上の者の同意，3分の2以上の者が出席しその4分の3以上の者の同意等）や，特定団体（一部の市町村）の過半数を伴った全体の過半数議決方式等の方法が考えられる。

　特別の規定を設けることができるのは，事務組合を組織する市町村の一部に係るものその他特別の必要があるものに限られる。ここでいう「その他特別の必要があるもの」の例としては，事務組合において広域にわたる総合的な計画を策定しようとする場合には特別多数議決（出席議員の3分の2以上の同意等）によらなければならないと規定するような場合が考えられる。広域総合計画は当該地域の総合的な整備のための最も基本的な方針であり，特に慎重な手続を要する重要な案件と考えられるからである。

　「特別の規定」の内容は，法律に違反しない範囲で規約により自由に定めることができる。ただし次の点に注意する必要がある。

　第一に，特別の規定を設けることができるのは，事務組合の議会の議決方法についてであって，例えば「事務組合の議会で議決しようとするときは，あらかじめ事務組合を組織する市町村の議会の議決を経なければならない」という

ような規定は当該組合における手続の特例の範囲を越えたものであり，設けることはできない。

　第二に，「議題となっている事務に関係のない市町村から選出された議員は表決に参加することができない」という旨を規約に規定することができるかどうかという点が問題になる。この点については，このような規定を規約に定めることはできないと解されている。なぜならば，事務組合の議会議員である以上，選出母体である団体に直接の関係がない事件であってもその議事に参与する権利が当然に認められるべきである。この点は，除斥制度とは異なる問題である点に注意する必要がある。当該議案の決議は当該事務組合の事務の運営に対して必ず何らかの影響は与えるものと考えられるので，事務組合の全ての議会議員が事件の議決に参与すべきであり，評決自体から除くことはできないと考えられている。

　近年の推移をみると，議決方法の特例を採用する複合事務組合は，2008（平成20）年度以降，その数及び構成比が増加しており，2018（平成30）年度現在，54.6％（205事務組合中，112組合）が採用している（〔図4－63〕及び〔図4－64〕参照）。半数以上の複合事務組合において特例が活用されていることから，複合事務組合における運営の公平性を確保する上でこの仕組みは有効に機能していると考えられる。

〔図4－63〕　複合事務組合における議決の特例及び理事会制度の推移

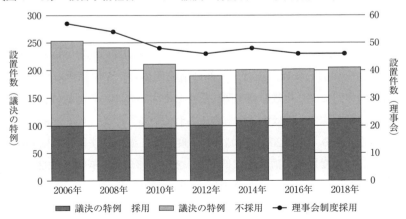

〔図4－64〕 複合事務組合における議決の特例及び理事会制度の利用割合の推移

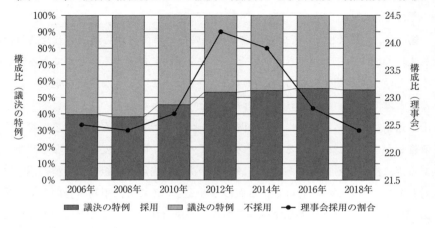

2 理事会（245条第2項）

　事務組合の執行機関として市町村長に相当する者は管理者であるが，複合事務組合には，規約で定めるところにより，管理者を設置する代わりに合議制の執行機関である理事会を置くことができる。

(1) 理事会の趣旨

　複合事務組合にあっては，処理する事務が多種類にわたり，かつ，構成団体の数も多いことから，構成団体間の複雑な利害を調整しつつ組合の運営を行うことが要請される。このような場合，独任制の管理者に執行権を与える代わりに，各市町村の執行機関を代表する者によって合議制の執行機関を設けることにより組合の円滑な意思決定を図っていくことが本制度の趣旨である。特に，複合事務組合においては，通常，一部の構成団体のみが関係する事務を処理し，構成団体間でより複雑な利害関係を生じやすいので，合議制により意思決定を行っていくメリットは大きいと考えられている。

　近年の推移をみると，2006（平成18）年度以降，採用事務組合数は50件前後であり，2012年度以降，構成比は低下し，2018（平成30）年度現在22.4％である（〔図4－63〕及び〔図4－64〕参照）。議決の特例に比べると，活用の度合いはやや低いが，構成団体毎の事務組合との関係性が異なる複合事務組合におい

て，理事会制の制度的需要は存在し，複合事務組合全体の約4分の1弱の組合が理事会制を採用しており，一定程度活用されていることがわかる。

なお，広域連合については，制度創設時には理事会制（287条の3第2項）は採用されていなかったが，自治体側からの要請もあり，2012（平成24）年の自治法一部改正により，当該規定が準用されることとなり（291条の13），広域連合も理事会制を選択することができることとなった。

(2) 理事会の構成

理事は，当該複合事務組合を組織する市町村の長又は当該市町村の長が当該市町村の議会の同意を得て当該市町村の職員のうちから指名する者をもって充てる。

理事会制度の趣旨は，複合事務組合の運営に構成団体の意思をできる限り公平に反映させることにあるので，理事会を組織する理事には，各構成団体から公平に代表者を送ることとされている。構成団体を代表する者は長であるから，通常の場合は，理事には長が充てられるものと考えられている。長が理事に充てられる場合には，本来は長が共同処理事務の執行に当たる立場であることにかんがみ，議会の同意は要しないが，議会の同意を得て当該市町村の職員のうちから長が指名する者をもって充てることもできる（287条の3第3項）。この場合，議会は同意するか否かを決し，修正権は有しない。なお，理事は執行機関たる理事会の構成員であるから，ここでいう「職員」は執行機関の職員の中から指名すべきであり，構成団体の議会の議員は「職員」の中には含まれないと解されている。

近年の推移をみると，2006（平成18）年度は，理事会制を採用している複合事務組合57団体のうち，55団体（96％）において，長が理事に充てられ，2012（平成24）年度は46団体中44団体，2018（平成30）年度も同じ状況である（〔図4－65〕参照）。それ以外の事務組合では，長及び長が指名する者が理事を務めるが，2006（平成18）年度以来，2事務組合に留まっている。理事会は事務組合の意思決定採用であり，その運営は構成団体に大きな影響を及ぼすため，長が直接理事として関与するケースが多いものと考えられる。

〔図4-65〕 複合事務組合における理事の構成の推移

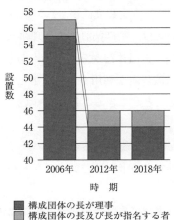

■ 構成団体の長が理事
■ 構成団体の長及び長が指名する者が理事

(3) 理事会の組織及び運営

理事会内部の組織及び運営については施行令211条に次のように規定されている。

① 理事会に，代表理事一人を置く。
② 代表理事は，理事が互選する。
③ 代表理事は，理事会に関する事務を処理し，理事会を代表する。
④ 前3項に定めるもののほか，理事会の組織及び運営に関し必要な事項は，理事会が定める。

理事会は合議制の執行機関であるから組合の管理者（長）の権限は，合議体としての理事会にあり，個々の理事にそのような権限が認められているわけではない。また各理事は全く平等の地位にある。ただし，理事会の事務を処理するために代表理事一人を置くこととし，代表理事は理事会の招集，会議の主宰等を行う。また，代表理事は理事会を代表することとされているので，理事会の意思を外部に表示する行為は代表理事が行うことになる。

理事会の組織及び運営に関し必要なその他の事項は理事会が定めることとされており，理事会の内部組織（例えば理事会に部会を置くこと等），代表理事に事故があるとき等の職務代理，理事会の招集手続等については，理事会規程の

ような形式で理事会が任意に定めることができる。

〔表4-17〕は，2010（平成22）年4月現在で日本都市センターが理事会の状況に関し調査を行ったものである。Aは広域行政機構として位置付けられた複合事務組合，Bはそれ以外の複合事務組合を指す。A及びBの合計を見ると，理事の人数は10人以上である複合事務組合が多い。また，理事会の開催頻度は，A及びBの合計を見ると，23組合のうち年4回以上開催している組合が10組合に上っている（〔表4-18〕参照）。

〔表4-17〕 複合事務組合の理事の人数[9]

（2010年4月現在）

	理事の人数 区分					
	サンプル数	3人未満	3～5人未満	5～10人未満	10人以上	不明
A．広域行政機構	16	0	0	3	12	1
	100.0%	0.0%	0.0%	18.8%	75.0%	6.3%
B．複合的一部事務組合	7	0	0	2	5	0
	100.0%	0.0%	0.0%	28.6%	71.4%	0.0%

〔表4-18〕 複合事務組合の理事会の開催頻度

（2010年4月現在）

	理事会の開催頻度 区分					
	サンプル数	2回未満	3回未満	4回未満	4回以上	不明
A．広域行政機構	16	0	5	3	7	1
	100.0%	0.0%	31.3%	18.8%	43.8%	6.3%
B．複合的一部事務組合	7	0	3	1	3	0
	100.0%	0.0%	42.9%	14.3%	42.9%	0.0%

(4) 理事会の権限

理事会は管理者に代えて置かれるものであるから，その権限は管理者と全く同一である。したがって，理事会は，当該事務組合を代表し，事務組合の事務を管理及び執行する権限を有し，議会に議案を提出し，予算を調製し，財産を取得する等の事務を担任する。なお，292条により，普通地方公共団体の長に関する規定は原則として理事会に準用されるが，合議制の執行機関である理事

---

[9] 出典；広域連携報告書。

会にはその性質上準用されないと考えられる規定がある。このような規定の中には，その性質上本来的に準用されないと考えられるもの（例えば152条；長の職務代理に関する規定）と，理事会ではなく個々の理事に準用されると考えられるもの（例えば142条；長の兼業禁止に関する規定）があることに注意しなければならない。

VI 構成団体の数

　複合事務組合の構成団体数について，近年の推移をみると，構成団体が2～4の組合が多く，2012（平成24）年度と2018（平成30）年度を比べると，その傾向が強まっている。一方，構成団体数が10～19の組合も比較的多い（2018年度現在，15団体）（〔図4－66〕参照）。〔表4－19〕は，複合事務組合の例を示したものであるが，構成団体数が3団体であるように，構成団体数が小規模な複合事務組合の場合，消防，し尿，ごみ，広域計画のような代表的かつ基本的な

〔図4－66〕　複合事務組合における構成団体数別設置数の推移

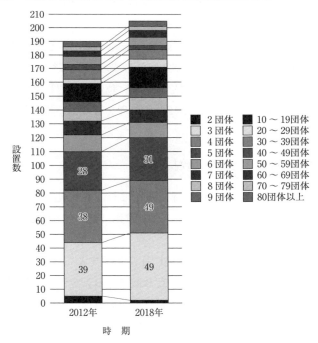

〔表4－19〕　複合事務組合の例

一部事務組合の名称	設置年月日	構成団体		共同処理事務の内容
喜多方地方広域市町村圏組合（福島県）	H3.8.29	1市1町1村	3	ふるさと市町村圏計画の策定実施，消防，し尿処理，ごみ処理等
北部広域市町村圏事務組合（沖縄県）	H4.11.1	1市2町9村	12	広域市町村圏計画の策定，広域の観光，スポーツ，物産展イベント，人材育成，交流，文化，研修，広域的振興事業，公立大学設置団体業務

事務のみを行っているものが多い。このようなケースにおいては，スケールメリットを生かすことができる市町村レベルの基礎的なサービスの共同処理を検討し複合事務組合の形態に至ったケースが多いことがうかがわれる。他方，構成団体数が10〜19の中規模レベルの複合事務組合の場合，広域計画のほか，観光，研修など広域的なソフト行政を共同処理事務として行っているものが多い。これらは，広域行政機構として広域計画に位置付けて推進することに適した事業とその他の事業を組み合わせて共同処理を行っていることがうかがわれる。

Ⅶ　複合事務組合と広域行政機構

〔表4－20〕は，2010（平成22）年4月現在における広域的な連携組織の状況である。A列は，広域行政機構として位置付けられていた組織の内訳を示している。

広域行政圏施策は2008（平成20）年12月に終了することとされたが[10]，その際，総務省通知において「従来の広域行政圏に係る策定済みの基本構想，計画や設置済みの広域行政機構，実施中の事務の共同処理等の取扱いについては，関係市町村の自主的な協議によって，継続ないし見直し等を判断されることが適当であること。」とされている。当該調査は，その1年余り後の状況を示している。

広域行政機構は，少なくとも自治法上の一部事務組合又は協議会の形で組織

---

10)　総務省自治行政局市町村課長通知（2018（平成20）年12月26日付け総行市第234号）。

化するよう国が求めた[11]ことから,〔表4－20〕のA列に示されているとおり広域行政機構の207サンプル中,65は一部事務組合であるが,複合事務組合はそれに次いで,42組合が広域行政機構として活動を行っている。

このように複合事務組合は,当初から複数の事務を処理する総合的な組織を想定していたこともあり,広域行政機構の一翼を担う役割を果たしてきたということができる。

〔表4－20〕 広域行政機構の組織形態の状況[12] (2010年4月現在)

(単位：設置数)

	組織形態					
	サンプル数	協議会	一部事務組合	複合的一部事務組合	広域連合	不明
A. 広域行政機構	207	85	65	42	13	2
	100.0%	41.1%	31.4%	20.3%	6.3%	1.0%
B. 複合的一部事務組合	63	0	14	48	0	1
	100.0%	0.0%	22.2%	76.2%	0.0%	1.6%
C. 全県的規模の一部事務組合	19	0	15	3	0	1
	100.0%	0.0%	78.9%	15.8%	0.0%	5.3%
D. 市町村による広域連合	20	0	0	0	19	1
	100.0%	0.0%	0.0%	0.0%	95.0%	5.0%

---

11) 1969（昭和44）年「広域市町村圏整備措置要綱」。
12) 出典：広域連携報告書。

第9章　企業団

本章においては，事務組合の一つの類型である企業団の制度について述べることとする。

I　企業団の範囲

1　総論

企業団とは，地方公営企業の経営に関する事務を共同処理する事務組合を意味する。企業団については，1966（昭和41）年の地公企法の一部改正において，事務組合方式をより企業経営に適したものとする目的で導入された制度であり，地公企法39条の2及び39条の3に企業団に関する特例が設けられたところである。

ここでいう地方公営企業とは，地公企法2条第1項で定める法定事業及び法の規定の全部が適用される事業をいう。

○　地公企法2条第1項において定められている法定事業
一　水道事業（簡易水道事業を除く）　　　五　地方鉄道事業
二　工業用水道事業　　　　　　　　　　　六　電気事業
三　軌道事業　　　　　　　　　　　　　　七　ガス事業
四　自動車運送事業

なお，財務規定等のみが適用される事業は，ここでいう地方公営企業に含まれないので，財務規定等のみを適用している病院事業を経営している事務組合は企業団とはならない。財務規定等のみを適用するということは，企業経営のための特別の組織を設けないことを意味するので，事務組合による経営方式の場合においても，その組織を特別なものとする必要がないと考えられるからである。逆に言えば，同法を全部適用し地方公営企業の経営のための特別の組織を設ける場合には，病院事業を行う組合は企業団となり，事務組合の管理者の名称は企業長となる。[1]

1）　2018（平成30）年7月現在，事務組合が所掌している病院又は診療所の事務件数は全国で120件存在するが，そのうち都道府県・市町村間で設立している病院企業団は3団体存在している。

なお，事務組合が経営している事業が，地公企法2条第3項に基づき，同法を全面適用する事業となったとき（例えば，下水道事業又は簡易水道事業を全面適用事業に移行させる場合），規約変更を行い，組合及び管理者の名称を企業長及び企業団に改めるべきであると解されている。なお，企業団の事務処理組織の名称を企業庁としても差し支えない。

また，地公企法には，企業団が地方公営企業の経営に関する事務以外の事務を併せて共同処理することを禁止する明文の規定はない。そこで，地方公営企業の経営に関する事務と他の一般的な事務を併せて共同処理している事務組合についても企業団の特例が適用されるかという問題がある。この点については，仮にこれらの組合に対しても企業団の特例を適用することになると，例えば，共同処理する事務のうち大部分が地方公営企業の事業以外の事務である組合に地方公営企業の財務規定等を適用するという実態に合わない結果をもたらすことになる。したがって，一般的に，企業団は地方公営企業の経営に関する事務のみを共同処理する事務組合を意味し，地方公営企業の経営に関する事務とそれ以外の事務をあわせて共同処理する事務組合は企業団には含まれず，事務組合として扱われるものと解されている[2]。なお，このように両方の事務を共同処理している事務組合において，地方公営企業の経営に関する事務については，当然に地公企法（企業団に関する規定を除く）が適用されることになる。

2　複合事務組合の企業団

仮に5市町村により構成される水道企業団において，当該構成団体中の3市町村が共同処理する公共下水道事業（地公企法を全面適用する事業）を共同処理事務に追加することもできる。この場合，複合事務組合の形態となるが，全ての事業が地公企法の適用事業なので企業団として運営されることとなる。また，仮に公共下水道事業が地公企法の非適用事業である場合には，事務組合として運営されることとなる。

---

[2]　出典；地方公営企業制度研究会編『地方公営企業の実務講座』（以下「実務講座」という。）地方財務協会，2018年，591頁。

Ⅱ 企業長

1 企業長の位置付け

　地方公営企業の経営に関する事務を共同処理する事務組合（企業団）の管理者の名称は，企業長とする。また，企業団には，地公企法上の「地方公営企業の管理者」（以下，「公営企業管理者」という）を置かず，公営企業管理者の権限は企業長が行うこととされている。

　地方公営企業の法定事業においては，事業ごとに公営企業管理者を置くこととされている。公営企業管理者は，公営企業の自主独立性，機動性を確保する趣旨の下に設けられている制度であり，地方公営企業に関する業務執行権や代表権等を有する長の補助機関である。企業団は，地方公営企業の経営に関する事務のみを共同処理するものであるから，その長である企業長は，専ら地方公営企業に関する事務を執行することとなる。したがって企業団においては，事務組合の管理者としての企業長の下に更に地方公営企業の管理者を置く必要はなく，むしろ，「事務組合の管理者」－「公営企業管理者」というように2つの機関を置くことは，組織を複雑化し地方公営企業の能率的，合理的経営を阻害する事態を招くことが懸念される。このような考え方の下に，企業団においては，その組織の一元化を図るため，地方公営企業の管理者を置かず，企業団の管理者（事務組合の管理者）と公営企業管理者とを一体化させ，企業団の管理者（企業長）が公営企業管理者の権限を行うこととされている。企業団が数種の地方公営企業（例えば水道事業と工業用水道事業等）を経営する場合においても，一人の企業長が全ての地方公営企業の管理者の権限を行うこととなり，他に公営企業管理者を置く必要はない（〔図4－67〕参照）。

〔図4-67〕 企業団の組織

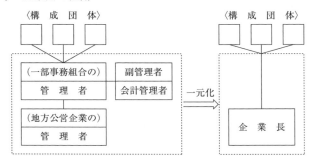

　なお，地公企法の財務規定等のみが適用される事業（以下，「財務規定適用事業」という）を共同処理する事務組合（例えば病院組合）には，もとより地公企法に基づく管理者の組織がなく，企業団の組織に関する他の規定も適用されない。財務規定適用事業については，地公企法では，公営企業管理者の権限は当該地方公共団体の長が行うこととされている（地公企法34条の2）。このため，財務規定適用事業を事務組合方式で行う場合には事務組合管理者に権限が一元化される（〔図4-68〕参照）[3]。

〔図4-68〕 財務規定等のみを適用する事業に係る一部事務組合の組織

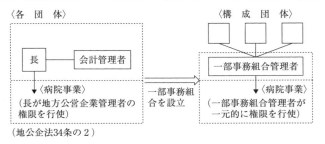

　また，企業団の管理者には，同法39条の2第1項により当然に「企業長」という名称が与えられる。企業団の規約等により重ねてその名称を規定する必要はないこととされている。

2　企業長の選任

3）　ただし，事務組合管理者は，条例で定めるところにより，出納事務の全部又は一部を事務組合の会計管理者に行わせることができる（地公企法34条の2ただし書を準用）。

企業長の選任の方法については，企業団の規約で別段の定めをしない限り，地方公営企業の経営に関し識見を有する者のうちから，企業団を組織する地方公共団体の長が共同して任命するものとする（39条の2第3項）。
　このように企業長の選任方式として企業団を組織する地方公共団体の長の共同の任命が原則とされたのは，企業団の円滑な運営を確保するためには，全ての関係地方公共団体の長に信任されている企業長がその業務を執行することが必要であると考えられるからである。「関係地方公共団体の長が共同して任命する」とは，企業団を組織する地方公共団体の長の全てが一致して特定の者を企業長に任命することを意味し，この選任権は委任できないものであって，任命の形式上も構成地方公共団体の長の職氏名を列記することを要する。
　また，この場合，他の長の委任を受けて一人の長の氏名で任命することはできないものと解されている（任命の様式の例として〔様式4－16〕参照）。
　なお，このような共同任命方式により企業団の企業長を選任する規定（39条の2）は，自治法287条第1項6号

〔様式4－16〕　企業長の任命書（例）

（任命の例）
　　　　　　　　　○○○○
○○企業団企業長に任命する
　　　　　　　○○市長　○○○○
　　　　　　　○○町長　○○○○
　　　　　　　○○村長　○○○○

（組合の執行機関の選任の方法は規約事項である旨を定めた規定）の特例規定であるため，あらためて企業団の規約において企業長の選任方法について規定を設ける必要はない。ただし，企業団の設立の事情等により，共同任命方式により難い企業団においては，企業長の選任方式を規約で定めることができる。
　なお，「地方公営企業の経営に関し識見を有する者」とは，当該地方公営企業の管理者の権限を行う企業長としての責務を遂行し得る知識と能力を有している者をいい，必ずしも地方公営企業の管理者や職員等としての経験を有することを必要としない。

3　企業長の身分取扱い

　企業長は，常勤の特別職であり（地公法3条第3項1号の2），企業長の欠格事由，任期，罷免，懲戒，失職，兼業禁止については，公営企業管理者に関する地公企法の規定が準用される（同法39条の2第4項）。企業長の任期は，同7

条の2の準用により4年とされ，再任されることができる。また，自治法の「委員等の請負禁止に関する規定」（自治法180条の5第6～8項）が準用される。

企業長は特別職なので，地公法は原則として適用されないが（地公法4条），「秘密を守る義務」に関する同法34条の規定が準用される（地公企法39条の2第4項）。

4　企業長の兼職

企業長については，兼職を禁ずる地公企法7条の2第3項の規定は準用されない（地公企法39条の2第4項）。したがって，一般法である自治法287条第2項が適用されることになり，構成団体の議会の議員又は長その他の常勤の職員と兼職することができることとされている。

Ⅲ　監査委員

1　総　論

監査委員の職務権限とされている当該地方公共団体の財務に関する事務の執行，及びその経営に係る事業の管理を監査すること（自治法199条1項）は，事務組合が経営する地方公営企業の合理的な経営管理及び適正な会計処理を確保するために必要であり，かつ，普通地方公共団体においては監査委員が必置とされていることから，企業団においても監査委員は置かなければならないこととされている。監査委員の設置，定数及び任期等については，規約で定めなければならないこととされている。なお，地公企法において企業団の監査委員に係る選任要件の特例が定められている（地公企法39条の2第5項，2選任 参照）[4]。

---

[4] 監査委員に関する特例のうち，定数については，2011（平成23）年前は，企業団の処理する事務の内容，迅速かつ合理的な監査の執行の必要性等に鑑みて，2人以内とされていた。しかし，2011（平成23）年の「地域の自主性及び自立性を高めるための改革の推進を図るための関係法律の整備に関する法律」（いわゆる第1次分権一括法）の施行に伴う地公企法一部改正により，地方分権の一環として，企業団の監査委員の定数の特例規定は廃止され，自治法の一般原則に基づいて扱われることとなった。

2　選　任

　企業団の監査委員は，企業団の長である企業長が企業団の議会の同意を得て選任するが，その被選任資格は，企業団の事務の専門性にかんがみ，人格が高潔で，事業の経営管理について優れた識見を有する者とされている（地公企法39条の2第5項）。ここでいう「事業の経営管理」とは，企業の業務の運営全般を意味するものと解されている。したがって，企業団においては，普通地方公共団体の場合（自治法196条第1項）と異なり，「監査委員のうち一人は議会の議員から選任しなければならない」という規定は適用されない[5]。

　企業長は，「地方公営企業の経営に関し識見を有する者」のうちから任命することとされていること（地公企法39条の2第3項）や，監査委員の選任要件（同条第5項）からわかるように，公営企業の合理的な経営を担保するために，企業団の執行機関を構成する職については，経営に関する専門性が要件とされている点がその特徴となっている。

　なお，財務規定等のみを適用する事業を共同処理する事務組合（例えば病院組合）においても，監査委員の定数及び被選任資格等その組織及び選任の方法は規約で定めなければならないが，これらの事務組合についても，専門的な識見を有した人材による合理的な経営が求められるので，規約において企業団の監査委員の場合と同様の定めをすることが望ましいと考えられている。

3　身　分

　監査委員は，規模等から判断して十分な監査が確保できる場合は，非常勤として任用することも可能であると解されている。また，構成団体の監査委員を兼務させることも可能であるとされている。

---

[5]　議員が事業の経営管理について専門の知識経験を有する者である場合には，その者を監査委員に選任することも可能であると解されている。実務講座，595頁。

Ⅳ　その他の補助職員

　企業団においては，法律上は，企業長を補佐する副管理者に相当する機関を置くことは想定されていない。このような補助機関を置かない場合には，自治法152条第2項及び第3項に基づく職務代理者（企業長の指定する職員又は企業団の規則で定める上席の職員）を定めておかなければならない。

　また，企業団においては会計管理者を置く必要がない。地方公営企業においては，能率性の発揮のため出納事務を管理者に一元化し（地公企法27条），さらに，地公企法39条の3第1項の規定により，地方公営企業の財務以外の財務についても同法の財務に関する規定が適用され，企業団の出納その他の会計事務は全て企業長が一元的に執行することとされているためである。

Ⅴ　議　　会

　事務組合の議会の組織については規約で定めなければならないこととされており（自治法287条第1項5号），企業団においても議員の定数を規約で定める必要がある[6]。地方分権の一環として企業団においても自治組織権の下で議員定数を自由に定めることができるが，制度の沿革を踏まえ，企業団の機動的，弾力的な経営を確保できる適正な規模を設定することが望ましい。

Ⅵ　財務に関する規定

(1)　地方公営企業以外の財務に関する特例

　企業団の財務のうち，地方公営企業の事務に関する部分に地公企法の財務規定を適用することは当然である。さらに，地公企法は，企業団の財務を効率的・合理的に処理するために一歩踏み出し，企業団における地方公営企業以外の全ての財務（例えば，普通地方公共団体においては現金主義に基づいて処理されている議会や監査委員等に係る財務）についても地公企法の財務規定（同17条〜

---

[6]　2011（平成23）年前は，企業団における議会の議員定数は，原則15人を上限とし，事業規模に応じて政令で定める基準により，30人を限度として定数を増加することができることとされていた。しかし，2011年の地方分権一括法の施行に伴う地公企法一部改正により当該規定も廃止された。

35条及び附則第2項）を適用し，企業団の事業全体の財務について全て同法に定める発生主義に基づく企業会計方式によって一元的に処理する旨を規定している（39条の3第1項）。なお，この扱いは，地公企法の財務規定等のみが適用される事務組合についても同様である（同条第3項）。

また，この場合において，地方公営企業に係る経費以外の経費も，地方公営企業の経費と併せて当該公営企業の会計に計上して処理するものであるが，企業団において2以上の公営企業を経営し，それぞれについて特別会計を設けて経理している場合にあっては，当該公営企業に係る経費以外の経費を，これらの公営企業に専属する収益又は費用の総額等によって按分し，それぞれの会計において経理することが適当であると考えられている。

ただし，これら2以上の公営企業のうち1つが著しく大きい規模である場合には，公営企業の経費以外の経費を，当該規模の大きい公営企業の会計において経理することとしても差し支えないものとされている。

なお，このように複数の会計を運営する場合においても，企業団には会計管理者を置く必要はなく，企業長（財務規定等のみを適用している組合においては組合管理者）が企業団の全ての会計を一元的に管理することとされている。

(2) 負担区分地方公営企業の特例

会計と一般会計との間の経費の負担の原則等に関する規定（地公企法17条の2〜18条の2）は，企業団を組織する構成団体の当該企業団に対する経費の負担，補助，出資及び長期の貸付けについて準用される（39条の3第2項）。

ここでは，次に掲げる点に注意する必要がある。

第一に，ここでいう負担の区分は，〔図4－69〕に示すとおり，「当該公営企

〔図4－69〕 企業団と構成団体との関係

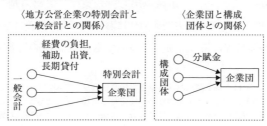

業の特別会計と一般会計との関係」における負担区分の問題であると同時に，「企業団と構成団体との関係」における負担区分（いわゆる構成団体からの負担金）に該当するものなので，負担の内容（企業団と構成団体の負担割合）を規約において定めておく必要がある（自治法287条第1項7号）。

　第二に，構成団体は，当該公営企業に係る経費については，一般会計から地方公営企業の特別会計に対する繰出金の基準を遵守し，企業団に対して経費負担の原則に従った負担を行う必要がある。

　第三に，構成団体は，企業団に事務処理を任せるのみで財政措置を十分に講じないという事態を招くことのないよう，経費負担の原則に基づくもの以外の経費についても，必要な負担金の支出，出資又は長期貸付けを行い，企業団の財政的基礎を安定させるよう留意しなければならない。

VII　企業団等の状況

　事務組合で地方公営企業に該当する事業を共同処理する場合，特別地方公共団体の組織としては企業団又は事務組合のいずれかの形態（両者を合わせて「企業団等」という）を採ることとなる。以下においては，2017（平成29）年度現在の企業団等の状況について触れることとする。

　〔図4-70〕は，2017（平成29）年度現在における種類別事業数の現在の状況であるが，病院が38％，水道（末端）が24％，水道（用水）が23％を占め，病院・水道の2分野で全体の85％を占めている。各種公営企業の中でも，拠点的な施設の稼働を中心とすること，施設稼働型サービスとしてのスケールメリットを有すること，一定以上の職員規模を必要とすること等が当該2事業の特徴と考えられ，その意味で，特別地方公共団体としての共同処理方式が比較的多く選択されているものと考えられる。

〔図4−70〕 事務の種類別 企業団の状況（2017年度）（企業団数，構成比）

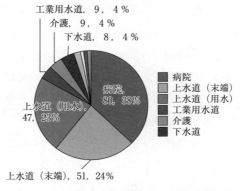

決算統計データを基に著者が作成。

第5編

広域連合

本編では，自治法上の特別地方公共団体として位置づけられている広域連合を取り上げる。

第1章　広域連合設立の考え方

I　広域連合による処理に適した事務の特徴

まず，自治法上の共同処理方式として整備されている広域連合制度はどのような事務を処理することが想定されているのだろうか。この点について，自治法では次のように規定されている。

普通地方公共団体及び特別区は，その事務で広域にわたり処理することが適当であると認めるものに関し，広域にわたる総合的な計画（以下，「広域計画」という）を作成し，その事務の管理及び執行について広域計画の実施のために必要な連絡調整を図り，並びにその事務の一部を広域にわたり総合的かつ計画的に処理するため，その協議により規約を定め，総務大臣又は都道府県知事の許可を得て，広域連合を設けることができる（284条第3項）。

このように広域連合は，広域計画を作成し，地方公共団体又はその機関の事務で広域にわたり処理することが適当であると認めるもの及びこれに関連して国や都道府県から配分された事務を総合的かつ計画的に処理するために設けられるものであり，この趣旨に合致するものであれば，基本的には広域連合が処理する事務についての制限はないこととされている[1]。

次に，広域連合による処理に適した事務は次の種類により構成される。

(1)　広域にわたり処理することが適当な事務

「広域にわたり処理することが適当であると認める事務」（284条）とは，地方公共団体が，それぞれ単独で処理するよりも，他の地方公共団体と協力して

---

1)　**参考資料V**（巻末）「平成7年6月15日総務省通知」参照。

広域連合を設置してその事務に当たることが適当と認められるものをいうものであり，基本的には広域連合を組織しようとする地方公共団体が住民福祉の増進，地域の発展，事務処理の効率化等の見地から判断すべきものである[2]。したがって，広域連合を組織する団体は，必ずしも相互に共通する同一の事務を広域連合に処理することとさせなければならないわけではなく，広域にわたり処理することが適当であると認められる限り全く同一の事務でなくてもかまわない[3]。

(2) 国等が配分する事務・事業（広域連合事務に関連する事務・事業）（291条の2第1項）

国は，その行政機関の長の権限に属する事務のうち広域連合の事務に関連するものを別に法律又はこれに基づく政令の定めるところにより，当該広域連合が処理することとすることができる。

広域連合は広域的な政策や行政需要への対応のための方策として，そのために必要な国又は都道府県からの事務の配分の受け入れを可能とする体制の整備を含めて制度化されたものである。

このような趣旨を踏まえ，291条の2第1項により，国は，広域連合の事務に関連する事務・事業を配分することができる旨を規定し，国から地方への事務移譲を円滑に行うことができるようにしている。

特に法律で定めているものとして，市町村は後期高齢者医療の事務を処理するため，都道府県の区域ごとに区域内のすべての市町村が加入する広域連合（後期高齢者医療広域連合）を設けることとされている。

(3) 広域連合の長が国等に配分を要請する事務

都道府県の加入する広域連合の長は，その議会の議決を経て，国の行政機関の長に対し，当該広域連合の事務に密接に関連する国の行政機関の長の権限に属する事務の一部を当該広域連合が処理することとするよう要請することができる（291条の2第4項）。

---

2) 前掲平成7年6月15日通知参照。
3) 現状では，規約上は全構成団体が共通の事務を共同処理する形式を取り，経費負担において，関与する事務の関連性の強さに応じて負担割合に差を設ける方式を採る団体も存在する。

国や都道府県が広域連合に配分し得る事務は，当該広域連合の処理する事務に「関連するもの」とされているのに対し，広域連合が国や都道府県に対して広域連合が処理することとするよう要請することができる事務は，当該広域連合の処理する事務に「密接に関連するもの」に限ることとされている。広域連合制度が国から地方への事務・事業の移譲の促進を想定する一方で現実的な範囲で事務・事業の配分を進める観点から，密接な関連性を要件とし，また，要請内容を予測可能な範囲内とする趣旨に基づくものである。[4]

〔図5－1〕　広域連合の事務

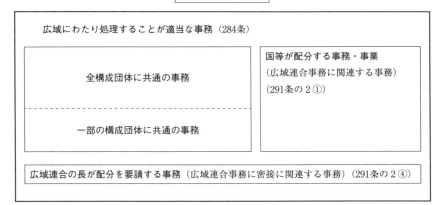

　以上の内容を図示したものが〔図5－1〕である。住民福祉の増進，地域の発展，事務処理の効率化等の観点から地方公共団体が広域的に処理することによりメリットを見出すことができる事務を中心として，地方分権の観点から国からの権限移譲の受け皿となる行政主体として，国等が配分する事務・事業及び広域連合の側から配分を要請する事務が，広域連合の想定される事務となる。広域機能及び受け皿機能の両者を備えた特別地方公共団体として想定されていると言うことができる。

4）　2008（平成20）年7月現在，権限移譲の要請等として，広域連合から都道府県への要請に対応し，都道府県において事務処理特例条例を改正し，権限移譲を行った例が2件存在する。

Ⅱ 広域連合制度創設の経緯

　1989（平成元）年12月20日に，行政改革の実現を監視する機関として活動していた臨時行政改革推進審議会が，「国と地方の関係等に関する答申」を提出した。この答申において，地方行政主体の整備・多様化，広域行政への対応として，地域中核都市，都道府県連合及び市町村連合の制度化が提言された。このような答申を受け，第23次地方制度調査会は2年間にわたる審議を行い，1993（平成5）年4月19日に「広域連合及び中核市に関する答申」を出し，広域連合の制度化を提言した。

　答申では，地方分権の論議が高まりつつあることは，東京圏への一極集中を是正して国土の均衡ある発展を図り，国民が等しくゆとりと豊かさを実感できる生活大国を実現するためには，何よりも地方分権を進める必要があるということが，国民各層の間に認識されつつあることを示すものと考える旨指摘している。そして，国と地方の事務の再配分，権限移譲，国の関与の整理合理化や現実の行政需要に対応するための地方制度の改革を着実に実現していくことも，地方分権の推進のためには極めて重要であるとし，広域連合制度を創設することが適当であるとの結論に達したものとされている。

　このような答申を受けて，1994（平成6）年の自治法一部改正により，新たな事務の共同処理方式として広域連合制度が導入されることとなった。

Ⅲ 広域連合制度の趣旨

　都道府県及び市町村の区域を超える広域行政需要が増大，かつ多様化しつつあり，これに対し適切かつ効率的に対応する必要性が高まっているが，現行の広域行政体制の代表的な制度である事務組合制度による対応には，国又は都道府県から直接に権限移譲が受けられないこと，所掌事務の変更に自らの主導権（イニシアティブ）が発揮できないこと，組織が画一的であること等の限界が指摘されていた。また，地方分権を基軸とした広域行政を行うために国等からの権限移譲の受け入れ体制を整備する必要性が指摘されていた。

　このため，答申では，新しい広域行政体制である広域連合制度を創設し，広域連合制度と事務組合制度を活用することにより，広域行政需要に対してより選択的に対応すべきであるとされている。

第2章　広域連合の基本的性格

Ⅰ　地方自治法上の位置付け

　地方公共団体の組合の制度は，戦前の地方制度である市制・町村制当時から，市町村の事務の一部を共同処理するための地方公共団体として制度化されていたものを，自治法制定に当たって継承したものである。1994（平成6）年前は，共同処理を行う特別地方公共団体は事務組合のみであったが，事務組合の制度的限界に対応するものとして，1994（平成6）年の改正により広域連合制度が設けられ，組合に関する規定の整理が行われた。広域連合は，複合事務組合を含め従来の事務組合が有していた事務の共同処理という性格だけにとらわれることなく，地方公共団体の政策・事務の広域的な連絡調整や総合的かつ計画的な対応・処理という目的のため，国等からの事務・権限の受け入れ体制としての機能を果たすことも含めて制度化されたものであり，地方公共団体の組合の一類型として規定された。広域連合が組合の一形態として新設されたことにより，組合という特別地方公共団体はその機能を大きく拡大し，政策的側面を含めて，広域行政需要へ対応するための弾力的かつ機動的な制度に移行したと言うことができる。このため，地方公共団体は，広域連合制度と事務組合制度を，その機能の得失を踏まえて適切に選択していくことが期待されている。

Ⅱ　広域連合の特徴

　広域連合は広域的な政策や行政需要への対応のための方策として，1994（平成6）年に制度化されたものであり，次のような特徴を有する。
　(1)　国又は都道府県からの事務の配分の受け入れを想定している。
　事務組合は，既に法令等により地方公共団体の権能となっている事務の共同処理を行う方式である。したがって，事務組合の場合，国又は都道府県の事務・事業を特定の事務組合で処理させることが適当であると認められる場合であっても，まず当該事務組合を組織する地方公共団体へ事務・事業を配分した

後に組合に持ち寄るという2段階の方法を採るほかはない。このため，その意図が十分に達せられない可能性もある。このような事態を回避するため，国や都道府県の事務・事業を広域連合に直接配分し得る規定を置くことにより，特定の広域連合への事務・事業の配分を可能にし，国や都道府県からの事務・事業の配分を促進できるようにすることとしている。

(2) ある地域の具体の広域的な行政需要に対応することが想定されている。

広域連合は，構成団体やその住民に対して当該広域連合の目標等を明確にしながら事務処理に当たることにより，広域的調整を図りながら広域行政を適切にかつ円滑に行うため，その設置に当たって広域計画の作成が義務付けられている。

広域計画には，その目的を達成するために，事務処理の方法，広域連合及び構成団体がそれぞれ処理すべき事務，並びに財政負担に関する事項等が相互に関連づけられて記載される。広域連合は事務組合と異なり，広域にわたり処理することが適当であると認めるものに関し，必ず広域計画を作成しなければならず，また，広域計画の実施のための「連絡調整」を図らなければならない（284条第3項）。

広域連合は，広域計画を定め事業を実施することとされており，広域連合及び構成団体は，広域計画に基づいてその事務を処理するようにしなければならないこととされている（291条の4第3項，291条の7第4項）。また，広域連合の長は，構成団体の事務の処理が広域計画の実施に支障があり又は支障があるおそれがあると認めるときは，当該広域連合の議会の議決を経て，構成団体に対し，必要な措置を講ずべきことを勧告することができる。このように広域連合は，広域行政の需要に対応するため，事務組合の場合以上に広域的な施策遂行を想定した仕組みとなっている。

(3) 広域連合自体が政策判断の主導権（イニシアティブ）を取ることができる。

この点については具体的に次の仕組みが規定されている。

ア 都道府県の加入する広域連合の長は，その議会の議決を経て，国の行政機関の長（以下，「国の長」という）に対し，当該広域連合の事務に密接に関連

する国の長の権限に属する事務の一部を当該広域連合が処理することとするよう要請することができる（291条の2第4項）。（また，都道府県の加入しない広域連合の長は，都道府県に対し，同様の要請をすることができる（同条第5項））。

　これは，広域連合制度が事務の受け入れ態勢の整備を主要な目的の一つとして創設されたものであり，事務事業の広域連合への移譲が進んでいくことが期待され，広域連合の事務に密接に関連する事務の移譲が検討される契機を附与する権能を広域連合に与えるものである。

　イ　広域連合の長は，広域計画に定める事項に関する事務を総合的かつ計画的に処理するため必要があると認めるときは，その議会の議決を経て，構成団体に対し，当該広域連合の規約を変更するよう要請することができる（291条の3第7項）。

　これは，広域連合が構成団体との関係において一定の独立性を有し，自主的自立的な運営を行うことを担保するため，広域計画の推進と関連がある範囲において，広域連合の運営方針を規約に反映させることができるように，広域連合から構成団体に対し規約変更の要請を行うことができることとしたものである[1]。

　ウ　広域連合の長は，構成団体の事務の処理が広域計画の実施に支障があり又は支障があるおそれがあると認めるときは，当該広域連合の議会の議決を経て，構成団体に対し，必要な措置を講ずべきことを勧告することができる（291条の7第5項）。

　これは，前述のとおり，広域連合が構成団体との間で，独立性と協同性を維持しつつ，自主的な運営を行うためには，広域計画の実効性を確保することが重要であり，広域連合に事業推進の判断権を付与するために勧告権を創設したものである。

　これらの規定から明らかなことは，広域連合制度については，構成団体の判断権への依存性を脱却し，広域連合自体に運営のイニシアティブを与える措置

---

[1]　これに対し，事務組合の場合は，当該規定は置かれていない。このため，構成団体の合同行為により設立された法人である趣旨を踏まえ，設置後に規約に定められた事務以外の事務も併せて共同処理することが適当である事情が生じたときにおいても，規約変更については，構成団体による自主的な協議に委ねるほかはない。松本（2018）1677頁。

を設けている点に特徴がある。

(4) 住民との直接的な関係性を有する特別地方公共団体である。

この点については次のような規定が置かれている。

ア　広域連合の議会の議員の選出は原則選挙人の投票又は構成団体の議会における選挙に限られている（291条の5）。広域連合の長の選出は，原則選挙人の投票又は構成団体の長における選挙に限られている。

イ　広域連合に係る構成団体の住民は直接請求権を有する。

これらの規定から明らかなように，広域連合においては，事務組合の場合と異なり，住民との間に直接的な関係性を制度的に認めている。このような仕組みが設けられた理由は，広域連合に前述(3)に掲げる要請権や勧告権など，イニシアティブに係る権限を附与していることの裏打ちとして，区域の住民の意思が広域連合の行政に反映される仕組みを設け直接的な民主的コントロールが及ぶこととする必要があるからである。

このように広域連合は，単なる事務の共同処理方式としての性格を超えて，広域的に処理することが適当であると認められる事務を中心に，広域計画を通じた共通化，一本化や連絡調整等の機能を備えることが可能であり，より機動的，弾力的な性格を持つ行政機構であると考えられている。広域連合制度の活用に当たっては，これらの特徴を踏まえた運営に留意することが重要である。

Ⅲ　広域連合の構成要素

広域連合は，事務組合と同様に，憲法93条が定める地方公共団体には該当しないが，自治法という法律により創設された地方公共団体ということになる。

一般に，地方公共団体の観念が成り立つためには，区域（場所的構成要素），構成員（組成的構成要素），及び権能（法制度的構成要素）という3つの要素がなくてはならないと考えられている。

広域連合は特別地方公共団体なので，この3つの要素を備えているが，その内容については次のように考えられている。

1　区　　域

　広域連合の区域は，原則として，構成団体の区域を合わせた区域を定めるものとしている（291条の4第2項）。
　ただし，都道府県の加入する広域連合について，当該広域連合の処理する事務が当該都道府県の区域の一部にのみ係るものであることその他の特別の事情があるときは，広域計画に定める内容等も当該一部の区域を対象とし，広域連合の組織や予算もそれに応じたものとすることが適当である場合がある。このようなことから，当該都道府県の包括する市町村又は特別区で当該広域連合を組織しないものの一部又は全部の区域を除いた区域を定めることができることとしたものである（同項ただし書）。
　また，広域連合においては，議会の議員及び長を広域連合の選挙人（組織する地方公共団体の議員又は長の選挙権を有する者で当該広域連合の区域内に住所を有する者）による投票による選挙又は組織する地方公共団体の議会における選挙若しくは長による選挙の方法により選出することとされ（291条の5第2項），また，当該広域連合を組織する地方公共団体の住民（当該広域連合の区域内に住所を有する者）が直接請求をすることもできるものであり（291条の6），これらの選挙又は直接請求をすることができる者の範囲を画するためにも区域を明確に設定する必要がある。このように広域連合は，制度上弾力性に富んでいる面があり，運用上留意する必要がある。

2　構 成 員

　事務組合については，その構成員は，組合を組織する地方公共団体自体と解されている。一方，広域連合においては，広域連合が構成団体に対して広域計画の実施に関し必要な措置を講ずべきことを勧告する権限を持つ（291条の7第5項）など，構成団体との関係において一定の独立性を有し，自主的・自律的な行政運営を行う権能を有している。このため，広域連合の構成員は，広域連合を組織する普通地方公共団体であるが，普通地方公共団体と同様，当該区域内に住所を有する住民も構成員と考えられている。これは，議会の議員及び長

の選挙について住民の直接投票によることがあることとされていること（291条の5）や，普通地方公共団体における直接請求の規定の準用と併せて広域連合にのみ特有の直接請求（規約変更の請求）を認めていること（291条の6第1項，第2項）に表れている。

3 権　能

広域連合の権能は，事務組合の事務処理権能と同様に，規約で定められた共同処理事務の範囲内において認められる。ただし，次の2点について事務組合と異なる。

(1) 広域連合は，その処理する事務に関し広域計画を作成する必要があり（284条第3項），広域連合及び構成団体は，広域計画に基づいてその事務を処理するようにしなければならない（291条の7第4項）。このように広域計画という法律上作成を義務付けられた計画を基軸として広域連合が権能を発揮することを想定している[2]。

(2) 国等が法令により新たな事務・事業の配分を行った場合（291条の2），広域連合の長は直ちに必要な規約変更を行う（291条の3）。このように規約を基礎とする権能は，国からの事務・事業の配分がある場合には，規約変更を行い所要の整備を行う場合がある。

---

[2] 広域計画の実施に支障があり又は支障があるおそれがあると認めるとき，広域連合の長の構成団体に対する勧告権を付与している（291条の7第6項）。当該制度は，このような仕組みの一環として整備されたものである。

第3章　広域連合に対する法令の適用・準用関係

　広域連合に対する法令規定の適用・準用の関係については，292条で規定されているとおり，事務組合の場合と同様に，「法律又はこれに基づく政令に特別の定があるもの」を除き，構成団体の種類毎に，関係法令が包括的に準用されることになる。

　本条の「法律又はこれに基づく政令に特別の定があるもの」に該当し，準用ではなく，直接的に適用される法令の例としては次のようなものがある。

・地方自治法第3編第3章……地方公共団体の組合に関する規定
・地方自治法施行令第2編第3章……地方公共団体の組合に関する規定
・公職選挙法267条……地方公共団体の組合の選挙
・地方公務員法……事務組合の場合と同様，広域連合の一般職職員に対しても本法が適用。
・地方公営企業法……広域連合に対する特例（広域連合企業団の規定。同法39条の2及び39条の3）

　なお，これらの直接適用される法令を除き，広域連合については，自治法，同法施行令及び同法施行規則中の規定だけに限らず，構成団体の種類に応じ，都道府県，市又は町村に関する他の法令も準用される。

第4章 規　約

I　規約の性格

　広域連合は設立団体が協議により規約を定めることによって設立される（284条第3項）。規約の法的性質（公法上の合同行為であること），規約と法律との関係（すなわち規約も法律に基づくものであるから，事項的にあるいは内容的に法令違反と判断されるものを規定することはできないこと）は，事務組合の場合と同様である。

II　規約事項

1　必要的記載事項

(1)　必要的記載事項の内容

　自治法291条の4第1項は，規約の規定しなければならない事項として次の9つの項目を挙げている。これらのうちどの1つを欠いても規約は無効であり，総務大臣又は都道府県知事の許可は得られない。これらの9項目を必要的記載事項という（規約の具体的事例として，＜参考資料VI＞（巻末）関西広域連合規約参照）。

```
①広域連合の名称
②広域連合を組織する地方公共団体
③広域連合の区域
④広域連合の処理する事務
⑤広域連合の作成する広域計画の項目
⑥広域連合の事務所の位置
⑦広域連合の議会の組織及び議員の選挙の方法
⑧広域連合の長，選挙管理委員会その他執行機関の組織及び選任の方法
⑨広域連合の経費の支弁の方法
```

(2)　各記載事項の注意点

　各記載事項の内容を決定する際には，次に掲げる点に注意する必要がある。

ア　広域連合の名称

　事務組合の場合と同様，どのような名称を用いるべきかという点については特に法令上の制限はないが，次の点が客観的にわかる名称であることが望ましい。

　①　広域連合であること

　　　通常は〇〇広域連合，〇〇広域連合企業団のように名称の最後の部分で明示する。

　②　共同処理する事務内容

　　　広域連合の場合，処理事務が多様にわたる場合があるので，必ずしも処理事務を全て表現することが適当とは限らない。しかし，〇〇後期高齢者医療広域連合，〇〇廃棄物処理広域連合のように，可能な場合には，名称だけでその組合の事務処理の内容がわかるような名称を設定する。

　③　構成団体の概要

　　　例えば構成団体が郡単位である場合には郡の名称や，広域市町村圏施策を継続している場合には圏域名を活用してもよい。

　イ　広域連合を組織する地方公共団体

　規約の記載上，構成団体が明確に特定されていることが必要であるが，例えば県内の全市町村で構成する広域連合の場合には，「〇〇県内の全市町村」という記載方法も許されると解されている。しかし，構成団体が一つの郡程度の場合には，全市町村を個別に列挙した方が適当であろう。

　ウ　広域連合の区域

　広域連合の区域については，原則として，広域連合を組織する地方公共団体の区域を合わせた区域を定めるものとしている（291条の4第2項）。ただし，都道府県の加入する広域連合について，当該広域連合の処理する事務が当該都道府県の区域の一部にのみ係るものであること等の特別の事情があるときは，広域計画も，当該一部の区域を対象とすることが適当である場合があることから，当該都道府県の包括する市町村等で当該広域連合を組織しないものの一部又は全部の区域を除いた区域を定めることができることとしたものである（同項ただし書）。このように，広域連合においては，事務組合と異なり，その事

務処理を行う区域（すなわち広域計画の対象とすべき区域）が構成団体の区域の総和と一致しないことも生ずることから，当該広域計画の対象となる区域を特に「広域連合の区域」として規約上定める必要がある。

　また，広域連合においては，議会の議員及び長を広域連合の選挙人（組織する地方公共団体の議員又は長の選挙権を有する者で当該広域連合の区域内に住所を有する者）による投票による選挙又は組織する地方公共団体の議会における選挙若しくは長による選挙の方法により選出することとされ（291条の5第2項），さらに，当該構成団体の住民が直接請求をすることもできる（291条の6）。このため，これらの選挙又は直接請求を行うことができる者の範囲を画するためにも区域を明らかにする必要がある。

　1995（平成7）年の自治法改正時における総務省通知（1995（平成7）年6月15日自治行第51号。＜参考資料Ⅴ＞（巻末）参照。）においても，次の点が留意事項として挙げられている。

　「広域連合の規約に定める『広域連合の区域』には，当該広域連合を組織する地方公共団体の区域を合わせた区域を定めること。ただし，都道府県の加入する広域連合については，広域連合の処理する事務が都道府県の区域の一部に係る場合等は，その区域を特に「広域連合の区域」として定め，広域連合に加入しない市町村の区域を除くことができるものであること。」

　　エ　広域連合の処理する事務

　広域連合の権能は処理事務の範囲内において認められるため，共同処理する事務の内容及び範囲は，できる限り明確かつ正確に規定しなければならない。[1]

　　オ　広域連合の作成する広域計画の項目

　広域連合は，構成団体や住民に対して当該広域連合の目標等を明確にしながら事務処理に当たることにより，規約変更の要請や事務執行に関する勧告等の権能を効果的に発揮し，広域的調整を図りながら広域行政を適切にかつ円滑に行うため，広域連合の設置に当たって広域計画の作成が義務付けられている。

---

[1]　この点について，前掲 総務省通知においても次のように記述されている。
　「広域連合の規約に定める『広域連合の処理する事務』及び『広域計画の項目』については，できる限り明確かつ具体的なものとすること。」

広域連合は，広域計画に定める事務について連絡調整を図るとともに，その事務を広域的かつ総合的に処理するものとしており，広域計画は広域連合の制度において根幹的な役割を果たすものである。また，構成団体は，広域計画に基づいて事務を処理する法定上の義務を負っている（291条の7第7項）。このため，広域連合の設置に際し，構成団体となる地方公共団体にとっては，当該広域連合が作成する広域計画の内容の範囲があらかじめ明確になっている必要があることから，規約事項とされている。
　規約に定める広域計画の項目としては，以下のような例が挙げられる。

規約に定める広域計画の項目（例）
○　規約で定める広域連合の処理事務
　　（※　広域にわたり処理することが適当な事務，国等が配分する事務・事業等を合わせて記載）
○　広域計画の期間及び改定

　また，広域計画本文には，その目的を達成するために，事務処理の方法，広域連合及び広域連合を組織する地方公共団体がそれぞれ処理すべき事務，財政負担に関する事項等が相互に関連づけられて記載されることが想定されている（広域計画の具体例として，後掲＜参考資料Ⅶ＞関西広域連合広域計画の概要　参照）。

　カ　広域連合の事務所の位置
　ここでいう事務所は，4条が規定する事務所と同じく，主たる事務所を意味する。「事務所の位置」とは，その所在場所を示すものであるから，原則として番地まで規定することが適当であろう。

　キ　広域連合の議会の組織及び議員の選挙の方法
　事務組合と同様，議会の議員の定数，任期，被選挙資格，議長・副議長に関すること等は全て規約に委ねられている。ただし，選挙方法については，291条の5により，充て職は認めず，広域連合の選挙人による直接投票又は広域連合を組織する地方公共団体の議会における選挙に限られている。これは，広域連合については，構成団体に対して規約の変更の要請や広域計画に基づく勧告をすることができることとしているなど，一定の独立性を認めることとしており，このためにはその区域の住民の意思が広域連合の行政に十分反映される制度を前提にすることが適当であるためである。

なお，選挙の具体的方法は規約事項であるが，規約では，議員の定数，被選挙資格，任期，議会における選挙の場合に構成団体が議会で選挙すべき議員数，投票の方法等について規定されるものである（前掲通知）。
　また，議会の組織及び議員の選挙の方法以外は，292条により，普通地方公共団体に関する規定が準用され，議会の権限，招集，会期，委員会，会議，請願，紀律，事務組織等は自治法第2編第6章の規定によることとなる。
　ク　広域連合の長，選挙管理委員会その他執行機関の組織及び選任の方法
　広域連合の長及び選挙管理委員会は，広域連合においては必置とされている。広域連合の長の選任の方法も規約事項とされているが，291条の5により充て職は認めず，広域連合の選挙人の直接投票又は構成団体の長による選挙に限られているところである。これは，議会の議員の場合と同様，広域連合は構成団体に対して一定の独立性を有することから，住民の意思が広域連合の行政に十分反映されることを確保する趣旨によるものである。長の選任方法については，規約において，被選挙資格，任期，選挙の方法，投票の方法等について規定することとされている（前掲通知＜参考資料Ⅲ＞参照）。
　また，広域連合において選挙管理委員会を置くこととされているのは，広域連合について普通地方公共団体と同様の直接請求を認めることとしているためである。
　ケ　広域連合の経費の支弁方法
　広域連合の経費を構成団体が負担する場合，その割合を定めることとなる。広域連合の場合，事務組合と異なり，構成団体の分賦金に関して定めるときには，構成団体の人口，面積，地方税の収入額，財政力その他の客観的な指標に基づかなければならない旨が自治法に明確に規定されている（291条の9第1項）。
　広域連合は，総合的な広域計画を作成し，その広域計画の実施のために必要な連絡調整を図るとともに，広域にわたる事務を総合的かつ計画的に処理する主体として設置されるものである。このため，広域連合は，自ら事務を処理するだけでなく，構成団体が順守義務を負う広域計画（291条の7第4項）を作成し，かつ，構成団体に対する勧告権を有する（同条第5項）。このような役割を

効果的かつ安定的に果たすためには，財政的にも構成団体から一定の独立性を有し，自主的，自立的な行財政運営を行うことができるようにすることが前提となる。特に，広域連合が連絡調整や勧告を行うに際して，構成団体と利害が衝突することが予想される場合には，広域連合に対する分賦金がその活動の態様によって影響を受けることがないようにすることが，広域連合の円滑な活動のために不可欠である。このような財政的な自立性を確立するため，広域連合が構成団体から客観的指標に基づき算定された分賦金の長期的かつ安定的な支弁を受けることができるようにすることとし，広域連合の活動の地域間バランス及び各構成団体の能力に応じて分賦金を定めなければならないこととしたものである。なお，地域の人口及び面積は広域連合の活動の実質的な地域間バランスを反映する指標，地方税の収入額及び財政力は地方公共団体の能力を反映する指標の例示であり，地方公共団体の判断により，これ以外の客観的な指標を用いることも可能である（組合の分賦金の運用について，第6編第2章Ⅱ参照）。

なお，291条の9第2項は，第1項の規定の趣旨を実現するため，構成団体が必要な予算上の措置をしなければならないことを法律において確認的に規定することとしたものである。広域連合への分賦金は，構成団体の予算においては，計上を義務付けられた経費となる（177条）。

2　任意的記載事項

広域連合の規約における任意的記載事項は，事務組合の場合と同様に取り扱うことが適当である。

3　規約の公表

広域連合においては，住民が広域連合の長に対し規約を変更するよう要請することを直接請求することができることとされており（291条の6第2項），広域連合の規約の内容は住民に明らかにしておく必要がある。このため，事務組合の場合と異なり，広域連合の長は，規約が定められ又は変更されたときは，速やかにこれを公表しなければならないこととされている（291条の4第3項）。

第5章　広域連合に関する手続

広域連合に関する手続は，概ね事務組合と同様に取り扱うこととなるが，本章では，事務組合とは異なる点を中心に触れることとする。

Ⅰ　設　　立

1　設立の許可

広域連合は事務組合と異なり，広域にわたり処理することが適当であると認めるものに関し，必ず「広域にわたる総合的な計画（広域計画）」を作成しなければならず，また，広域計画の実施のための「連絡調整」を図らなければならない（284条第3項）。

広域計画の内容については前述のとおりである（＜参考資料Ⅵ＞（巻末）参照）。広域計画の実施のための「連絡調整を図り」とは，広域連合と構成団体との間，及び広域連合をまとめ役とするような組織団体間の広域的かつ総合的な協議及び調整をいう。

広域連合の設置のための手続は，おおむね事務組合の場合に準ずるものであり，関係地方公共団体の協議により規約を定め，総務大臣又は都道府県知事の許可を得なければならない。

総務大臣が，都道府県が加入する広域連合の設置，規約の変更，解散の許可をしようとするときは，国の関係行政機関の長に協議しなければならない（同条第4項）。国からの事務の配分が行われ得る広域連合（すなわち都道府県が加入する広域連合）の設置を総務大臣が許可しようとする際には，当該広域連合が処理することとなる事務に関係する法令等に係る関係行政機関の長の考えも聴くことが必要な場合や，相当程度広域にわたる事務を処理する広域連合については，国の施策，事務等に影響を及ぼす可能性もあるため，調整を図る上でこのような手続が置かれている。

2　公　　表

総務大臣（都道府県知事）が，広域連合の設立，解散又は規約の変更の許可

をしたときは、これを公表又は告示することとしている（285条の2第2項、第3項）。

　都道府県知事は設立等を許可したときは直ちにその旨を公表するとともに、これを総務大臣に報告し、総務大臣は、都道府県知事の報告を受けたとき又は自ら許可したときは、国の関係行政機関の長に通知することとしている。これは、住民に広域連合の設立等を知らせるとともに、広域連合が国から事務の配分を受けることができることとされていることから、その設立及び解散、処理する事務を始めとする規約の内容について関係行政機関の長に知らしめておくことが適当であるためである。

Ⅱ　規約の変更

　広域連合の規約変更を行う場合は、事務組合と同様に、構成団体の協議によりこれを定め、総務大臣（都道府県知事）の許可を受けなければならない（291条の3第1項）。

　なお、事務組合と異なり、広域連合の長は、広域計画に定める事項に関する事務を総合的かつ計画的に処理するため必要があると認めるときは、その議会の議決を経て、当該広域連合を組織する地方公共団体に対し、当該広域連合の規約を変更するよう要請することができる（291条の3第7項）。

　広域連合は、構成団体の住民が直接請求を行うことができることとされ（291条の6）、また、その長及び議会の議員の選出も選挙人の投票又は構成団体の長による選挙若しくは議会における選挙に限られている（291条の5）という点で、住民との関係でより直接的な団体であると解されている[1]。このことを踏まえ、広域連合は、構成団体の事務の共同処理にとどまらず、構成団体から一定の独立性を有し、自主的・自立的な運営を行うために必要な権能（国や都道府県からの事務・事業の配分の受け皿機能、広域計画に基づく構成団体に対する勧告権等）が付与されている団体と解されている。このため、広域連合の制度においては、自治法上の組合として、構成団体が規約変更を行うのは原則を維持しつ

1）　一部事務組合には、このような直接請求及び選挙方法に関する規定は置かれておらず、住民は一部事務組合の直接の構成員ではなく、間接的な関係に立つものとして位置付けられている（第4編第7章Ⅳ）。

つ，広域連合としてのイニシアティブに基づく政策判断を規約に反映させることができるような制度的担保を創設することとし，広域連合から構成団体に対し規約変更の要請を行うことができることとした。その際，広域連合の規約は，財源，組織等の措置を伴うことが多く，当該広域連合の行財政運営に大きな影響を与えるものであることから，当該要請を行う場合には，議会の議決を経て，広域連合が団体として決定した上で行うこととされている（291条の3第7項）。また，規約の変更の要請を受けた広域連合を組織する地方公共団体は，要請された規約の変更内容について相互に協議し必要な検討を行い，これを尊重して必要な措置を執るようにしなければならない（同条第8項）。

Ⅲ 解　　散

　広域連合を解散しようとするときは，構成団体の協議により，総務大臣（都道府県知事）の許可を受けなければならない（291条の10第1項）。

　事務組合の解散については届出制がとられている（288条，第4編第5章Ⅴ4(2)④参照）のに対して，広域連合においては，総務大臣（都道府県知事）の許可制とされている。

　広域連合は，国等の事務・事業の配分を行い得る行政主体（いわば事務・事業の受け入れ体制の主体）としての役割も想定されている。このため，事務・事業の配分を行った後に広域連合の組織の改廃が生じれば，当該事務・事業の執行にも影響が及ぶこととなる。そこで，事務・事業が長期にわたり安定的に処理されることを制度的に保障するため，解散についても構成団体の意思のみでこれを決定し届出をすれば足りることとはせず，許可にかからしめることとしている。また，同様の趣旨から，総務大臣が広域連合の解散を許可しようとするときには，国の関係行政機関の長に協議しなければならないこととしているものである（同条第2項）。

　総務省通知（前掲 平成7年6月15日）においても，「国から権限又は事務を委任されている広域連合を解散しようとするときは，自治大臣（※当時）及び当該権限又は事務を委任している国の行政機関の長と連絡調整を図り，解散後の事務処理に遺漏ないよう措置すべきこと。」とされている。

第6章　広域連合の組織

　広域連合の組織に関する枠組みは，概ね事務組合と同様に取り扱うこととなるが，本章では，事務組合とは異なる点を中心に触れることとする。

Ⅰ　議　　会

1　議会の議員の選挙

　広域連合の議会の議員は，原則，規約で定めるところにより，広域連合の選挙人（構成団体の議員及び長の選挙権を有する者で当該広域連合の区域内に住所を有するもの）が投票により又は構成団体の議会においてこれを選挙することとされている（291条の5）。

　事務組合と異なり（第4編第6章Ⅱ3オ参照），充て職を認めず，議員の選出に当たり，投票・選挙行為を要することを明確に規定している。これは，広域連合においては，構成団体に対して規約の変更の要請や広域計画に基づく勧告をすることができるなど，一定の独立性を認めることとしており，このためにはその区域の住民の意思が広域連合の行政に十分反映されることが必要であると考えられたことによる。

　議会の議員の選挙について公選法が適用されるかという問題については，選挙権，被選挙権，選挙区等は，「選挙の方法」として規約で定めるべき事項であり，それらの事項を除いて公選法の規定が働くと解釈されている。なお，公正な選挙の執行という観点から，直接投票による場合には，選挙の方法についても公選法が適用されるよう，その旨を規約に定める必要があると解されている。近年の推移をみると，住民の直接選挙が行われている例はなく，構成団体の議会による間接選挙を通じ議員の中から選出する方法が増加し，2018（平成30）年度現在72.4％を占め，次いで議員と議員以外の者を組み合わせて選出する方法が27.6％を占めている（〔図5－2〕参照）。

　広域連合の場合，都道府県が構成団体となる場合もあり，地理的にも広域にわたるサービスを所管する面もあり，構成団体の議会の関与を担保する方法が

採られる傾向があり，現在，構成団体の議会議員以外の者を選出する広域連合は存在していない。

〔図5－2〕 広域連合の議会議員の選挙の方法の推移 (2018. 7. 1)

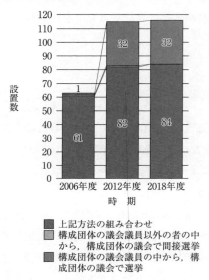

2 議決の特例の扱い

広域連合においては，複合事務組合において選択し得る議決方法の特例（287条の3）は認められていないので留意する必要がある[1]。

II 執行機関

1 長の選挙

広域連合の長は，原則，規約で定めるところにより，広域連合の選挙人が投票により，又は構成団体の長が投票によりこれを選挙する（291条の5第2項）。長に代えて理事会を置く場合には，理事の選出方法も同様である。

---

1) 291条の13（一部事務組合に関する規定の準用）において，287条の3第1項は準用されていない。

当該制度の趣旨及び公選法の扱いは，前述の議員の選挙と同じである。
　長の選挙方法について近年の推移をみると，住民の直接選挙が行われている例はなく，全ての広域連合において構成団体の長による間接選挙が行われており，従来より，大半は，構成団体の長の中から選出する方法（全体の99％）が採られている（〔図５－３〕参照）。

〔図５－３〕　広域連合の長の選挙の方法の推移（2018.7.1）

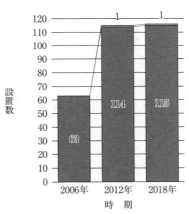

2　理事会

　2012（平成24）年の自治法一部改正において，広域連合の長に代えて理事会を置くことができることとされた。これは，地域における広域連携の多様化等に対応した地方公共団体間の協力の仕組みの柔軟化・弾力化等を図るための措置の一環であり，広域連合の執行機関のあり方の選択肢を拡大したものであり，地方公共団体からの要望も踏まえ導入されたものである。長に代えて理事会を置く場合の理事は，広域連合の長と同様，広域連合の規約で定めるところにより，広域連合の選挙人が投票により又は広域連合を組織する長が投票により選挙する（291条の４第４項及び291条の５第２項）。

3　協議会

　広域連合は，広域計画に定める事項を一体的かつ円滑に推進するため，広域連合の条例で，必要な協議を行うための協議会を置くことができる。この協議会は，広域連合の長（理事会を置く場合は理事）及び国の地方行政機関の長，都道府県知事（構成団体の知事を除く），広域連合の区域内の公共的団体等の代表者又は学識経験を有する者のうちから，広域連合の長（又は理事会）が任命する者をもって組織する（291条の8）。広域連合の協議会は，広域計画に定める事項を一体的かつ円滑に推進するため，広域連合の組織の外のものとの協議を行う仕組みとして条例で設置できるものである。広域連合の施策の推進する上での関係者は，「学識経験を有する者」として広く構成員に位置付けることが可能であると解されている。

第7章　住民との関係

I　広域連合の特徴

　事務組合においては，特別地方公共団体としての構成員は構成団体であり，住民は事務組合と直接的な関係には立たなものとして位置付けられている（第4編第7章参照）のに対し，広域連合においては，広域連合と住民は直接的な関係を有するものとして解されている。

　広域連合においては，国等への要請権，構成団体への勧告権など，広域連合に政策判断のイニシアティブを与えている面があることから，その前提として，住民による民主的コントロールを確保する枠組みが整備されていることがその背景となっている。

　このような事情を背景とし，自治法の住民との関係に係る具体的な規定において，広域連合は事務組合と幾つかの点において相違している。

　その概要は次のとおりである。

　①　議会の議員及び長の選挙について，自治法に規定が置かれ，直接選挙又は間接選挙を行うこととされている（291条の5）。

　②　広域連合には，すべからく普通地方公共団体と同様の直接請求を認め，その手続に係る規定を自治法に置いている（291条の6）[1]。

　③　広域連合の規約の変更に係る直接請求を認めている（291条の6第2項〜第4項）。

II　広域連合に直接請求を認めている理由

　広域連合については，すべからく広域連合であれば普通地方公共団体と同様の直接請求制度が設けられている。これは，広域連合が，事務組合に比べ，構成団体との関係において，勧告権や分賦金の算定方法等において一定の独立性を有し，自主的・自立的な行政運営を行うことができる権能を有しており，議

---

[1]　一部事務組合の場合は，議員又は管理者が直接公選される場合に直接請求が認められると解されている（第4編第7章IV）。

会の議員及び長の選出方法を直接投票又は間接選挙に限ることとあわせて，住民による直接請求を常に認め，広域連合の行政運営を民主的コントロールの下に置くことが適切であるという理由によるものである。

Ⅲ　広域連合の規約の変更に係る直接請求

　自治法291条の6第2項～第4項は，広域連合の規約変更に係る直接請求を定めたものであるが，普通地方公共団体や事務組合と異なる広域連合特有の仕組みとなっている。

　広域連合の構成団体の議会の議員及び長の選挙権を有する者で当該広域連合の区域内に住所を有するものは，原則その総数の3分の1[2]の連署をもって，その代表者から，当該広域連合の長に対し，当該広域連合の規約の変更を要請することができる（同条第2項）。請求があったときは，広域連合の長は，直ちに請求の要旨を公表するとともに，当該広域連合の構成団体に対し，当該請求に係る規約を変更するよう要請しなければならず（同条第3項），また，構成団体は，これを尊重して必要な措置を執るようにしなければならない（同条第4項）。

　広域連合の規約は，その処理する事務等広域連合に関する基本的な事項を定めるものであり，広域連合の行政運営について直接請求による民主的コントロールの下に置くという趣旨によるものである。

　このように広域連合は，住民との関係において，普通地方公共団体及び事務組合と異なる独自のルールを設けている面があるので，その運営において留意すべきである。

---

[2]　当該基準には，大規模な人口の場合における緩和措置が設けられており，その総数が40万超〜80万以下の場合は40万を超える数に6分の1を乗じた数と40万に3分の1を乗じた数との合計数，その総数が80万超の場合は80万を超える数に8分の1を乗じた数と40万に6分の1を乗じた数と40万に3分の1を乗じた数の合計数としている。

第8章　広域連合企業団

本章においては，広域連合の一つの類型である広域連合企業団の制度について述べることとする。本制度は，1994（平成6）年の自治法一部改正の際に併せて制定された地方自治法の一部を改正する法律の施行に伴う関係法律の整備に関する法律（平成6年6月29日法律第49号）に基づき，地公企法を一部改正して整備された枠組みである。

I　総　　論

広域連合企業団とは，地方公営企業の経営に関する事務を共同処理する広域連合を意味する。広域連合企業団は，地公企法の一部改正において，広域連合方式をより企業経営に適したものとする目的で導入された制度であり，地公企法39条の2及び39条の3に特例が定められている。

II　広域連合企業団の特徴

広域連合企業団においては，企業団（第4編第9章参照）と異なり，「企業長」制度を設けず，住民又は構成団体の長による選挙によって選ばれる広域連合企業団の長の下に，企業管理者を原則として必置する。ただし，当該団体の規模等如何にかかわらず，条例で定めるところにより，管理者を置かないことができる（地公企法第39条の2第6項，第7条ただし書）。

III　財務に関する規定

財務に関する取り扱いは企業団（第4編第9章VI参照）と同様であり，次の2点に留意する必要がある。

(1)　地方公営企業以外の財務に関する特例

企業団の財務のうち，地方公営企業の事務に関する部分だけでなく，広域連合企業団における地方公営企業以外の全ての財務（普通地方公共団体においては現金主義に基づいて処理されている財務）についても地公企法の財務規定（同17条〜35条，及び附則第2項）を適用し，広域連合企業団の事業全体の財務につい

て全て同法に定める発生主義に基づく企業会計方式によって一元的に処理する旨を規定している（地公企法39条の3第1項）。

(2) 負担区分

地方公営企業の特別会計と一般会計との間の経費の負担の原則等に関する規定（地公企法17条の2〜18条の2）は，広域連合企業団を組織する構成団体の当該企業団に対する経費の負担，補助，出資及び長期の貸付けについて準用される（同39条の3第2項）。

第6編

組合の運営

　本編では，組合（事務組合及び広域連合）の行財政運営に係る重要な点について触れることとする。

第1章　行政管理

　組合の行政管理において最も重要な点は，行政組織の本体部分に当たる事務局をどのように合理的に運営するかということになる。この点について，現況を踏まえながら述べることとする。

Ⅰ　事務局の運営

1　事務局長

(1)　事務局長の専任・兼任

　事務組合の執行機関においては，実務の執行を行う体制として，組合全体の70.8％において事務局長が設置されている（第4編第6章Ⅲ3，〔図4－47〕参照）。

　組合の組織規模は大規模から小規模に至るまで差があるが，近年の推移をみると，事務局長に専任職員が充てられる割合は一貫して上昇し，2008（平成20）年度の71.9％から，2018（平成30）年度現在は79.8％に達している（〔図6－1〕参照）。事務組合が市町村合併等の影響により減少している中で，業務運営を続けている事務組合においては，専任の事務局長の下で自立的な運営に努めている組合の構成比が結果的に増加していると言うことができる。

〔図6-1〕 一部事務組合における事務局長の専任・兼任割合の推移

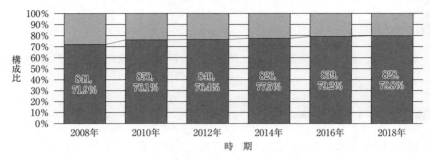

(2) 事務局長（専任）の身分形態

近年の推移をみると，構成団体の職員の身分を持たない（専属的に事務組合に所属する）事務局長の構成比が，2012（平成24）年度以降，一貫して増加し，2018（平成30）年度現在，全体の42.4％を占めている。事務組合に専属する職員が事務局長に就くことにより，事務組合の自立的な経営を期待することができ，専属する職員の育成が進展してきたと考えることができる（〔図6-2〕参照）。

〔図6-2〕 事務局長の職員の身分に係る状況の推移

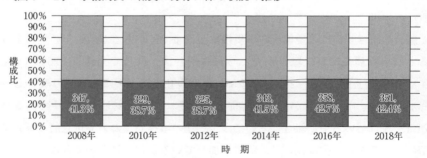

(3) 事務局長の給与

構成団体の職員の身分を有する事務局長の給与は，2018（平成30）年度現在，全体の70.9％の組合において，事務組合から給与の支払いが行われているが，近年の推移をみると，2008（平成20）年度以降，その数及び構成比のいず

れにおいても，構成団体からの給与支払を行う事務組合が増加している（〔図6－3〕参照）。

〔図6－3〕 事務局長（構成団体の身分あり）の給与支払方法の推移

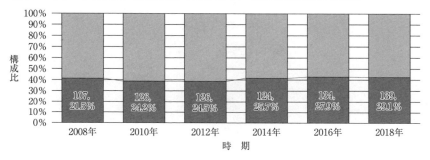

2 事務局組織の規模

事務組合における事務局の組織規模の状況は〔表6－1〕が示すとおりである。

〔表6－1〕 職員数階層別 一部事務組合の職員数等の状況 (2018. 7. 1 現在)

人数	事務組合数	職員数	専任職員数	専任職員数（構成団体職員の身分あり）	専任専属職員数（構成団体職員の身分なし）	専任現業職員数
10人以下	668	3,044	2,046	796	1,250	308
11～20人	226	3,254	2,774	881	1,893	546
21～50人	193	6,156	5,637	1,103	4,534	986
51～100人	97	7,167	6,820	1,087	5,733	425
101～200人	133	19,068	18,593	1,155	17,438	801
201～300人	60	14,804	14,722	653	14,069	347
301～400人	34	11,625	11,515	221	11,294	55
400人～	55	36,569	36,306	2,317	33,989	3,000
合計	1,466	101,687	98,413	8,213	90,200	6,468

職員数階層別の事務組合数としては，10人以下の規模である組合の割合が最も高く，全体の約半数（46％，668事務組合）を占めている（〔図6－4〕参照）。

〔図6-4〕 職員数階層別 事務組合数 （2018.7.1現在）（事務組合数，構成比）

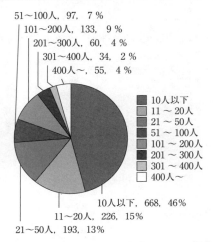

事務組合数の近年の推移をみると，職員数10人以下の事務組合が，766（2008年度）から668（2018年度）に顕著に減少している。一方，300人以上の事務組合が増加しており，事務組合の大規模化の傾向がみられる（〔図6-5〕参照）。

〔図6-5〕 職員数階層別 事務組合数の推移

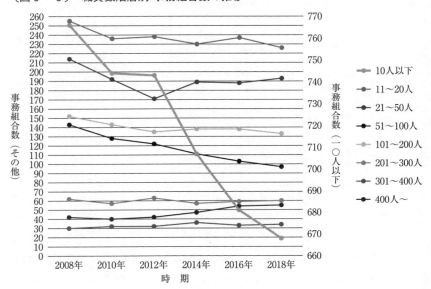

専任職員のうち構成団体職員の身分がない者（以下，「専属専任職員」という）の職員数階層別の職員数の推移をみてみると，2008（平成20）年度以降，職員数400人以上の事務組合に所属する職員の数が各階層の中で最も多く（すなわち大規模事務組合に所属する職員が多く），かつ，2012（平成24）年度以降，一貫して増加している（〔図6－6〕参照）。このことから，大規模な事務組合の管理運営が事務組合の事業分野に与える影響が大きい点にも留意する必要がある。

〔図6－6〕　職員数規模別 専属専任職員数の推移

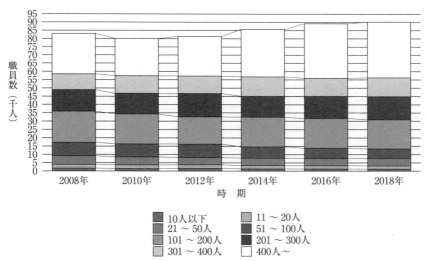

3　専任職員

　近年の事務組合数と職員数の推移をみると，次の点が特徴となっている。
① 　2006（平成18）年度以降，事務組合数が一貫して減少する一方，2012（平成24）年度以降，職員数，専任職員数，及び専属専任職員数は一貫して増加している。
② 　2008（平成20）年度以降，専任現業職員数は一貫して減少している（〔図6－7〕参照）。
③ 　職員数に対する専任職員数の割合は漸増している（〔図6－8〕参照）。

④ 職員数に対する専任現業職員数は減少している（同上）。

このように，事務組合の数が減少する中で，職員数の増加，職員の専任職員化，及び現業職員の比率の低下という現象が進展しており，事務組合の雇用環境は顕著に変化している。

〔図6－7〕 事務組合の職員数の推移

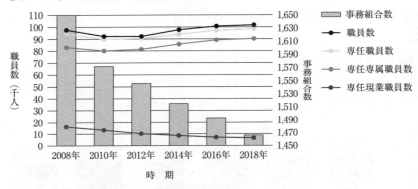

〔図6－8〕 専属専任職員・専任現業職員の割合等の推移

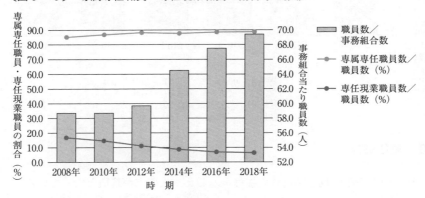

次に，事務組合の職員数規模と専属専任職員との関係を示したものが〔図6－9〕及び〔図6－10〕である。〔図6－9〕が示すとおり，専任職員が多いのは，事務組合規模の階層として101～200人及び400人超であり，これらの階層には構成団体職員の身分を有する職員（出向者等）の数は多い。

〔図6−9〕 職員数階層別 専属専任職員等の状況 (2018.7.1現在)

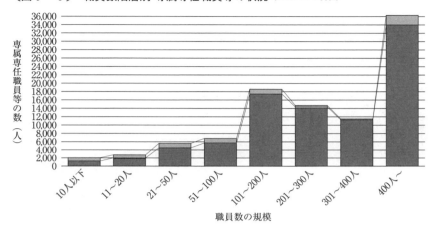

■ 専任職員数（構成団体職員の身分あり）　　■ 専任専属職員数（構成団体職員の身分なし）

一方，構成比で見ると，〔図6−10〕が示すとおり，10人以下，11～20人のような小規模の組合の方が，構成団体職員の身分を有する職員（出向者等）の比率が高いことがわかる。換言すれば，組合の規模が大きくなる程，事務組合の専属専任職員（いわゆるプロパー職員）を採用する比率が高くなっていることがわかる。

〔図6−10〕 職員数階層別 専属専任職員等の構成比 (2018.7.1現在)

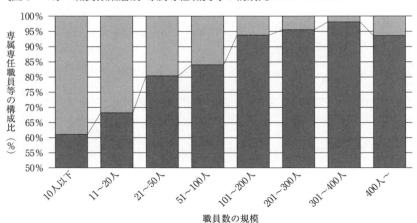

■ 専属専任職員数（構成団体職員の身分なし）　　■ 専任職員数（構成団体職員の身分あり）

第1章　行政管理　379

次に事務組合の職員数規模と専任現業職員数との関係をみると，専任現業職員数が多いのは職員数400人超の事務組合である（〔図6－11〕参照）。

〔図6－11〕 職員数規模別 現業・非現業職員数の状況 (2018.7.1現在)

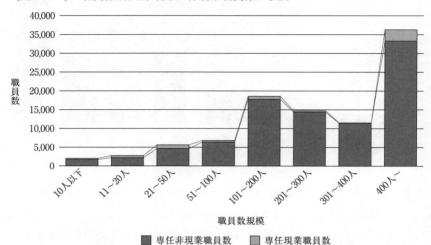

一方，専任現業職員の構成比が高いのは，職員数が50人以下の事務組合である（〔図6－12〕参照）。

〔図6－12〕 職員数階層別 現業・非現業職員数の構成比 (2018.7.1現在)

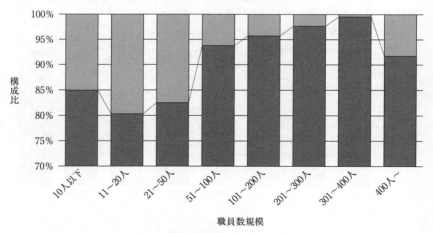

このため，特に400人以上及び50人以下の両方の階層に属する事務組合は，現業職員の適正な労働環境の委任やマネジメントに留意する必要がある。

このように職員数の増加，及び専任職員の増加が進む中で，事務組合の職員（吏員）は，事務局長以下の命令系統の下にラインを形成していることが多い。一方で，事務組合においては，管理者，副管理者，会計管理者等は構成団体の長その他の職員と兼務していることが多い。このため，事務の委任，専決，代決規程等の整備により，専任の事務局長を始めとする組合の専任職員の職務権限を充実させ，執行機関におけるトップマネジメントの強化と組織運営の効率化を図ることが重要であると考えられる。

Ⅱ　専門性の発揮

2012（平成24）年12月現在で全市町村を対象に行われた調査[1]によれば，市町村は，今後の事務処理体制の整備を検討する際に，中長期的な方向としては，周辺市町村との共同処理を検討する団体が最も多く，回答の46.9％を占めている（〔表6－2〕参照）。

〔表6－2〕　事務処理体制の整備のあり方（2012年現在）

○事務処理体制の整備のあり方（複数回答可）　　　　　　　　　　　　　　　　（単位：回答数）

	市町村数	市町村合併による行財政基盤の強化	周辺市町村との共同処理	処理が困難な事務について都道府県が処理	その他
全体	1,699	92　（5.4％）	797　（46.9％）	561　（33.0％）	142　（8.4％）
大都市部	244	17　（7.0％）	133　（54.5％）	94　（38.5％）	30　（12.3％）
その他の地域	1,455	75　（5.2％）	664　（45.6％）	467　（32.1％）	112　（7.7％）

周辺市町村との共同処理を検討する必要がある理由として，人材の不足及び職員の専門知識の不足を挙げる団体が多い。これらは広い意味で単独市町村では人材確保に困難を伴う事業であり，逆に言えば人材確保のため共同処理を必要としている事業であると言うことができる。このような観点から共同処理が必要な具体的事業として挙げられているものが，〔図6－13〕が示す事業であ

---

[1]　出典；調査（2012）。

る。

　同図が示すとおり，税の徴収，介護保険，障がい者福祉など，高い専門性・技術性を伴う業務について，市町村は共同処理方式を通じた人材確保の必要性を抱いていることがわかる。

〔図6－13〕　人材確保が必要な事業（人材の不足，専門知識の不足）として挙げられた事業（調査結果）（2012年現在）

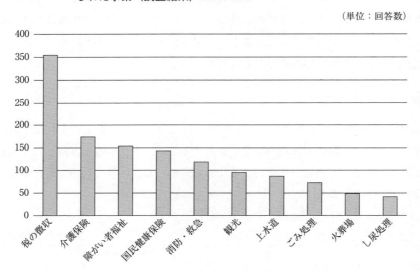

（図は，調査（2012）を基に筆者作成）

　人材確保が必要な事業の中で，特に関心を集めている事業が税の徴収であるが，〔表6－3〕が示すとおり，近年，税の滞納整理を専門的に実施する組合（事務組合や広域連合）の設立が多く見られるようになっている。このように専門性・技術性を伴う業務について，組合の知名度等を生かし人材の募集確保に努め，併せて組合に構成団体から職員を派遣し，ジョブローテーションの中で高度な専門知識を習得させる方式を取り，人材確保及び人材養成の場として組合を有効に活用することも重要な点である。

〔表6－3〕 地方税徴収の共同処理を行う組織の概況[2]

道府県名	地方税業務の開始日	一部事務組合等の名称	一組・広域・任意組織の別	団体数	全県・地域の別	都道府県加入の有無	備考	滞納整理以外の共同処理事務
北海道	H16.4.1	渡島・檜山地方税滞納整理機構	一部事務組合	17	地域	－		
北海道	H19.4.24	後志広域連合	広域連合	16	地域	－		
北海道	H19.4.1	日高管内地方税滞納整理機構	一部事務組合	7	地域	－		
北海道	H19.4.1	十勝圏複合事務組合 十勝市町村税滞納整理機構	一部事務組合	19	地域	－		
北海道	H19.4.1	釧路・根室広域地方税滞納整理機構	一部事務組合	11	地域	－		
北海道	H19.4.1	上川広域滞納整理機構	一部事務組合	8	地域	－		
青森県	H19.4.1	青森県市町村総合事務組合	一部事務組合	32	地域	－		
岩手県	H18.10.1	岩手県地方税特別滞納整理機構	任意組織	34	全県	○		
宮城県	H17.4.1	仙南地域広域行政事務組合	一部事務組合	9	地域	－		
宮城県	H21.4.1	宮城県地方税滞納整理機構	任意組織	25	地域	○		
秋田県	H22.4.1	秋田県地方税滞納整理機構	任意組織	26	全県	○		
福島県	H22.2.22	福島県会津地域地方税滞納整理機構	任意組織	14	地域	○		
茨城県	H13.4.1	茨城租税債権管理機構	一部事務組合	44	全県	－		
栃木県	H19.4.1	栃木県地方税滞納整理推進機構	任意組織	27	全県	○		
千葉県	H19.4.18	千葉県滞納整理推進機構	任意組織	55	全県	○		
神奈川県	H8.7.15	神奈川県地方税収対策推進協議会	任意組織	34	全県	○		
新潟県	H21.4.1	新潟県地方税徴収機構	任意組織	30	地域	○	加茂市を除く全市町村	
石川県	H24.4.1	石川県中央地区地方税滞納整理機構	任意組織	4	地域	○		
福井県	H21.3.18	福井県地区税滞納整理機構	任意組織	18	全県	○		
山梨県	H20.3.19	山梨県地方税滞納整理推進機構	任意組織	28	全県	○		
長野県	H22.12.27	長野県地方税滞納整理機構	広域連合	78	全県	○		
静岡県	H20.1.10	静岡地方税滞納整理機構	広域連合	36	全県	○		
愛知県	H24.4.1	愛知県地方税滞納整理機構	任意組織	48	地域	○		
三重県	H16.4.1	三重地方税管理回収機構	一部事務組合	29	地域	－		
滋賀県	S36.4.1	甲賀広域行政組合	一部事務組合	2	地域	－		
滋賀県	H20.4.1	滋賀県地方税滞納整理機構	任意組織	20	全県	○		
京都府	H22.1.1	京都地方税機構	広域連合	26	地域	○	京都市を除く全市町村	法人住民税，法人事業税申告書の受付等
和歌山県	H18.4.1	和歌山地方税回収機構	一部事務組合	30	全県	－		
鳥取県	H10.4.1	鳥取中部ふるさと広域連合	広域連合	5	地域	－		固定資産評価に係る不服審査等
鳥取県	H22.4.1	鳥取県地方税滞納整理機構	任意組織	20	全県	○		
岡山県	S33.4.1	岡山県市町村税整理組合	一部事務組合	23	地域	－		
岡山県	H21.4.1	岡山県滞納整理推進機構	任意組織	28	全県	○		
広島県	H18.4.28	広島県地方税徴収対策推進協議会	任意組織	24	全県	○		
徳島県	H18.4.1	徳島滞納整理機構	一部事務組合	24	全県	－		
香川県	S46.4.1	大川広域行政組合	一部事務組合	2	地域	－		
香川県	S46.4.1	三観広域行政組合	一部事務組合	2	地域	－		
香川県	S47.4.1	中讃広域行政事務組合	一部事務組合	5	地域	－		
香川県	H17.8.1	香川滞納整理推進機構	一部事務組合	21	全県	－		
愛媛県	H18.4.1	愛媛地方税滞納整理機構	一部事務組合	20	全県	－		
高知県	H16.4.1	高幡広域市町村圏事務組合 租税債権管理機構	一部事務組合	6	地域	－		
高知県	H20.4.1	幡多広域市町村圏事務組合 租税債権管理機構	一部事務組合	6	地域	－		
高知県	H24.4.1	南国・香南・香美租税債権管理機構	一部事務組合	3	地域	－		
佐賀県	H21.4.1	佐賀県滞納整理推進機構	任意組織	18	地域	○	佐賀市，鳥栖市，基山町を除く全市町	
長崎県	H21.4.1	長崎県地方税回収機構	任意組織	22	全県	○		

---

2) 出典；第30次地方制度調査会 第30回専門小委員会資料（2013（平成25）年3月28日）。このほか，南加賀地区地方税滞納整理機構（任意組織，2013（平成25）年4月1日）の設立がみられる。

Ⅲ　情報公開

　行政機関が保有する情報の公開に関する法律25条には，「地方公共団体は，この法律の趣旨にのっとり，その保有する情報の公開に関し必要な施策を策定し，及びこれを実施するよう努めなければならない。」と規定されている。そして，ここでいう地方公共団体には特別地方公共団体も含まれていると解されており，組合においても情報公開条例の整備等の取組が進められている[3]。2017（平成29）年4月1日現在で，条例制定団体の割合は，事務組合は39.6％，広域連合は87.8％という状況である（〔表6－4〕参照）。普通地方公共団体は，ほぼ全ての団体において整備済みであり，特別地方公共団体においても整備の進展が課題となっている[4]。

〔表6－4〕　地方公共団体における情報公開の策定状況（2017. 4. 1 現在）[5]

```
1  都道府県（47団体）
 ●全ての団体が制定
   うち全ての団体が議会も対象
2  市区町村（1,741団体）
 ●1,740団体（99.9％）が制定
3  一部事務組合・広域組合（1,573団体）
 ●983団体（62.5％）が制定
```

　都道府県別の事務組合数と条例制定済み組合数との内係をみると，相度程度の地域差がみられ，同等の事務組合数であっても，条例制定済み組合数の多寡に開きがある。未制定組合における今後の条例整備は1つの課題であるということができる（〔図6－14〕参照）。

---

3)　地方公共団体の中には，直方市情報公開条例のように，構成団体が関係する一部事務組合等に対する協力を要請する条例を制定する取組も見られる。
　　「直方市情報公開条例第36条　市長は，市が加入している一部事務組合等に対し，この条例の趣旨にのっとり，その保有する情報を公開するよう協力を要請するものとする。」
4)　宇賀（2019），92頁。同書は，最近，総務省が組合の情報公開条例の状況を調査・公表していることが制定へのインセンティブとなっていることについて触れている。
5)　出典；総務省資料

〔図6-14〕 都道府県別 組合数と情報公開条例制定済み組合数との関係

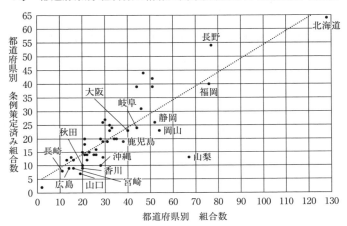

第2章　財政運営

　組合の財政運営は，普通地方公共団体とは異なる性格を有するが，共通点も存在することから，特に次の点に留意することが重要である。

I　歳入歳出の管理[1]

　近年における組合の歳入・歳出の規模の推移から次の特徴を挙げることができる。

① 歳入は，2007（平成19）年度までは構成団体たる普通地方公共団体の税収の増大の影響を受けて事務組合の歳入も拡大した。2008（平成20）年度のリーマンショックを契機とした構成団体の税収減の影響により事務組合の歳入も下降し，2012（平成24）年度以降の税収増に伴い再び事務組合の歳入も増加に転じている。このように事務組合自体は課税権を有していないが，財源として市町村分賦金を有しているため，間接的に税収の増減の影響を受けている。

② 歳出については，2013（平成25）年度及び2014（平成26）年度のように歳入が伸びている時期において，歳入の増加に比して歳出の増加は抑制基調であり，比較的慎重な歳出規模の決定が行われていることがうかがわれる。

③ 組合の設置数は一貫して減少しているが，組合の歳入・歳出の規模は一貫して減少しているわけではなく，むしろ税収の影響を受けて振幅を続けている（〔図6－15〕）。

1） 本章の図表は，『*地方財政の状況*』（2006年度～2016年度　総務省）のデータを基に著者が作成。

〔図6-15〕 事務組合 歳入・歳出と設置数の推移

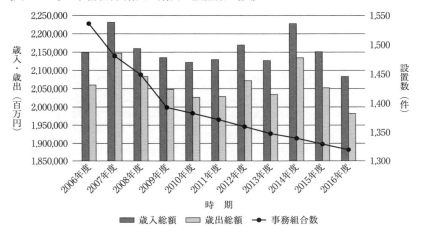

1 歳入の管理

歳入決算額は，〔図6-16〕が示すとおり，市町村からの分賦金が全体の66％を占めており，組合の中心的な財源となっている。次いで，分担金負担金（7％），地方債（6％），国庫補助金（5％）等が主な財源となっている。

〔図6-16〕 事務組合 歳入の内訳（2016年度）

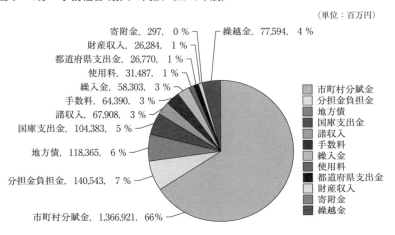

近年の歳入内訳の推移をみてみると，市町村分賦金が減少し，地方債が増加傾向を示している（〔図6－17〕）。

〔図6－17〕 事務組合 歳入内訳の推移

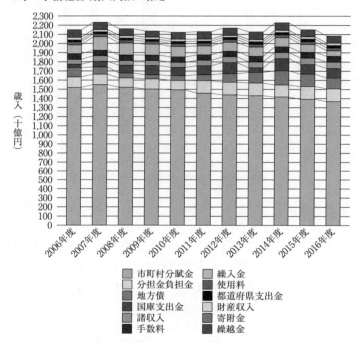

この点について，構成比の推移をみてみると，市町村分賦金は2006（平成18）年度の70.7％から2016（平成28）年度の65.6％にまで減少し，一方地方債は，4.7％から5.7％に増加している（〔図6－18〕）。

〔図6−18〕 事務組合 歳入構成比の推移

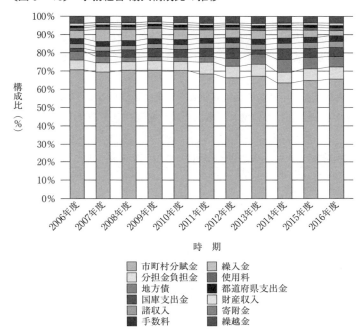

これは、歳出の普通建設事業費が増加している（後述）ことに伴う歳入構成の変化として捉えることができる。

組合には課税権がなく、普通地方公共団体と比べて自主財源拡充の手段が限られているという事情はあるが、一方、普通建設事業や災害復旧事業において地方債及び国庫補助金を財源とするケースも増えている。その意味では、普通地方公共団体に準ずる形で、建設投資を合理的に執行する必要性が増しているということができる。このような状況を踏まえ、組合は財政運営上次の点に留意すべきである。

＜組合の歳入管理のポイント＞

① 普通建設事業や災害復旧事業等の建設投資を行う場合には組合及び構成団体の長期的な財政見直し（特に構成団体の税収見直し）を踏まえた計画的な事業遂行に努める。
② 補助事業になり得る事業であれば、国庫補助金や都道府県補助金の確保に努める。

③ 公共施設の更新や新設が必要であり，適債事業であれば，計画的な起債活用の検討を行う。
④ 真に必要な歳出増が見込まれる場合（公共施設の更新や改修等）には，構成団体からの分賦金の所要額を確保できるよう早目に構成団体との情報交換，調整を開始する。
⑤ 公共料金，使用料及び手数料等の税外収入を確実に徴収するよう努める。
⑥ 組合が保有する公共施設の統廃合，機能の複合化及び長寿命化等のファシリティマネジメントに取り組む。
⑦ 公有資産（遊休資産を含む）の活用や売却により収入を確保する。

2 歳出の管理

(1) 目的別歳出

目的別歳出（2016年度決算）の状況は，総務費（構成比27％），衛生費（32％），消防費（26％）が大きな割合を占めている。これらの衛生費，消防費等の施設稼働型の事業が歳出規模は大きくなることがわかる（〔図6－19〕参照）。

〔図6－19〕 事務組合 歳出（目的別経費；2016年度）(経費（百万円），構成比)

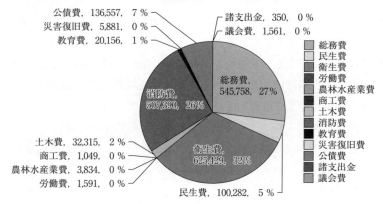

また，近年の推移を見てみると，次の点が特徴として挙げられる（〔図6－20〕参照）。

〔図6−20〕 事務組合 歳出（目的別）及び設置数の推移

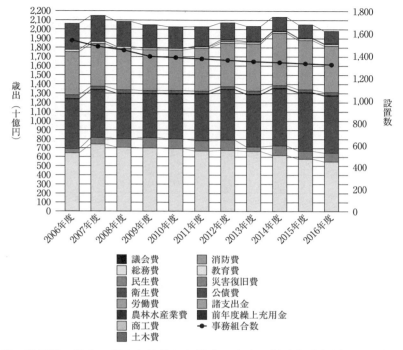

① 設置数の減少の程度と比較した場合，歳出は増減を繰り返しており，一貫した顕著な減少となっているわけではない。
② 上記①の要因として，総務費は減少しているが，民生費，衛生費，及び消防費等は増大していることが挙げられる。
③ 2016（平成28）年度と2006（平成18）年度を比較すると，民生費（2.3%から5.1%），衛生費（26.6%から31.6%），及び消防費（22.9%から25.6%）は，顕著に構成比が増加している（〔図6−21〕参照）。

〔図6−21〕 事務組合 歳出（目的別経費）構成比の推移

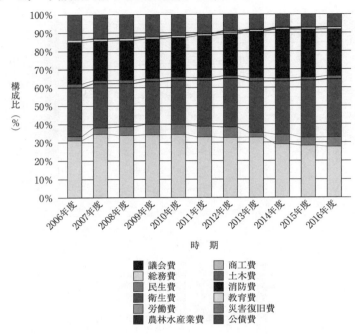

(2) 性質別歳出

性質別経費については，人件費が最大の割合（44％）を占め，次いで物件費（18％），普通建設事業費（14％）となっている（〔図6−22〕参照）。

〔図6−22〕 事務組合 歳出（性質別経費；2016年度，百万円）

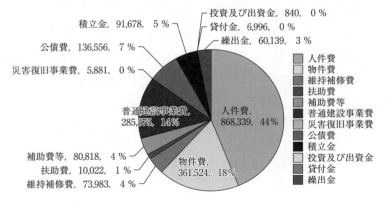

また，近年の推移を見てみると，次の特徴を挙げることができる（〔図6－23〕）。
① 人件費は一貫して抑制が実現されている。
② 普通建設事業費，物件費及び維持補修費など，建設及びメンテナンスに係る経費が増加している。
③ 年度により変動はあるが，災害復旧事業費の規模が拡大している。

〔図6－23〕 事務組合 歳出（性質別経費）の推移

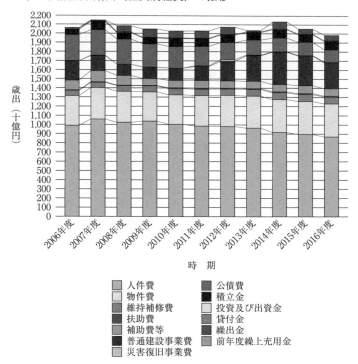

次に，2016（平成28）年度と2006（平成18）年度を比較すると，普通建設事業費（10.5％から14.4％），及び維持補修費（2.8％から33.7％）等が顕著に増加している（〔図6－24〕参照）。

このように，性質別経費からみても，建設投資がウエイトを増していることがわかる。

〔図6-24〕 事務組合 歳出（性質別経費）構成比の推移

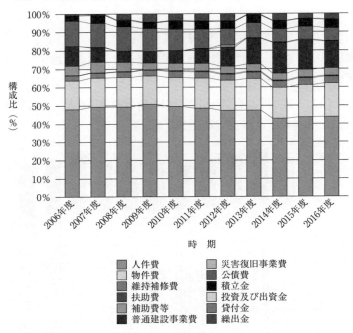

(3) 市町村支出額と組合支出額との関係

市町村全体と組合の目的別経費支出額（2017（平成29）年度）をみると，特に消防費（構成比27.6％），衛生費（12.9％）及び総務費（7.8％）が，高い構成比となっている（〔図6-25〕参照）。

〔図6－25〕 目的別 市町村歳出と組合歳出の規模（2017年度）

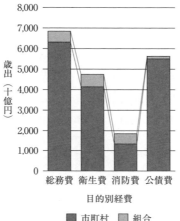

また，近年の推移をみると，歳出全体としては，組合支出が市町村等全体の支出に占める割合は低下している（2011（平成23）年度3.8％から2017（平成29）年度3.4％）。ただし，内訳をみてみると，総務費は組合支出が低下している（10.2％から7.8％）一方，消防費（27.5％から27.6％）や衛生費（11.4％から12.9％）のように割合が増加している経費もみられる（〔図6－26〕参照）。

〔図6－26〕 市町村等歳出に占める組合歳出の割合の推移

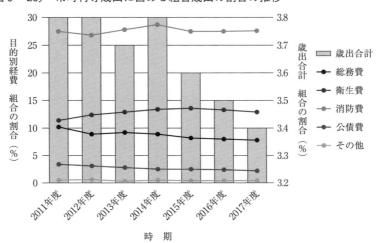

このように特に当該2事業においては，市町村行政の分野において行政サービスの主体として組合が重要性を増していることがわかる。

(4) 建設事業

　組合の建設事業（2016（平成28）年度）の内訳をみると，ごみ処理事業の規模が顕著に大きく（全体の67%），次いで，消防庁舎（10%），し尿処理（6%）となっている（〔図6－27〕参照）。

〔図6－27〕　組合 建設事業の内訳（2016年度）（経費（百万円），構成比）

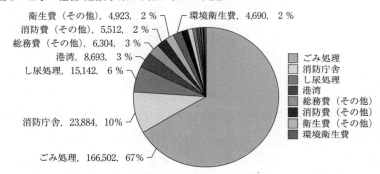

　次に補助事業・単独事業の関係をみると，例えば，ごみ処理においては，補助事業が全体の69.3%を占めるなど，補助制度の活用が可能な事業については組合においても補助事業が大きな割合を占めている。一方，ごみ処理の30.7%，消防庁舎建設の99.0%の事業費は単独事業が占めるなど，単独事業が主要な割合を占める事務も多い点に留意する必要がある（〔図6－28〕参照）。

〔図6−28〕 組合 建設事業 事務の種類別 補助事業・単独事業の構成比（2016年度）

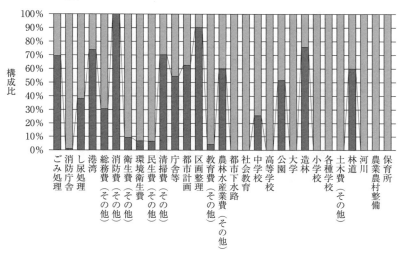

特に単独事業の場合，組合には独自の税収入がないことから，地方債を除けば，構成団体からの分賦金（後述）を主な財源とすることとなり，構成団体の財政運営に影響を与えるため，計画的な事業推進が求められることとなる。

(5) 財政運営

第一に，組合の地方債現在高の推移をみると，組合数の減少に伴い地方債現在高は減少を続けているが，設置数の減少の程度に比べると，依然として多額の償還額を残している組合も存在していることがわかる。次に事業の内訳をみると，ごみ・し尿処理施設の整備に充てられる一般廃棄物処理事業債が最も多く，次いで消防施設等に充てられる一般単独事業債，港湾その他の公共事業に充てられる一般公共事業債等が比較的大きな規模となっている（〔図6−29〕参照）。

〔図6-29〕 事務組合 地方債現在高と設置件数の推移

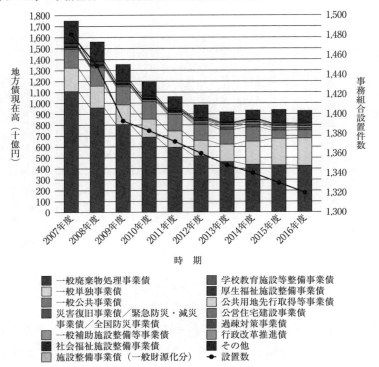

　第二に，組合の積立金の推移をみてみると，組合数は減少しているが，組合の積立金の規模は，近年やや増加する傾向にある。その内訳をみると，財政調整基金は微減している一方，特定目的基金が増加している（〔図6-30〕参照）。

〔図6－30〕 組合 積立金の推移

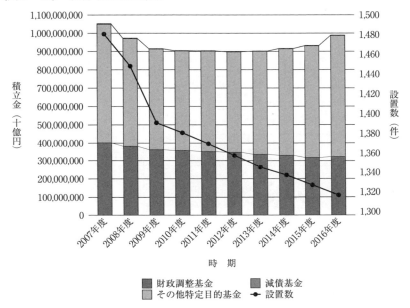

 組合においては，共同処理事務が特定されていることから，当該事務について，将来計画されている建設投資に充てるため，特定目的基金が比較的多く活用されていることがうかがわれる。
 第三に，都道府県別に実質単年度収支[2]の黒字・赤字団体数の分布を示したものが〔図6－31〕である。

2） 実質単年度収支とは，当該年度の実質収支から前年度の実質収支を差し引き，さらに黒字事業（積立金への積立等）及び赤字事業（積立金の取崩し等）を控除した収支を指す。

〔図6－31〕 都道府県別組合数 実質単年度収支 赤字団体及び黒字団体数（2016年度）

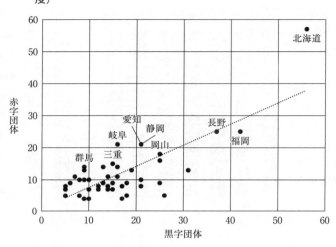

　黒字団体数に比べて赤字団体数が多い（すなわち財政状況が厳しい組合が相対的に多い）都道府県は，近似線（図中の点線）より上側に位置することとなる。現状をみると，①赤字団体の割合が顕著に高い都道府県があること，②赤字団体数は，都道府県により相当程度の格差があること，③黒字団体数に対して赤字団体数が多い都道府県は，特定の地方に偏在しているわけではないこと等がわかる。実質単年度収支の赤字が続くようであれば，当該組合の財務体質が悪化していることを意味しており，事業規模の見直しなど，適切な財務運営を行う必要がある。

　以上の状況を踏まえると，組合の歳出管理として特に次の点に留意する必要がある。

＜組合の歳出管理のポイント＞

① 　組合の財政運営の上で，歳入については，課税権がなく，業務が共同処理事務に限定されているため税額収入確保の可能性も普通地方公共団体より制約を受ける。このように組合には歳入増を図る上で強い制約を受けている。このため，組合の健全な財政運営を行う上で，歳出管理が極めて重要な施策になることに留意する。

② 全国データを基にすると，人件費が経費の中で最大（44%）の割合を占め，かつ構成比も増高しているため，適切な人事管理に沿って人件費の抑制に努めることに重点を置く。また，物件費の構成比も低減していないため，委託費等の点検を通じ節減に努める。
③ 近年は普通建設事業や災害復旧事業等の支出も増大しているため，計画的な投資的経費の管理を行うよう努める。特に地方債の発行に当たっては確実に元利償還を行えるように構成団体間の合意形成を確立しておくことが重要である。
④ 将来的に実施することが計画されている建設投資等の事業に充てるため，特定目的基金等の積立金を着実に確保しておく。
⑤ 実質単年度収支を計測し，財務体質の悪化を早期に感知し，事業規模の見直し等を適時行う。
⑥ 組合は事業が特定されているため，公共施設の更新等の見通しを通じ将来の建設投資について比較的見通しを立て易い。このような利点を生かし，将来の建設投資の平準化に努める。また，構成団体に将来の投資計画について意思疎通を図り，分賦金の円滑な確保に努める。
⑦ 公共施設の統廃合，複合化，及び施設の長寿命化など公共施設の適切な管理に取り組む。

Ⅱ 構成団体の経費負担

ここでは，組合に構成団体が支出する分賦金のあり方について触れることとする。

1 分賦金が満たすべき要件

組合は，規約において分賦金の算出方法を定めることとされている（事務組合 第4編第4章Ⅲ，広域連合 第5編第4章Ⅱ 参照）が，分賦金の負担方法を定めるに当たっては，分賦金が次の3つの要件を充たすように留意しなければならない。

(1) 合理性

全ての構成団体が，当該負担方法（負担割合）は合理的であると納得して合意が形成されるものでなくてはならない。合理性の判断を行うに当たっては，

「当該負担方法が各構成団体における行政需要の量の割合を合理的に反映させたものであるか否か」という基準を用いることが通常であろう。

〔例〕環境衛生組合に対する構成団体からの分賦金の負担方法として，各構成団体のごみ・し尿の処理区域の「処理区域人口割」を用いる。

(2) 弾力性

社会経済情勢の変化に起因して各構成団体における当該事務の行政需要の量の変化が構成団体間の負担の割合に反映されるような分賦方法を定めることが望ましい。

〔例〕消防組合においては，各構成団体の人口割によって負担金を按分することが多い（人口の増加により火災発生の確率が高まることが予想され，防災の行政需要の量が増大することから，人口割を算出根拠として用いていることが多いようである）。

(3) 安定性

各構成団体にとって組合に対する負担金の額の規模が例年安定していなければ予算の見通しが立たないこととなり，また，構成団体間の負担割合が年度により激変することになると，組合の構成団体による民主的で安定した運営にも支障をきたすことになる。このため，分賦方法を定めるに当たっては，偶然的要素や不可抗力的要素に左右されない安定的な算出根拠を採用するべきである。例えば，消防組合においては，「前年度における災害発生件数」を算出根拠として用いることは不安定な面があり，それよりも人口割のようにある程度安定した要素の方が適していると考えられる。

2　分賦金のタイプ

次に実際の負担方法の定め方を見てみると，以下の3つのタイプに分類することができる。

(1) 完全弾力型（算出根拠を明記しない型）

〔例〕「負担金の各関係町の負担方法は，管理者が毎年度組合議会の議決を経て定める。」

この例のように，経済社会環境の変化に柔軟に対応するために，規約には負

担割合の算出根拠（「○○割」等）を規定せず，各時点での諸情勢に応じて，各構成団体が組合の執行機関を通じて負担割合の調整を行い（負担割合を執行機関の内規で取り決めている場合もある），負担割合を管理者が議案として組合議会に付し，議会の議決を経て決定する方法がある。

ただし，この型の場合には，毎年度，負担割合を決定する度に構成団体間で調整，折衝を行わなければならず，特に構成団体間で意見に相違がある場合には，負担割合が議論の焦点となり，組合の議会運営や予算編成自体に影響を及ぼす可能性もある。また，組合の外部からは，当該組合の財政運営の状況等（どの構成団体の負担金支出が最も多いのか，各構成団体は当該組合の財政運営にどの程度関与しているのか等）がわかりにくくなるという問題点があるので留意しておかなければならない。

(2) 弾力性重視型

〔例〕「負担金は，予算の属する前年末の人口により各関係町に分賦する。」

この例のように，ある程度社会経済情勢等に対する弾力性を備えた算出根拠によって分賦方法を定めたものがある。このような算出根拠の他の例としては下記のようなものがある。

＜負担金に係る算出根拠の例（弾力性重視型）＞
○　人口割
○　処理区域人口割，実績割，距離割（環境衛生組合等）
○　生徒数割（学校組合等）
○　年間給水量割（上水道企業団等）
○　徴収額割，滞納額割，滞納処分件数割（滞納整理組合等）
○　財政力指数割，標準財政規模割，基準財政需要額割，地方交付税交付金額割

(3) 安定性重視型

〔例〕「負担金は，各関係町均等に分賦する。」

この例のように，安定性を重視し，算出根拠として，あまり外部環境の変化により影響を受けない要素を採用している型がある。構成団体にとっては，組合に対する負担金の歳出の見積もりが立て易い長所がある反面，社会経済情勢の変化を各構成団体の負担割合に反映させる弾力性が乏しいという短所があ

る。

＜負担金に係る算出根拠の例（安定性重視型）＞
○　均等割，確定した按分率（△町は○％等）
○　共有持分割（財産管理組合等）
○　戸数割，農家戸数割（農業共済組合等）

（なお，実際には(2)及び(3)で掲げた算出根拠を組み合わせて用いている例が多い。）

　経費支弁の方法の規定として，以上のいずれの型を採用するかについては，個々の組合における事務の内容（社会経済情勢等の変化がその事務の行政需要の量にどの程度変化をもたらすか）及び構成団体間の財政規模等の差などを総合的に勘案して決定する必要がある。

Ⅲ　構成団体の財政健全化と組合運営

1　総　　論

　2009年4月1日から施行されている地方公共団体の財政の健全化に関する法律（以下，「健全化法」という）は，地方公共団体の財政の健全性に関する比率の公表の制度を設け，当該比率に応じて，早期健全化等を図るための計画を策定し，当該計画の実施を図ることにより財政の健全化に資することを目的とした法律である。

　健全化法により，〔図6－32〕が示すとおり4つの健全化判断比率が設定され，〔図6－33〕が示す数値を超える場合には，地方公共団体は財政健全化計画を策定し早期健全化等に取り組むこととなる。〔図6－33〕が示すとおり，当該4つの健全化判断比率の中で，実質公債費比率及び将来負担比率は，構成団体の組合に対する経費負担にも直接的に関係するものである。

〔図6-32〕 健全化判断比率の対象[3]

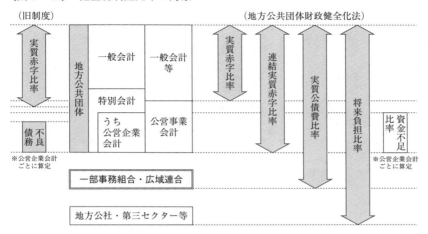

---

3) 出典：総務省資料

〔図6-33〕 早期健全化基準等

健全段階	財政の早期健全化段階	財政の再生段階
○指標の整備と情報開示の徹底	○自主的な改善努力による財政健全化	○国等の関与による確実な再生
●フロー指標：実質赤字比率，連結実質赤字比率，実質公債費比率	●財政健全化計画の策定（議会の議決），外部監査の要求の義務付け	●財政再生計画の策定（議会の議決），外部監査の要求の義務付け
●ストック指標：将来負担比率＝公社・三セク等を含めた実質的負債による指標	●実施状況を毎年度議会に報告し公表	●財政再生計画は，総務大臣に協議し，同意を求めることができる
→監査委員の審査に付し議会に報告し公表	●早期健全化が著しく困難と認められるときは，総務大臣又は知事が必要な勧告	●財政運営が計画に適合しないと認められる場合等においては，予算の変更等を勧告

公営企業の経営の健全化

（健全財政）←――――――――→（財政悪化）

早期健全化基準 ／ 財政再生基準

	早期健全化基準	財政再生基準
実質赤字比率	道府県：3.75% 市町村：11.25%〜15%	道府県：5% 市町村：20%
連結実質赤字比率	道府県：8.75% 市町村：16.25%〜20%	道府県：15% 市町村：30%
実質公債費比率	25%	35%
将来負担比率	都道府県・政令市：400% 市町村：350%	
資金不足比率（公営企業ごと）	20% 経営健全化基準	

※実質赤字比率及び連結実質赤字比率については，東京都の基準は，別途設定されている。

財政健全化計画の策定の義務付け等は2008（平成20）年度決算から適用

2 実質公債費比率

　実質公債費比率は，ある地方公共団体の一般会計等が負担する元利償還金及び準元利償還金（すなわち実質的な公債費）の規模が，その団体の基本的な財政規模（標準財政規模を基本に算定）に対してどの程度の割合になっているかを示す指標である。

　実質公債費比率を算定する際に，その団体自体が発行した地方債の元利償還金だけでなく，組合が発行した地方債の元利償還金に充てるために，その団体が構成団体として支出する分賦金（これを準元利償還金という）も，分子として算入することとされている（〔図6－34〕参照）。

　組合として地方債を発行した以上，その元利償還金は義務的な経費であり，構成団体が分賦金を通じて実質的に組合の財政を支えている以上，当該償還金は，構成団体にとって実質的な義務的経費に相当するものとしてとらえることを意味している。

　逆に，組合の財政運営の観点から見れば，組合が過剰な規模の地方債を発行し，かつ，その償還財源として分賦金を想定している場合，当該償還額は構成団体の実質公債費比率に直接影響を与えることとなる。このため，組合の地方債発行については構成団体との間で十分な意思疎通を図りつつ手続を進めていく必要がある。

〔図6-34〕 実質公債費比率の算定方法

$$\text{実質公債費比率} \atop (3か年平均) = \frac{(\text{地方債の元利償還金}+\text{準元利償還金}（※）) - (\text{特定財源}+\text{元利償還金・準元利償還金に係る基準財政需要額算入額})}{\text{標準財政規模} - (\text{元利償還金・準元利償還金に係る基準財政需要額算入額})}$$

(※) 準元利償還金：次のイからホまでの合計額
- イ　満期一括償還地方債について，償還期間を30年とする元利均等年賦償還とした場合における1年当たりの元金償還金相当額
- ロ　一般会計等から一般会計等以外の特別会計への繰出金のうち，公営企業債の償還の財源に充てたと認められるもの
- ハ　<u>組合・地方開発事業団（組合等）への負担金・補助金のうち，組合等が起こした地方債の償還の財源に充てたと認められるもの</u>
- ニ　債務負担行為に基づく支出のうち公債費に準ずるもの
- ホ　一時借入金の利子

3　将来負担比率

　将来負担比率は，ある地方公共団体が構成団体となっている組合，地方公社，出資法人等に係るものも含め，当該地方公共団体の一般会計等が将来負担すべき実質的な負債がその団体の基本的な財政規模に対してどの程度の割合になっているかを示す指標である。地方公共団体の一般会計等の借入金（地方債）や将来支払っていく可能性のある負担等の現時点での残高を指標化し，将来財政を圧迫する可能性の度合いを示す指標である。

　将来負担比率を算定する際に，その団体自体の地方債現在高だけでなく，組合等が発行した地方債の元金償還に充てる構成団体としての負担見込額も，分子として算入することとされている（〔図6-35〕参照）。

　将来負担比率についても，実質公債費比率と同様に，組合が過剰な規模の地方債を発行し，かつ，その償還財源として分賦金を想定している場合，当該償還額は構成団体の将来の負担として当該比率に直接影響を与えることとなる。このため，組合の地方債発行については，構成団体が将来の負担にどの程度対応できるかという中長期的な観点からも，組合と構成団体との間で十分な意思疎通を図ることが必要とされている。

このような健全化法の枠組みの中で，組合は，事業計画を検討する際に，組合の建設投資やそれに伴う地方債の発行が，組合の財政だけでなく構成団体の財政に対し直接的な影響を与えるという事実を認識しておかなければならない。

〔図6－35〕　将来負担比率の算定方法

$$将来負担比率 = \frac{将来負担額 －（充当可能基金額＋特定財源見込額＋地方債現在高等に係る基準財政需要額算入見込額）}{標準財政規模 －（元利償還金・準元利償還金に係る基準財政需要額算入額）}$$

・将来負担額：次のイからチまでの合計額
　イ　一般会計等の当該年度の前年度末における地方債現在高
　ロ　債務負担行為に基づく支出予定額（地方財政法第5条各号の経費に係るもの）
　ハ　一般会計等以外の会計の地方債の元金償還に充てる一般会計等からの繰入見込額
　ニ　**当該団体が加入する組合等の地方債の元金償還に充てる当該団体からの負担等見込額**
　ホ　退職手当支給予定額（全職員に対する期末要支給額）のうち，一般会計等の負担見込額
　ヘ　地方公共団体が設立した一定の法人の負債の額，その者のために債務を負担している場合の当該債務の額のうち，当該法人等の財務・経営状況を勘案した一般会計等の負担見込額
　ト　連結実質赤字額
　チ　組合等の連結実質赤字額相当額のうち一般会計等の負担見込額

Ⅳ　公会計改革と組合

　地方公会計は，現金主義会計による予算・決算制度を補完するものとして，現金主義会計では見えにくいコストやストックを把握することで中長期的な財政運営への活用の充実が期待できるため，各地方公共団体において，整備が進められてきたところである。

　しかし，各地方公共団体における財務書類の作成は着実に進んではいるが，多くの地方公共団体において既存の決算統計データを活用した簡便な作成方式である総務省方式改訂モデルが採用されており，本格的な複式簿記を導入して

いないことや，公共施設等のマネジメントにも資する固定資産台帳の整備が十分でないという課題がある。

このため，総務省は，2015年1月23日に「統一的な基準による地方公会計マニュアル」を取りまとめ，この中で，固定資産台帳の整備と複式簿記の導入を前提とした財務書類の作成に関する統一的な基準が示された[4]。

当該マニュアルに基づき，地方公共団体は，公会計改革として，複式簿記及びそれを前提とした貸借対照表を始めとする財務書類の整備と固定資産台帳の整備に取り組んでいるところである。財務書類の整備は，①資産・負債（ストック）の総体の一覧的な把握を可能にし，②発生主義による正確な行政コストの把握を可能にし，③整備した固定資産台帳を公共施設マネジメント等に活用することが可能となる等のメリットを有する。当該マニュアルの基礎となる報告書（2014（平成26）年1月「今後の新地方公会計の推進に関する研究会」報告書。〔図6－36〕参照。）において，公会計整備の主体として，都道府県，市町村だけでなく，一部事務組合及び広域連合も想定されている。また，財務書類整備のメリットは組合にも共通のものなので，組合においても，財務書類及び固定資産台帳の整備に取り組んでいくことが期待される。

---

[4] 2018（平成30）年6月30日現在，1,788団体（都道府県及び市町村）中1,666団体（93.2%）が，統一的な基準による財務書類を作成済みとなっている。

〔図6－36〕 「今後の新地方公会計の推進に関する研究会」報告書概要[5]

財務書類の整備	固定資産台帳の整備	複式簿記の導入
(1) 財務書類の体系 ○ 貸借対照表，行政コスト計算書，純資産変動計算書，資金収支計算書 **(2) 財務書類の内容** ○ 貸借対照表：有形固定資産の評価基準 ・取得原価が判明→取得原価 ・取得原価が不明→再調達原価 ・販売用資産（棚卸資産）→低価法　等 ※　有形固定資産の評価基準等の詳細については，引き続き，マニュアル作成の段階で調整する部分もある。	**(1) 意義・目的** ① 各地方公共団体の財政状況を表す財務書類の作成に必要な情報を備えた補助簿として固定資産台帳を整備する。 ② 固定資産台帳は公共施設等のマネジメントにも活用可能となる。 **(2) 具体的な手法** ○ 庁内の体制整備を行った後，整備期間は1～2年間を目安とし，①資産の棚卸，②データの作成，③開始時簿価の算定，④固定資産台帳の作成という流れを基本とする。	**(1) 意義・目的** ① 各地方公共団体の財務情報について，一覧性を備えた情報開示を行うことが可能となる。 ② 貸借対照表と固定資産台帳を相互に照合することで検証が可能となり，より正確な財務書類の作成に寄与する。 ③ 事業別・施設別等のより細かな単位でフルコスト情報での分析が可能となることで，地方公共団体のマネジメントに資する。 **(2) 具体的な手法** ○ 日々仕訳を行う方法が望ましいものの，事務負担や経費負担等を勘案し，(1)の②が満たされ，③にも資するものであれば，期末に一括して仕訳を生成する方法も差し支えない。

今後の主な課題と方向性

- **活用の充実** 行政評価や予算編成等への活用の充実が必要→具体的な活用事例等に関する資料を作成して財務書類等の活用を促進
- **人材の育成** 会計処理体制の充実・強化を図るための人材育成が必要→統一的な基準による財務書類等の作成に関する各種研修会を開催
- **システムの整備** 統一的な基準の導入に当たってシステムの整備等が必要→ICTを活用した標準的なシステムを開発し，提供

---

[5]　出典；総務省資料

V 公共施設管理（ファシリテイマネジメント）

　我が国において公共施設等の老朽化対策が大きな課題となっており，地方公共団体においては，厳しい財政状況が続く中で，今後，人口減少等により公共施設等の利用需要が変化していくことが予想されることを踏まえ，早急に公共施設等の全体の状況を把握し，長期的な視点をもって，更新・統廃合・長寿命化などを計画的に行うことにより，財政負担を軽減・平準化するとともに，公共施設等の最適な配置を実現することが必要となっている。

　国においては，2013年11月に「インフラ長寿命化基本計画」が策定され，地方公共団体においてもインフラ長寿命化計画（行動計画）・個別施設ごとの長寿命化計画（個別施設計画）を策定すること及びこれらの計画に基づき点検等を実施した上で適切な措置を講じることが期待されている。また，各地方公共団体においては，これらの状況を踏まえ，速やかに公共施設等総合管理計画（以下，「総合管理計画」という）の策定に取り組むことが要請されている[6]。総合管理計画の概要は，2014年4月に総務省が「公共施設等総合管理計画の策定にあたっての指針」において示している（〔**参考資料Ⅷ**〕（巻末）参照）。

　総合管理計画は，都道府県及び市町村に対し策定が要請されており，組合は基本的には要請を受けていない。組合の場合は，例えば所有施設が一つしか存在しないなど「総合的かつ計画的な管理」の必要性がない場合もあることから，各組合において必要に応じて策定すればよいこととされている。ただし，組合が公共施設の適正管理に係る地方債を起こす場合には当該計画を策定することが前提となる（〔図6－37〕参照）。

---

6)　公共施設等総合管理計画は可能な限り速やかに策定することが要請されている。なお，同計画は，2013年11月に決定されたインフラ長寿命化基本計画に基づき地方公共団体が策定する行動計画にもなるものであるが，同基本計画においては，遅くとも2016年度までの行動計画の策定が予定されている。

〔図6-37〕 公共施設等の適正管理の推進[7]

平成29年度に創設した「公共施設等適正管理推進事業債」について、長寿命化事業の対象を拡充（橋梁、都市公園施設等）

【地方債計画額　H29：3,150億円→H30：4,320億円→H31：4,320億円】

期間：平成29年度から平成33年度まで（⑥は平成32年度まで（ただし、経過措置として、平成32年度までに実施設計に着手した事業については、平成33年度以降も現行と同様の地方財政措置を講じる））

公共施設等適正管理推進事業債

①集約化・複合化事業
〈対象事業〉延床面積の減少を伴う集約化・複合化事業　〈充当率等〉充当率：90％、交付税措置率：50％

②長寿命化事業
〈対象事業〉
【公共用の建築物】施設（義務教育施設を含む）の使用年数を法定耐用年数を超えて延長させる事業
【社会基盤施設（道路（舗装、小規模構造物、橋梁等）、河川管理施設、砂防関係施設、海岸保全施設、港湾施設、都市公園施設、治山施設・林道、漁港施設、農業水利施設・農道・地すべり防止施設）】所管省庁が示す管理方針に基づき実施される事業（一定の規模以下等の事業）
〈充当率等〉充当率：90％、交付税措置率：30％（財政力に応じて30～50％（注））
※下線部分を平成31年度から拡充

③転用事業
〈対象事業〉他用途への転用事業
〈充当率等〉充当率：90％、交付税措置率：30％（財政力に応じて30～50％）

④立地適正化事業
〈対象事業〉コンパクトシティの形成に向けた長期的なまちづくりの視点に基づく事業
〈充当率等〉充当率：90％、交付税措置率：30％（財政力に応じて30～50％）

⑤ユニバーサルデザイン化事業
〈対象事業〉公共施設等のユニバーサルデザイン化のための改修事業
〈充当率等〉充当率：90％、交付税措置率：30％（財政力に応じて30～50％（注））

⑥市町村役場機能緊急保全事業
〈対象事業〉昭和56年の新耐震基準導入前に建設され、耐震化が未実施の市町村の本庁舎の建替え事業等
〈充当率等〉充当率：90％（交付税措置対象分75％）、交付税措置率：30％
※地方債の充当残については、基金の活用が基本

⑦除却事業
充当率：90％

(注)　義務教育施設の大規模改造事業に係る事業については、地方負担額に対する交付税措置率が、学校教育施設等整備事業債における義務教育施設の大規模改造事業（地方単独事業）に係る当該値を下回らないよう設定

※①～⑦全て公共施設等総合管理計画に基づき行われる事業で、⑦を除き、個別施設計画等に位置付けられた事業が対象。ただし、インフラ長寿命化基本計画において個別施設計画に記載することとされている事項（対象施設、計画期間、対策の優先順位の考え方、個別施設の状態等、対策内容と実施時期、対策費用）が個別施設計画と同種・類似の「施設整備計画」や「統廃合計画」等に全て記載されている場合は、個別施設計画を策定しない場合でも、集約化・複合化事業等の対象となる。また、当該同種・類似の計画が一部の施設のみを対象としている場合でも対象となる。

---

[7]　出典；総務省資料。

組合の中には複数にわたる公共施設を所有管理している団体もあり，長寿命化や公共施設再配置など普通地方公共団体と共通の課題を抱えた団体も少なくない。そのような場合には，施設の長寿命化や除却が有効である場合があること，組合が複数の施設を所有し統廃合の余地がある場合もあること，及び1つの施設に複合的機能を持たせ得る場合があることから，組合においても公共施設に係る施策の動向には留意しておくべきである。

　現在，公共施設の適正管理を促進するため公共施設等適正管理事業債の発行が認められているが，長寿命化，集約化，複合化及び除却において積極的な活用が図られている（〔図6－38〕参照）。

〔図6－38〕　公共施設等適正管理事業債の活用状況（2017年度）

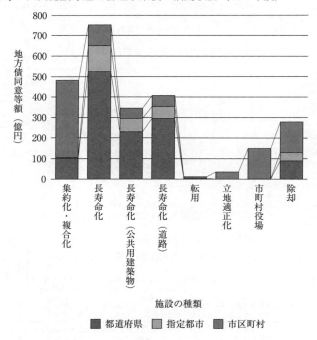

第7編

諸外国の広域連携

　地方自治体相互間の広域連携は，我が国だけでなく諸外国においても活用されている行政手法である。広域連携は，個々の地方自治体の規模等を踏まえ，それだけでは行政需要に十分な対応ができない場合に活用される方法であるため，広域連携のあり方は，特にそれぞれの国の基礎的自治体の制度に大きく左右される。そこで本編では，主な諸外国における基礎的自治体の概要とそれを踏まえた広域連携の仕組みについて触れることとしたい。

第1章　各国の基礎的自治体

　各国の地方自治体の中で，住民と最も身近な関係に立ち基礎的な行政サービスを提供する団体を基礎的自治体と呼ぶ。基礎的自治体は，米国ではミュニシパリティ，英国ではローカル・オーソリティ，仏国ではコミューン，独国ではゲマインデ，伊国ではコムーネと呼ばれる。

　米国，欧州の4か国（英国，仏国，独国，伊国）及び我が国の基礎的自治体等を比較してみると共通点及び相違点が明確になる（〔表7-1〕参照）。

　第一に，連邦制国家と単一国家の違いがある。連邦制国家は，2つ以上の州が1つの主権の下に結合して形成する国家であり，各州は対等な構成員としての地位を有しながら1つの国家を構成することとなる。この区分においては，米国及び独国が連邦制国家，その他の国は単一国家である。

　第二に，地方自治体の編成（いわゆる階層）については，3層制の国（仏国，伊国），2層制の国（日本），2層制と1層制が併存している国（英国，独国），州により多様な制度が採られている国（米国）というように国によって制度が異なる。

　第三に，基礎的自治体の人口規模について5か国を比較してみると，その違いは大きい。英国は，相次ぐ地方制度の改正により基礎的自治体の数が406（2011年）にまで減少した結果，一団体当たりの人口規模は5か国の中では最大で約15万3千人となっている。我が国はそれに次ぐ7万3千人であり，米国

〔表7－1〕 諸外国における地方自治体の編成，基礎的自治体の状況及び主な広域連携[1)]

項　目	アメリカ合衆国（米国）	UK（英国）	フランス共和国（仏国）	ドイツ連邦共和国（独国）	イタリア共和国（伊国）	日本
国家の形態	連邦制国家	単一国家	単一国家	連邦制国家	単一国家	単一国家
地方行政単位［地方政府としての階層］	［ステート（州）］＋2層（又は1層） カウンティ ミューニシパリティ	（イングランド）［2層・1層が併存］カウンティディストリクト ユニタリー，ローカル・オーソリティ （スコットランド，ウェールズ，北アイルランド）［自治政府等，一層制］	［3層］レジオン（州）デパルトマン（県）コミューン	［ラント（広域州）］＋2層［独立市あり］クライス（郡）ゲマインデ（市町村）（独立市等が併存）	［3層］レジーム（州）プロヴィンチア（県）コムーネ	［2層］都道府県 市町村
基礎的自治体の数（2011，米は2012）	ミュニシパリティ　　　　　　　　　　19,519	ローカル・オーソリティ（コミュニティ，ローカリティ，パリッシュ等）　　　　　　　　　　406	コミューン　　　　　　　　　　36,682	ゲマインデ，独立市　　　　　　　　　　12,104	コムーネ　　　　　　　　　　8,094	市町村　　　　　　　　　　1,749
人口（千人）	313,874	62,195	64,812	81,744	60,468	127,799
基礎的自治体当たりの人口（千人；単純平均）	16.1	153.2	1.8	6.8	7.5	73.1
基礎的自治体の主な事務	教育，警察，保健衛生，福祉，道路，消防，上下水道，交通等	（1層制の自治体）地方計画，開発規制，住宅，環境衛生，社会福祉等	小学校，幼稚園，保育所，都市計画，道路，廃棄物収集・清掃等	学校建設・運営管理，下水道，廃棄物処理，生活扶助等	社会福祉，保健衛生，公共事業，職業教育等	社会福祉，保健衛生，小中学校の運営，道路，消防等
主な広域連携	特別区 学校区	事務組合	事務組合，広域共同体	目的組合 市町村小連合 広域連合	コムーネ共同体 山岳部共同体	組合等

は1万6千人，欧州3か国（仏，独，伊）は，平均7千5百人〜1千8百人という小さな規模となっている。このように我が国は，諸外国と比較した場合，平成の市町村合併を経て，基礎的自治体（市町村）の規模が比較的大きな国に位置付けられる結果となっている。

　第四に，基礎的自治体が担う事務については，英国は国法により限定列挙する方式で定められるが，他の国では地方自治体は基本的に包括的な権能を与え

---

1) 表は，*U.S. Census Bureau American Fact Finder (2012)* 及び*DEXIA, Territorial organization and reforms (2011)* を基に著者が作成。以下，本編の図表は筆者が作成。

られ，教育，福祉を始めとする国内行政サービスを幅広く担っている。

　このように基礎的自治体が幅広い事務を所管していることを前提として，地方自治体間の規模の格差，自然社会的条件等によるハンディキャップ等の問題を踏まえ，各国はそれぞれの国内事情の下で基礎的自治体のサービスに関連する広域行政の手法を編み出し活用していると言うことができる。

第2章　米国における広域連携

Ⅰ　地方自治体の編成

　米国は合衆国の名のとおり連邦制を採り，各州は国家の平等な構成員としての地位を占めている。地方自治体の編成など地方制度を創設・整備する権限は州が有している[1]。

　米国では各州の中で広域的な行政単位としてカウンティ（郡）が存在する。州の立法府から憲章を与えられ地方自治体としての性格を備えたカウンティと，州の事務を執行する下部機関的な性格を有する（その意味では行政区画の性格に近い）カウンティがある。

　次に基礎的な行政単位として，地方自治体と準地方自治体が存在する。地方自治体は，地域住民の創設の意思を基礎として[2]，州による承認を受け，州から付与されるチャーターを根拠として設立される地方自治体である。地方自治体はミュニシパリティと呼ばれるが，内訳としてシティ，ボロー，タウン，ヴィレッジの4種類が存在する（〔図7－1〕参照）。

　一方，準地方自治体は，州の判断により創設される地方自治体であり，チャーターを付与されることはなく，州の下部機関としての性格が強い。そしてこの準地方自治体に属するものが，タウンシップ，タウン，学校区及び特定目的区である。

　基礎的な行政単位のもう一つの区分として，自治体が所掌する事務が特定の範囲に限られているか否かにより，一般目的自治体（以下，「一般自治体」という）と特定目的自治体に分ける方法がある。ミュニシパリティ並びにタウン

---

1) 各州の憲法は，地方自治体の種類，創設手続，権限等を定めている。法人格を備える地方自治体を創設する場合は，州の承認により法人として創設され，組織・権限等を定めたチャーター（憲章）が付与され，それが法人格の根拠となる。このように地方自治体は「州による被造物」として位置付けられている。
2) 地方自治体と呼ばれるミュニシパリティは，設立に際し，住民の署名，請願，州の機関による承認，住民投票など，設立を求めることについて住民の意思を直接確認する手続が採られることが多い。これに対し，準地方自治体は，住民の意思とは直接関係なく州立法府が設立する組織である。ただし，特定目的区は，準地方自治体の一つではあるが，その性格は地方自治体と近いものと考えられている。

〔図7－1〕 米国における地方自治体の編成（連邦制国家）2012年現在）

連邦政府レベル	連邦政府			
州政府レベル	州			首都特別区（ワシントンDC）
広域自治体レベル	カウンティ（地方自治体）	カウンティ（行政区画）		
基礎的自治体レベル	地方自治体 ミュニシパリティ （19,519） シティ ボロー タウン ヴィレッジ	準地方自治体 タウンシップ タウン （16,360）	特定目的区 （38,266） 学校区 （12,880）	地方自治体が存在しない区域

シップ及びタウンは幅広く事務を所掌する一般自治体であるのに対し，特定区（学校区及び特定目的区）[3]は，特定の行政目的のためだけに設立される準地方自治体であり，特定目的自治体に区分される。したがって，特定目的区及び学校区は，我が国の事務組合に類似する法人ということになる。なお，我が国の場合のように，地方公共団体が自らの区域単位を前提として相互に事務を供出して処理する共同処理とは発想が異なり，広域の行政需要に対応する視点から，既存の地方自治体の区域（境界）を超えて州が所管区域を定めることもある点に留意する必要がある。ただし，行政需要に見合った体制を広域的に整備するという広域行政の視点では我が国の制度と共通する面もあると考えてよいであろう。

Ⅱ 広域連携の手法

1 広域連携の仕組み

米国においては，基礎的自治体レベルの行政について，単一の基礎的自治体では継続的な供給が困難な事務について広域連携により実施されることが多い。具体的な広域連携の手法として，①「広域的な特定区（スペシャル・ディ

3） 特定目的区は，学校区を除く特定区を指す。特定分野の行政活動を行う準地方自治体である。

ストリクト)の創設」,②「協定」,③「広域協議会」,④「自治体とカウンティの統合」を挙げることができる。

　この中で,特に米国で広く活用されているものが特定区の設立である。特定区は,学校区と特定目的区に分けられる。特定目的区は,消防や上水道など基礎的行政サービスについて広域的に提供する準地方自治体である。また,特定目的区は,例えば消防など,広域的な行政を必要とする分野を対象に設定されるため,地方自治体の区域にはしばられずに所管区域が設定される。[4]

2　広域連携の状況（特定区）

(1)　学 校 区

　特定区は,学校区（スクール・ディストリクト）と特定目的区（スペシャル・ディストリクト）に区分される。学校区は,1940年代は10万以上の団体が設立されていたが,特に1940年代から70年代にかけて,州政府がスケールメリットを追求し学校の統合を進めてきたこと等により顕著に減少し,2012年には約1万2千団体となっている（〔図7－2〕参照）。

〔図7－2〕　特定区の設立状況[5]

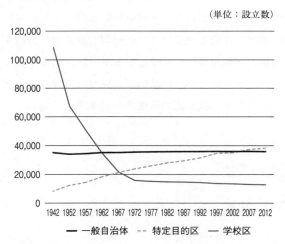

（単位：設立数）

　　　一般自治体　－－　特定目的区　　　学校区

(2)　特定目的区

---

4) 州境をまたがって設定される場合もあり,市町村の区域と一致しないことが多い。
5) 〔図7－2〕～〔図7－9〕は,2012 Census of Governments, *"American Fact Finder"*（U.S. Census Bureau）を基に著者が作成。

ア　現在の設立状況

　米国では，一般自治体（カウンティ，ミュニシパリティ，タウン及びタウンシップ）の中で，ミュニシパリティが中心的な存在であるが，ミュニシパリティは，住民の要請に応じその需要に対応することを目的として設立される。このため，未法人化地域（いずれの地方自治体にも所属していない地域）[6]も存在し，全国土がいずれかの地方自治体に所属する我が国の制度と異なる。この点にも留意しつつ，各州の人口，一般自治体数及び特定目的区の設置数を概観すると（〔図7－3〕），人口規模に対応して一般自治体数が多い州（ニューヨーク州，ミシガン州等）がある一方で，人口規模が大きいにもかかわらず一般自治体数が少ない州（カリフォルニア州，フロリダ州等）も存在する。また，特定目的区の設置数は，人口規模に対応して多い州（カリフォルニア州，テキサス州）がある一方で，人口規模に比して顕著に設置数が多い州（イリノイ州，コロラド州等）も存在する。このように州毎の多様な地域事情により特定目的区の活用が判断されていることがうかがわれる。

6）　未法人化地域は国土面積の7～8割と推定されている。

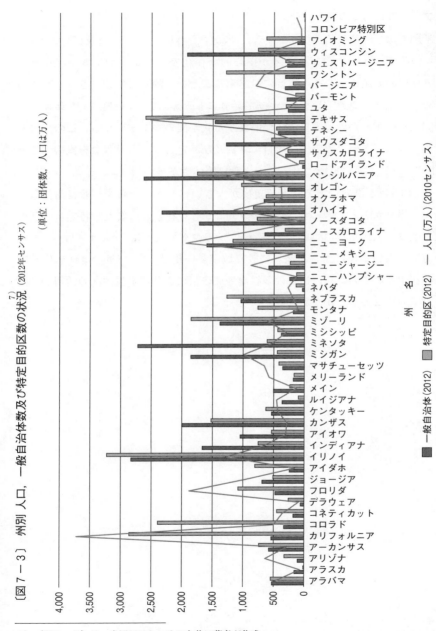

[図7-3] 州別人口, 一般自治体数及び特定目的区数の状況[7] (2012年センサス)

7) [図7-3] は, 米国2012センサスを基に著者が作成。

イ　近年の状況

次に特定目的区の近年の状況を見てみると，近年における広域行政の需要を反映し，設立数の顕著な増加が続いており，1942年には約8千3百団体であったが，2012年には約3万8千団体に達している（〔図7－4〕参照）。

〔図7－4〕　事務の種類別 特定目的区の状況 (2012年センサス)

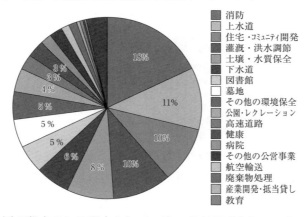

特定目的区が設立される理由として，次の点が挙げられている。

①　一般目的自治体には，起債に際して住民投票や起債額の制限など制約が課されることが多いが，それに対し，特定目的区には制約が少ないこと

②　既存の一般自治体等から独立した行政主体として政治的中立性の下での効率性が期待されること

③　特定目的区を通じてミュニシパリティが設立されていない地域に対する行政サービスの提供が可能となること

④　特定の事務に関する専門的人材を雇用することを通じ効率的処理が可能となること等が挙げられる。

ウ　事務の種類

特定目的区を事務の種類別に見てみると，総数約3万8千団体のうち，単一の事務を行っている団体が3万3千団体（86％），複合事務を行っている団体が約5千団体（14％）という割合になっている。

単一の事務を行う団体の総数約3万3千件の中で，①消防（18％），②上水

道（11％），③住宅・コミュニティ開発（10％），④灌漑・洪水調節（10％），⑤土壌・水質保全（8％）が上位を占めている。

複合事務を行う団体約5千件の中では，上水道及び下水道を行う団体（28％）が特に多く，環境行政（灌漑等）及び上水道を行う団体の割合がそれに次いでいる（〔図7-5〕参照）。

〔図7-5〕 事務の種類別 複合事務を行う特定目的区の状況 (2012年センサス)

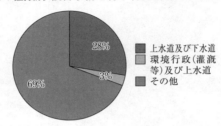

エ　人口規模と特定目的区の設立数

特定目的区は，州法の規定により，単一の地方自治体への依存度が高い形態や，公選委員等から成る委員会を持ち独立性が強い形態など様々なものがある。

人口規模と特定目的区の設立数の関係を見ると，ある程度の相関関係があることがわかる（相関係数0.63〔図7-6〕参照）。やはり，人口規模に応じ，広域的に提供することに適した行政（消防，水道など）の需要も一般的には高くなり，特定目的区の手法が多く活用されるということが示されている。

〔図7-6〕 各州における人口規模と特定目的区の設立数との関係 (2012年センサス)

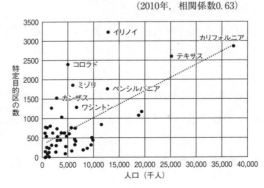

オ　歳入の状況

　特定目的区の収入の内訳としては，上下水道，住宅・コミュニティ開発など収益事業がその多くを占めていることもあり，使用料・手数料（39％），公営事業収入（22％）が上位を占めている。また，特定目的区は独自の課税権を有しているため，税収入が第3位（13％）を占めており，主要な財源であることを示している（〔図7－7〕参照）。

〔図7－7〕　特定目的区の収入の状況（2012年）

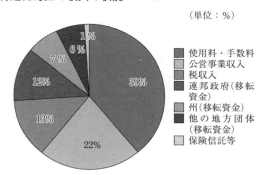

　2010年における地方債の新規発行額は，州13％，特定目的区・学校区67％，市町村等20％という内訳になっている（〔図7－8〕参照）。特定目的区・学校区は，上下水道，学校校舎等の公共施設の整備を行っていること，市町村等のような起債に当たっての住民投票等の手続を要しないこともあり，公共投資の中心的な担い手となっている。

〔図7－8〕　主体別 地方債発行額の状況[8]（2010年）

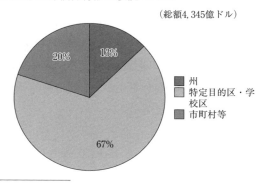

8）〔図7－8〕及び〔図7－9〕は，*Statistical abstract of the United States 2012*（U. S. Census Bureau）を基に著者が作成。

自治体別の地方債発行額においては，従来から特定目的区・学校区の発行額は自治体全体の発行額を左右する程の規模を占めており，1990年に760億ドル程度であったが，その後発行額は顕著に増加し，2005年以降は継続的に3,000億ドル前後で推移している。特定目的区・学校区は，今後とも公共投資において主要な役割を果たしていくことが予想される（〔図7－9〕参照）。

〔図7－9〕　自治体の地方債発行額の推移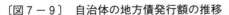

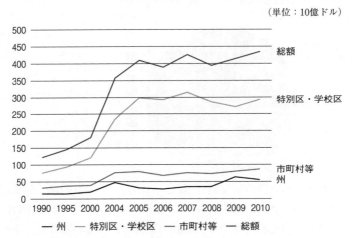

　このように米国の状況を見てみると，特定目的区は次の特徴を有している。
①　州ごとの多様性が顕著であること
②　特定目的区の設立増加が続いていること
③　設立数と州毎の人口規模とのかなり高い相関関係が認められ，住民生活に密接に関連した行政サービスを担っていることがうかがわれること
④　地方債発行の中心的な主体，即ち行政投資の主要な担い手であること
　特定目的区は，今後もこれらの特性を生かし行政活動の重要な担い手として活動していくことが見込まれるところである。

第3章　欧州の広域連携

I　英　　国（UK）

1　地方自治体の編成

　英国では，地方自治体の編成において二層制と一層制を巡る論議が盛んに行われてきた。二層制の問題点として，①非効率で高いコストをもたらすこと，②基礎的自治体と広域自治体の役割が住民にわかりにくいこと，及び③基礎的自治体が多数になり役割分担が不明確になること等の点が指摘されてきた。

　このような論議の下で，1972年の地方自治法では全国が二層制（カウンティ及びディストリクト）に統一されていたが，1990年代のメジャー保守党政権は，イングランドについて，一層制への再編を目標とした。しかし一層制に慎重な地域もあり，イングランド地域内で二層制と一層制が併存する状況となった。一方，ウェールズ，スコットランド及び北アイルランドにおいては20世紀末に，それぞれ一層制に統一された。さらに，21世紀初頭に，労働党政権により，イングランド地域については，9つのリージョン（地域）に分け，各リージョンに公選議員による地域議会を持つ地域機関を置くことが計画された。しかしこの考えはロンドンにおいては実現したが，他のリージョンにおいては，地域議会への権限集中の懸念等の理由から，住民投票で賛成が得られず導入されない状況で今日に至っている。このため，現在は，イングランド地域については，地方自治体の編成は3つの類型（地方部（非大都市圏），都市部（大都市圏），ロンドン）に分かれる状況になっている（〔表7－2〕参照）。

2　広域連携の手法

　英国においては，地方自治体の権能が法律により限定列挙されているという特性を有している。[1] また，前述のとおり，各地域において地方自治体の構成が

1）　本章で扱う他の4か国と異なり，地方団体の包括的な権能は認められておらず，地方自治体の裁量だけで新しい行政分野の事業を行なうことはできない。

〔表7-2〕 英国（イングランド地域）における地方自治体の編成（単一国家）

(2010年現在)

区分	地方部（非大都市圏） （二層制及び一層制）	都市部（大都市圏） （一層制）	ロンドン （地域機関及び一層制）	
リージョン （地域） レベル			グレーター・ロンドン・オーソリティ	
都道府県レベル （広域自治体） 市町村レベル （基礎自治体）	カウンティ (27) ディストリクト (201)	ユニタリー (56)	メトロポリタン・ディストリクト・カウンシル (36)	ロンドン区 (32)	シティ・オブ・ロンドン・コーポレーション
小規模な自治体のレベル	パリッシュ（約10,000）	パリッシュ（少数）	パリッシュ（約10,000）	

（ ）は自治体数

異なっているが，このような自治体の事情を背景として，地方部，都市部及びロンドンにおいて，それぞれ，ディストリクト（基礎自治体），カウンティ（広域自治体），ユニタリー（一層制における自治体）が事務を分担している。その中で，規模の合理性・効率性を活かすことが適当な事務については，広域的な自治体（カウンティ，ユニタリー，グレーター・ロンドン・オーソリティ。以下，「カウンティ等」という）が所掌する趨勢にあるほか，それを補完する形で事務組合が設立されている。

例えば，地方部においては，警察及び消防について，従来から事務組合の制度が採られている。都市部では，1972年地方自治法により一律に二層制とされた後に1985年地方自治法により大都市圏域のカウンティが廃止される際に，カウンティの事務であった警察，消防，ごみ処理及び地域交通（以下，「4事務」という）については，その事務の内容が広域処理に適することに鑑み，事務組合（joint board）が設立され承継されている（〔表7-3〕参照）。

〔表7－3〕 地方自治体の分掌事務[2]（イングランド地域）

	地方部（非大都市圏）				都市部（大都市圏）		ロンドン		
	ディストリクト（基礎）	カウンティ（広域）	ユニタリー（一層制）	事務組合	ディストリクト	事務組合	グレーター・ロンドン・オーソリティ	ロンドン区	事務組合
警察				●		●	○		●
消防・救急		○	○	●		●	○		
公共交通		○	○			●	○		
ごみ処理		○	○		○	●	○	○	●
戦略的計画		○			○		○	○	
地方税	○								
交通計画		○	○				○		
社会福祉		○	○		○				
環境・保健	○								
ごみ収集	○		○		○				
計画申請	○				○				
レジャー・レクリエーション	○		○		○			○	
道路		○	○				○		
住宅	○								
教育		○	○		○			○	
図書館		○	○		○			○	

　このように英国においては，本来的に広域処理に適している事務（4事務のほか，戦略的計画，交通計画，社会福祉，道路，教育，図書館など）についてはできる限り広域的な自治体（カウンティー等）に委ねる考え方があり，事務組合はその担い手となっていた。そのことに併せて，地方自治法の二層制から一層制への移行の動きに伴い，従来は広域自治体が担っていた事務の新たな受け皿として事務組合がその役割を果たしている面がある。

---

2) 表は，"*Local Government Structure 2010*"（Local Government Association）を基に著者が作成。

Ⅱ 仏　　国（フランス共和国）

1　地方自治体の編成

　仏国は，レジオン（州），デパルトマン（県），及びコミューンの三層制を採っている。いずれの地方自治体も直接選挙による議会を有し，議会で選出された議長が当該団体の長の地位に就く。地方自治体には行政に係る一般的権限が付与されているが，具体的な事務の配分内容を網羅的に定めた法律はない（〔図7－10〕参照）。

〔図7－10〕　仏国における地方自治体の編成（単一国家）

(2014年現在)

中央政府レベル		中央政府
地方政府（三層制）	リージョン（地域）レベル　　　　（27）	レジオン（州）（27）
	広域自治体レベル　　　　（101）	デパルトマン（県）（101）
	基礎自治体レベル　　　　（36,681）	コミューン（36,681）

（　）は自治体数

　コミューンは基礎的自治体であるが，その数は約3万6千団体に上り，基礎的自治体当たりの平均人口は18百人であり，欧米諸国の中でも極めて小さい。また，基礎的自治体の中における人口規模別の団体の設置状況では，人口千人未満の小規模団体が全体の8割近くを占めていることがわかる（〔図7－11〕参照）。

〔図7−11〕 欧州諸国における人口規模別自治体数の状況[3]

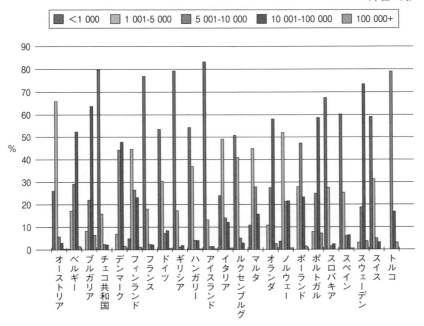

2 広域連携の手法

このように極めて小規模な基礎的自治体(コミューン)の存在を背景として,仏国では各種の広域連携方式が重要な役割を果たし発展してきた(〔表7−4〕参照)。

---

3) 出典:The size of municipalities, efficiency and citizen participation, "*Local and regional authorities in Europe, No. 56*" (Council of Europe Press, 1995)

[表7-4] 仏国の広域連携方式

類型	種類	特徴	所掌事務	法制度化された時期	財源[固有財源;税]	団体数(2014)
組合型	単一目的事務組合 (SIVU)	単一の事務を処理。構成団体の加入・脱退は評議会の議決により決定。	規約により自由に決定。上水道、学校、課外活動、エネルギー、下水道、通学用輸送等。	1890年	○構成団体からの負担金 ○事業収入等	8,971
組合型	多目的事務組合 (SIVOM)	複数の事務を処理。構成団体の加入・脱退は評議会の議決により決定。1988年以降、複数の事務全部ではなく、その一部を選択して加入することも可能となる。	規約により自由に決定。ごみ処理(家庭廃棄物、学校、観光、下水道、公共施設の管理運営、上水道、都市交通等。	1959年	(なし)	1,235
組合型	混成事務組合 (Syndicates Mixtes)	異なる階層の自治体間や商工会議所・農業会議所と自治体の間で設立。	規約により自由に決定。河川管理、行政法律情報サービス、廃棄物の収集処理、観光、環境保全、上水道、商工業団地の整備等。	1955年		3,187
連合型	メトロポール (Métropoles)	連合型の中で最も強く統合された形態。任意設立のほか、2014年の法改正により、人口40万人超の広域共同体(65万人のエリア)は自動的にメトロポールとなることとされた。	(義務的権限) インフラ。経済・社会・文化政策、住宅、住環境、消防救急等)(任意で追加) 国・州・県との協定により実施可能	2011年		1
連合型	大都市共同体 (CU)	人口2万人超の都市圏内のコミューンにより構成。共同体からの脱退は認められない。評議会(構成団体の議会の代表から成る)、評議機関は執行機関である議長・副議長を選出。	(義務的権限) 経済・社会・文化の開発、地域整備、住環境、集合的事務。環境及び生活の保護(任意で追加) 県との合意により道路及び福祉を実施可能	1966年	○税収 ○国の交付金 ○事業収入等 ・地方直接3税(建築所有不動産税・非建築所有不動産税・住居税) ・企業不動産税・企業付加価値税・ネットワーク型企業定額賦課金・行政サービス定額税等	15
連合型	都市圏共同体 (CA)	1万5千人都市圏(5万人のエリア)における中心市を有する地域。	(義務的権限) 空間・インフラ整備(選択) 次の事務から3つを選択: 上水道、環境、文化・スポーツ施設、社会活動等(任意で追加) 県との合意により道路及び福祉を実施可能	1999年		222
連合型	コミューン共同体 (CC)	農村地域及び準都市の都市地域における広域行政組織。議決機関は評議会(構成団体の議会の代表)から成る。	(義務的権限) 空間・インフラ整備(選択) 3つを選択: 環境、住宅、道路、文化・スポーツ施設、社会活動等(任意で追加) 県との合意により福祉を実施可能、その他任意で県で選択する事務	1992年		1,903
連合型	新都市連合 (SAN)	雇用、住宅の創出、諸施設の整備を図り、首都圏及び他の都市圏の均衡ある発展を図ることを目的、国の指定により設立。	ニュータウンの開発整備	1960年代創設。1970年法整備		4

仏国の広域連携の特徴は次のとおりである。

　ア　組合型と連合型に分けられること

　組合型は，単一目的事務組合，多目的事務組合及び混成事務組合から成る。我が国の一部事務組合や複合事務組合に相当する共同処理組織である。主な財源は，組合を構成するコミューンの分担金や事業収入等で賄う。基礎的公共サービスであり資産の稼働を必要とする事務の執行を主な目的とするものが多い（上下水道，学校・課外活動，エネルギー，家庭廃棄物の処理，道路，通学用輸送など）。

　連合型は，メトロポール，大都市共同体（CU），都市圏共同体（CA），コミューン共同体（CC），新都市連合から成り，広域共同体と呼ばれる。基本的には，都市における人口や産業の集積度を踏まえて，経済・社会・文化にわたるインフラを広域共同体を通じて整備することを趣旨として法制度が整備されている。

　イ　共同処理事務の一定部分があらかじめ法律で定められていること

　我が国の場合，いずれの共同処理方式を採る場合においても，構成団体間で事務の内容を自由に定めることができる。これに対し，仏国の場合，組合型においては事務を自由に選択することができるが，連合型の場合，法律によって規定された一定の義務的権限（必須の事務として執行しなければならない権限）や，選択的権限の中から幾つかの権限を選択することとされ，それに付加して任意の権限を備えることができることとされている。

　ウ　連合型には課税権が与えられるなど財政的な自立性が保障されていること

　連合型の場合，構成であるコミューン（「構成コミューン」という）が課する主要3地方税（建築所有物不動産税，非建築所有物不動産税，住居税）に付加税率を課する形で広域共同体の課税を行うことができる。また，国からの交付金は構成コミューンは介さずに直接広域共同体に交付される。このような枠組みにより，広域共同体は，構成コミューンに財政的に依存することなく自立的な運営を行っている。

3 広域連携の状況

(1) 構成団体及び人口の規模

広域共同体の類型における構成コミューンの数(平均値)については,メトロポール,大都市共同体(CU),都市圏共同体(CA),コミューン共同体(CC),新都市連合(SAN)の順に規模が大きくなっており,国の政策として,広域共同体の規模の差を設け体系的な広域行政の体制を整えていることがわかる([図7-12]参照)。

[図7-12] 広域共同体における構成コミューンの団体数[4]

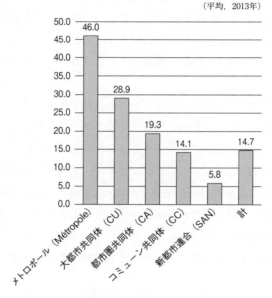

(平均,2013年)

また,広域共同体の行政区域の人口規模については,次の点が特徴として挙げられる。

① 広域共同体全体の中で,農村地域・準都市地域に設立されるコミューン共同体の設置数が最も多いこと
② コミューン共同体の中では人口5千〜1万人の規模のものが多いこと
　([図7-13]参照)

---

4) [図7-12]〜[図7-15]は,"Les Collectivités locqales en chiffres 2013"を基に著者が作成。

〔図7－13〕 広域共同体の人口規模の分布（2013年）

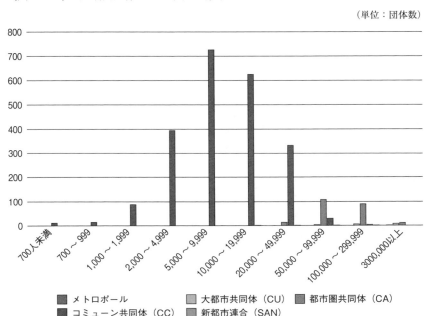

コミューンの平均人口規模は1千8百人であるため，コミューン共同体は3団体程度のコミューンをカバーするものが多いことになる。また，独国，伊国の基礎的自治体の平均規模が同程度（ゲマインデ6千8百人，コムーネ7千5百人）であり，基礎的な生活圏域の規模が概ね5千～1万人の規模に相当するものであることがうかがわれる。

(2) 設 立 数

仏国においては，基礎的自治体（コミューン）が極めて小規模であること及び合併が進展しなかったことの反射的作用として，組合型と連合型の広域連携が顕著に発展してきた。しかしながら，近年，これらの広域連携方式は，経常経費等が増嵩していること，事務組合の整理があまり進捗せず広域共同体と重層的になっていること等も指摘されており，統合・合理化も課題の一つとなっている。

このため，事務組合については，2010年地方自治体改革法により，市町村事

務組合及び混成事務組合の数の減少・解散により再編合理化を進める旨が規定され，近年は単一目的事務組合を中心に事務組合の減少が続いている（〔図7－14〕参照）。

〔図7－14〕 事務組合の設置数の推移

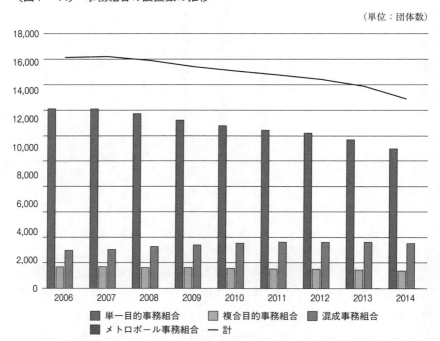

また，広域共同体については，同法により，広域行政組織の再編（都市圏共同体の新設，単独市町村の広域共同体への加入手続等）を行うと共に再編合理化を行なう旨を規定した。同法を契機として，全国度を広域共同体によりカバーすることを目指す一方で，統合も進展し，2012年以降は設置数は減少している（〔図7－15〕参照）。

〔図7－15〕 広域共同体の設置数の推移

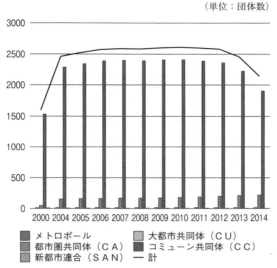

（単位：団体数）

■ メトロポール　　　　■ 大都市共同体（CU）
■ 都市圏共同体（CA）　■ コミューン共同体（CC）
■ 新都市連合（SAN）　― 計

　このように仏国では，基礎的自治体であるコミューンが極めて小規模であるという固有の事情を背景として，広域共同体が地方分権の受け皿として発展を続けており，今後も制度の深化及び合理化を進めつつ重要な役割を果たしていくことが見込まれる。

Ⅲ 独　国

1　地方自治体の編成

(1) 概　要

　独国は，同国の憲法であるドイツ連邦共和国基本法（以下，「基本法」という）において連邦制を採用し，16のラント（州）により構成されている。その中で，ベルリン，ブレーメン及びハンブルクは，ラントと同格の地位を認められた都市州である。地方制度は各州が立法権限により定めることとされている。各州の区域では，広域自治体としてのクライス（郡），基礎的自治体としてのゲマインデが置かれている。ゲマインデは，さらに，独立市（クライスから独立した市）とクライスに所属するゲマインデに分かれる。地方自治体の編成としては，前者が設立されている地域では一層制，後者が設立されている地域では二層制となる（〔図7－16〕参照）。

〔図7－16〕　独国における地方自治体の編成（連邦制国家）

（2011年現在）

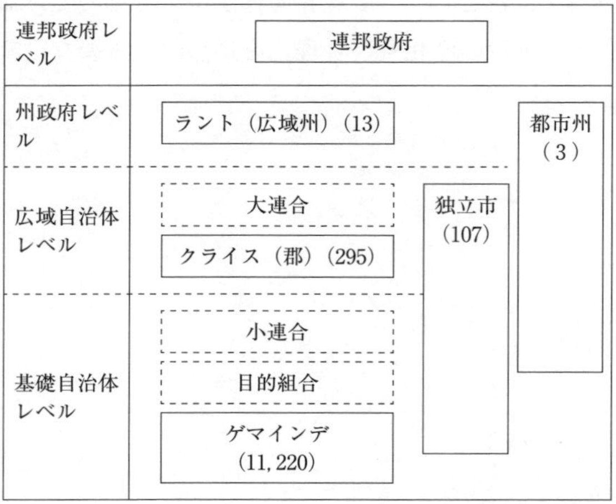

連邦政府レベル	連邦政府	
州政府レベル	ラント（広域州）(13)	都市州(3)
広域自治体レベル	大連合 / クライス（郡）(295)	独立市(107)
基礎自治体レベル	小連合 / 目的組合 / ゲマインデ(11,220)	

（　）は自治体数

　また，基本法第28条は，地方自治に関し次の点を定めている。

① ゲマインデは，法律の範囲内において，地域的共同体に関する全ての事項を自己の責任で規律する権利を保障されるべきである。

②　ゲマインデ連合も，法律の定める任務の範囲内において，法律に基づいて自治を行う権利を有する。

ここでいうゲマインデ連合には，クライスに加え，各種の連合組織も含まれると解されている。

このように独国では，広域連携の組織が憲法上の保障を与えられているという他国にはない特徴を有している。

(2)　地方制度の特徴

16州におけるクライス（郡），特別市，ゲマインデ（市町村）及び人口の関係を見てみると，ゲマインデの数は人口に概ね即しているが，人口に対してゲマインデの数が顕著に少ない州（ノルドライン・ヴェストファーレン州）も存在する。またクライスの数に対してゲマインデの数が多い州（ラインラント・プファルツ州，シュレスヴィヒ・ホルシュタイン州）も存在している。このように州により地方自治体に係る状況が相当程度異なっている（〔図7-17〕参照）。

〔図7-17〕　州別 郡，特別市及びゲマインデの数並びに人口の状況[5]

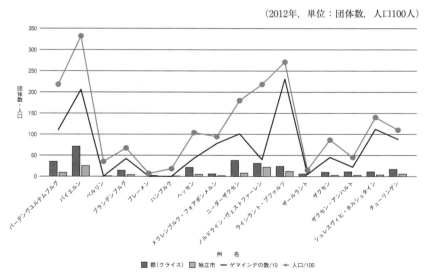

5)　〔図7-17〕～〔図7-20〕は，*Statistisches Bundesamt, Statistisches Jahrbuch 2013*を基に著者が作成。

独国では，1990年の東西ドイツ再統一後，旧東独地域に多い小規模ゲマインデを含む約1万9千のゲマインデを抱え，地方自治体の財政難の問題も相まって行政の効率化が喫緊の課題となった。また，旧西独地域においても都市部と地方部のゲマインデの間の格差，都市部における中心都市と周辺都市との格差等の問題も顕在化していた。このような課題を克服するため，区域改革を標榜し州を中心としてゲマインデの合併の取組が盛んになった。2002年以降，総人口は微減の傾向が続いているが，各州の取組を通じ，ゲマインデの数は顕著な減少を続けている（〔図7－18〕参照）。

〔図7－18〕　郡，特別市及びゲマインデの数の推移

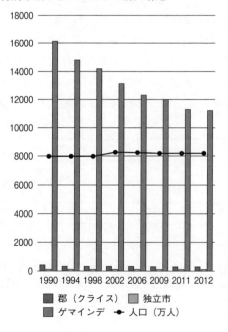

しかしながら，各州における郡の数とゲマインデの数との間にはある程度の相関関係が認められるものの（〔図7－19〕参照）人口と市町村の数との関係はばらつきが顕著であり，弱い相関関係しか認められない（〔図7－20〕参照）。これは各州による改革の取組の一方で，未だに市町村のあり方について各州の方針の間に差があることを示している。

〔図7－19〕　各州における郡の数とゲマインデの数との関係

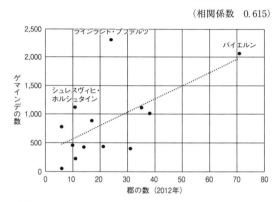

〔図7－20〕　各州における人口とゲマインデの数との関係

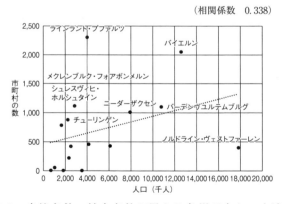

　連邦制の下で，自然条件・社会条件が異なる各州が自らの立法政策により市町村の編成に係る方針を定めていることから，各州におけるゲマインデの編成のあり方にもかなり多様性があることがうかがわれる。

2　広域連携の手法

　独国においては，都市問題，地方財政の悪化，人口減少等の課題に取り組む上で，地方自治体の改革は高い関心を集めてきたところである。そのための方向性として，ゲマインデの合併再編を進める方法のほか，地方自治体間の広域連携を進める方法も重視されてきた。

　独国においては，広域連携の手法として，目的組合，市町村小連合及び広域連合がある。

　目的組合は，事務の共同処理のために設置される法人であり，我が国の一部事務組合に相当する。

　市町村小連合は，クライス（郡）より狭い区域内のゲマインデで構成され，特に農村部等の行政能力が弱小なゲマインデを補完する役割を有し，構成ゲマインデの大半の事務を所掌する場合もある。地方自治体の位置づけを付与するか否かは州により異なる。

　広域連合はクライスより区域の広い地域のゲマインデで構成される組織である。制限列挙された事務のみを所掌する点が市町村小連合と異なる。また，都市圏では，都市圏全体の都市計画や交通計画を立案運用するなど，都市政策に特化した連合も存在する（〔表7－5〕参照）。

[表7－5] 独国の広域連携方式

類型	特徴	組織	処理事務	財源	備考
目的組合	・概ね日本の一部事務組合・広域連合に相当。 ・事務を共同で処理した方が合理的である場合、又は社団・財団の性格を有する場合、複数のゲマインデ、市町村小連合、地方自治体との協議により組織。 ・地方自治体としての性格を有しない。 ・基本的に構成団体の任意の協議により設置。 ・特別の法律により設立されている場合もあり（例：学校、環境保全）。	・意思決定機関：組合議会 組合議会は構成団体の長及び各議会から選出された議員により構成。 ・事務局は現在の職務の履行に責任を有する。 ・事務局は、「構成団体の代行」、「組合による職員の雇用」の両方がある。	・廃棄物処理、上下水道、道路、公共交通、文化施設の維持管理、エネルギー、消防・救急、学校運営、青少年保護等 ・単独での処理が非効率になる特定の事務の処理。 ・潜在的に所掌し得る分野は広いが、実際は、技術的又は社会インフラに係る分野が最も多い。	・構成団体からの負担金 ・州からの補助金 （事業収入等（課税収入なし））	・13州の州法で規定（2007） ・バイエルン州 約1,500（2006）
市町村小連合	・ゲマインデが所掌する事務の一部又は全部の事務を共同処理する組織（クライス より狭い区域内のゲマインデで構成）。 ・一部の州ではクライス内の地方自治体として位置付けられている。 ・クライスとゲマインデの中間的な組織として、農村部の行財政力の弱小なゲマインデを補完。 ・人員の乏しい小規模ゲマインデにより組織され、連合が構成団体の大部分の事務を処理する場合もあり。 ・自己の責任においてその事務を処理する自治権を保障	・意思決定機関：連合議会 連合議会は各議会から選出された議員により構成。 ・執行機関：理事会（合議制）。アドミニストラティブ・ディレクター ・構成団体の財務会計、決算を連合部が処理。	・以下の事務 （具体の事務は州により異なる） ①構成団体からの移譲事務（州法で規定） ②国の委託事務 ③国の委託事務（構成団体を代行） ④個々のゲマインデの能力を超える公共サービスの処理等が委託。	同上 （博物館、劇場等の事業収入等を含む）	1,708連合（2008） ・ラインラント・プファルツ州：95%のゲマインデが関係 ・バイエルン州：62%が関係
広域連合	・複数のクライスや特別市に係る事務の共同処理を行う組織（クライスより区域の広い地域のゲマインデで構成）。 ・一部の州では地方自治体として位置付けられている。 ・自治権を保障	・意思決定機関：連合議会（直接選挙） ・執行機関：理事会（合議制）。長 ・広域連合の職員により運営。	・クライスと独立市を包含する広域の事務の処理。 ・制例列挙された事務のみを処理。 ・広域開発計画、地域整備計画、総合交通計画、公共交通、社会福祉事業、青少年福祉、健康、地方文化、博物館、特殊学校等の計画策定サービスの提供。	同上	<例> ・バーデン・ヴュルテンベルク州 ・ラインネッカー広域連合 ・シュトゥットガルト地域連合

第3章 欧州の広域連携

3　今後の方向性

　目的組合については，13州が州法を整備しているとともに，課題対処の上で適切な法制度であるという評価を受けている。また，行政経費の節減の観点から市町村小連合の規模の拡大を目標としている州も存在する。これらの広域連携の手法は都市問題及び農村問題等に対処していくうえで今後も重要な役割を果たしていくことが見込まれる。

Ⅳ 伊国

1 地方自治体の編成

(1) 概要

伊国は，単一制国家であり，イタリア共和国憲法により，地方制度は，レジオーネ（州），デパルトマン（県）及びコムーネの3層制とされている。[6] 州は15の普通州のほか，島嶼部及び国境山岳地帯に位置し大幅な自治権を保障されている5つの特別州から成る（〔図7－21〕参照）。

〔図7－21〕 伊国における地方自治体の編成（単一国家）

（2012年現在）

中央政府レベル	中央政府	
地方政府（三層制） リージョン（地域）レベル（20）	レジオーネ（普通州）	レジオーネ（特別州）
地方政府（三層制） 広域自治体レベル（110）	デパルトマン（県）	デパルトマン（県）
地方政府（三層制） 基礎自治体レベル（8,092）	コムーネ，コムーネ共同体，山岳部共同体，島嶼部共同体	コミューン

（　）は自治体数

(2) 地方制度の特徴

コムーネの機関は，議会，評議会，長（シンダコ）により構成される。長は直接選挙され，議会の議席配分は基本的に比例代表制による。コムーネの平均人口は7千5百人であり，我が国の市町村の平均規模（7万3千人）の約10分の1である。州別に見ると，人口と市町村数には高い相関があるが，州間の格差は大きい（〔図7－22〕参照）。

---

6) 同国憲法では，このほか地方団体として「大都市」が規定されているが，設置されていない。

〔図7-22〕 州別 人口とコムーネの数との関係[7]

(2012年，相関係数 0.783)

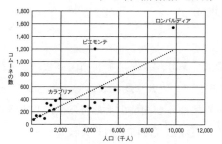

2 広域連携の手法

(1) 概　要

伊国においては，広域連携の手法として，事務組合，コムーネ共同体，山岳部共同体及び島嶼部共同体がある（〔表7-6〕参照）。

---

7)〔図7-22〕～〔図7-27〕は，ISTAT2013を基に著者が作成。

[表7－6] 伊国の広域連携方式

類型	特徴	組織	処理事務	財源	備考
事務組合 (Consortium)	・単一又は複数の事務を処理するために、複数のコムーネ又はコムーネとプロヴィンチア(県)との間で設立する法人。 ・構成コムーネの議会決議により規約の承認を得ることが必要。規約では目的、期間、財政負担等を定める。 ・通常はコムーネが任意に設立。ただし、国は重要な公益に関わる場合は義務的事務組合を設立可能。	・意思決定機関：総会（理事会構成員・理事長の選出、規約の承認等） ・運営機関：理事会、理事長、事務局、監査組織 ・同一コムーネが2つ以上の事務組合に同時に加盟することはできない。	・上水道、下水道が多い。		
コムーネ共同体 (Unione di comuni)	・単一又は複数の事務を共同処理するために、原則として連接した複数のコムーネが設置する地方自治体。 ・原則、人口5,000人未満の同一プロヴィンチア内の複数のコムーネにより設立。 ・規約で組織、共同処理事務を定める。	・意思決定機関：議会 ・運営機関：理事会、議長 ・議長は構成コムーネのシンダコ(長)の中から選出。 ・他の機関は構成コムーネの理事・議会議員の中から構成。	・加盟するコムーネは、共同処理する事務を選択。 ・行政サービスの提供（警察、公共交通、教育、道路管理、上下水道、図書館、スクールバス、統計、経済発展政策等） ・構成コムーネの一般管理事務（職員人事、会計処理、書記の共同設置等）	・構成コムーネの負担金 ・事業収入（手数料等）	・近年増加 (1990年代) 19団体 (2003) 205団体 (約900コムーネ) (2005) 255団体 (1,332コムーネ) (2008) 290団体 ※多い州 ロンバルディア 52団体 ピエモンテ 38団体 ヴェネート 31団体
山岳部共同体 (Comunità montane)	・区域の全部又は一部が山岳地帯に属するコムーネ（山岳コムーネ）間の事務を共同処理するために設置する地方自治体。 ・州の規定に基づき州создが決定。 ・構成コムーネの協議により共同処理する事務、州法が規定する事務、国等からの委託事務を所掌。	代表機関： 議長（構成コムーネの議会から選出する議員） その他（構成コムーネのシンダコの1人） 執行機関：構成コムーネの理事から、理事会により構成	①コムーネ事務の共同処理 国法・州法により、共同体に付与され得ることとされた事務（公共交通、警察、高齢者福祉、職業教育等） ②共同事務の固有事務 国（州）が直接付与する事務（上下水道、廃棄物処理等） ③委託事務 レジオーネ・プロヴィンチア・コムーネが委託する事務（森林管理等）	・構成コムーネ・州法上の負担金 ・国庫補助金 ・貸付金 ・事業収入	・(2000) 350団体 (4,195コムーネ) (2011) 264団体
島嶼部共同体 (Comunità isolane)	・小規模の島嶼部の開発促進・活性化を目的として設置する地方自治体。 ・島嶼部のコムーネが設置し、山岳部共同体に準じて運営される。	山岳部共同体に準ずる	山岳部共同体に準ずる	同上	

(2) 広域連携の現在の状況

ア 全体

一般的には，コムーネの数が多い州は広域連携組織の設立数も多いが，コムーネの数に対し広域連携組織の設立が少ない州も存在し，活用の程度には地域差が見られる（〔図7－23〕参照）。

〔図7－23〕 州別 コムーネ，コムーネ共同体及び山岳部共同体の数

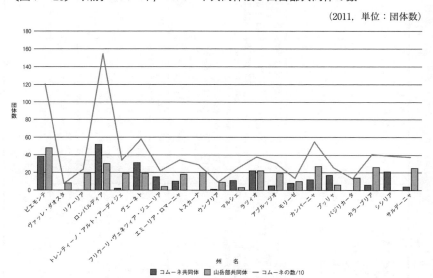

イ 主な広域連携方式

① 事務組合

事務組合は，単一又は複数の事務を共同処理するために複数のコムーネ又はコムーネとデパルトマン（県）との間で設立する法人である。上下水道等の事務処理が対象とされている。

② コムーネ共同体

コムーネ共同体は，単一又は複数の事務を共同処理するために，原則として連接した複数のコムーネが設置する地方自治体である。コムーネ共同体は，1999年法律第265号（1990年法律第142号（地方自治法）の改正）が契機となり盛んに創設されることとなった。1990~99年の間は19団体に留まっていたが，そ

の後急増し，設立数は，2005年には255団体，2008年には290団体となっている。

州別に見ると，コムーネの数が多い州ほどコムーネ共同体の設立が多く，両者は高い相関があるが，結果としてコムーネと同様にコムーネ共同体設置数の州間の格差は大きい（〔図7－24〕参照）。

〔図7－24〕 州別 コムーネの数とコムーネ共同体の数との関係（2011）

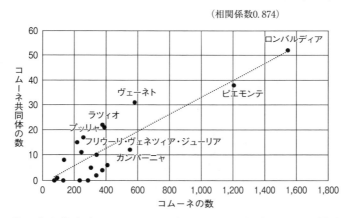

なお，共同体を構成するコムーネの数は，3～12程度であり，構成団体数についても州間でかなり格差がある。

③ 山岳部共同体

山岳部共同体は，その全部又は一部が山岳地帯に位置するコムーネ（以下，「山岳コムーネ」という）の広域行政組織である。山岳部共同体は，構成団体の事務の共同処理（公共交通，警察等），国・州から直接付与された事務（上下水道，廃棄物管理等）及びコムーネ・県・州が委託する事務（森林地帯の運営管理等）を所掌する。

2000年には350団体存在したが，2011年には264団体となっている。各州の自然条件により山岳コムーネ及び山岳部共同体の数には地域差がある（〔図7－25〕参照）。また，州別のコムーネの数と山岳部共同体の設置数には高い相関

---

8) 1,332のコムーネが参加し3百万人の住民をカバーしている。出典："*Inter-Municipal Cooperation in Europe*"（2007）127

があり，さらに全国のコムーネの約半数を占める山岳コムーネ[9]と山岳部共同体の設置数はより高い相関関係にある（〔図7－26〕参照）。これらのことから，山岳地帯においては，コムーネの行政能力を補完する観点から重要な役割を担っていることがうかがわれる。

〔図7－25〕 州別 山岳コムーネの数と山岳部共同体の数との関係（2011）

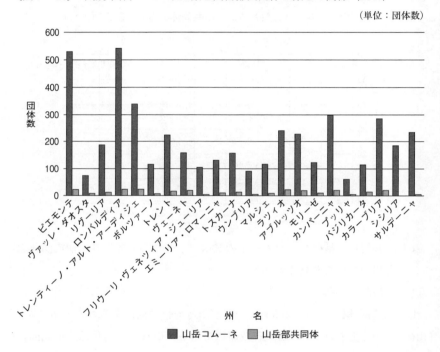

9） 全国8,100コムーネのうち4,201コムーネが該当（2011年）。出典：Territorial area and resident population of mountain municipalities, ISTAT

〔図7-26〕 州別 コムーネの数と山岳部共同体の数との関係（2011）

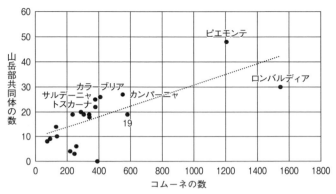

〔図7-27〕 州別 山岳コムーネの数と山岳部共同体の数との関係（2011）

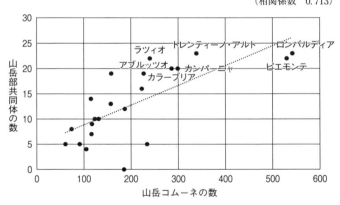

3　今後の方向性

　伊国においては，1997年のバッサニーニ法による州への行政権能の分権化，1999年の憲法改正による州の首長公選導入など，州に対する地方分権の動きが顕著となっている。このような状況の下で，州と基礎的自治体との間をつなぐ中間自治体のあり方も重要な課題となり，コムーネ共同体等の広域連携組織も地方行政の担い手として役割を期待されている。

第8編

共同処理方式の動向と課題

　本編では，これまで分析を行ってきた共同処理方式を巡る変化について総括するとともに，法人格を有し大規模な事業運営を担う法人を含み共同処理方式の中心的な役割を果たしてきた組合（事務組合及び広域連合）が今後取り組んでいくべき課題について触れることとしたい。

第1章　共同処理方式を巡る変化

　ここで自治体の共同処理方式を巡る近年の変化についてあらためてまとめてみると，次の点を挙げることができる。

(1)　法制度の整備

　従来型の組合だけでなく，連携協約，事務の代替執行など複数の法的類型が整備され，法人型及び契約型の各種の類型が整備されてきた（前掲〔図－2－2〕参照）。

(2)　共同処理のダイバーシティ化

　2014年の地方自治法一部改正により新たな共同処理方式として連携協約及び事務の代替執行が導入され，機関等の共同設置についても新たな活用事例が現れるとともに，既存の法制度を活用した遠隔連携の形態が現れるなど，現代はいわば「共同処理のダイバーシティ化（多様化）の時代」に入ったということができる。特に連携協約制度は，契約型広域連携制度に法的根拠を与えたものとして画期的であり，今後も法人型広域連携及び契約型広域連携の両者が発達していくことが見込まれる（同上）。

(3)　処理団体数の増加

　平成の大合併により全国の市町村数が顕著に減少する一方で，2008年から2018年の共同処理の状況をみてみると，処理団体数は一貫して増加している。特に近年は，事務の委託，広域連合，及び機関等の共同設置に係る処理団体数が特に増加するとともに，新たに整備された方式である連携協約に係る処理団体数の伸びも顕著である。このように，市町村数が減少する一方で，自治体間

の共同処理方式は着実に普及してきたと評価することができる（前掲〔図2－5〕参照）。

(4) 設置件数の変化

共同処理方式の設置件数の動向においては，事務組合は，市町村合併の影響により集約化が進み設置件数は減少しているが，その他の方式においては，住民票の交付事務に係る事務の委託や，自治体クラウドに係る協議会，介護区分認定審査に係る機関等の共同設置，生活機能強化を担う連携協約など，新たな行政需要を担う方式として共同処理方式が活用されている（前掲〔図2－6〕参照）。

(5) 人口減少の影響

急速なスピードで進行する人口減少が結果的に自治体の広域連携を強力に推進する展開となっている。水道事業にみられるように全県域の規模での大規模な法人型広域連携組織の構想が各地で検討されていることや，連携中枢都市圏のように連携協約制度を活用した交通サービス，福祉サービスその他の基幹的なサービスに係る広域連携の普及が進んでいることが近年の特徴として挙げられる。

(6) 広域組織の広域化

事務組合において，平成の市町村合併が契機となり，構成団体数が2又は3程度の小規模な事務組合が減少する一方で，構成団体が30以上の大規模な事務組合が増加する傾向を示している（前掲〔図2－44〕参照）。このように広域組織の広域化が進展していることが近年の事務組合を巡る特徴の1つである。

(7) 事務組合の準普通地方公共団体化

事務組合においては，特に消防費や衛生費において全市町村の支出の約3割を占めるとともに（前掲〔図6－25〕参照），その割合も増加しているなど（前掲〔図6－26〕参照），基礎的行政サービスの分野において，財政運営の主体としても重要な役割を果たしている。このような状況の下で，事務組合は，平成の市町村合併の影響によりその設置数の集約化が進んでいる一方，近年は普通建設事業費及び維持補修費の歳出に占める割合が増大しており，建設投資の主体として従来よりも重要な役割を果たしている（前掲〔図6－23〕参照）。ま

た，事務組合の積立金が近年増加している状況にある（前掲〔図6－30〕参照）。このように事務組合が普通地方公共団体に準ずる形で建設投資を担っていく現象は事務組合の準普通地方公共団体化と表現することができる。このような現象を踏まえると，事務組合には特別地方公共団体として持続的発展を図りつつ健全な財政運営を行う必要性が増している。このため，従来にも増して普通地方公共団体と同様の計画的な財政マネジメントが求められている。

(8) 組合のファシリティマネジメント

組合は公共施設を保有し稼働する事業（ごみ処理，消防，水道，社会福祉施設等）も多いことから，普通地方公共団体が公共施設総合管理計画を通じて行っているファシリティマネジメント（施設の長寿命化，統廃合，複合施設化，除却等）についても取り組む時期を迎えている。また，公会計改革や財政健全化法に基づく施策についても同様である。このように法人型広域連携組織である組合は，特別地方公共団体としての地位を有し，かつ，公有財産を保有管理していることから，普通地方公共団体に準じた適切なファシリティマネジメントが求められること，そのことに加えて，前述のとおり財政運営上，準普通地方公共団体化が進行していることを踏まえ，普通地方公共団体が推進する施策に適宜応用を加えながらキャッチアップしていく必要がある。

第2章　共同処理方式の運営に係る自治体側の留意点

　前章で触れた共同処理方式を巡る変化を踏まえ，自治体側は次の点に留意する必要がある。

（1）　共同処理方式に適した需要の把握

　前章(3)及び(4)で触れたとおり，共同処理方式の処理団体数は一貫して増加しているとともに，事務の委託その他の方式において事務件数が顕著に伸びている。このように今後需要増が見込まれる共同処理の事務とはどのようなもののだろうか。現状から抽出してみると，①広域的な生活圏内で住民が行政に求める身近なサービスに係る事務（住民票の交付事務等），②職種限定的な専門性を伴う事務（自治体クラウド，介護認定等），③労働集約的な事務（社会福祉施設関連事務），④構成団体が各自の役割分担を識別しやすい事務（連携協約に基づく経済成長けん引事業等）などが今後も共同処理の需要として見込まれるのではないかと思われる。帰納的に考えれば，これらの点が，現代行政において共同処理に適合する要素であると考えることができる。一方，前述のとおり，既存の共同処理の設置件数と市町村数との関係については，特に契約型連携手法（事務の委託，広域連携等）において両者には弱い相関関係しかなく（前掲〔図２－57〕及び〔図２－58〕参照），このことから推量すると，共同処理の活用に地域固有の自然社会的条件の制約がかかるとは考えにくい状況にある。以上の点を踏まえ，自治体においては，時代の変化とともに逐次生み出される新たな行政事務の特性に着眼し，共同処理方式に適合する要素を含む事務については，共同処理方式の採用の当否を検証していくことが期待される。

（2）　転換容易性の確保

　近時，契約型広域連携制度（事務の委託，連携協約等）の事務件数が顕著に増加しているが（前掲〔図２－６〕参照），契約型が法人型と異なる点は，共同処理方式としての転換容易性にある。すなわち，法人型に較べて当該共同処理事務を解消したり他の方式に転換することが容易であるということである。

　この転換容易性は，さらに①時限性，②ストック（財産，人員）処分の不要性，③比較容易性という３つの要素に内容を分けることができる。

時限性とは，法人型を恒久的に設立する場合と異なり，契約型においては，あらかじめ期限を設定することも可能であり，また，目的到達や事情変更が生じた際に当該契約型連携を解消することを弾力的に行うことが相対的に容易である。

　ストック処分の不要性とは，法人型の場合は固有の財産や人員を抱えているケースが多いことに比較して，これらの困難度が高い事務が発生することを避けることができるという点を意味する。

　比較容易性とは，共同処理と他のアウトソーシングの手段とを対置して比較検討することができるという意味である。例えば，米国カリフォルニア州レイクウッド・シティは，市から郡（ロサンゼルス・カウンティ）に対し広範な範囲にわたる事務の委託を行っている自治体であるが，当市の運用として，直営，事務の委託，民間委託という3つの並列的な選択肢を対置させ，契約更新の都度，検討を行っている[1]。法人型の場合恒久的なストックを保有することもあり，他方式との比較検証を行いにくい事態になり易いが，それに対し，契約型は，定期的に他方式との比較検証を柔軟に行い得るというメリットを備えている。

　逆に言えば，自治体が共同処理の採用の検討を行う際には，その事務の性格によることとなるが，1つの考慮要素として，このような転換容易性を確保することも考慮に入れておくことが有効である。

(3) 構造的な採算性低下への対応

　前章(5)で触れたとおり，我が国において急速な人口減少が進行している中で，例えば水道事業にみられるように，サービス利用者減少に伴う構造的な採算性低下を迎えつつある。このような行政分野において，例えば都道府県を単位とした一層の広域化等が議論されるケースが生じている。このような場合，まず，広域化に伴う施設の統廃合や人員体制見直しによりどの程度の採算性向上が見込まれるかという点についての検討作業が肝要である。しかし，その構造的な採算性低下がスケールメリットだけで解消し得るかという問題だけでは

---

[1] 出典：木村，前掲書，306頁を筆者要約。

なく，それと併せて行う事業範囲の見直しや事業の財源構成の見直し等の抜本的な事業の在り方の検討が求められる場合も想定しておく必要がある。

第3章 共同処理方式の課題

　〔表8－1〕は，2012年12月現在で，全市町村（政令市を除く1,699団体）を対象に行った調査の結果である。事務の共同処理を実施する上での問題点を質問したところ，組合（事務組合及び広域連合）については，「課題がある」とする市町村の割合が高く，その課題として，「迅速な意思決定が困難であること」，「構成団体の意見が反映されにくいこと」が多く選択されている。

　また，その他の共同処理方式についても，次のような課題が指摘されている。

・協議会は，「迅速な意思決定が困難である」ことが多く選択されている。
・機関等の共同設置は，「幹事となる市町村の負担が大きい」「各構成団体の事務処理に違いがある場合の処理が煩雑」等が挙げられている。
・事務の委託は，「構成団体から事務処理に当たって必要な情報を把握することが困難である」ことが多く選択され，また，「対等の立場で協議できていない」などが挙げられている。

　また，〔図8－1〕は，2008年7月現在で総務省が行った共同処理に関する調査の結果である。ここでは，共同処理について，「機動的な意思決定が困難」（設立，規約変更，解散等の重要な意思決定を行う際の構成団体の議会の議決を経る際に時間を要すること，及び事務的な調整の手間），「全団体の協議を整えることが難しい」等の課題が挙げられている。

〔表8-1〕 共同処理を実施する上での問題点(調査結果)[1]

共同処理の方式	実施市町村数	課題がある	共同処理の問題点(複数回答可)					特に課題はない
			迅速な意思決定が困難である	構成団体の意見が反映されにくい	責任の所在が不明確である	構成団体から事務処理に当たって必要な情報を把握することが困難である	その他	
一部事務組合	1,623	526〈32.4%〉	413 (78.5%)	218 (41.4%)	79 (15.0%)	61 (11.6%)	49 (9.3%)	1,097〈67.6%〉
広域連合	1,578	412〈26.1%〉	271 (65.8%)	176 (42.7%)	102 (24.8%)	41 (10.0%)	43 (10.4%)	1,166〈73.9%〉
協議会	664	174〈26.2%〉	149 (85.6%)	61 (35.1%)	32 (18.4%)	14 (8.0%)	15 (8.6%)	490〈73.8%〉
機関等の共同設置	708	109〈15.4%〉	74 (67.9%)	28 (25.7%)	21 (19.3%)	14 (12.8%)	16 (14.7%)	599〈84.6%〉
事務の委託	1,106	145〈13.1%〉	69 (47.6%)	56 (38.6%)	22 (15.2%)	27 (18.6%)	24 (16.6%)	961〈86.9%〉

※「課題がある」「特に課題はない」の〈 〉内は,実施市町村数に対する割合
※「共同処理の問題点」の( )内は,「課題がある」とした市町村数に対する割合

〔図8-1〕 共同処理についての地方公共団体の意見[2]

共同処理の課題	63.0%	特に課題はない
	30.9%	課題あり(大半が一部事務組合又は広域連合を活用している場合についての意見)
	54.5%	<u>機動的な意思決定が困難</u> (各議会を経ることの時間的ロス,事務的な調整の手間)
	42.8%	<u>全構成団体の協議を調えることが難しい</u> (団体間の意見の調整に手間がかかる)
	15.0%	構成団体から事務処理にあたって必要な情報を把握するのが困難
	8.9%	住民の意向を反映しにくい
	8.5%	責任の所在が不明確
	7.7%	地域の実態に即した事務処理を行いにくい
	12.5%	その他

これらの調査結果を踏まえると,特に次の2点を指摘することができる。

① 共同処理方式に対する普通地方公共団体(構成団体)のニーズとしては,「事務処理の迅速性(時間的ロスの縮減)」と「調整に要する事務負担の軽減」が強いニーズとして浮かび上がっている。したがってこの問題の解消が今後の共同処理のあり方を検討する上でカギとなる。

② このようにそれぞれの共同処理方式において長所がある一方で課題もあり,共同処理方式の選択や機動的な見直し・転換が重要であると言うこと

---

1) 出典;調査(2012)。
2) 出典;調査(2008)。

ができる。その際に，構成団体や組合の関係者の観点から言えば，当面処理しなければならない事務の性格に照らし，「より迅速に」「より事務負担が少なく」なるような他の共同処理がないか検討し，現状よりも適した共同処理方式があれば，機動的に転換していくという発想が求められるであろう。

第4章　今後の共同処理の需要

　我が国の共同処理方式は，19世紀の明治初期から存在し，地方行政において定着した行政手法であると言うことができるが，今後も共同処理の需要は見込まれている。

　2012年12月現在の全市町村に対する調査の結果，〔図8－2〕に掲げる事務は，中長期的に周辺市町村との共同処理を検討したいと回答した上位10の事務である。税の徴収，介護保険等のように専門的人材の確保を要する事務や，ごみ処理，上水道，し尿処理のような施設稼働型の事務，国民健康保険のようなスケールメリットを生かし得る事務等が，今後も共同処理の高いニーズがある事業として挙げられている。

　また，更に共同処理を必要とする理由に着目してみると，「財源が不足しているので共同処理の検討が必要」という事務としては，国民健康保険やごみ処理等の事務が上位を占め（〔図8－3〕参照），「行政サービスに必要な事業規模の確保のために共同処理が必要」という事務としては，ごみ処理，国民健康保険，観光等が上位を占めている（〔図8－4〕参照）。

〔図8－2〕　共同処理の需要が高い事務の種類（2012年12月現在）

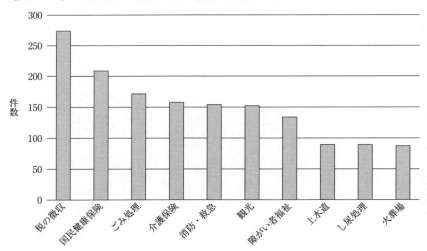

〔図8－3〕 「財源が不足しているので共同処理の検討が必要」と考えられている事務の種類（2012年12月現在）

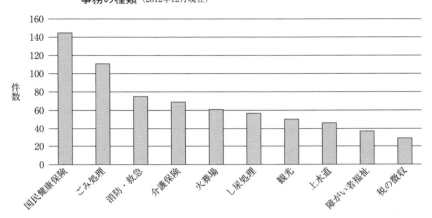

〔図8－4〕 「行政サービスに必要な事業規模の確保のための共同処理の検討が必要」と考えられている事務の種類（2012年12月現在）

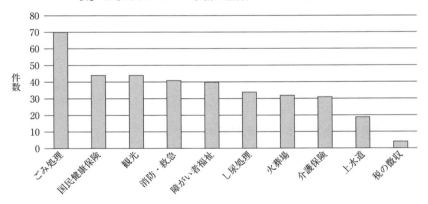

第5章　組合の課題

I　総　論

　事務組合については，前述のとおり，機動的な意思決定ができないという課題が多く指摘されている。この問題を解消・軽減するためには，第一に，会議・連絡会の開催等を通じた構成団体間の意思疎通の充実，事務処理権限の事務局への移譲の拡充，業務の電子化等の運用で工夫する方法が考えられる。第二に，事務の委託や機関等の共同設置など他の共同処理方式への転換が考えられる。ここでいう転換をトランスフォームと称することとするが，要は「共同処理方式を事務処理の迅速化の観点から弾力的・機動的に切り替えていくこと」を意味する。急激な人口減少，地方からの若年層の流出，合併による市町村数の急減，縮小都市の現出など，地域社会が大きく変貌しつつある状況の下で，共同処理方式も臨機応変に転換することを考えていかなければならない状況にある。

II　一部事務組合の課題

　事務組合については，上記の問題のほか，次のような問題がある。

1　2団体で構成される一部事務組合

　2団体で構成される事務組合（以下，「2団体構成組合」という）が全国で592組合（2008年7月1日現在）存在する。[1]〔図8-5〕が示すとおり，都道府県別の2団体構成組合の数と市町村数との関係を見ても相関関係は低い状態になっている（相関係数は0.35）。すなわち，「市町村数が多いので，当然の結果として2団体構成組合の数も多い」という説明は成り立ちにくく，合併により市町村数が減少したことの影響等の沿革的な事情により現在の状態になっている組合が多いと考えられる。

1）　データの出典；報告書（2009）。

このような状況を踏まえ，組織の効率性や組織運営コストを考えた場合，事務の委託や機関等の共同設置等の他の方式に機動的に転換（トランスフォーム）する検討を行うことも選択肢として考えられる。

〔図8－5〕　都道府県別 市町村数と「2団体で構成されている事務組合の数」との関係[2]（2008．7．1現在）

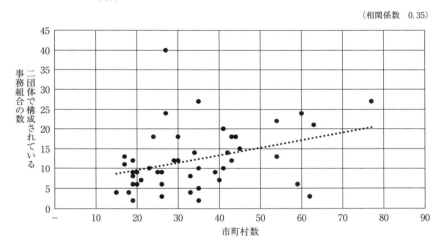

2　同一の構成団体により設置されている一部事務組合

　同一の構成団体グループが複数の事務組合を構成しているケースがある（以下，このような組合を「同一構成団体組合」という）。このような同一構成団体組合が，全国で592組合（2008年7月1日現在）存在する。〔図8－6〕が示すとおり，都道府県別の同一構成団体組合の数と市町村数との関係を見ても相関関係はほとんどない状態になっている（相関係数は－0.006）。これらの同一構成団体組合についても，設立目的や設立時期の違い，あるいは市町村合併の影響など沿革的な事情により現在の状態になっていると考えられる。このような同一構成団体組合についても，組織の効率化，機能の高度化を検討するのであれば，組合相互の統合，複合事務組合や広域連合への移行，他の共同処理方式へ

2）　図は「地方公共団体の事務の共同処理の状況調（2012）」のデータ（複数都道府県が設立した1団体を除く）を基に筆者が作成。統計処理上，市町村数が70を超える2都道府県は除いている。

の変更等の機動的な転換を図ることも考えられる。

〔図8－6〕 都道府県別 市町村数と「同一構成団体で構成されている事務組合」の延べ数との関係（2008. 7. 1現在）

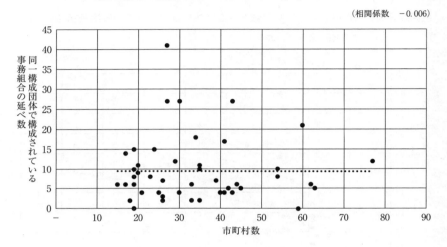

Ⅲ　広域連合の課題

　広域連合は，1994（平成6）年に制度が導入され設立数は逐次増加し，2010（平成22）年以降は全国で115の広域連合が活動し安定した状態にある。ところで，都道府県別の広域連合の数と市町村数との関係を見てみると，〔図8－7〕が示すとおり，相関関係はほとんどない状態になっている（相関係数は0.0078）。もとより都道府県により広域行政に係るニーズは異なるところであるが，現段階では未だ広域連合制度の活用の度合に地域差があり全国的な収斂が見られていない状態にあると考えられる。

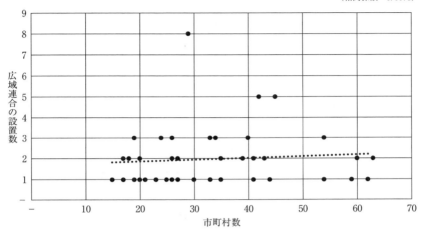

〔図8−7〕 都道府県別 市町村数と広域連合の設置数との関係 [3]（2008.7.1現在）

（相関係数 0.0078）

Ⅳ 連携協約の活用

　連携協約制度の背景及び仕組等については，第2編第3章及び第3編第6章で述べたところであるが，このような連携協約制度の特徴として以下の3点を挙げることができる。

　第一に，地方公共団体間の事務分担だけでなく，政策面での役割分担等についても自由に盛り込むことができる「柔軟な連携」の仕組みである点である。このため，圏域全体を視野に入れたまちづくりの方向性等を盛り込むことも可能である。

　第二に，組合や協議会のような別法人・別組織を設けない簡素で効率的な相互協力の仕組みである点である。この点は，現行の共同処理方式について柔軟性が不十分であるという指摘も意識した新たな仕組みとなっている。

　第三に，他の共同処理制度に関する規約と異なり，連携協約に関しては，その記載事項について詳細な法律上の規定は置かれていない。連携協約は「柔軟な連携」を可能とすることを目的としていることから，自治法上の規定は簡素

3）　図は「地方公共団体の事務の共同処理の状況調（2012）」のデータ（複数都道府県が設立した1団体を除く）を基に筆者が作成。統計処理上，市町村数が70を超える2都道府県は除いている。

なものに留められた。具体的には，連携協約において，団体の役割分担，費用負担，当事者間の協議の仕組み，事務処理状況の報告の仕組み，及び連携協約の変更・廃止等の手続等を定めることが想定されている。

このような連携協約の仕組みは，組織や法定上の枠組みにおける自由度が高いという意味での「非定型性」がその特徴であると言うことができる。地方公共団体間の広域連携においてこのような新たな非定型的なタイプが加わることにより，地方公共団体の広域行政にとってその選択の幅が広がることになった点は評価され得る。

平成20年度以降，定住自立圏構想の取組が各圏域で開始されているとともに，平成26年度に総務省が連携中枢都市圏構想推進要綱を策定したことを契機として，自治法上の連携協約という法制度も用いた多様な連携の立案・運用が展開されている（＜**参考資料Ⅸ**＞（巻末）連携中枢都市圏構想推進要綱参照）。自治体においても，連携協約制度の柔軟性，簡素性及び否定型性に着目し，新たな行政手法として有効活用を図ることが求められることになるであろう。

Ⅴ　広域連携のビジョン

〔図8−8〕が示すように今日の変化が激しい社会経済情勢の下では，地方公共団体は中長期的な広域連携の方向性を定めなければならず，すなわちビジョンを持たなければならない。

人口の急激な減少や合併による地方行政の変動等を踏まえつつ，既存の共同処理方式を維持し更に推進していくのであれば，住民ニーズの変化に対応し，例えば財務諸表整備，固定資産台帳等の公会計改革，ファシリティマネジメント，情報公開等の行政の高度化に取り組んでいかなければならない。また，現在の共同処理方式に克服しなければならない課題があるのであれば機動的な転換（トランスフォーム）も視野に入れなければならない。また，新たに創設された非定型タイプの広域連携（連携協約）を選択することも考えられる。このように地方公共団体が地域事情を踏まえ，弾力性・機動性を保ちつつ広域連携を選択していくことが要請され，そのためのビジョンを持つことが何よりも求められているのである。

〔図8－8〕 広域連携の方向性

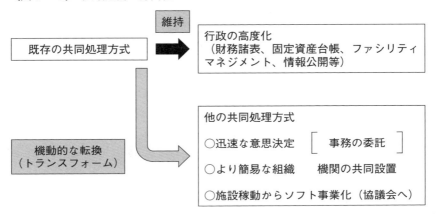

第5章 組合の課題　469

資　料　編

＜参考資料Ⅰ＞連携協約（例）

姫路市及び相生市における連携中枢都市圏形成に係る連携協約（抄）

姫路市（以下「甲」という。）及び相生市（以下「乙」という。）は，連携中枢都市圏構想推進要綱（平成26年8月25日付け総行市第200号総務省自治行政局長通知）に基づく連携中枢都市圏である播磨圏域（以下「圏域」という。）を形成するため，地方自治法第252条の2第1項の規定に基づき，次のとおり連携協約を締結する。
（目的）
第1条　この連携協約は，圏域における連携中枢都市圏構想を推進するに当たり，甲及び乙がそれぞれ役割を分担して，圏域の経済を活性化し，魅力を高めるとともに，住民が安心して快適に暮らすことのできる圏域を形成することを目的とする。
（基本方針）
第2条　甲及び乙は，前条に規定する目的を達成するため，次条に規定する事務において，相互に役割を分担して連携を図るものとする。
（連携を図る事務並びに取組内容及び役割分担）
第3条　甲及び乙が相互に役割を分担して連携を図る事務について，その取組内容及び役割分担は，次に掲げるとおりとする。
(1)　圏域全体の経済成長のけん引
　　a　産学金官民一体となった経済戦略の策定，国の成長戦略実施のための体制整備
　　　(a)　取組内容
　　　　　圏域内の企業，大学，研究機関，金融機関，連携する市町等が一体となった協議会の運営並びに圏域の経済戦略の策定，推進及び進捗管理を行う。
　　　(b)　役割分担
　　　　　ｉ　甲の役割
　　　　　　　事務局として協議会の運営に当たるとともに，中心となって圏域の経済戦略の策定，推進及び進捗管理を行う。
　　　　　ⅱ　乙の役割
　　　　　　　協議会に参加し，甲と協力して圏域の経済戦略の策定，推進及び進捗管理を行う。
　　　　　（中略）
(2)　高次の都市機能の集積・強化
　　a　高度な医療サービスの提供
　　　(a)　取組内容
　　　　　広域的な救急医療体制の充実のため，兵庫県と協力しながら二次及び三次救急医療体制の整備や先進医療の充実など，安定的な診療体制の確立を図るとともに，医療従事者の確保などに取り組む。
　　　(b)　役割分担
　　　　　ｉ　甲の役割
　　　　　　　関係市町と協力し，二次及び三次救急医療体制の整備並びに医療従事者の確保などに取り組む。
　　　　　（中略）
(3)　圏域全体の生活関連機能サービスの向上
　　ア　生活機能の強化に係る政策分野
　　　(ｱ)　地域医療
　　　　a　感染症予防対策及び健康管理等の強化
　　　　　(a)　取組内容
　　　　　　　住民が地域で安心して生活を営めるよう，感染症予防に係る啓発及び情報共有に取り組むとともに，検診受診率向上を図るなど，健康管理に係る連携を推進する。
　　　　　(b)　役割分担

　　　　ⅰ　甲の役割
　　　　　乙と連携して，感染症予防に係る啓発，医療機関受診時の対応方法及び搬送等に関する情報共有並びに検診受診率の向上などに取り組むとともに，連携する市町との連絡調整を行う。
　　　　ⅱ　乙の役割
　　　　　甲と連携して，感染症予防に係る啓発，医療機関受診時の対応方法及び搬送等に関する情報の提供並びに検診受診率の向上などに取り組む。
　　　　（中略）
　(ウ)　教育・文化・スポーツ
　　　（中略）
　　c　小中一貫教育の推進
　　　(a)　取組内容
　　　　義務教育の9年間を通して，子どもの発達や学習の連続性を重視した取組を推進するため，各学校の特色ある教育活動を生かした小中連携・一貫教育の推進を図る。
　　　(b)　役割分担
　　　　ⅰ　甲の役割
　　　　　乙と連携して，小中連携・一貫教育に関する取組状況の情報共有を図るとともに，連携する市町との連絡調整を行う。
　　　　ⅱ　乙の役割
　　　　　甲と連携して，甲に対して小中連携・一貫教育に関する取組状況の情報提供等を行う。
　　　　（中略）
　(エ)　地域振興
　　a　雇用対策
　　　(a)　取組内容
　　　　若年求職者や女性等の就労につながる各種就労支援に取り組む。
　　　(b)　役割分担
　　　　ⅰ　甲の役割
　　　　　乙及び関係機関と連携して，ジョブトライアルや合同就職説明会の開催など各種就労支援施策を企画し，実施するとともに，連携する市町との連絡調整を行う。
　　　　ⅱ　乙の役割
　　　　　甲及び関係機関と連携して，各種就労支援施策の広報・周知などに協力して取り組む。
　　　　（中略）
（費用分担）
第4条　前条に規定する事務を処理するために要する費用の分担については，甲及び乙が協議して別に定める。
（協議）
第5条　甲及び乙の長は，連絡調整を図るため，毎年度協議を行うものとする。
（失効）
第6条　甲又は乙が，この連携協約の失効を求める場合は，あらかじめ地方自治法第96条第2項に基づく議会の議決を経てその旨を相手方に通告できるものとする。
2　この協約は，前項の規定による通告があった日から起算して2年を経過した日にその効力を失うものとする。

　　　　　姫路市長
　　　　　相生市長

＜参考資料Ⅱ＞事務の委託　規約（例）
○沼津市と長泉町との間の住民票の写し等の交付に関する事務の事務委託に関する規約

(平成11年9月24日告示第58号)

(委託事務の範囲)
第1条　沼津市と長泉町は，次に掲げる事務（以下「委託事務」という。）の管理及び執行を相互に委託する。
(1) 沼津市又は長泉町の住民が長泉町又は沼津市において行う次に掲げる書類又は証明書の交付の請求の受付及び交付
　ア　住民票の写し（住民基本台帳法（昭和42年法律第81号）第12条の規定によるもの）
　イ　印鑑登録証明書（沼津市又は長泉町の印鑑条例等の規定によるもの）
(2) 沼津市又は長泉町に本籍を定めている者が長泉町又は沼津市において行う戸籍法（昭和22年法律第224号）第120条第1項に規定する戸籍に記録されている事項の全部又は一部を証明した書面の交付の請求の受付及び交付（双方の市町の長が協議して定めるものに限る。）
(3) 前2号に関連する事務
　　(平21告示第48-2号・一部改正)
(管理及び執行の方法)
第2条　委託事務の管理及び執行については，事務を委託する市町（以下「委託市町」という。）の条例及び規則その他の規程（以下「条例等」という。）の定めるところによるものとする。
(経費の負担)
第3条　委託事務の管理及び執行に要する経費は，委託市町の負担とする。ただし，事務の委託を受ける市町（以下「受託市町」という。）が特に必要があると認める経費については，双方の市町の長が協議して定めるものとする。
2　前項の経費の額及び納付時期は，双方の市町の長が協議して定める。
(収入の帰属)
第4条　委託事務の管理及び執行に伴い徴収する手数料は，受託市町の収入とする。
(経費の精算)
第5条　前条の収入の額が第3条第1項の経費の額を超える場合は，受託市町は，双方の市町の長が協議して定める金額を委託市町に返還するものとする。
(決算の場合の措置)
第6条　受託市町の長は，地方自治法（昭和22年法律第67号）第233条第6項の規定により決算の要領を公表したときは，同時に当該決算の委託事務に関する部分を委託市町の長に通知するものとする。
(連絡会議)
第7条　双方の市町の長は，委託事務の管理及び執行について連絡調整を図るため，年1回定期に連絡会議を開くものとする。ただし，必要がある場合においては，臨時に連絡会議を開くことができる。
(条例等の制定・改廃の場合の措置)
第8条　委託事務の管理及び執行について適用される委託市町の条例等の制定，改正又は廃止をした場合は，委託市町の長は，直ちにこれを受託市町の長に通知しなければならない。
(委任)
第9条　この規約の定めるもののほか，必要な事項は，双方の市町の長が協議して定める。
　　　附　則
　この規約は，平成11年11月1日から施行する。
　　　　附　則（平成21年6月3日告示第48号の2）
　この規約は，平成21年9月1日から施行する。

＜参考資料Ⅲ＞　一部事務組合規約準則

一部事務組合規約準則（昭三三・一二総理庁官房自治課決定）

何町（村）外何ヶ町（村）何々組合規約
（又は）何々組合規約

第一章　総則

（組合の名称）
第一条　この組合は、何町（村）外何ヶ町（村）何々組合といふ。
（又は）……この組合は何々組合という。

（組合を組織する地方公共団体）
第二条　この組合は、何郡何町（村）、何町（村）及び何町（村）をもって組織する。
（又は）……この組合は、左の町村をもって組織する。
何郡何町（村）何町（村）何町（村）

（組合の共同処理する事務）
第三条　この組合は、何々に関する事務を共同処理する。

（組合の事務所の位置）
第四条　この組合の事務所は、何々に置く。

第二章　組合の議会

（議会の組織）
第五条　この組合の議会の議員の定数は、左の通りとし、各町（村）の定数は、何人とし、各町（村）の定数は、条例で定める。

（議員の選挙）
第六条　議員の任期は、何年とする。（町村の議員の中から選挙するようにした場合は、任期を定める必要がない。）

2　補欠議員は、前任者の残任期間在任する。（任期を定める必要がない場合は、議員の選挙）

第七条　組合の議会の議員は、関係町村の議会において、選挙権を有する者の中から選挙する。
（第一項）又は）……組合の議会の議員は、関係町村の議会において、議員の中から選挙する。

2　第一項の選挙が終ったときは、関係町村長は、直ちにその結果を組合の管理者に通知しなければならない。

3　第一項の選挙を行うべき期日は、組合の管理者が定めて、関係町村長に通知しなければならない。

（補欠選挙）
第八条　組合の議会の議員に欠員を生じたときは、補欠選挙を行わなければならない。

2　前条第二項及び第三項の規定は、前項の選挙に準用する。

第三章　組合の執行機関

（執行機関の組織）
第九条　この組合に、管理者、助役及び収入役を置く。

（町村長、助役、収入役をもって夫々組合の管理者、助役、収入役に充てるようにしたときは、任期を定める必要がない。）

2　第一項に定める者を除く外、組合に必要な吏員を置き、その定数は、条例で定める。

（執行機関の選任）
第十条　管理者は、組合の議会において選挙する。

2　助役及び収入役は、管理者が組合の議会の同意を得て選任する。

3　第九条第三項の吏員は、管理者が任免する。

第四章　組合の経費

（経費の支弁の方法）
第十一条　この組合の経費は、財産より生ず

る収入、使用料、手数料、その他の収入をもって支弁し、なお不足があるときは、何分の何を関係町村均等に、（何分の何を予算の属する前年末の人口により）（その何分の何を何により）組合町村に分賦する。

附則
この規約は、昭和　年　月　日から施行する

（参考）
第何条　管理者は、組合の議会において、関係町村長の中から選挙する。

第何条　助役及び収入役は、管理者が組合の議会の同意を得て、関係町村の助役及び収入役の中から選任する。

なお、自治法の一部改正（昭和三八年六月法律第九九号）により、普通地方公共団体に監査委員の設置が義務付けられたため、一部事務組合についても制度及び組織上当然に設置すべきものとする。したがって、規約中第三章組合の執行機関の次に次の章を規定する必要がある。

第何章　監査委員

（監査委員）
第何条　この組合に監査委員何人を置く。

2　監査委員の任期は、何年とする。

3　監査委員は、管理者が組合の議会の同意を得て知識経験を有する者のうちから選任する。

＜参考資料Ⅳ＞

「広域行政圏計画策定要綱」及び「ふるさと市町村圏推進要綱」の廃止
に関する事務次官通知

（平成20年12月26日付け総行応第39号
総務事務次官から各都道府県知事及び
各政令指定都市市長あて通知「定住自
立圏構想推進要綱について」より抜粋）

　また，広域行政圏計画策定要綱（平成12年3月31日自治振第53号）及びふるさと市町村圏推進要綱（平成11年4月21日自治振第51号）については，平成21年3月31日をもって廃止することとします。
　各都道府県におかれましては，貴都道府県内の市町村及び広域行政機構に対し，定住自立圏構想及び本通知の趣旨について周知されるようお願いします。

　　従来の広域行政圏に係る今後の取扱いについて

（平成20年12月26日付け総行市第234号
総務省自治行政局市町村課長から各都
道府県広域行政圏担当部長及び各政令
指定都市広域行政圏担当局長あて通知）

　昭和40年代前半の高度経済成長の中で，モータリゼーションや日常生活圏域の広域化を背景とし，都市及び周辺農山漁村地域を一体とした地域の振興整備を進める広域市町村圏施策が開始され，以降，社会経済情勢の変化につれて，大都市周辺地域広域行政圏を併せて，広域行政圏施策に改め，また，ふるさと市町村圏の選定・推進を図りながら，地域の振興整備が進められてきました。
　近年，社会経済構造が変化するとともに，人口の減少と，少子高齢化が進行しています。また，市町村合併の進展に伴い，広域行政圏内の市町村数が著しく減少した圏域や，広域行政機構を有しない圏域が広がるなど，広域行政圏を取り巻く状況は，圏域ごとに大きく異なる様相を呈しております。
　このような社会経済情勢の変化や市町村合併の進展等の中で，都道府県知事が圏

域を設定し行政機能の分担等を推進してきた広域行政圏施策は，当初の役割を終えたものと考えられることから，今回，廃止することとし，「定住自立圏構想推進要綱について」（平成20年12月26日総行応第39号各都道府県知事及び各指定都市市長あて総務事務次官通知）においてその旨通知されたところです。

今後の広域連携については，地方自治法に基づく協議会，一部事務組合，広域連合等の事務の共同処理の諸制度を活用しながら，関係市町村が自主的な協議に基づき取り組むこととなりますが，これまでに寄せられた意見・照会を踏まえ，下記のとおり留意事項をお示しします。

なお，各都道府県においては，貴都道府県内市町村及び従来の広域行政圏に係る広域行政機構に対して，この旨周知下さいますようお願いいたします。

記

1 　今後の広域連携については，地域の実情に応じて関係市町村の自主的な協議により取り組みが行われることが適当であること。
2 　今後，従来の広域行政圏に係る圏域の枠組みを維持していくかどうかは，各圏域を取り巻く実情を踏まえた上で，圏域を構成する関係市町村の自主的な協議によること。

　　この際，関係都道府県においては，必要に応じて助言を行うなど，適切な対応が期待されるものであること。

　　また，従来の広域行政圏に係る策定済みの基本構想，計画や設置済みの広域行政機構，実施中の事務の共同処理等の取扱いについては，関係市町村の自主的な協議によって，継続ないし見直し等を判断されることが適当であること。
3 　ふるさと市町村圏施策については，広域行政圏施策の廃止により廃止されるものであるが，設置済みのふるさと市町村圏基金の取扱いについては，引き続き，当該基金に係る設置条例及び平成20年１月10日付け事務連絡で示している考え方によるべきこと。
4 　市町村間の広域連携に要する経費一般については，引き続き，標準的な財政需要として，地方交付税により所要の財政措置を講ずる予定であること。

＜参考資料Ⅴ＞
○地方自治法の一部を改正する法律及び地方自治法の一部を改正する法律の施行に伴う関係法律の整備に関する法律（広域連合制度の創設関係）の施行について

（平成7．6．15．自治行第51号　　　　　　　　　）
　各都道府県総務部長宛　行政課長通知

第1　一般的事項

　広域連合は、地方公共団体の組合の一類型に位置づけられており、法令の規定の解釈、運用についても、一部事務組合に係る解釈、運用を基本とするものであるが、概ね次のような一部事務組合との制度上の相違点を有するものであり、この点に十分留意して制度の適切な運用を行うこと。

⑴　広域連合においては、これを組織する都道府県と市町村の事務の複合的処理が可能であること。

⑵　広域連合は国又は都道府県から直接に権限又は事務の委任を受けることができること。

⑶　広域連合の議会の議員等の選出方法は直接選挙又は間接選挙に限定され、いわゆる充て職は認められないこと。

⑷　広域連合においては、普通地方公共団体と同様の直接請求を行うことができること。

⑸　広域連合はこれを組織する地方公共団体に対し、規約の変更の要請をすることができること。

⑹　広域連合は広域計画の作成が義務づけられるとともに、その実施に関し、これを組織する地方公共団体等に勧告をすることができること。

第2　広域連合の設置等に関する事項

1　広域連合は、広域計画を作成し、地方公共団体又はその機関の事務で広域にわたり処理することが適当であると認める事務及びこれに関連して国等から委任された事務を総合的かつ計画的に処理するために設けられるものであり、この趣旨に合致するものであれば、基本的には広域連合が処理することができる事務についての制度はないものであること。

2　「広域にわたり処理することが適当であると認める事務」とは、地方公共団体が、それぞれ単独で処理するよりも、他の地方公共団体と協力して広域連合を設置してその事務に当たらせることが適当であると認められるものをいうもの

資料編　479

であり，基本的には広域連合を組織しようとする地方公共団体が住民福祉の増進，事務処理の効率化等の見地から判断すべきものであること。
3　国等は，広域連合の処理する事務に関連するものについて，その権限又は権限に属する事務を委任することができるものであること。したがって，国からの権限等の委任がなされなければ，その目的を達成できない広域連合の設置は適切でないことに留意すること。
4　広域連合の設置のための手続は，概ね一部事務組合に準ずるものであること。
5　都道府県知事が，広域連合の設置，規約等の変更及び解散について許可をし又は許可の申請を行う場合，数都道府県にわたる広域連合の設置について自治大臣に意見を述べる場合には，都道府県の関係する部局とも十分な連絡調整を図ること。

＜参考資料Ⅵ＞　広域連合の規約（例）

関西広域連合規約

（広域連合の名称）
第1条　この広域連合は，関西広域連合（以下「広域連合」という。）という。

（広域連合を組織する地方公共団体）
第2条　広域連合は，滋賀県，京都府，大阪府，兵庫県，和歌山県，鳥取県及び徳島県（以下「構成団体」という。）をもって組織する。

（広域連合の区域）
第3条　広域連合の区域は，構成団体の区域とする。

（広域連合の処理する事務）
第4条　広域連合は，次に掲げる事務を処理する。
(1) 広域（構成団体である2以上の府県の区域にまたがる区域をいう。以下同じ。）にわたる防災，観光及び文化の振興，産業の振興，医療の確保，環境の保全等に関する計画並びに広域連合の区域内における地域の振興に関する計画（第6条に規定する広域計画を除く。）の策定及び実施に関する事務
(2) 広域にわたる防災に関する事務（感染症のまん延その他自然災害以外の緊急事態に関する事務を含む。）のうち，次に掲げるもの
　ア　災害対策基本法（昭和36年法律第223号。以下本号において「法」という。）第48条第1項に規定する防災訓練に関する事務
　イ　法第49条に規定する防災に必要な物資及び資材の備蓄に関する事務
　ウ　災害が発生した場合における防災に係る事務の実施に対する支援及び調整に関する事務
　エ　防災に資するための人材の育成に関する事務
　オ　感染症のまん延その他自然災害以外の緊急事態に係る構成団体間の連携及び調整に関する事務
　カ　防災に係る調査研究に関する事務
(3) 観光及び文化の振興に関する事務のうち，次に掲げるもの
　ア　通訳案内士法（昭和24年法律第210号）に規定する通訳案内士に係る登録等に関する事務のうち，同法第19条から第27条まで及び第32条（第1項を除く。）から第34条までに規定する事務
　イ　外国人観光旅客の旅行の容易化の促進による国際観光の振興に関する法律（平成9年法律第91号。以下本号において「法」という。）に規定する外客来訪促進計画に関する事務のうち，次に掲げるもの
　　(ｱ) 法第4条（第3項を除く。）に規定する外客来訪促進計画の策定及び実施に関する事務
　　(ｲ) 法第4条第1項第3号に規定する観光経路の設定に関する事務
　ウ　法に規定する地域限定通訳案内士に係る試験及び登録に関する事務のうち，法第14条（第1項を除く。）から第20条まで（法第24条で準用する場合を含む。）に規定する事務
　エ　観光旅客の来訪を促進する事業に関する事務で広域にわたるもの
　オ　観光に係る統計調査の研究に関する事務で広域にわたるもの
　カ　観光に係る案内表示の基準の統一に関する事務で広域にわたるもの
(4) 広域にわたる産業の振興に関する事務のうち，次に掲げるもの

　ア　産業に係る情報の共有，研究開発等における構成団体間の連携に関する事務
　イ　構成団体が設置した技術支援機関の連携に関する事務
　ウ　地域産業資源を活用した新商品，役務の提供等の紹介及び宣伝に関する事務
　エ　新たな事業分野の開拓を図る者に対する支援に関する事務
(5) 医療の確保に関する事務のうち，次に掲げるもの
　ア　救急医療用ヘリコプター（救急医療用ヘリコプターを用いた救急医療の確保に関する特別措置法（平成19年法律第103号。以下本号において「法」という。）第2条に規定する救急医療用ヘリコプターをいう。以下同じ。）に関する事務のうち，次に掲げるもの
　　(ｱ) 法第6条に規定する関係者の連携に関する事務
　　(ｲ) 法第8条第1項に規定する補助に関する事務
　　(ｳ) 救急医療用ヘリコプターの運航に関する事務（(ｱ)及び(ｲ)に掲げるものを除く。）で広域にわたるもの
　イ　救急医療用ヘリコプターの配置及び運航区域の設定に関する事務で広域にわたるもの
　ウ　医療に係る構成団体間の連携に関する調査研究及び実施に関する事務で広域にわたるもの
(6) 広域にわたる環境の保全に関する事務のうち，次に掲げるもの
　ア　温室効果ガス（地球温暖化対策の推進に関する法律（平成10年法律第117号）第2条第3項に規定する温室効果ガスをいう。）の排出の総量の削減に関する事務
　イ　野生鳥獣の保護及び管理に関する事務
(7) 保健師助産師看護師法（昭和23年法律第203号）に規定する准看護師，調理師法（昭和33年法律第147号）に規定する調理師及び製菓衛生師法（昭和41年法律第115号）に規定する製菓衛生師に係る試験及び免許に関する事務のうち，次に掲げるもの
　ア　保健師助産師看護師法第8条，第9条，第11条，第12条第4項及び第5項，第13条第2項，第14条（第1項を除く。），第15条第2項及び第16項から第18項まで，第15条の2第2項，第4項及び第5項，第18条，第22条第4号並びに第25条に規定する事務
　イ　調理師法第3条第1項，第3条の2（第3項及び第4項を除く。），第4条から第5条の2（第3項を除く。）まで及び第6条に規定する事務
　ウ　製菓衛生師法第3条，第4条第1項及び第2項並びに第5条の2から第8条までに規定する事務
(8) 地方公務員法（昭和25年法律第261号）第39条の規定に基づく研修のうち，広域的な見地から構成団体の職員に対し合同して行う研修の実施に関する事務
(9) 前各号に掲げる事務のほか，広域にわたる行政の推進に係る基本的な政策の企画及び調整に関する事務
2　前項各号に掲げる事務のうち，同項第1号（同項

資料編　481

第2号，第4号及び第6号から第8号までに掲げる事務に関する計画に係る部分に限る。），第2号，第4号及び第6号から第8号までに掲げる事務にあっては鳥取県に係るものを，同項第1号（同項第7号に掲げる事務に関する計画に係る部分に限る。）及び第7号に掲げる事務にあっては徳島県に係るものを除くものとする。

3　広域連合は，第1項各号に掲げる事務のほか，国の行政機関の長の権限に属する事務のうち，地方自治法（昭和22年法律第67号）第291条の2第1項の規定に基づき，広域連合が処理することとされる事務（広域連合の区域外の事務であって，法令の定めるところにより広域連合が処理することとされるものを含む。）を処理する。

（事務の追加）
第5条　広域連合は，前条第1項各号に掲げる事務のほか，構成団体の事務のうち，広域にわたり処理することが適当であると認めるものについて，構成団体の議会の議決を経て必要な規約の変更を行い，追加して処理するものとする。

2　広域連合は，前条第3項に規定する事務を処理しようとするときは，あらかじめ構成団体と協議を行うものとし，当該事務を処理することとされたときは，必要な規約の変更を行うものとする。

3　広域連合は，地方自治法第291条の2第4項の規定に基づき国の行政機関の長に対し当該広域連合の事務に密接に関連する国の行政機関の長の権限に属する事務の一部を広域連合が処理するよう要請する場合にあっては，あらかじめ構成団体と協議を行うものとする。

（広域連合が作成する広域計画の項目）
第6条　広域連合が作成する広域計画（地方自治法第284条第3項に規定する広域計画をいう。以下同じ。）には，次に掲げる項目について記載するものとする。
　(1)　第4条第1項各号及び第3項並びに前条第1項に規定する事務の処理に関連して広域連合及び構成団体が行う事務に関すること。
　(2)　広域計画の期間及び改定に関すること。

（広域連合の事務所）
第7条　広域連合の主たる事務所は，大阪市内に置く。

（広域連合の議会の定数）
第8条　広域連合の議会の議員（以下「広域連合議員」という。）の定数は，20人とする。

（広域連合議員の選挙の方法）
第9条　広域連合議員は，構成団体の議会の議員のうちから，構成団体の議会において選挙する。

2　前項の規定により広域連合の議会ごとに選挙する広域連合議員の人数は，それぞれの構成団体について1人に，次の各号に掲げる構成団体の区分に応じ，当該各号に定める人数を加えた人数とする。
　(1)　人口（地方自治法第254条に規定する人口をいう。以下本項において同じ。）250万未満の構成団体　1人
　(2)　人口250万以上500万未満の構成団体　2人
　(3)　人口500万以上750万未満の構成団体　3人
　(4)　人口750万以上の構成団体　4人

3　前2項の議会における選挙については，地方自治法第118条の規定の例による。

（広域連合議員の任期）
第10条　広域連合議員の任期は，構成団体の議会の議員としての任期による。ただし，後任者が就任する時まで在任する。

2　前項の規定にかかわらず，広域連合議員が，構成団体の議会の議員でなくなったときは，同時にその職を失う。

3　広域連合の議会の解散があったとき又は広域連合議員に欠員が生じたときは，前条の規定により，速やかに選挙しなければならない。

（広域連合の議会の議長及び副議長）
第11条　広域連合の議会は，広域連合議員のうちから議長及び副議長1人を選挙しなければならない。

2　議長及び副議長の任期は，広域連合議員の任期による。

（広域連合の執行機関の組織）
第12条　広域連合に，広域連合長及び副広域連合長1人を置く。

2　広域連合長に事故があるとき又は広域連合長が欠けたときは，副広域連合長がその職務を代理する。

3　広域連合長は，第15条第1項に規定する広域連合委員会の委員にその事務の一部を分掌させることができる。

（広域連合の執行機関の選任の方法）
第13条　広域連合長は，構成団体の長のうちから，構成団体の長が投票により選挙する。

2　広域連合長が欠けたときは，前項の規定により，速やかに選挙しなければならない。

3　副広域連合長は，広域連合長が広域連合長以外の構成団体の長のうちから選任する。

（広域連合の執行機関の任期）
第14条　広域連合長及び副広域連合長の任期は，2年とする。

2　広域連合長及び副広域連合長が構成団体の長でなくなったときは，同時にその職を失う。

（広域連合委員会の設置等）
第15条　広域連合の運営に当たって必要となる企画及び立案並びに総合調整に資するため，広域連合に構成団体の長を委員とする合議機関として関西広域連合委員会（以下「広域連合委員会」という。）を置く。

2　広域連合は，広域連合の施策に係る重要事項に関する基本方針及び処理方針について広域連合委員会に諮るものとする。

3　広域連合委員会の委員の任期は，当該構成団体の長としての任期による。

4　広域連合委員会に委員長を置き，広域連合長をもって充てる。

5　広域連合委員会に副委員長を置き，副広域連合長をもって充てる。

6　委員長は，広域連合委員会を代表し，議事その他の会務を総理する。

7　副委員長は，委員長を補佐し，委員長に事故があるとき又は委員長が欠けたときは，その職務を代理する。

8　広域連合長は，広域連合に関する事務を効果的に推進するため，広域連合と密接な連携を図ることが必要と認める地方公共団体（以下「連携団体」という。）の長を，協議の上，指定し，広域連合委員会へ出席を求め，その意見を聴取することができる。また，連携団体の長は，委員長の承認を得て，広域連合委員会に出席し，意見を述べることができる。

9　広域連合長は，広域連合委員会の意見に基づき，必要な措置を講じなければならない。

（広域連合協議会の設置）
第16条　広域連合に，広域にわたる課題その他必要な事項について幅広く意見を聴取するため，地方自治法第292条において準用する同法第138条の4第3項に規定する附属機関として，関西広域連合協議会を

置く。
(選挙管理委員会)
第17条　広域連合に，選挙管理委員会を置く。
2　選挙管理委員会は，4人の選挙管理委員をもって組織する。
3　選挙管理委員は，構成団体の議会の議員及び長の選挙権を有する者で，人格が高潔で，政治及び選挙に関し公正な識見を有するもののうちから，広域連合の議会において選挙する。
4　選挙管理員の任期は，4年とする。
(監査委員)
第18条　広域連合に，監査委員2人を置く。
2　監査委員は，広域連合長が，広域連合の議会の同意を得て，人格が高潔で，地方公共団体の財務管理，事業の経営管理その他行政運営に関し優れた識見を有する者(次項において「識見を有する者」という。)及び広域連合議員のうちから，それぞれ1人を選任する。
3　監査委員の任期は，識見を有する者のうちから選任される者にあっては4年とし，広域連合議員のうちから選任されるものにあっては広域連合議員の任期による。ただし，後任者が選任されるまでの間は，その職務を行うことを妨げない。
(補助職員)
第19条　第12条に定める者のほか，広域連合に会計管理者その他の必要な職員を置く。
(広域連合の経費の支弁の方法)
第20条　広域連合の経費は，次に掲げる収入をもって充てる。
(1)　構成団体の負担金
(2)　事業収入
(3)　前2号に掲げる収入以外の収入
2　前項第1号に掲げる負担金の額は，別表により広域連合の予算において定めるものとし，別表の左欄に掲げる経費の区分に応じ，同表の中欄に定める負担する構成団体ごとに，それぞれ同表の右欄に定める負担割合により按分する。
3　第4条第2項の規定の適用を受ける構成団体については，前項及び別表の規定にかかわらず，その負担金の額を減額することができる。この場合における負担金の額の算出の方法については，別に定める。
4　第1項第2号及び第3号に掲げる収入のうち，構成団体の負担すべき金額に充てるべき収入がある場合の構成団体の負担金の額は，前2項及び別表の規定にかかわらず，当該収入を第1項第1号に掲げる負担金の一部とみなして，前2項又は別表により算出した金額から当該収入の金額を控除して得た額とする。
(規則への委任)
第21条　この規約の施行に関し必要な事項は，広域連合長が規則で定める。

別表（第20条関係）

経費の区分		負担する構成団体	負担割合
総務費	第4条第1項第7号に規定する事務に係る人件費以外の経費	滋賀県，京都府，大阪府，兵庫県，和歌山県，鳥取県及び徳島県	均等割　10分の10
	第4条第1項第7号に規定する事務に係る人件費	滋賀県，京都府，大阪府，兵庫県及び和歌山県	受験者数割　10分の10
事業費	第4条第1項第1号から第8号までに掲げる事務に係る経費	同項第2号から第8号までに掲げる事務についてそれぞれ負担する構成団体	同項第2号から第8号までに掲げる事務ごとの負担割合
	第4条第1項第2号及び第6号に規定する事務に係る経費	滋賀県，京都府，大阪府，兵庫県，和歌山県及び徳島県	人口割　10分の10
	第4条第1項第3号に規定する事務に係る経費	滋賀県，京都府，大阪府，兵庫県，和歌山県，鳥取県及び徳島県	人口割　10分の5 宿泊施設数割　10分の5
	第4条第1項第4号に規定する事務に係る経費	滋賀県，京都府，大阪府，兵庫県，和歌山県及び徳島県	人口割　10分の5 事業所数割　10分の5
	第4条第1項第5号アに規定する事務に係る経費	京都府，兵庫県及び鳥取県	人口割　10分の5 利用実績割　10分の5
	第4条第1項第5号イ及びウに規定する事務に係る経費	滋賀県，京都府，大阪府，兵庫県，和歌山県，鳥取県及び徳島県	人口割　10分の10
	第4条第1項第7号に規定する事務に係る経費	滋賀県，京都府，大阪府，兵庫県及び和歌山県	受験者数割　10分の10
	第4条第1項第8号に規定する事務に係る経費	滋賀県，京都府，大阪府，兵庫県，和歌山県及び徳島県	受験者数割　10分の10

備考
1　この表において「均等割」とは，構成団体の数の割合をいう。
2　この表において「受験者数割」とは，当該年度前の3箇年度においてそれぞれの試験に係る受験願書（これに相当するものを含む。）を提出した者の住所のある構成団体ごとの総数の割合をいう。
3　この表において「人口割」とは，官報で公示された最近の国勢調査の結果に基づく構成団体の人口（第4条第1項第5号アに規定する事務にあっては，構成団体の区域のうち救急医療用ヘリコプターが運航される区域であって別に定めるものに係る当該年の4月1日現在における構成団体の人口に相当する人口として官報で公示された最近の国勢調査の結果に基づいて算定した人口）の割合をいう。
4　この表において「宿泊施設数割」とは，統計法（平成19年法律第53号）附則第12条の規定により同法第19条第1項の承認を受けた一般統計調査とみなされる宿泊旅行統計調査の最近に公表された結果に基づく構成団体の宿泊施設の総数の割合をいう。
5　この表において「事業所数割」とは，統計法第2条第4項に規定する基幹統計である工業統計調査の最近に公表された結果に基づく構成団体の従業者10人以上の事業所の総数の割合をいう。
6　この表において「利用実績割」とは，当該年度において構成団体が救急医療用ヘリコプターを利用した回数の割合をいう。
7　この表において「受講者数割」とは，当該年度において研修を受けた構成団体の職員の数の割合をいう。

<参考資料Ⅶ> 広域計画（例）

関西広域連合広域計画の概要
（計画期間：平成26年度～平成28年度）

第1 広域計画の改定にあたって

[設立の趣旨]	[設立3か年の総括]	[今後の取組方針]
1 関西全体の広域行政を担う責任主体	7つの広域事務	H24.3に策定した分野別計画をもとに取組を本格化	「文化振興」「農林水産振興」を盛り込むなど取組を拡充させ着実に推進
2 国の出先機関の事務の受け皿づくり	国の出先機関対策	"丸ごと移管"を主張し民主党政権下で法案が閣議決定	引き続き移管を主張。さらに近畿圏広域地方計画の策定権限などの移譲を迫る。
3 分権型社会の実現	広域課題への積極的な対応	関西全体の広域課題に対し政策の企画調整を積極実施	引き続き積極的に実施。主なものは計画に明示し住民に周知を図り説明責任を果たす。

第2 広域計画の期間及び改定　H26～28の3年間（広域連合長が必要と認めた場合は、随時改定）

第3 広域計画の対象区域　構成団体の区域（鳥取県及び構成指定都市は参加事務に応じて区域除外）

第4 広域連合が目指すべき関西の将来像

基本的な考え方	
アジアのハブ機能を担う新首都・関西 ・観光・産業等の魅力とこれを支える基盤を世界へ発信 ・バックアップ拠点の役割及び国土の双眼構造への転換	個性や強みを活かし地域全体が発展する関西 ・都市と農村が相互に恩恵を享受 ・安全・安心のまちづくりなどのノウハウの活用

将来像

1 世界に開かれた経済拠点を有する関西	2 地球環境問題に対応し、持続可能な社会を実現する関西	3 国内外にわたる観光・文化の交流拠点関西	4 危機に強く、防災・減災のモデルとなる関西	5 医療における安全・安心ネットワークが確立された関西	6 人やモノの交流を支える基盤を有するアジアの交流拠点関西

第5 実施事務の対応方針及び概要

（広域事務）

広域事務名		重点方針
広域防災		① 大規模広域災害を想定した広域対応の推進 ② 関西の広域防災拠点のネットワーク化の推進 ③ 防災・減災事業の推進
広域観光 文化振興	観光	① 『関西観光・文化振興計画』の推進 ② 「KANSAI」を世界に売り込む ③ 新しいインバウンド市場への対応 ④ 的確なマーケティング戦略による誘客 ⑤ 安心して楽しめるインフラ整備の充実 ⑥ 推進体制の充実
	文化	① 関西文化の振興と内外への魅力発信 ② 連携交流による関西文化の一層の向上 ③ 関西文化の次世代継承と人材育成 ④ 情報発信・連携交流支援・人づくりを支える環境（プラットホーム）づくり

広域産業振興	産業	① 世界の成長産業をリードするイノベーション創出環境・機能の強化 ② 高付加価値化による中堅・中小企業等の国際競争力の強化 ③ 「関西ブランド」の確立による地域経済の戦略的活性化 ④ 企業の競争力を支える高度人材の確保・育成
	農林水産業	① 地産地消運動の推進による域内消費拡大 ② 食文化の海外発信による需要拡大 ③ 国内外への農林水産物の販路拡大 ④ 6次産業化や農商工連携の推進などによる競争力の強化 ⑤ 農林水産業を担う人材の育成・確保
広域医療		① 『関西広域救急医療連携計画』の推進 ② 広域救急医療体制の充実 ③ 災害時における広域医療体制の整備・充実 ④ 新たな連携課題に対応した広域医療体制の構築
広域環境保全		① 『関西広域環境保全計画』の推進 ② 再生可能エネルギーの拡大と低炭素社会づくりの推進 ③ 自然共生型社会づくりの推進 ④ 循環型社会づくりの推進 ⑤ 環境人材育成の推進
資格試験・免許等		① 資格試験・免許等事務の着実な推進 ② 処理する資格試験・免許等事務の拡充の検討
広域職員研修		① 幅広い視野を有する職員の養成及び業務執行能力の向上 ② 構成団体間の相互理解及び人的ネットワークの形成 ③ 研修の効率化

(その他広域にわたる政策の企画調整等)

広域にわたる政策の企画調整	基本的な政策の企画及び調整に関する事務を引き続き積極的に行う (一定の組織体制の下，取組を進めるもの) ①広域インフラのあり方　②エネルギー政策の推進　③特区事業の展開
地域の振興計画の策定及び実施	新たな広域行政課題が発生し，計画的な対応が必要となった場合，地域の振興に関する計画の策定及び実施に関する事務を行う

(事務の順次拡充)

事務の順次拡充	都市と農村の交流などの地域活性化策，大学間連携などの高度人材育成・確保策，統計・情報分析，行政委員会事務の共同化，公設試験研究機関の連携の強化，国道及び河川の一体的な計画，整備及び管理など，基本方向や可能性を検討

第6　国の事務・権限の移譲

国の出先機関の地方移管	① 引き続き経済産業局，地方整備局，地方環境事務所の丸ごと移管を求める ② 実績を積み重ね，8省庁15系統の国の出先機関の地方移管を目指す
国の事務・権限の移譲	近畿圏広域地方計画の策定権限など，地方に委ねるべき国の事務・権限の移譲を求める
国の道州制検討への対応	国主導で中央集権型道州制を押しつけられることのないよう地方分権改革を推進する立場から国に提言

第7　広域連合のあり方

[住民，市町村及び民間等との連携]
- 住民に対する情報発信
- 構成団体内市町村との情報共有
- 官民連携による推進

[広域連合の今後の方向]
- ○行政評価制度による政策目標・指標のPDCAサイクルの実施
- ○既存組織の活用や外部機関による監査体制の構築を検討
- ○国の事務・権限が大幅に移譲された際のガバナンス強化を検討
- ○将来の広域行政システムのあり方の評価・検討
- ○連携団体(奈良，福井，三重)の広域連合への全面加入又は一部加入の促進

第8　計画の推進　広域計画と分野別計画の一体的な推進及び必要に応じた見直し

〔参考資料Ⅷ〕 公共施設等総合管理計画の策定にあたっての指針（抄）

第一 総合管理計画に記載すべき事項
　　以下の項目について所要の検討を行い、その検討結果を公共施設等総合管理計画（以下「総合管理計画」という。）に記載することが適当である。
一 公共施設等の現況及び将来の見通し
　　以下の項目をはじめ、公共施設等[i]及び当該団体を取り巻く現状や将来にわたる見通し・課題を客観的に把握・分析すること。なお、これらの把握・分析は、公共施設等全体を対象とするとともに、その期間は、できるかぎり長期間であることが望ましいこと。(3)の中長期的な経費の見込みについては、30年程度以上の期間に関し、普通会計と公営事業会計、建築物とインフラ施設を区分し、維持管理・修繕[ii]、改修[iii]及び更新[iv]等（以下「維持管理・更新等」という。）の経費区分ごとに示すことが望ましいこと。
(1) 老朽化の状況や利用状況をはじめとした公共施設等の状況
(2) 総人口や年代別人口についての今後の見通し
(3) 公共施設等の維持管理・更新等に係る中長期的な経費の見込みやこれらの経費に充当可能な地方債・基金等の財源の見込み等
二 公共施設等の総合的かつ計画的な管理に関する基本的な方針
　　上記「一 公共施設等の現況及び将来の見通し」を踏まえ、以下の項目など公共施設等の総合的かつ計画的な管理に関する基本的な方針を定めること。
(1) 計画期間
　　計画期間について記載すること。なお、総合管理計画は、当該団体の将来の人口や財政の見通し等をもとに長期的な視点に基づき検討するものであるが、一方で、個別施設毎の長寿命化計画（個別施設計画）に係る基本的な方針に関するものでもあることから、「一 公共施設等の現況及び将来の見通し」の期間に関わらず設定する（ただし、少なくとも10年以上の計画期間とする）ことも可能であること。
(2) 全庁的な取組体制の構築及び情報管理・共有方策
　　公共施設等の管理については、現状、施設類型（道路、学校等）ごとに各部局において管理され、必ずしも公共施設等の管理に関する情報が全庁的に共有されていないことに鑑み、総合的かつ計画的に管理することができるよう、全庁的な取組体制について記載すること。なお、情報の洗い出しの段階から、公共施設等の情報を管理・集約するとともに、個別施設計画の策定の進捗を管理し、総合管理計画の進捗状況の評価等を集約する部署を定めるほか、部局横断的な施設の適正管理に係る取組を検討する場を設けるなど、全庁的な体制を構築し取り組むことが望ましいこと。
(3) 現状や課題に関する基本認識
　　当該団体としての現状や課題に対する認識（充当可能な財源の見込み等を踏まえ、公共施設等の維持管理・更新等がどの程度可能な状況にあるか、総人口や年代別人口についての今後の見通しを踏まえた利用需要を考えた場合、公共施設等の数量等が適正規模にあるかなど）を記載すること。
(4) 公共施設等の管理に関する基本的な考え方
　　今後当該団体として、更新・統廃合・長寿命化など、どのように公共施設等を管理していくかについて、現状や課題に対する認識を踏まえた基本的な考え方を記載すること。また、将来的なまちづくりの視点から検討を行うとともに、PPP/PFIの活用などの考え方について記載することが望ましいこと。
　　具体的には、計画期間における公共施設等の数や延べ床面積等の公共施設等の数量に関する目標を記載するとともに、以下の事項について考え方を記載すること。
① 点検・診断等の実施方針
　　今後の公共施設等の点検・診断等の実施方針について記載すること。なお、点検・診断等の履歴を集積・蓄積し、総合管理計画の見直しに反映し充実を図るとともに、維持管理・更新等を含む老朽化対策等に活かしていくべきであること。
② 維持管理・更新等の実施方針
　　維持管理・更新等の実施方針（予防保全型維持管理[vii]の考え方を取り入れる、トータルコスト[viii]の縮減・平準化を目指す、必要な施設のみ更新するなど）などを記載すること。更新の方針については、⑦統合や廃止の推進方針との整合性や公共施設等の供用を廃止する場合の考え方について留意すること。
　　なお、維持管理・更新等の履歴を集積・蓄積し、総合管理計画の見直しに反映し充実を図るとともに、老朽化対策等に活かしていくべきであること。

③ 安全確保の実施方針
　　点検・診断等により高度の危険性が認められた公共施設等や老朽化等により供用廃止されかつ今後とも利用見込みのない公共施設等への対処方針等、危険性の高い公共施設等に係る安全確保の実施方針について記載すること。
④ 耐震化の実施方針
　　公共施設等の平常時の安全だけでなく、災害時の拠点施設としての機能確保の観点も含め、必要な公共施設等に係る耐震化の実施方針について記載すること。
⑤ 長寿命化の実施方針
　　修繕又は予防的修繕等による公共施設等の長寿命化の実施方針について記載すること。
⑥ ユニバーサルデザイン化の推進方針
　　「ユニバーサルデザイン2020行動計画」（平成29年2月20日ユニバーサルデザイン2020関係閣僚会議決定）におけるユニバーサルデザインの街づくりの考え方を踏まえ、公共施設等の計画的な改修等によるユニバーサルデザイン化の推進方針について記載すること。
⑦ 統合や廃止の推進方針
　　公共施設等の利用状況及び耐用年数等を踏まえ、公共施設等の供用を廃止する場合の考え方や、現在の規模や機能を維持したまま更新することは不要と判断される場合等における他の公共施設等との統合の推進方針について記載すること。
　　なお、検討にあたっては、他目的の公共施設等や民間施設の利用・合築等についても検討することが望ましいこと。
⑧ 総合的かつ計画的な管理を実現するための体制の構築方針
　　全職員を対象とした研修や担当職員の技術研修等の実施方針を記載するほか、適正管理に必要な体制について、民間も含めた体制整備の考え方も記載することが望ましいこと。
(5) ＰＤＣＡサイクルの推進方針
　　総合管理計画の進捗状況等について評価を実施し、当該評価の結果に基づき総合管理計画を改訂する旨を記載すること。なお、ＰＤＣＡサイクルの期間や手法、評価結果等の議会への報告や公表方法についても記載することが望ましいこと。
三　施設類型ごとの管理に関する基本的な方針
　　上記「二　公共施設等の総合的かつ計画的な管理に関する基本的な方針」中(3)及び(4)の各項目のうち必要な事項について、施設類型（道路、学校等）の特性を踏まえて定めること。なお、個別施設計画との整合性に留意すること。

＜参考資料Ⅸ＞

連携中枢都市圏構想推進要綱（抄）

平成26年8月25日（総行市第200号）制定
平成30年8月28日（総行市第52号）一部改正

第1　趣旨

(1)　今後の我が国の人口の見込み等

　我が国の総人口は，過去に類を見ない勢いで急激に減少し，平成24年1月に国立社会保障・人口問題研究所が公表した「日本の将来推計人口」（出生中位・死亡中位推計）によれば，平成38年には1億2000万を下回り，平成60年には1億を下回ると推計されている。また，高齢化率も現在の約20％から，平成36年には30％を超え，平成60年には約40％へと大幅に上昇すると見込まれている。

　現在，1,741の市区町村のうち，人口5万以下の市区町村が全体の7割を占めており，残りの3割に人口の8割が集中している。今後，日本全体で人口減少が加速するとともに社会移動により都市に人口が集中し，都市において急速に高齢化が進行するならば，都市では人々を支えるコミュニティ機能の低下や大規模災害時における生活機能や経済機能の維持が困難になることなどの都市問題が深刻化することが懸念される。一方，地方では人々が快適で安心して暮らしていくための基盤が失われるとともに地方公共団体が行政サービスを持続的に提供できなくなってしまうことが懸念される。加えて，人口減少に伴い，21世紀半ばの2050年（平成62年）までに，現在，人が居住している地域の約2割が無居住化するとも予測されており，人口減少は我が国の国土政策においても重大な影響を及ぼす。

(2)　連携中枢都市圏構想の目的

　このような人口減少・少子高齢社会にあっても，地域を活性化し経済を持続可能なものとし，国民が安心して快適な暮らしを営んでいけるようにするためには，地域において，相当の規模と中核性を備える圏域の中心都市が近隣の市町村と連携し，コンパクト化とネットワーク化により「経済成長のけん引」，「高次都市機能の集積・強化」及び「生活関連機能サービスの向上」を行うことにより，人口減少・少子高齢社会においても一定の圏域人口を有し活力ある社会経済を維持するための拠点を形成することが連携中枢都市圏構想の目的である。このような問題意識は，第30次地方制度調査会「大都市制度の改革及び基礎自治体の行政サービス提供体制に関する答申」でも触れられているところである。

また，連携中枢都市圏構想は，我が国全体の人口が引き潮の時を迎える中で地域において一定の圏域人口を有し活力ある社会経済を維持するための拠点を形成するという観点から，主として三大都市圏の区域外にある地域を対象として推進し，加えて，三大都市圏の区域内であっても指定都市や特別区から時間距離が相当離れていて自立した圏域を形成している地域も対象として推進するものとする。なお，この連携中枢都市圏構想は，地方公共団体が柔軟に連携し，地域の実情に応じた行政サービスを提供するためのものであり，市町村合併を推進するためのものではない。

(3)　地方自治法上の連携協約の活用

　連携中枢都市圏は，連携中枢都市となる圏域の中心市と近隣の市町村が，連携協約（地方自治法（昭和22年法律第67号）第252条の2第1項）を締結することにより，形成される圏域である。地方自治法に規定された連携協約を活用する意義は，圏域としての政策を継続的・安定的に推進することにある。すなわち，連携協約を締結することとは，従来の共同処理に基づく事務分担だけでなく地域の実情に応じて自由に連携する内容を協議して地方自治法に裏付けのある政策合意を行うことであり，その合意に基づき各地方公共団体は政策を実行する義務を負うことになる。さらに，当該義務を履行する際など連携協約を締結した地方公共団体間で紛争が生じた場合には，申請によって都道府県知事や総務大臣が任命する自治紛争処理委員が間に入り，処理方策を提示することで解決を図ることになる。このように，地方自治法に規定された連携協約に基づき，それぞれの地方公共団体が義務を負うことと第三者による迅速・公平な解決方策が提示されることが制度的に担保されていることから，連携協約を締結した地方公共団体は継続的・安定的に安心して政策に取り組むことができるようになる。なお，この取組は，都道府県境を越えて相互に連携することも可能であり，さらに連携事業の一環として民間事業者を巻き込むことで，より広域的・複層的な連携，いわゆる「シティリージョン」の形成にも資するものである。

第2　この要綱において用いる人口等（略）

第3　連携中枢都市

　連携中枢都市は，次に掲げる①から③までの要件のすべてを満たす市をいう。

①　地方自治法第252条の19第1項の指定都市又は同法第252条の22第1項の中核市であること。

②　昼間人口及び夜間人口について，次に掲げる要件のいずれかを満たすこと。

資料編　489

ア　昼間人口を夜間人口で除して得た数値（以下「昼夜間人口比率」という。）がおおむね1以上であること。
　イ　平成11年4月1日以降に行われた市町村の合併を経た合併市にあっては，合併関係市のうち人口（合併期日以前の直近の日に国勢調査令によって調査した数値を用いる。以下本項目，③イ，第5(4)及び第9に規定する合併関係市における人口，昼間人口，夜間人口，就業者数及び通学者数において同じ。）が最大のものにおいて，昼夜間人口比率がおおむね1以上であること。
③　当該市が所在する地域について，次に掲げる要件のいずれかを満たすこと。
　ア　三大都市圏（国土利用計画（全国計画）（平成27年8月14日閣議決定）に基づく埼玉県，千葉県，東京都，神奈川県，岐阜県，愛知県，三重県，京都府，大阪府，兵庫県及び奈良県の区域の全部をいう。以下同じ。）の区域外に所在すること。
　イ　三大都市圏の区域内に所在する場合においては，地方自治法第252条の19第1項の指定都市であって三大都市圏の区域内に所在するもの又は同法第281条第1項の特別区に対する当該市の従業又は通学する就業者数及び通学者数の合計を，常住する就業者数及び通学者数で除して得た数値が0.1未満であること。
　この場合において，平成11年4月1日以降に行われた市町村の合併を経た合併市にあっては，合併関係市のうち人口が最大のものにおける就業者数及び通学者数の数値を，当該合併市における就業者数及び通学者数の数値とみなして算出することができる。

第4　連携中枢都市宣言
(1)　連携中枢都市宣言の定義
　連携中枢都市宣言は，地方圏において相当の規模と中核性を備える圏域の中心都市が，近隣の市町村との連携に基づいて，圏域全体の将来像を描き，圏域全体の経済をけん引し圏域の住民全体の暮らしを支えるという役割を担う意思を有すること等を明らかにするため，(2)に規定する事項を記載した書面（以下「連携中枢都市宣言書」という。）を作成し，公表することをいう。
(2)　連携中枢都市宣言書に記載する事項　（略）
(3)　連携中枢都市宣言書の変更又は取消し　（略）
(4)　連携中枢都市宣言書の公表　（略）

第5　連携中枢都市圏形成に係る連携協約
(1)　連携中枢都市圏形成に係る連携協約の定義

連携中枢都市圏形成に係る連携協約は，連携中枢都市としての宣言を行った１の連携中枢都市（以下「宣言連携中枢都市」という。）と，その近隣の１の市町村が，圏域全体の経済をけん引し圏域の住民全体の暮らしを支えるため，(2)に規定する事項について，それぞれの市町村における，議会の議決（地方自治法第252条の２第３項）に基づき締結・変更されるものである。連携中枢都市圏構想が圏域全体を対象とした施策であることを踏まえ，宣言連携中枢都市は，原則として，少なくとも経済的結びつきが強い通勤通学割合が0.1以上である全ての市町村と連携協約締結の協議を行うことが望ましい。当初の連携中枢都市圏形成までに，該当する全ての市町村と連携協約の締結に至らなかった場合においても，宣言連携中枢都市は，引き続き当該市町村と連携協約締結に向けて真摯に協議を行うことが望ましい。連携中枢都市圏形成に係る連携協約を締結する近隣の市町村（以下「連携市町村」という。）は，宣言連携中枢都市と近接し，経済，社会，文化又は住民生活等において密接な関係を有する市町村であることが望ましい。関係市町村において，これに該当するか否かは自主的に判断するものとする。しかしながら，宣言連携中枢都市に対する通勤通学割合が0.1以上である市町村においては，宣言連携中枢都市から連携協約締結に向けた協議があった場合には，真摯に検討し判断することが望ましい。

(2) 連携中枢都市圏形成に係る連携協約に規定する事項

連携中枢都市圏形成に係る連携協約においては，宣言連携中枢都市及びその連携市町村が連携して圏域全体の政策を推進するという観点から，少なくとも以下の事項について規定するものとする。

① 市町村の名称

連携中枢都市圏形成に係る連携協約を締結する宣言連携中枢都市及び１の連携市町村の名称を規定するものとする。

② 目的

「コンパクト化とネットワーク化」の観点から，宣言連携中枢都市及び１の連携市町村が連携して圏域全体の経済をけん引し圏域の住民全体の暮らしを支えることなど，連携中枢都市圏形成の基本的な目的を規定するものとする。

③ 基本方針

宣言連携中枢都市及び１の連携市町村が，④に規定する事項を中心として行政及び民間機能のコンパクト化・ネットワーク化を進めることなど，様々な分野で連携を図る旨を規定するものとする。

④　連携する取組

　連携する取組は，地域の実情に応じて柔軟に定めうるものであるが，圏域全体の経済をけん引し圏域の住民全体の暮らしを支えるという観点から，ア　圏域全体の経済成長のけん引，イ　高次の都市機能の集積・強化，ウ　圏域全体の生活関連機能サービスの向上，の３つの役割を果たすことが必要である。特にア及びイの役割については，主に宣言連携中枢都市が中心となって実施することが想定されるが，地域公共交通，ＩＣＴインフラ，交通インフラの整備等に加えて，企業間連携や病診連携等の取組を含む連携市町村とのさまざまなネットワークを強化することによって，連携市町村もその便益を共有できるようにすることが極めて重要である。

　各役割に応じた取組については，以下のとおりである。

　　ア　圏域全体の経済成長のけん引（中略）
　　イ　高次の都市機能の集積・強化（中略）
　　ウ　圏域全体の生活関連機能サービスの向上（中略）

⑤　④の執行等に係る基本的事項

　連携中枢都市圏形成に係る連携協約に基づく事務の執行については，個々の市町村が個別に実施するか，あるいはその基本的な事項を連携協約に規定した上で，事務の委託（地方自治法第252条の14等）や事務の代替執行（地方自治法第252条の16の２等）等のほか，民事上の契約等により事務を処理することとなる。なお，事務の委託や事務の代替執行等により市町村間で連携して事務処理を行う場合には，その形式に応じて地方自治法に基づき規約の作成等の手続を経ることとなる。連携中枢都市圏において，従来から一部事務組合や広域連合による事務処理を行っている場合において，連携中枢都市圏としてその事務処理を位置づける必要があるときには，一部事務組合や広域連合の規約の変更に加えて，宣言連携中枢都市と一部事務組合や広域連合が連携協約を締結することもありうるものである。

⑥　宣言連携中枢都市の市長と連携市町村の長との定期的な協議

　宣言連携中枢都市の市長と連携市町村の長は，両者の間の丁寧な調整を担保し，取組状況に関する情報を共有する観点から，定期的に協議を行うことを規定するものとする。

⑦　連携中枢都市圏形成に係る連携協約の期間

　連携中枢都市圏形成に係る連携協約の期間は，宣言連携中枢都市とその連携市町村の連携を安定的に維持・拡大していく観点から，原則として，定めないものとす

る。ただし,「連携中枢都市圏形成の一方の当事者である市町村から,地方自治法第96条第2項に基づく議会の議決を経て連携協約の失効を求める旨の通告があった場合においては,他方の当事者である市町村の意思にかかわらず,一定期間の経過後に連携協約は失効する」という規定をあらかじめ設けておくことは可能である。この場合において,当該通告後,当該連携協約が失効するまでの期間は,原則として2年間とする。

(3) 連携中枢都市圏形成に係る連携協約の締結等に係る留意事項

① 連携中枢都市圏形成に係る連携協約の締結に当たっては,地域における合意形成の過程を重視することが必要である。特に,各市町村の住民に対しては,あらかじめ,当該市町村のホームページを含めたインターネット等各種広報媒体や住民説明会等を通じて,当該連携協約案の趣旨及び具体的内容を周知するものとする。

② 連携中枢都市圏形成に係る連携協約は,宣言連携中枢都市と1の連携市町村によりそれぞれ締結されるものであるが,宣言連携中枢都市が1以上の連携市町村とそれぞれ連携中枢都市圏形成に係る連携協約を締結することにより,第6(1)に規定する連携中枢都市圏が形成されることとなる。このため,他の連携市町村との連携中枢都市圏形成に係る連携協約との整合性を図り,圏域全体が活性化するように十分配意する必要がある。

③ 連携を図る政策分野に応じて,例えば,医療法(昭和23年法律第205号)第30条の4第1項の規定により都道府県が定める医療計画や,道路運送法施行規則(昭和26年運輸省令第75号)第15条の4第2号の規定による地域協議会など,調整を図る必要があるものについては,連携中枢都市圏形成に係る連携協約の締結に向けた検討と並行して,各市町村と関係機関とが十分な協議を行っていくことが必要である。

④ 連携中枢都市圏形成に係る連携協約の変更又は廃止に当たっても,上記①から③までの事項に留意するものとする。

⑤ 連携中枢都市圏形成に係る連携協約は,宣言連携中枢都市と当該宣言連携中枢都市が属する都道府県と異なる都道府県に属する近隣の市町村により締結することができることに留意する必要がある。この場合においては,連携協約を締結した旨の届出は,双方の関係都道府県に重複して行うものとする。関係都道府県においては,地方自治法第253条第1項に基づき,管轄する知事を定めるようにしな

ければならない。
⑥　異なる分野における役割分担を行うため，近隣の市町村が2以上の宣言連携中枢都市と連携中枢都市圏形成に係る連携協約を締結することができることに留意する必要がある。
⑦　定住自立圏構想（定住自立圏構想推進要綱（平成20年12月制定））に基づき取り組んできた取組を連携中枢都市圏の取組として実施する場合には，定住自立圏形成協定を廃止し，連携中枢都市圏形成に係る連携協約を新たに締結することになる。（以下略）

文献目録

邦文

秋田周　『執行機関・共同処理：新地方自治講座3』　第一法規，1976年。
砂子田隆　「特別区の区長公選制の復活と複合的一部事務組合の創設」『時の法令 870号』　朝陽会，1974年。
伊藤正次　「自治体間連携の時代？」『都市問題（2015年2月号）』　後藤・安田記念東京都市研究所，2015年。
伊藤祐一郎　『広域と狭域の行政制度：新地方自治講座11』　ぎょうせい，1997年。
井上明彦　「地域連携の最前線」『日経グローカル309号』　日本経済新聞社，2017年。
今井良幸　「イギリスにおける自治体の広域化と広域連携－イングランドを中心として」『総合政策論叢第7巻』中京大学総合政策学部，2016年。
入江俊郎・古井喜美　『市政町村制提義』　良書普及会，1937年。
岩崎忠　「定住自立圏構想と地方中枢拠点都市制度－連携協約法制度化のインパクト」『都市問題（2015年2月号）』　後藤・安田記念東京都市研究所，2015年。
岩崎忠　「2014年地方自治法改正の制定過程と論点－大都市制度等の見直しと新たな広域連携制度の創設」『自治総研通巻431号（2014年9月号）』　地方自治総合研究所，2014年。
宇賀克也　『行政法概説Ⅰ：行政法総論（第6版）』　有斐閣，2017年。
宇賀克也　『行政法概説Ⅲ：行政組織法/公務員法/公物法（第5版）』有斐閣，2019年。
宇賀克也　『地方自治法概説（第8版）』　有斐閣，2019年。
牛山久仁彦　『広域行政と自治体経営』　ぎょうせい，2004年。
大阪府地方自治研究会編　『市町村における広域行政のあり方：自治論集19』　大阪府地方自治研究会2008年。
大西隆　『広域計画と地域の持続可能性』　学芸出版社，2011年。
大森彌　「自治体間連携と市町村観」『都市問題（2015年2月号）』　後藤・安田記念東京都市研究所，2015年。
片山健介ほか　「市町村間の『緩やかな連携』に基づく広域ガバナンスの形成と地域政策に関する研究」『日本都市計画学会都市計画論文集』　日本都市計画学会，2013年。
兼子仁　「地域自治体制の確立をめざして」『自治総研通巻439号（2015年5月号）』　地方自治総合研究所，2015年。
加茂利男・稲次裕昭・永井史男　『自治体間連携の国際比較－市町村合併を超えて』　ミネルヴァ書房，2010年。
木村俊介　『グローバル化時代の広域連携』　第一法規，2017年。
後藤・安田記念東京都市研究所編　『市町村合併－その功罪を考える』　後藤・安田記念東京都市研究所，2013年。
斎藤誠　「連携協約制度の導入と自治体の課題」『市政』　全国市長会，2014年。
坂野喜隆　「広域連携とガバナンス」『経済学論纂（中央大学）第58巻第3・4合併号』　中央大学，2018年。
坂野喜隆　「ローカル・ガバナンスにおける新たな制度設計への道－広域連携における参加と協働の仕組みづくり」『流経法學第16巻第2号』　流通経済大学法学部，2017年。
櫻井敬子・橋本博之　『行政法（第5版）』　弘文堂，2016年。
佐藤克廣　『自治体の広域連携』　公人の友社，2000年。
塩野宏　『行政法Ⅰ～Ⅲ』　有斐閣，2008年。
下平好博　「定住自立圏と地域医療連携」『明星大学社会学研究紀要』　明星大学人文学部社会学科，

2012年。
妹尾克敏　「改正地方自治法における広域連携協約制度の創設と『地方創生』に関する一考察」『松山大学論集第29巻第4号』　松山大学，2017年。
総務省編　『市町村における事務処理のあり方に関する調査』　総務省，2012年。
総務省編　『条件不利地域に対する都道府県等の役割・課題に関する調査報告書』　総務省，2005年。
総務省編　『地方公共団体における事務の共同処理の改革に関する研究会報告書』　総務省，2009年。
総務省編　『地方公共団体の事務の共同処理の状況調（2008～2018年度）』　総務省，2008年以降隔年。
総務省編　『地方財政の状況（2004～2019年版）』　総務省，2004年以降各年。
総務省編　『定住自立圏構想研究会報告書－住みたいまちで暮らせる日本を』　総務省，2008年。
園部逸夫　『特別地方公共団体の財務』　ぎょうせい，1989年。
武智秀之　「多次元ガバナンスの構造：統制・調整・契約」『経済学論纂（中央大学）第58巻第3・4合併号』
地方公営企業制度研究会編　『改訂 公営企業の実務講座』　地方財務協会，2014年。
地方自治制度研究会編　『新訂注釈地方自治関係実例集』　地方自治制度研究会，1993年。
定住自立圏構想実務研究会編　『定住自立圏構想ハンドブック』　ぎょうせい，2010年。
東京市政調査会編　『東京圏の広域連携－その到達点と将来像：都市調査報告11』　東京市政調査会，2005年。
外川伸一　「『地方創生』政策における『人口のダム』としての二つの自治制度構想－連携中枢都市圏構想・定住自立圏構想批判」『山梨学院生涯学習センター紀要 第20号』　山梨学院生涯学習センター，2016年。
永田尚三　「消防の広域再編の研究―広域行政と消防行政」　武蔵野大学出版会，2009年。
日本都市センター編　『基礎自治体の広域連携に関する調査研究報告書』　日本都市センター，2011年。
日本都市センター編　『広域連携の未来を探る―連携協約・連携中枢都市圏・定住自立圏』　日本都市センター，2016年。
日本都市センター編　『これからの広域連携』　日本都市センター，2011年。
古居壽治　「一部事務組合における住民の地位」『自治研究第51巻第10号』　第一法規，1975年。
古居壽治　「地方公共団体の行政組織：現代地方自治全集4』　ぎょうせい，1977年。
堀内匠　「第30次地方制度調査会答申の読み方―都市機能の『集約とネットワーク化』をめぐって」『自治総研通巻418号（2013年8月号）』　地方自治総合研究所，2013年。
本多滝夫　「自治体間の広域連携と連携協約制度－連携協約を条約に擬える意味」『龍谷法学 第48巻第1号』，龍谷大学法学会，2015。
松谷朗　「地方中枢拠点都市構想について」『地方財政（2014年6月号）』地方財務協会，2014年。
松谷朗　「『連携中枢都市圏構想』の最新の動きについて」『地方自治 第810号』　地方自治制度研究会，2015年。
松本英昭　『逐条地方自治法（第9次改訂版）』　学陽書房，2017年。
美濃部達吉　『日本行政法』　有斐閣，1940年。
村上博・自治体問題研究所編　『広域連合と一部事務組合』　自治体問題研究所，1999年。
村山徹　「広域連携に対する自治体の意向―圏域中心市と周辺市町村の広域への期待」『愛知大学三遠南信地域連携研究センター紀要』　愛知大学三遠南信地域連携研究センター，2017年。
森川洋　「定住自立圏構想は人口減少時代の地方圏を支えうるか」『自治総研 通巻433号』　地方自治総合研究所，2013年。
山下茂　『体系比較地方自治』　ぎょうせい，2010年。
山本順一　「複合事務組合制度の理念と現実」『早稲田政治公法研究 第10号』　早稲田政治公法研究会，1981年。
山本節子　『ごみ処理広域化計画―地方分権と行政の民営化―』　築地書館，2001年。
祐野恵　「広域連携政策の事例分析－南和広域医療組合の考察－」『社会システム研究 第20号』　京都

大学，2017年。
祐野恵 「広域連携政策の理論的考察」『社会システム研究 第21号』 京都大学，2018年。
吉沢健 「一部事務組合と住民」『地方自治 第264号』 地方自治制度研究会，1967年。

英文 （Bibliography English）

米国
DEXIA, *Territorial Organization and Reforms*, DEXIA, 2011.
U. S. Census Bureau. *American Fact Finder*, U. S. Census Bureau, 2012.
U. S. Census Bureau. *Statistical Abstract of the United States 2012*, U. S. Census Bureau, 2012.
英国
Local Government Association, *Local Government Structure 2010*, Local Government Association, 2010.
仏国
Council of Europe. 'The size of municipalities, efficiency and citizen participation', *Local and Regional Authorities in Europe, No56*, Council of Europe Press, 1995.
Ministére de L'intérieur. *Les Collectivités Locales en Chiffres 2013*, DGCL, 2013.
独国
Statistisches Bundesamt. *Statistisches Jahrbuch 2013*, Statistisches Bundesamt, 2013.
伊国
Hulst, Rudie and Montfort, André. *Inter-municipal Cooperation in Europe*, Springer, 2007.
ISTAT, *Territorial area and resident population of mountain municipalities*, ISTAT, 2011.

事項索引

あ行

充て職・・・・・・・・・・・・・・・・・・・・・・・・235, 259
一般職・・・・・・・・・・・・・・・・・・・・・・・・・・・・280

か行

会計管理者・・・・・・・・・・・・・・・・・・・267, 302
解散・・・・・・・・・・・・・・・・・・・・・・・・・・・・・・201
監査委員・・・・・・・・・・・・・・・・・・・・・149, 271
間接選挙・・・・・・・・・・・・・・・・・・・・・・・・・227
管理者・・・・・・・・・・・・・・・・・・・・・・・259, 290
議会・・・・・・・・・・・・・・・・・・・・・・・・・・・・・226
機関等の共同設置・・・・・・・・・・・・・・・・・51
企業団・・・・・・・・・・・・・・・・・・・・・・・・・・・334
企業長・・・・・・・・・・・・・・・・・・・・・・・・・・・336
議決事件の通知・・・・・・・・・・・・・・・・・・291
規約・・・・・・・・・・・・・・・・・・・・・・・・144, 356
規約事項・・・・・・・・・・・・・・・・・・・・145, 356
規約準則・・・・・・・・・・・・・・・・・・・・・・・・146
規約の変更・・・・・・・・・・・・・・・・・・168, 363
教育委員会・・・・・・・・・・・・・・・・・・・・・・253
教育組合・・・・・・・・・・・・・・・・・・・・・・・・142
協議会・・・・・・・・・・・・・・・・・・・・・・・・・・・44
行政契約・・・・・・・・・・・・・・・・・・・・・・・・109
共同処理・・・・・・・・・・・・・・・・・・・・・・・・・13
共同処理事務の変更・・・・・・・・・・・・・・176
区域・・・・・・・・・・・・・・・・・・・・・・・・130, 353
組合町村・・・・・・・・・・・・・・・・・・・・・・・・・・4
健全化判断比率・・・・・・・・・・・・・・・・・・405
権能・・・・・・・・・・・・・・・・・・・・・・・・133, 354
憲法・・・・・・・・・・・・・・・・・・・・・・・・129, 352
広域行政機構・・・・・・・・・・・・・・・・・・・・・90
広域計画・・・・・・・・・・・・・・・・・・・・345, 358
広域市町村圏・・・・・・・・・・・・・・・・・・・・・89
広域連携・・・・・・・・・・・・・・・・・・・・・・・・・・1
公会計改革・・・・・・・・・・・・・・・・・・・・・・409
公共施設管理・・・・・・・・・・・・・・・・・・・・412
構成員・・・・・・・・・・・・・・・・・・・・・・130, 353
構成団体の数の増減・・・・・・・・・・・・・・183
構成要素・・・・・・・・・・・・・・・・・・・・129, 352
公平委員会・・・・・・・・・・・・・・・・・・・・・・253
公法上の合同行為・・・・・・・・・・・・・・・・159
固定資産台帳・・・・・・・・・・・・・・・・・・・・410

さ行

財産処分・・・・・・・・・・・・・・・・・・・・・・・・212
歳出の管理・・・・・・・・・・・・・・・・・・・・・・390
歳入の管理・・・・・・・・・・・・・・・・・・・・・・387
事実上の協議・・・・・・・・・・・・・・・・・・・・155
市制・・・・・・・・・・・・・・・・・・・・・・・・・・・・・・5
市制町村制理由・・・・・・・・・・・・・・・・・・・5
市町村組合・・・・・・・・・・・・・・・・・・・・・・・5
執行機関・・・・・・・・・・・・・・・・・・・・・・・・252
実質公債費比率・・・・・・・・・・・・・・・・・・407
事務の委託・・・・・・・・・・・・・・・・・・・・・・・56
事務局長・・・・・・・・・・・・・・・・・・・277, 373
事務組合の事務所・・・・・・・・・・・・・・・・147
事務承継・・・・・・・・・・・・・・・・・・・・・・・・217
事務の代替執行・・・・・・・・・・・・・・・・・・・10
周辺団体・・・・・・・・・・・・・・・・・・・・・・・・122
住民・・・・・・・・・・・・・・・・・・・・・・・・131, 306
情報公開・・・・・・・・・・・・・・・・・・・・・・・・384
将来負担比率・・・・・・・・・・・・・・・・・・・・408
設立の許可・・・・・・・・・・・・・・・・・・152, 362
選挙の方法・・・・・・・・・・・・・・・・・・147, 227
専任職員・・・・・・・・・・・・・・・・・・・・・・・・377
総合管理計画・・・・・・・・・・・・・・・・・・・・412

た行

脱退・・・・・・・・・・・・・・・・・・・・・・・・・・・・188
地方開発事業団・・・・・・・・・・・・・・・・・・・・8
地方公共団体の財政の健全化に関する法律・・・343
中心市宣言・・・・・・・・・・・・・・・・・・・・・・・99
中心団体・・・・・・・・・・・・・・・・・・・・・・・・122
町村組合・・・・・・・・・・・・・・・・・・・・・・・・・5
町村制・・・・・・・・・・・・・・・・・・・・・・・・・・・5
直接選挙・・・・・・・・・・・・・・・・・・・・・・・・227
定住自立圏構想・・・・・・・・・・・・・・・・・・・98
特別議決・・・・・・・・・・・・・・・・・・・・・・・・323
特別職・・・・・・・・・・・・・・・・・・・・・・・・・・281
特別地方公共団体・・・・・・・・・・・・・・・・・13
特例一部事務組合・・・・・・・・・・・・・・・・248

な 行
任意的記載事項・・・・・・・・・・・・・・・・・・・・・・・・・150

は 行
必要的記載事項・・・・・・・・・・・・・・・・・・・・・・・・・145
ファシリテイマネジメント・・・・・・・・・・・・・・・・412
副管理者・・・・・・・・・・・・・・・・・・・・・・・・・・・261,292
複合事務組合・・・・・・・・・・・・・・・・・・・・・・・・・・314
服務規律・・・・・・・・・・・・・・・・・・・・・・・・・・・・・・282
府県制・・・・・・・・・・・・・・・・・・・・・・・・・・・・・・・・・・5
普通地方公共団体・・・・・・・・・・・・・・・・・・・・・・・13
ふるさと市町村圏・・・・・・・・・・・・・・・・・・・・・・・・8
分賦金・・・・・・・・・・・・・・・・・・・・・・・・・・・・・・・・401
法令の適用・準用関係・・・・・・・・134,237,287,355
法令の特別の定・・・・・・・・・・・・・・・・・・・141,355
補助機関・・・・・・・・・・・・・・・・・・・・・・・・・・・・・・255

ま 行
名称・・・・・・・・・・・・・・・・・・・・・・・・・・・・・146,357
免職・・・・・・・・・・・・・・・・・・・・・・・・・・・・・・・・・210

や 行
予算・・・・・・・・・・・・・・・・・・・・・・・・・・・・・・・・・163

ら 行
理事・・・・・・・・・・・・・・・・・・・・・・・・・・・・・・・・・327
理事会・・・・・・・・・・・・・・・・・・・・・・・・・・・291,326
連携協約・・・・・・・・・・・・・・・・・・・・・・35,105,467

著者紹介

木村　俊介（きむら　しゅんすけ）

〔略歴〕

昭和61年東京大学法学部卒　総務省（旧自治省）入省。総務省公営企業課理事官，財政制度調整官，外国人台帳制度企画室長，財政課参事官，国際統計管理官，政策研究大学院教授，一橋大学教授等を歴任するとともに，広島県地方課，岐阜県企画調整課・財政課，松山市助役として組合の運営実務に携わる。平成30年4月から明治大学教授。

サービス・インフォメーション
───────────────── 通話無料 ─────────────────
① 商品に関するご照会・お申込みのご依頼
　　TEL 0120（203）694／FAX 0120（302）640
② ご住所・ご名義等各種変更のご連絡
　　TEL 0120（203）696／FAX 0120（202）974
③ 請求・お支払いに関するご照会・ご要望
　　TEL 0120（203）695／FAX 0120（202）973

● フリーダイヤル（TEL）の受付時間は、土・日・祝日を除く
　9：00～17：30です。
● FAXは24時間受け付けておりますので、あわせてご利用ください。

広域連携の仕組み
一部事務組合・広域連合・連携協約の機動的な運用
改訂版

2015年 2 月20日　初版発行
2019年 7 月25日　改訂版発行
著　者　木　村　俊　介
発行者　田　中　英　弥
発行所　第一法規株式会社
　　　　〒107-8560　東京都港区南青山2-11-17
　　　　ホームページ　https://www.daiichihoki.co.jp/

広域連携改　ISBN 978-4-474-06451-5　C2032（9）